AF888844

JALONS POUR UNE HISTOIRE DU CONSEIL DE L'EUROPE

EUROCLIO est un projet scientifique et éditorial, un réseau d'institutions de recherche et de chercheurs, un forum d'idées. EUROCLIO, en tant que projet éditorial, comprend deux versants: le premier versant concerne les études et documents, le second versant les instruments de travail. L'un et l'autre visent à rendre accessibles les résultats de la recherche, mais également à ouvrir des pistes en matière d'histoire de la construction/intégration/unification européenne.

La collection EUROCLIO répond à un double objectif: **offrir des instruments de travail, de référence, à la recherche; offrir une tribune à celle-ci en termes de publication des résultats**. La collection comprend donc deux séries répondant à ces exigences: la série ÉTUDES ET DOCUMENTS et la série RÉFÉRENCES. Ces deux séries s'adressent aux bibliothèques générales et/ou des départements d'histoire des universités, aux enseignants et chercheurs, et dans certains cas, à des milieux professionnels bien spécifiques.

La série ÉTUDES ET DOCUMENTS comprend des monographies, des recueils d'articles, des actes de colloque et des recueils de textes commentés à destination de l'enseignement.

La série RÉFÉRENCES comprend des bibliographies, guides et autres instruments de travail, participant ainsi à la création d'une base de données constituant un «Répertoire permanent des sources et de la bibliographie relatives à la construction européenne».

La Collection EUROCLIO est placée
sous la direction du professeur Michel Dumoulin, Louvain-la-Neuve

JALONS
POUR UNE HISTOIRE DU CONSEIL DE L'EUROPE

Actes du Colloque de Strasbourg
(8-10 juin 1995)

Textes réunis par
Marie-Thérèse Bitsch

PETER LANG

Die Deutsche Bibliothek – CIP-Einheitsaufnahme

Jalons pour une histoire du Conseil de l'Europe : actes du colloque de Strasbourg (8-10 juin 1995) / textes réunis par Marie-Thérèse Bitsch. – Berne : Lang 1997
(Euroclio: Etudes et documents)
ISBN 3-906758-06-0

ISBN 3-906758-06-0
ISSN 0944-2294

© Peter Lang SA,
Editions scientifiques européennes,
Berne 1997

Couverture: Gilbert Ummel

Tous droits réservés.
Réimpression ou reproduction interdite par n'importe quel procédé, notamment par microfilm, xérographie, microfiche, offset, microcarte, etc.

Towards a history of the Council of Europe

The Council of Europe, born during the Cold War, sees itself as a champion of pluralist democracy and the rights of man. In spite of structural weaknesses in the Treaty of London of May, 1949, which forms its constitution, it has been the instigator of multilateral co-operation on the part of an increasing number of countries. Only with the collapse of eastern European communism in 1989 was it able to fulful its claim to be a truly pan-European organisation.

The Proceedings of the Strasbourg Colloquium of June, 1995, while seeking to fill a gap in the historiography, do not make any claim to be exhaustive, especially in a field as rich as that of the history of the Council of Europe. Contributions by more than twenty scholars from different European Countries are brought together here. Emphasis is placed on the circumstances of the creation and early days of the Council, the attitude of member states, particularly the Neutrals, and on its relations with other European institutions. A number of studies illustrate the diversity of the Council's interests and show how it is trying to find new inspiration in expansion to the east.

Wegmarken für eine Geschichte des Europarats

Der Europarat, während des Kalten Kriegs ins Leben gerufen, versteht sich als Vorkämpfer der pluralistischen Demokratie und der Menschenrechte. Zwar haben sich in seiner Struktur gewisse Schwachpunkte gezeigt, die auf Kompromissformeln im Londoner Gründungsvertrag vom 5. Mai 1949 zurückgehen. Dennoch ist er ein wichtiger Motor für verschiedenste Formen der Zusammenarbeit zwischen einer wachsenden Zahl von Staaten. Sein gesamteuropäischer Anspruch konnte sich, obgleich von Anfang an vorhanden, erst nach Zusammenbruch des osteuropäischen Kommunismus 1989 verwirklichen.

Die vorliegenden Beiträge des Strassburger Kolloquiums vom Juni 1995 wollen eine Lücke in der Geschichtsschreibung schliessen – ohne den Anspruch, ein so reichhaltiges Thema wie die Geschichte des Europarats erschöpfend zu behandeln. Der Band vereinigt die Vorträge von gut zwanzig Wissenschaftlerinnen und Wissenschaftlern aus mehreren europäischen Ländern. Schwerpunkte bilden die Umstände der Entstehung und der Anfangszeit des Europarats; die Haltung seiner Mitgliedstaaten, insbesondere der Neutralen, innerhalb der Organisation; die Beziehungen mit andern europäischen Institutionen. Mehrere Studien illustrieren die Vielfalt der Interessen der Strassburger Organisation, die sich im Zuge der Ausweitung nach Osten auch um neuen Elan bemüht.

Remerciements

Je tiens à exprimer ma reconnaissance à tous ceux qui m'ont aidée à préparer ce colloque dont la séance inaugurale s'est tenue au Palais de l'Europe et les suivantes, à l'Institut des hautes études européennes de l'Université Robert Schuman (Strasbourg III).

Mes remerciements s'adressent d'abord à M. Daniel Tarschys, Secrétaire général du Conseil de l'Europe, qui a bien voulu ouvrir le colloque ainsi qu'à M. Gilbert Knaub et M. Pierre Ortscheidt, ancien et actuel Présidents de l'Université Robert Schuman, et à M. Jean-François Flauss, Directeur de l'Institut des hautes études européennes, qui m'ont apporté leurs encouragements et leur appui. Ils vont également à tous ceux — enseignants, chercheurs, hauts fonctionnaires du Conseil de l'Europe — qui ont bien voulu participer à ce colloque, en particulier aux auteurs de communications et aux universitaires qui ont présidé les séances de travail: Pierre Gerbet (Institut d'études politiques, Paris), René Girault (Paris I), Robert Frank (Paris I), Alan Milward (London School of Economics and Political Sciences), Raymond Poidevin (Strasbourg III).

Je n'oublie pas le dévouement de tous ceux et celles qui ont contribué — au Conseil de l'Europe et à l'Institut des hautes études européennes — à l'organisation matérielle.

Ce colloque n'aurait pas pu se tenir sans le concours financier du CNRS, de l'Université Robert Schuman et du Centre de recherche d'histoire des relations internationales.

Enfin, je tiens à remercier la collection Euroclio — et son directeur Michel Dumoulin — qui accueille les actes du colloque pour leur publication.

Marie-Thérèse BITSCH

Avant-propos

La tenue d'un colloque consacré à l'Histoire du Conseil de l'Europe a le mérite de s'inscrire dans un axe de recherche que privilégie tout particulièrement l'Université Robert Schuman. Ce choix est d'ailleurs brillamment illustré par Mme le Professeur Marie-Thérèse Bitsch, cheville ouvrière de ces Journées et par M. le Professeur Raymond Poidevin, Directeur du Centre de recherche d'histoire des relations internationales.

L'Europe constitue un véritable thème fédérateur des activités de notre établissement, facilité naturellement par la présence à Strasbourg d'institutions prestigieuses. A cet égard, on ne pouvait espérer mieux que d'être accueilli dans les locaux du Conseil de l'Europe, et M. le Secrétaire Général Daniel Tarschys doit en être particulièrement remercié.

Bien d'autres questions que celles traitées aujourd'hui forment l'ossature des enseignements dispensés par certains Centres, tel l'Institut des hautes études européennes, ou constituent la matière première de différentes unités de recherche à l'image de l'Institut de recherche et d'étude sur la normativité en Europe.

On observera que la problématique européenne est également présente dans une proportion non négligeable au sein de certaines filières professionnelles tels les DESS «Politiques publiques en Europe» ou «Euro-Journalisme».

Strasbourg et l'Université Robert Schuman offrent ainsi un cadre particulièrement adapté à toutes réflexions sur l'Europe, ce que le succès de ce colloque ne fera que confirmer.

Pierre ORTSCHEIDT
Président de l'Université
Robert Schuman Strasbourg

Discours d'ouverture

par Daniel TARSCHYS
Secrétaire Général du Conseil de l'Europe

A — OBSERVATIONS GÉNÉRALES

C'est un plaisir pour moi d'ouvrir ce colloque. Pour la première fois, l'Université de Strasbourg et, en particulier, son Centre de recherche d'histoire des relations internationales, ont rassemblé à Strasbourg un nombre important d'universitaires et d'experts pour traiter non seulement de l'histoire de l'Organisation, mais aussi de grandes questions politiques d'actualité, parmi lesquelles on peut citer l'attitude de certains Etats membres à l'égard du Conseil de l'Europe, ses relations extérieures et l'adhésion d'Etats d'Europe centrale et orientale. Il est également satisfaisant de constater que le programme inclut une évaluation de certains des principaux domaines d'activité de cette Organisation.

Nous avons plusieurs raisons de saluer l'initiative à l'origine de l'organisation de ce colloque. Tout d'abord, les différentes manifestations marquant la commémoration du 50e anniversaire de la fin de la guerre des 8 et 9 mai nous ont offert une excellente occasion de parler des débuts de l'édification d'une Europe unie.

En second lieu, le Conseil de l'Europe est au seuil de la seconde étape de son élargissement. Depuis la chute du mur de Berlin en 1989, le Conseil de l'Europe est passé de vingt-trois à trente-quatre Etats membres. Les leçons à tirer, par le biais de la recherche, de cette évolution pourraient être précieuses pour l'adhésion, à une date plus ou moins proche, de la Bélarus, de la Bosnie-Herzégovine, de la Croatie et de la Russie [1].

Troisièmement, des événements récents ont mis le Conseil de l'Europe au centre du débat sur l'évolution actuelle du paysage institutionnel européen. Tel était d'ailleurs le thème de la dernière réunion du Comité des Ministres des Affaires étrangères, en mai, qui s'est penché plus

[1] Depuis la tenue du colloque, le nombre des membres est passé à quarante (l'Albanie et la Moldova le 13 juillet 1995 et l'Ukraine et l'ex-République yougoslave de Macédoine le 9 novembre 1995, la Russie et la Croatie en 1996).

particulièrement sur les relations du Conseil de l'Europe avec l'Union européenne ainsi qu'avec l'OSCE. Il a été souligné, à cette occasion, que le projet européen ne peut être mené à bien par une structure et une organisation uniques. Il importe donc de ne pas oublier les racines du Conseil de l'Europe afin de définir sa place et son rôle futurs.

Passons, si vous le voulez bien, aux thèmes des séances de travail de votre colloque.

B — ROLE DU CONSEIL DE L'EUROPE : HIER ET AUJOURD'HUI

Votre programme rend compte des principales tendances à l'origine du Conseil de l'Europe.

Il est significatif que les aspects spirituels, moraux et humanistes ont été au coeur des travaux préparatoires à la création du Conseil de l'Europe et ont, depuis lors, marqué de leur sceau l'identité de l'Organisation. L'idée de la création d'un Conseil européen avait été lancée dès le début des années 40, surtout par Winston Churchill. Après la fin de la seconde guerre mondiale, et plus précisément après la rupture de la coopération entre les quatre puissances victorieuses en 1947, les propositions tendant au renforcement de l'unité européenne ont pris un certain poids politique, particulièrement au Royaume-Uni.

Souvenons-nous que Ernest Bevin, à l'origine d'une initiative pour la défense des valeurs occidentales, concluait en ces termes un discours devant la Chambre des Communes, le 22 juin 1948:

> (...) Le gouvernement de Sa Majesté n'a épargné aucun effort allant dans le sens du resserrement et du développement économique et, à terme, de l'unité spirituelle de l'Europe dans son ensemble. Mais comme je l'ai déjà dit, nous nous trouvons en Europe centrale devant un fait accompli. Personne n'y est libre de parler ou de penser ou de se lancer de son propre chef dans une activité commerciale ou autre. La souveraineté des Nations d'Europe orientale est entravée. Si nous voulons avoir une organisation à l'ouest, ce devra être une union spirituelle. (...) Il devra s'agir, fondamentalement, d'une fusion s'appuyant sur les libertés fondamentales et les principes éthiques qui nous sont communs. Il faut qu'elle se fasse sur une base égalitaire et qu'elle contienne tous les éléments de liberté qu'ils représentent.

Quatorze mois plus tard, le représentant du Foreign Office, qui présidait la conférence préparatoire à la création d'un Conseil de l'Europe (Gladwyn Jebb = Lord Gladwyn) présentait comme suit l'objectif de la future organisation:

> ... Le Conseil de l'Europe, tel que nous le concevons, est un instrument principalement destiné à rapprocher plus étroitement les Etats européens qui, pour une large part, ont une histoire commune et des façons de vivre semblables, éléments qu'on appelle parfois civilisation... Néanmoins, nos pays respectifs connaissent certaines traditions, certains principes et certains standards qui, dans le monde d'aujourd'hui, se trouvent de plus en plus menacés. Le Conseil de l'Europe pourra principalement s'attacher à préserver ces principes... Si ceci doit être réalisé, il doit y avoir des moyens qui nous permettent de formuler nos principes et idéal communs en ce qui concerne les choses de l'esprit - et par ce mot, j'entends l'activité culturelle, le règne de la Loi et les Droits de l'Homme - ou ce qui concerne les choses matérielles, tels le progrès économique et social et la politique de coopération.

Nombre de préoccupations ainsi exprimées par Ernest Bevin et Lord Gladwyn ont été prises en compte dans le préambule et les premiers articles du Statut du Conseil de l'Europe. Parmi les organisations internationales, ce Statut est aujourd'hui encore celui dont le caractère idéologique est le plus marqué. Toutefois, il nous a fallu encore quarante ans, jusqu'à 1989/1990, avant de voir l'effondrement final des murs idéologiques séparant les deux parties de l'Europe.

Aujourd'hui, le message humaniste du Conseil de l'Europe n'a rien perdu de sa validité, particulièrement dans la mesure où nous voyons réapparaître des barrières ethniques et nationales, de redoutables fractures qui menacent notre maison européenne, notre maison commune. Mais notre civilisation doit faire face à bien d'autres dangers, tels que l'exclusion sociale, l'intolérance, la violence, l'affaiblissement de la responsabilité des citoyens, pour n'en citer que quelques-uns. C'est à très juste titre que Jacques Delors disait en 1993:

> Si dans les dix ans qui viennent nous n'avons pas réussi à donner une âme, une signification, une spiritualité à l'Europe, nous aurons perdu la partie. Voulons-nous une Europe fermée sur elle-même, entourée d'un mur de Jéricho? Voulons-nous transmettre à nos enfants un continent marginalisé dont les citoyens ne rêvent que de se payer un deuxième frigidaire ou une deuxième voiture? Il manque un souffle à notre vision (...).

Il n'y a pas d'autre organisation européenne mieux placée que le Conseil de l'Europe pour travailler et affirmer tout ce qui fait la «personnalité de l'Europe», comme le disait le Général De Gaulle en 1961. C'est effectivement là le thème central, le fil d'Ariane de notre programme de travail intergouvernemental qui est structuré autour de trois pôles principaux:

— cohésion démocratique: démocratie pluraliste à tous les niveaux, droits de l'homme et prééminence du droit ;
— cohésion sociale et qualité de la vie ;
— cohésion culturelle et pluralisme des cultures.

Le rôle du Conseil de l'Europe aujourd'hui est d'affirmer et de renforcer ces valeurs fondamentales: la démocratie pluraliste, les droits de l'homme, la prééminence du droit. Son rôle est également de promouvoir l'identité culturelle européenne, entendue non pas comme une identité uniforme, mais se nourrissant de son histoire et de son patrimoine, riche de ses diversités et créant des liens spirituels indispensables pour forger le destin commun de ce continent.

Les chefs d'Etat et de gouvernement, lors de leur premier Sommet à Vienne en octobre 1993, ont adapté cette mission fondamentale aux défis de l'heure, en soulignant le rôle du Conseil de l'Europe dans des domaines tels que la protection des minorités nationales et la lutte contre le racisme, la xénophobie, l'antisémitisme et l'intolérance, et en soulignant la dimension paneuropéenne de l'Organisation.

Enfin, la nécessité reconnue d'un suivi renforcé de la mise en oeuvre des engagements va progressivement modifier le rôle du Conseil de l'Europe. Outre les mécanismes de contrôle existants, tels que la Commission et la Cour européennes des Droits de l'Homme, l'Assemblée parlementaire, comme le Comité des ministres, ont récemment adopté des systèmes de surveillance de caractère novateur.

Permettez-moi de dire quelques mots des autres thèmes de votre colloque.

C — LES ÉTATS MEMBRES ET LE CONSEIL DE L'EUROPE

Le deuxième thème «Les Etats membres et le Conseil de l'Europe» est, lui aussi, très intéressant pour nous. Les trois pays neutres que vous avez retenus (l'Autriche, la Suisse et la Suède) travaillent de longue date en étroite coopération avec nous. Ils ont pris individuellement ou ensemble nombre d'initiatives destinées à renforcer les activités du Conseil de l'Europe, qu'il serait trop long d'énumérer ici. Il ne faudrait toutefois pas perdre de vue les importantes contributions apportées par d'autres Etats membres, et notamment par le pays hôte, ainsi que par de petits Etats, au succès des activités du Conseil de l'Europe.

J'espère que ce colloque inspirera d'autres études sur le rôle joué par les différents Etats membres dans notre Organisation.

D — ADHÉSION DE PAYS D'EUROPE CENTRALE ET ORIENTALE AU CONSEIL DE L'EUROPE

Lors de vos débats sur l'entrée au Conseil de l'Europe de pays d'Europe centrale et orientale, vous analyserez le cas de la Hongrie et celui de la Roumanie; ces deux exemples vous montreront comment, par rapport aux années 60 ou 70, la pratique en matière d'adhésion a évolué récemment.

L'Assemblée parlementaire a réagi avec une promptitude particulière en inventant le statut d'invité spécial qui, au cours des dernières années, a permis aux parlementaires d'une vingtaine d'Etats de préparer l'adhésion de plein droit de leur pays.

L'Assemblée parlementaire a également renforcé son propre rôle dans la procédure d'adhésion, en ce sens que c'est sur son avis que se fonde la décision du Comité des Ministres. L'adhésion à la Convention culturelle européenne, qui compte actuellement quarante-trois Etats Parties, fait également figure de première étape vers le statut de membre de plein droit.

E — RELATIONS EXTÉRIEURES DU CONSEIL DE L'EUROPE

Le point de votre ordre du jour relatif aux relations extérieures du Conseil de l'Europe recouvre un intéressant mélange de thèmes: les relations très «particulières» entre le Conseil de l'Europe et l'URSS, entre le Conseil, «l'Union occidentale» et «l'Union de l'Europe occidentale» et enfin la rationalisation des activités parlementaires européennes en 1957-1958.

A propos de la genèse du Conseil de l'Europe, je me suis référé indirectement à la fois à l'URSS et à «l'Union occidentale». Après avoir refusé, à la fin de 1947, les propositions franco-britanniques relatives à un plan économique commun s'appuyant sur l'aide américaine, l'Union soviétique s'est privée pendant des décennies de la possibilité d'élaborer des propositions relatives à une fédération au niveau du continent. Aujourd'hui la situation est radicalement différente. Depuis l'effondrement de l'Union soviétique, l'adhésion de la Russie au Conseil de l'Europe représente le défi majeur de l'Organisation. Après le gel de la procédure d'adhésion à cause de la guerre en Tchétchénie, l'Assemblée parlementaire a récemment [2] relancé le processus qui, malgré de nombreuses difficultés internes à la Russie, devrait aboutir en 1996. Il est en effet essentiel d'ancrer la Russie dans la famille européenne et d'oeuvrer pour renforcer la stabilité et consolider la démocratie dans ce pays.

---

[2] Session de l'Assemblée parlementaire de septembre 1995.

Dans les discussions préparatoires à la Conférence intergouvernementale de l'Union européenne, prévue en 1996, le rôle futur de l'Union de l'Europe occidentale tient une place importante. Etant donné que la composition de l'Assemblée parlementaire du Conseil de l'Europe et celle de l'Union de l'Europe occidentale sont identiques, nous nous intéressons vivement à cette question, ne serait-ce que pour cette raison.

Je note que votre programme ne comporte pas de point spécifiquement consacré aux relations entre le Conseil de l'Europe et l'Union européenne. Peut-être, du point de vue historique, le fait que le Plan Schuman — qui a abouti à la création de la CEE — est né au sein de cette Organisation, est-il déjà bien connu.

Toutefois, une recherche sur le développement des relations entre les deux grandes organisations européennes, les différentes écoles de pensée débattant de cette question à l'Assemblée parlementaire par exemple, serait à mon sens extrêmement utiles, particulièrement dans la perspective de la Conférence intergouvernementale de 1996 et des débats sur le paysage institutionnel européen dont je parlais tout à l'heure. Une telle recherche pourrait prendre en compte, par exemple, l'histoire de l'arrangement de 1987 entre le Secrétaire Général du Conseil de l'Europe et le Président de la Commission qui règle la coopération au quotidien, ainsi que celle de l'organisation, depuis 1989, des réunions quadripartites entre le Président du Comité des Ministres et le Secrétaire Général d'une part et la Présidence de l'Union européenne et le Président de la Commission des Communautés européennes de l'autre.

L'évolution de la coopération entre les deux institutions pourrait également ressortir de l'examen des différentes activités mises en oeuvre entre les «15» et les «38», puisqu'aujourd'hui l'on parle de plus en plus de complémentarité, de partenariat, voire de co-financement.

En conclusion, je souhaite plein succès à votre colloque et espère recevoir dès que possible un compte rendu des travaux que je ferai parvenir pour examen aux organes du Conseil de l'Europe. Enfin, dans moins de quatre ans, nous célébrerons le cinquantenaire du Conseil de l'Europe et je suis certain que les résultats de ce colloque seront particulièrement précieux pour la préparation de cet anniversaire.

INTRODUCTION

De l'Europe des Dix à l'organisation paneuropéenne

par Marie-Thérèse BITSCH
Université Robert Schuman, Strasbourg

Cette courte introduction n'a pas la prétention de présenter un aperçu général de l'histoire du Conseil de l'Europe mais seulement d'indiquer quelques repères et de poser quelques questions.

Pour l'historien, une première interrogation concerne les rapports entre les ambitions des fondateurs du Conseil de l'Europe et le rôle joué effectivement par cette organisation. Autrement dit: dans quelle mesure, l'histoire du Conseil de l'Europe est-elle marquée par ce que j'appellerais le «compromis originel» qui est inscrit dans le traité de Londres du 5 mai 1949.

On sait que ce traité, qui fixe le statut du Conseil de l'Europe, est le résultat d'initiatives diverses — et divergentes — et de difficiles négociations au cours de l'hiver 1948-1949 [1]. Pour certains, l'impulsion essentielle vient de Winston Churchill qui lance, dès l'époque de la guerre, l'idée d'un Conseil de l'Europe. Il voit alors ce Conseil comme un pur organe intergouvernemental, constitué sans l'Angleterre — avec le parrainage de l'Angleterre mais sans sa participation — par un certain nombre d'Etats du continent, autour de la France et de l'Allemagne, comme il le rappelle dans son célèbre discours, prononcé l'Université de Zurich, en septembre 1946.

A côté de ce projet, qui relève de la coopération intergouvernementale classique, des propositions plus novatrices émanent du Mouvement européen qui tient ses assises — les Etats généraux de l'Europe selon l'expression du fédéraliste français Alexandre Marc — à La Haye, en mai 1948. Les débats de ce congrès, d'ailleurs présidé par Churchill, ont souvent été analysés. Ils sont très représentatifs des thèses en présence dans les milieux européistes de l'époque et voient s'affronter, d'une part les fédéralistes favorables des transferts de souveraineté des Etats-nations vers

---

[1] Sur la création du Conseil de l'Europe voir M.-T. BITSCH, "La France et la naissance du Conseil de l'Europe", in R. Poidevin (dir.), *Histoire des débuts de la construction européenne, mars 1948-mai 1950*, Bruxelles, Bruylant, 1986, pp. 165-198.

des institutions européennes et, d'autre part, ceux qu'on appelle les unionistes qui veulent s'en tenir à la coopération intergouvernementale. Mais ces divergences de vues n'empêchent pas la formation d'un consensus autour du plus petit dénominateur commun. La résolution politique de La Haye se prononce pour la création d'une Assemblée européenne constituée de personnalités politiques issues des Parlements nationaux mais, peut-être aussi, de représentants prestigieux de la société civile. Cette Assemblée, exclusivement consultative dans un premier temps, devait cependant constituer une sorte de «pouvoir de l'imagination» capable de faire des propositions aux gouvernements et d'apparaître comme le véritable artisan de la future Union européenne [2].

C'est la suite de cette manifestation du Mouvement européen, et pour redonner l'initiative aux gouvernements, que Georges Bidault, encore ministre des Affaires étrangères, propose son tour de créer une Assemblée européenne, lors d'une intervention, faite le 20 juillet 1948, devant le Conseil consultatif des cinq pays signataires du Pacte de Bruxelles [3]. Enfin, quelques semaines plus tard, le nouveau titulaire du quai d'Orsay, Robert Schuman, prend le projet d'Assemblée à son compte. Il parvient à convaincre le gouvernement français de se faire le bras politique du Mouvement européen et il réussit à obtenir le soutien du ministre belge des Affaires étrangères, Paul-Henri Spaak.

Dans cette entreprise, R. Schuman va se trouver aux prises avec le gouvernement travailliste de Londres. Schuman apparaît déjà comme un fédéraliste très pragmatique — favorable, à terme, à des abandons de souveraineté quoique soucieux de ne rien bousculer — alors que son homologue britannique, Ernest Bevin, ne peut ni se lier trop étroitement avec les pays du continent, au risque de distendre des relations privilégiées traditionnelles avec les Etats-Unis ou les Dominions, ni accepter des abandons de souveraineté au détriment de la Chambre des Communes. Dans ces conditions, les discussions entre les Cinq sont très pénibles [4].

---

[2] Compte-rendu des travaux du Congrès de La Haye (sessions plénières et travaux dans les trois commissions, politique, économique et culturelle) dans les Archives du Conseil de l'Europe, Strasbourg.

[3] M. VAÏSSE, "L'échec d'une Europe franco-britannique ou comment le pacte de Bruxelles fut créé et délaissé", in R. Poidevin (dir.) *Histoire des débuts de la construction européenne*, Bruxelles, Bruylant, 1986, pp. 387-388 et E. DU RÉAU, "Le MRP et la naissance du Conseil de l'Europe", in S. Berstein, J.M. Mayeur, P. Milza, *Le MRP et la construction européenne,* Bruxelles, Complexe, 1993, pp. 67-85.

[4] Sur l'ensemble des négociations entre les Cinq, voir l'article cité en note 1.

Elles se déroulent, d'abord dans le cadre de la Commission permanente des Cinq, à Londres (en septembre-octobre 1948) puis, au sein d'un Comité d'études des 18 qui se réunit à Paris (entre novembre 1948 et janvier 1949) enfin, à la Conférence de Londres (de mars à mai 1949). Les temps forts de cette négociation correspondent à deux réunions du Conseil consultatif des Cinq — l'une, fin octobre 1948 à Paris et l'autre, fin janvier 1949 à Londres — au cours desquelles Robert Schuman est amené à faire d'importantes concessions. En effet, le ministre français veut, à tout prix, éviter un échec total des négociations qui mécontenterait les européistes et, plus encore, les Américains très favorables au projet. Il veut aussi ne pas se couper des Anglais dont la participation lui paraît encore indispensable pour faire contrepoids à l'Allemagne.

Le compromis, finalement adopté, donne large satisfaction aux vues britanniques. Il n'y aura pas d'Union européenne mais un Conseil de l'Europe bicéphale, où l'Assemblée consultative est «encadrée» par le Comité des ministres, seul apte à prendre des décisions, en fait, des recommandations aux gouvernements des Etats membres. A côté de ces deux organes essentiels, un Secrétariat général se voit doté de fonctions administratives [5]. Il paraît donc clair que, du point de vue institutionnel, le projet initial a été complètement dénaturé: il s'est produit une déviation, non seulement par rapport aux rêves des fédéralistes mais même par rapport aux propositions de La Haye ou aux options de politiciens plus réalistes comme R. Schuman.

La question qui se pose alors est de savoir si cet organisme a la capacité de remplir la mission fixée par l'article 1 du traité de Londres qui stipule «Le but du Conseil de l'Europe est de réaliser une union plus étroite entre ses membres»? Sur ce point, dans un premier temps, la foi et le volontarisme ont semblé l'emporter. En effet, la première session de l'Assemblée consultative se tient dès août-septembre 1949 à Strasbourg, désigné comme siège du Conseil de l'Europe par l'article 11 du traité (ce qui est un fait unique dans l'histoire de la construction européenne puisque aucun autre organisme — ni l'OECE, ni l'Union occidentale créées en 1948 ni, par la suite, les Communautés — n'ont vu leur siège fixé par le traité fondateur). Par sa composition, cette Assemblée qui est la première Assemblée parlementaire européenne et même la première Assemblée parlementaire internationale, suscite un immense espoir. Les deux tiers de ses membres environ sont des européistes convaincus, adhérant au Mouvement européen tandis que les anti-européens notoires — notamment les communistes —

---

[5] Statut du Conseil de l'Europe (traité de Londres, 5 mai 1949) *Année Politique*, 1949, pp. 382-388.

en sont exclus. Par ailleurs, on trouve un certain nombre de ténors, de Churchill à Bidault en passant par le Néerlandais Kerstens, l'Irlandais de Valera ou le Belge Spaak qui est élu président de cette Assemblée[6]. Cette Assemblée arrache aussitôt au Comité des ministres une modification de son ordre du jour qui lui donne le droit de discuter d'une question de fond — par quels moyens atteindre l'objectif d'union plus étroite — et ce débat conduit immédiatement à poser le problème d'une éventuelle réforme du Statut du Conseil de l'Europe.

La réforme du Statut est donc au coeur des préoccupations, dès l'été 1949 [7]. Sans entrer dans le détail des travaux de cette première session, il convient de souligner deux points. Premièrement, la commission des Affaires générales, qui est alors de pivot de l'Assemblée, présente une série de propositions sur «les changements de la structure politique de l'Europe». Ces propositions paraissent relativement prudentes, sans doute en raison d'une certaine volonté de conciliation entre fédéralistes et partisans de la coopération intergouvernementale. Deuxièmement, le texte le plus audacieux qui soit adopté au cours de cette première session est le célèbre amendement Mackay, du nom d'un travailliste un peu atypique, puisque fédéraliste très engagé. Cet amendement, adopté le 6 septembre, précise que le Conseil de l'Europe doit user de son influence pour «développer une autorité politique européenne avec des fonctions limitées mais des pouvoirs réels».

Le débat sur la réforme du Conseil de l'Europe bat son plein au cours de la session de 1950, divisée en fait, en deux «demi-sessions» d'août et de novembre. De nombreuses propositions élaborées dans l'intervalle sont alors sur la table. Mais la question du rôle du Conseil de l'Europe comme vecteur de l'unité politique se pose alors sous un jour nouveau depuis que le gouvernement français a lancé le plan Schuman qui est — on le sait — un projet d'intégration sectorielle supranationale. Face à ce défi, trois types de réaction se manifestent au sein du Conseil de l'Europe. Pour certains, il

---

6 Liste des membres de l'Assemblée consultative du Conseil de l'Europe, *Année politique*, 1949, pp. 398-402. La comparaison de cette liste avec celle des participants du Congrès de La Haye de mai 1948 (Archives, Conseil de l'Europe) souligne la forte présence à Strasbourg des adhérents du Mouvement européen.

7 Sur les débats concernant la réforme du Statut du Conseil de l'Europe, voir entre autres: *L'Année politique*, 1949, 1950, 1951; E. BONNEFOUS, *L'Europe face à son destin*, Paris 1952 ; P. DUCLOS, *La réforme du Conseil de l'Europe*, Paris, 1958; J. HANSMAENNEL, *Les débats sur l'Europe politique au Conseil de l'Europe en 1950 et 1951*, mémoire préparé dans le cadre du DEA Histoire des relations internationales et de l'intégration européenne, Strasbourg III, 1987.

convient d'encourager l'Europe des Six en acceptant l'idée d'une Europe à deux vitesses, où «l'express CECA» va dépasser «l'omnibus du Conseil de l'Europe». D'autres cherchent à faire avorter la CECA, suivant la proposition Macmillan qui préconise la création d'un pool charbon-acier plus ouvert et plus souple et contrôlé par le Comité des ministres du Conseil de l'Europe. D'autres, enfin, voudraient concurrencer le plan Schuman en créant des «organisations spécialisées» au sein du Conseil de l'Europe, comme par exemple le pool vert ou l'autorité européenne des transports. Mais ce débat sur les autorités spécialisées concerne aussi l'éventuelle «autorité politique» que le Conseil de l'Europe ne parvient jamais à définir avec précision et encore moins à mettre sur pied. De cette impossibilité pour le Conseil de l'Europe à devenir l'instrument d'une rapide union politique témoignent encore deux événements de l'année 1951: d'une part la crise qui conduit en décembre à la démission spectaculaire de P.-H. Spaak de son mandat de président de l'Assemblée [8] et d'autre part la révision du statut qui apparaît comme un aménagement «technique» destiné à mettre de l'huile dans les rouages pour améliorer le fonctionnement des institutions et non comme une grande réforme «politique» susceptible de renforcer les pouvoirs du Conseil.

Si la réforme reste à l'ordre du jour au cours des années suivantes, c'est surtout par des changements dans la pratique que se réalise une certaine évolution du Conseil de l'Europe dont il convient de retenir ici trois éléments. Comme premier élément, il faut noter l'intensification très nette des activités du Comité des ministres. Dès 1951, les réunions au niveau des délégués des ministres permettent de multiplier les sessions. Concrètement, à côté des deux réunions annuelles des ministres des Affaires étrangères, se tiennent désormais une dizaine de réunions des délégués, en général, les représentants permanents. Au fil des années, et surtout depuis 1989, la fréquence de ces réunions à encore tendance à augmenter [9]. Par ailleurs, depuis 1959, se tiennent aussi des conférences de ministres spécialisés, par exemple des ministres de l'Education, de la Culture, de la Justice, du Travail, etc [10].

---

[8] Sur la crise et la démission de Spaak voir *Année Politique*, 1951 et P.-H. SPAAK, *Combats inachevés,* t. 2, p. 50.

[9] G. DE VEL, *Le Comité des Ministres du Conseil de l'Europe*, Strasbourg, Les éditions du Conseil de l'Europe, 1994.

[10] Liste des Conférences des ministres spécialisés dans O. SCHMUCK, *Vierzig Jahre Europarat,* Bonn, 1990, pp. 293-294.

Le deuxième élément concerne la tendance de l'Assemblée à se structurer en Parlement. Des commissions sont mises en place dès 1949, puis des groupes politiques transnationaux sont créés, en 1956, suivant l'exemple de l'Assemblée commune de la CECA (mais les représentants continuent de siéger par ordre alphabétique) et, en 1973, l'Assemblée consultative décide, de sa propre autorité, de s'appeler désormais Assemblée parlementaire à l'instar de l'Assemblée des Communautés qui s'était intitulée Parlement européen en 1962. Evidemment, en elle-même, cette proclamation ne change rien aux compétences de l'Assemblée mais elle témoigne de ses efforts continus pour accroître son influence et le changement de dénomination finit par être entériné, après de longues années, par le Comité des ministres [11].

Enfin, une autre transformation affecte la fonction du Secrétaire général. Après 1957, l'élection à ce poste de personnalités politiques — anciens parlementaires et (ou) anciens ministres — ayant déjà une expérience des affaires européennes permet de donner un rôle beaucoup plus large au Secrétariat général [12].

On voit que toutes ces innovations contribuent au renforcement du Conseil de l'Europe et répondent au souci de corriger certaines faiblesses initiales. Etant donnés la nature et le calendrier de plusieurs de ces aménagements, on peut se demander si les institutions des Communautés n'ont pas servi parfois de modèle, ou du moins de stimulant, ce qui pose aussi la question de la compétition entre les deux organisations et, dans le prolongement, la question de la coopération qu'elles ont pu établir.

Tout en améliorant ses instruments, le Conseil de l'Europe va peu à peu occuper effectivement — et parfois même déborder — les champs de compétences qui lui ont été attribués. Ces domaines sont très vastes : l'article 1 du traité, après avoir indiqué les buts du Conseil de l'Europe, précise dans l'alinéa b, que «ce but sera poursuivi au moyen des organes du Conseil, par l'examen des questions d'intérêt commun, par la conclusion d'accords et par l'adoption d'une action commune dans les domaines économique, social, culturel, scientifique, juridique et administratif ainsi que

---

[11] Selon le témoignage de Heiner Klebes, greffier de l'Assemblée, Secrétaire général adjoint du Conseil de l'Europe,il faudra près de quinze ans avant que le Comité des ministres n'utilise la nouvelle appellation. Sur l'organisation de l'Assemblée et son évolution, voir *L'Assemblée parlementaire, procédure et pratique*, Strasbourg, 9ème édition, 1991.

[12] M. VORBECK, "Der Beitrag des Generalsekretariats zur europäischen Einigung", dans O. Schmuck, *Vierzig Jahre Europarat*, Bonn, 1990, pp. 47-63. Voir aussi J.-L. BURBAN, *Le Conseil de l'Europe*, Paris, PUF, 1993, pp. 48-53.

par la sauvegarde et le développement des droits de l'homme et des libertés fondamentales». Faute de pouvoir énumérer ici toutes les activités du Conseil de l'Europe, on se contentera de faire deux remarques. La première, pour rappeler que l'Assemblée est devenue une importante tribune politique susceptible de donner des impulsions; elle a pu jouer ce rôle d'autant mieux qu'elle a réussi, dès 1951, à conquérir la pleine liberté de son ordre du jour, et donc à rejeter, sur ce point, le contrôle du Comité des ministres. Elle a réussi aussi à s'émanciper par rapport au texte du traité et à étendre son champ d'intérêt au-delà des sphères de compétences délimitées par le Statut. En effet, l'article 1d prévoit que «les questions relatives à la Défense nationale ne sont pas de la compétence du Conseil de l'Europe». Or, dès 1950, peu après le début de la guerre de Corée, l'Assemblée organise un débat sur la sécurité — elle préconise la création d'une armée européenne — et elle parvient à faire admettre son droit d'étudier les aspects politiques des problèmes de sécurité [13]. Désormais aucune question n'est interdite; tous les aspects de la construction européenne, et plus généralement de la vie internationale, sont largement abordés.

La deuxième remarque permet de souligner l'ampleur de l'action concrète qui a pu se développer grâce aux très nombreuses conventions signées sous l'égide du Conseil de l'Europe. Parmi ces conventions, une place à part revient à la toute première d'entre elles, la Convention de sauvegarde des droits de l'homme et des libertés fondamentales déjà réclamée par la résolution de La Haye, adoptée par le Comité des ministres en 1950 (à Rome, le 4 novembre) et entrée en vigueur en 1953. Son originalité et son importance tiennent à la mise en place d'un mécanisme destiné à garantir le respect de ces droits. Cette convention est complétée par plusieurs protocoles et suivie par d'autres accords qui relèvent des mêmes préoccupations même s'ils sont moins contraignants: par exemple la Charte sociale (Turin, 1961) souvent présentée comme le pendant de la précédente — l'une concernant les droits civiques et politiques, l'autre les droits économiques et sociaux — ou encore, la Convention pour la prévention de la torture (1987) ou la Convention-cadre sur la protection des minorités adoptée tout récemment (10 novembre 1994). D'autres conventions organisent la coopération dans les domaines les plus variés comme la culture — au sens très large — la santé, la sécurité sociale,

---

[13] S. BRUGAL, *Les débats sur la défense au sein de l'Assemblée consultative du Conseil de l'Europe, 1950-1951*, mémoire préparé dans le cadre du DEA Histoire des relations internationales et de l'intégration européenne, Strasbourg III, 1987.

l'environnement ... Au total plus de 150 accords qui contribuent à harmoniser peu à peu les législations des Etats-membres.

Il est évident que cet ensemble ouvre à l'historien un champ d'études extrêmement vaste mais aussi plein d'embûches. Ainsi, lorsqu'on s'intéresse à l'élaboration de ces conventions, on s'aperçoit qu'elles résultent souvent d'une coopération plus ou moins conflictuelle entre plusieurs interlocuteurs: Secrétariat général, Assemblée, commissions, comités d'experts et autres organes subsidiaires du Comité des ministres qui décide en dernier ressort. La mise au point de ces accords laisse entrevoir l'influence de certains hommes et les divergences d'attitude et d'intérêts des différents pays membres [14]. Quant à la mise en oeuvre, elle se fait avec une certaine souplesse qui, vue de l'extérieur, s'apparente à la complexité. En effet, toutes ces conventions ne sont pas signées immédiatement par tous les Etats membres mais certaines sont ouvertes à des pays non membres; chacun des signataires ne souscrit pas forcément à l'ensemble des clauses dont certaines peuvent être facultatives, puis l'entrée en vigueur se fait après un certain nombre de ratifications variable selon les conventions.

Toutes ces activités, parfois discrètes voire ingrates, font du Conseil de l'Europe un organisme suffisamment attractif puisqu'il ne cesse de s'élargir depuis 1949. A sa naissance, en pleine escalade de la guerre froide — le Congrès de La Haye se réunit quelques semaines après le «coup de Prague» et le traité de Londres est signé tout juste un mois après le Pacte atlantique — le Conseil de l'Europe porte les stigmates de la division de l'Europe, même s'il est moins étroitement lié à la politique américaine de containment que l'OECE ou la CECA. Il ne comprend alors que dix Etats formant une petite (ou relativement petite) Europe occidentale. On y trouve à côté des Cinq du Pacte de Bruxelles (France, Royaume-Uni, Benelux) les cinq pays invités à se joindre à eux pour les ultimes négociations avant la signature du traité: Irlande, Italie, Danemark, Norvège, Suède. Mais sa vocation paneuropéenne est rappelée dès la première session lorsqu'un représentant, André Philip, fait la proposition — qui restera lettre morte — de réserver quelques sièges vides, de manière symbolique, pour les pays d'Europe centrale et orientale [15]. En fait, pendant quarante ans, le Conseil ne s'ouvre qu'aux pays d'Europe occidentale qui peuvent satisfaire aux

[14] A titre d'exemple, le processus d'élaboration de la Charte sociale a été étudié par V. Löchen, *L'élaboration de la Charte sociale européenne (Convention de Turin, 1961)*, mémoire préparé dans le cadre du DEA Histoire des relations internationales et de l'intégration européenne, Strasbourg III, 1993.

[15] Assemblée consultative du Conseil de l'Europe, P.V. de la première session ordinaire (1949).

conditions fixées par l'article 3, c'est-à-dire aux pays considérés comme ayant la capacité et la volonté de respecter les droits de l'homme et les libertés fondamentales.

Un premier élargissement est décidé dès l'été 1949 lorsque le Comité des ministres invite trois pays — qui sont par ailleurs déjà membres de l'OECE — la Grèce, la Turquie et l'Islande. Presque en même temps, l'Assemblée prend position en faveur de l'admission de l'Allemagne de l'Ouest [16]. Il faut rappeler que cette question de la participation de l'Allemagne est au coeur du débat depuis les premières discussions sur la création du Conseil. Déjà le congrès de La Haye — et même, bien avant, les européistes de la Résistance — avait affirmé que la solution du problème allemand passait par l'intégration européenne [17]. Et, si Robert Schuman s'est engagé avec tant de fermeté en faveur d'une Assemblée européenne, c'était aussi dans l'espoir de régler le problème allemand, d'éviter la renaissance d'un nationalisme allemand et d'empêcher la résurgence d'une politique allemande indépendante [18]. L'empressement des Français les avait alors conduits, en 1948-début 1949, à envisager l'adhésion des Länder occidentaux en attendant la constitution de la RFA. Finalement, le Conseil est créé sans l'Allemagne, mais, le 3 mai, deux jours avant la signature du traité, les ministres des Affaires étrangères des trois Grands occidentaux (Etats-Unis, Royaume-Uni, France) promettent que l'Allemagne pourra être admise dès que son gouvernement sera constitué. Cette admission se fera en deux temps après des négociations assez délicates. En 1950, la RFA adhère comme Etat associé — représenté seulement à l'Assemblée consultative — en vertu de l'article 5 du traité puis elle devient membre à part entière en 1951 [19].

Par la suite, le Conseil de l'Europe accueille des Etats neutres: l'Autriche (en 1956, peu après la signature du traité d'Etat) et la Suisse (1963); des Etats venant d'accéder l'indépendance: Chypre (1961) et Malte (1965); les

---

[16] *Ibid.*

[17] Voir les débats de La Haye et la résolution politique, Archives du Conseil de l'Europe, Strasbourg. Pour les textes des européistes de la Résistance, voir W. LIPGENS, *Europa-Föderationspläne der Widerstandsbewegungen, 1940-1945*, München, 1968.

[18] Voir article cité en note 1 et R. POIDEVIN, "Le facteur Europe dans la politique allemande de Robert Schuman", dans R. Poidevin, *Histoire des débuts de la construction européenne, mars 1948-mai 1950,* Bruxelles, Bruylant, 1986, pp. 311-326.

[19] F. HELL, *Le problème de l'admission de l'Allemagne au Conseil de l'Europe (hiver 1948 - printemps 1951)*, mémoire préparé dans le cadre du DEA Histoire des relations internationales et de l'intégration européenne, Strasbourg III, 1991.

pays ibériques revenus à la démocratie: Portugal (1976) et Espagne (1977) ainsi que des petits Etats: Liechtenstein (1978) et Saint-Marin (1989). Cette marche en avant est marquée aussi par quelques épisodes liés à l'histoire particulière de certains Etats. La Sarre a été membre associé, distinct du reste de l'Allemagne, de 1950 à 1956. La Grèce, soumise à de fortes pressions l'époque du régime des colonels, a préféré se retirer en 1969 — temporairement, elle reviendra en 1974 — plutôt que de courir le risque d'une exclusion [20]. La Turquie s'est vue à plusieurs moments menacée de voir suspendre son droit de représentation au Conseil de l'Europe.

De manière très significative, la Finlande est devenue le 23ème Etat-membre, le 5 mai 1989, jour du 40ème anniversaire du Conseil de l'Europe. Cette date du 40ème anniversaire, est aussi celle d'un nouveau départ, moins sans doute à cause de la déclaration solennelle, faite en cette circonstance, par le Comité des ministres qui annonce «une impulsion nouvelle» et des «orientations nouvelles» qu'en raison des bouleversements qui se produisent alors dans l'Est de l'Europe [21].

Le Conseil de l'Europe est alors apparu comme la structure la mieux adaptée pour accueillir rapidement les pays d'Europe centrale et orientale. Il a cherché à devenir — selon l'expression du Secrétaire général de l'époque — «l'instrument essentiel de sortie de la guerre froide» [22]. Il s'est lancé dans une politique extrêmement active d'ouverture à l'Est, qui le conduit à de nouvelles formes de coopération, notamment pour faciliter la transition démocratique des anciens pays communistes, à de nouveaux développements institutionnels, avec en particulier la réunion du premier sommet des chefs d'Etats et de gouvernement à Vienne, en octobre 1993, et, également à une nouvelle étape dans le processus d'élargissement qui n'est pas encore terminé [23].

---

[20] Sur cette question, voir l'importante étude de S. DIMITRACOPOULOU-DENDOULIS, *Le retrait de la Grèce du Conseil de l'Europe, avril 1967-avril 1970,* mémoire préparé dans le cadre du DEA Histoire des relations internationales et de l'intégration européenne, Strasbourg III, 1987.

[21] Rapport sur les activités du Conseil de l'Europe, 1989, Strasbourg, 1991.

[22] Déclaration de Mme Catherine Lalumière citée par *Le Monde,* 20 septembre 1990.

[23] Au moment de ce colloque, le Conseil de l'Europe compte 34 membres dont 11 entrés depuis 1989, dans l'ordre: Hongrie (1990), Pologne (1991), Bulgarie (1992), Estonie, Lituanie, Slovénie, Slovaquie, République tchèque, Roumanie (1993), Andorre (1994), Lettonie (1995). Sur l'évolution de la procédure d'admission depuis 1989, voir J.-F. FLAUSS, "Les conditions d'admission des pays d'Europe centrale et orientale au sein du Conseil de l'Europe", *Journal européen de droit international,* 1994, Vol. 5, n° 3, pp. 401-422.

Nous entrons là dans l'histoire immédiate, et même dans l'actualité qui n'est pas le terrain de prédilection de l'historien. Mais cette courte introduction se devait d'évoquer le tournant de 1989 qui a été l'occasion de redynamiser le Conseil de l'Europe et de renouer avec ses ambitions paneuropéennes. Reste à savoir dans quelle mesure il pourra relever les grands défis actuels c'est-à-dire contribuer — comme il le souhaite — à la stabilité, à la paix et à la sécurité démocratique en Europe.

I
La mise en route du Conseil de l'Europe

Projets d'Assemblée européenne en 1946-1948: rôle des associations militantes

par Lubor JÍLEK
Institut européen de l'Université de Genève

The leopard has not really changed its spots at all [1].

La sévérité de la métaphore se nourrit d'une opposition tranchée entre diplomates responsables et fédéralistes échevelés: elle est symptomatique d'une vision où, entre le militant et le ministre, il n'y a pas eu de place pour un tiers. Or le Statut du Conseil de l'Europe offre, au moment de son élaboration, une problématique foisonnante qui permet de dégager le rôle d'une troisième figure, celle du parlementaire aux convictions européennes. Il apparaît en effet que, malgré son extrême rareté, cet homme familier des négociations dans un cadre institutionnel précis sut modérer l'ardeur du militant, tout en anticipant sur le compromis que les diplomates, à force de transiger, n'allaient pas tarder à dégager au tournant de 1948-49.

L'examen du lien entre les deux registres d'action n'a évidemment pas été oublié jusqu'ici. La négociation intergouvernementale qui débouche, fin janvier 1949, sur le compromis passé entre Ernest Bevin et Robert Schuman s'inscrit dans la plus traditionnelle logique de transaction bilatérale, sur laquelle les associations fédéralistes n'eurent pas la moindre prise [2]. Ces dernières n'en animèrent pas moins un débat où le thème

---

[1] Allusion au député et auteur fédéraliste Ronald Mackay, du point de vue d'un fonctionnaire au *Foreign Office:* note de R.W.J. Hooper (Political Department), en marge du rapport de Hugh Dalton sur de la 4e session de la Commission des affaires générales, tenue à Strasbourg du 20 au 23 juin 1950; *Documents on British Policy Overseas,* Series II, Vol. I, Londres, HMSO, 1986, p. 223.

[2] M.-T. BITSCH, "Le rôle de la France dans la naissance du Conseil de l'Europe", in *Histoire des débuts de la construction européenne, mars 1948-mai 1950,* actes publiés sous la dir. de Raymond Poidevin, Bruxelles, Bruylant, 1986, pp. 165-98; Pierre GERBET, *et al., Le Relèvement, 1944-49,* Paris, Imprimerie nationale, 1991, pp. 363-88; John W. YOUNG, *Britain, France and Unity of Europe, 1945-1951,* Leicester, Leicester UP, 1984, pp. 108-17 ; Ugo LEONE, *Le origini diplomatiche del Consiglio d'Europa,* Milan, Giuffrè, 1965

d'Europe unie connut, en particulier lors du Congrès de l'Europe réuni à La Haye en mai 1948, une résonance sans précédent [3].

Voilà pourquoi nous nous proposons de retracer ici la gestation, hors des ministères, du projet d'assemblée européenne, afin d'en cerner les deux logiques d'origine, celle d'une campagne d'opinion et celle d'une action politique en terrain parlementaire. Il s'agira de montrer que les quelques parlementaires dont l'action européenne s'appuie sur une observation raisonnée des données d'après-guerre n'assistent pas les bras croisés aux débats en cours. Une analyse lucide de la conjoncture les conduit au contraire à peser directement sur les choix des associations militantes, d'autant plus que celles-ci, sous l'impulsion d'hommes d'autorité comme Duncan Sandys ou Richard de Coudenhove-Kalergi, préfèrent orchestrer d'amples campagnes d'opinion qui se soldent par des rivalités ou des conflits ouverts [4]. On ne saurait en effet amalgamer, à l'enseigne du fédéralisme, des hommes dont les mobiles autant que les comportements obéissent à des logiques inassimilables les unes aux autres. En l'espèce, le rôle de parlementaires comme Ronald Mackay ou Paul Ramadier appellerait une étude circonstanciée qui ne chercherait pas à ménager le protagoniste ni à en justifier les choix, voire à occulter tel aspect de son action: le recul, ainsi que l'accès à une documentation privée favorisent d'ores et déjà le renouvellement de ce domaine de recherche [5].

(avec une commode annexe documentaire sur la confection du Statut, entre décembre 1948 et mai 1949).

[3] Voir *I Movimenti per l'unità europea dal 1945 al 1954,* actes publiés sous la dir. de Sergio Pistone, Milan, Edizioni Universitarie Jaca, 1992, notamment la communication d'Antonio VARSORI, pp. 311-41. Cf. pour l'immédiat après-guerre, Walter LIPGENS, *A History of European Integration,* vol. I : *1945-47 : The Formation of the European Unity Movement,* Oxford, Oxford UP, 1982.

[4] Parmi les études retraçant l'histoire des principaux mouvements, il convient de signaler Alan HICK, "The European Movement and the Campaign for a European Assembly, 1947-50", thèse de doctorat, IUE de Florence, 1981; Martin POSSELT, "Richard Coudenhove-Kalergi und die 'Europäische Parlamentarier-Union', 1946-52", thèse de doctorat, Université de Graz, 1987 [à paraître à Munich, Oldenbourg]; David HERRON, "The Idea of federalism in Western Europe after World War II: an analysis of the goals and tactics of the 'European Union of Federalists' ", thèse de doctorat, Université de Dekalb Ill., 1987; Mary Jo DEERING, *Combats acharnés : Denis de Rougemont et les fondements de l'unité européenne,* Lausanne, Fondation Jean Monnet pour l'Europe, 1991.

[5] On peut observer cette évolution à l'aide des seules études signalées à la note précédente. Pour une esquisse de la trajectoire intellectuelle et politique de Mackay, voir Stefano BRAGHIN, "Ronald Mackay e il problema dell'unità europea" (mémoire Université

Deux choix orientent cette esquisse. D'une part, l'accent est placé sur la phase ascendante du projet d'Assemblée, avant que les effets de l'initiative Bidault ne viennent en bouleverser la finalité. Nous mettons d'autre part en avant l'aspect britannique du débat: les raisons de focaliser l'attention sur les conservateurs et les travaillistes ne manquent pas. Nous choisissons pourtant de privilégier le cas britannique au regard d'un seul élément, celui du consensus large et volatile que le débat sur les enjeux d'une solution fédérale suscite en 1947-48 dans les travées du Palais Bourbon comme dans celles du Montecitorio. L'assise structurelle du bipartisme rend aléatoire une confrontation avec les données italiennes et françaises. Des motions convergentes ont pu certes traduire, en mars 1948, une volonté commune; celle-ci se brise dès qu'elle a affaire à des règles et traditions propres à chaque représentation nationale.

I - OBJECTIFS DES PROMOTEURS D'ASSOCIATIONS

Sandys et Churchill

Le discours de Churchill à Zurich participe à l'évidence d'une vague d'espoirs à peine articulés en matière d'Europe. Des traditions pacifistes s'y mêlent à la conscience d'une communauté de culture: si, à partir de 1947, un sentiment de peur précipite la coagulation d'un consensus anticommuniste, les premières associations du fédéralisme militant ne sont pas pour autant réductibles à une dénomination commune. Procédant d'initiatives civiques, elles traduisent des ambitions régionales et des choix personnels dont la cohérence est parfois difficile à reconstituer.

L'ancien Premier ministre britannique, lui, donne dans le courant de 1946 des impulsions décisives à la rhétorique du combat européen, bien que son objectif se révèle le moins élaboré: est-ce un paradoxe? Après la retombée des espérances nées dans l'exil et la résistance, Churchill est le premier, parmi les hommes politiques d'envergure, à prendre parti dans un débat où s'opposent alors quelques groupes d'activistes. En refusant de céder à Anthony Eden le poste de *leader* de l'opposition et en choisissant le thème protéiforme de l'Europe unie comme son principal cheval de bataille en politique étrangère, il confère à l'enjeu des militants une signification nouvelle. Or là où Coudenhove, pionnier de *Paneurope* dès les

---

de Turin, 1995). Pour cette enquête, nous n'avons hélas pu consulter les archives Mackay, conservées à la London School of Economics.

années vingt [6], n'entend voir que fidélité et cohérence depuis le célèbre article en faveur du Plan Briand [7], il n'y a en réalité qu'incertitude doublée d'improvisations: le raisonnement s'inscrit certes dans le long terme des intérêts britanniques à l'échelle mondiale mais, en même temps, il répond aux impératifs les plus immédiats [8]. Si la première allusion à un Conseil de l'Europe devait beaucoup, en mars 1943, à la conjecture inquiète d'une Europe échappant à l'influence britannique, les termes dans lesquels le problème fut posé au sortir de la guerre témoignèrent des divisions profondes parmi les responsables militaires et politiques de Londres, face aux difficultés croissantes de faire prévaloir les intérêts de sécurité traditionnels sur le pourtour maritime du Vieux-Continent.

Dégagé des responsabilités gouvernementales, jusqu'aux prochaines élections à tout le moins, Churchill module ses avertissements en fonction des destinataires, même si la profusion de la métaphore déteint sur le propos le plus posé. Au-delà de l'électorat britannique et de l'opinion publique européenne, il destine son analyse aux responsables de politique étrangère des grandes puissances. Les points forts de sa vision stratégique, n'ayant guère changé depuis 1943, conviennent en effet parfaitement à une campagne d'opinion: face au péril militaire et révolutionnaire d'une Russie exsangue, le gros des pays d'Europe continentale devra s'unir, dans le sillage d'une réconciliation entre une France promise à retrouver son rang et une Allemagne intégrée aux valeurs démocratiques de la civilisation atlantique. La sécurité de cet Occident-là reviendra, dans un esprit d'égalité, au *special relationship* entre les deux grands peuples anglophones, gardiens de la paix mondiale [9].

---

[6] Cf. notre présentation du mouvement, in "*Paneurope* dans les années vingt: la réception du projet en Europe centrale et orientale", *Relations internationales*, n° 72 (1992), pp. 409-32.

[7] Winston S. CHURCHILL "The United States of Europe", *The Saturday Evening Post* (Philadelphie) du 15 février 1930, pp. 25, 48 et 51; extraits in *Le Plan Briand d'union fédérale européenne: Documents,* recueil publié par Odile Keller *et al.*, Genève, Fondation Archives Européennes, 1991, pp. 16-18. Nous avons présenté Coudenhove et les débuts de son mouvement, in "*Paneurope* dans les années vingt: la réception du projet en Europe centrale et occidentale", *Relations internationales*, n°. 72 (1992), pp. 409-32.

[8] Les circonstances et les mobiles du discours de Zurich (19 septembre 1946) sont ainsi à confronter à l'article de 1930: les parallèles, fussent-ils d'ordre personnel, l'emportent largement sur les différences entre les deux situations. Pour le texte, voir Robert Rhodes JAMES, éd., *Winston S. Churchill: His complete speeches,* vol. VII: *1943-1949,* Londres, Chelsea House Publ., 1974, pp. 7379-82.

[9] On sait que l'historiographie des origines de la guerre froide a connu un renouvellement notable depuis l'ouverture des archives britanniques: parmi les études les plus

Parallèlement à ses interventions aux Communes et à ses discours dans quelques villes choisies de l'Europe libérée, l'ancien Premier ministre décide en mai-juin 1946 de mettre sur pied un réseau de personnalités chargées de divulguer sa vision dans le pays et sur le continent. En bannissant du propos toute question institutionnelle tant soit peu concrète, il confie la charge de la campagne aux hommes de son entourage au Parti conservateur. A défaut de Cabinet fantôme, Duncan Sandys est en fait investi, malgré la perte de son siège aux Communes, du rôle de *Shadow Foreign Secretary* chargé de marquer hors Parlement toutes les options européennes du parti adverse. Sa position est d'autant plus singulière que l'ancien titulaire du *Foreign Office,* réticent devant les choix européens de Churchill, ne dissimule nullement son approbation de la diplomatie travailliste, voire son amitié pour Ernest Bevin [10]. Les affaires d'Europe redeviennent ainsi un facteur de division au sein des deux grands partis britanniques.

Coudenhove

De retour d'exil en 1946, Richard de Coudenhove-Kalergi partage pour sa part les principales options de l'ancien Premier ministre, comme en témoignent leurs échanges épistolaires tout au long de la guerre [11]. Ceux-ci, nourris de propos sommaires sur l'avenir de l'Europe et la civilisation occidentale à sauvegarder, furent pour beaucoup dans la coïncidence de certaines initiatives, tel le Ve Congrès de l'*Union paneuropéenne* qui s'ouvrit à l'Université de New York, fin mars 1943, au surlendemain de

ingénieuses, voir celles de John Baylis, John Charmley, Anne Deighton, Sean Greenwood, David Reynolds, Geoffrey Warner, John W. Young et Bert Zeeman.

10 Victor ROTHWELL, *Anthony Eden: a political biography, 1931-57,* Manchester, Manchester UP, 1992; Alan BULLOCK, *Ernest Bevin, Foreign Secretary, 1945-51,* Londres, W. W. Norton, 1983.

11 Archives Coudenhove-Kalergi (AP 2, Fondation Archives Européennes, Genève; désormais AP 2, FAE Genève), Correspondance générale. Cf. *Pan-Europe (1923) et le mouvement paneuropéen: Richard N. de Coudenhove-Kalergi entre l'Empire d'Autriche-Hongrie et une Europe gaullienne. Guide de recherche,* Genève, Fondation Archives Européennes, 1994.

l'allusion que fit le Premier ministre, sur les ondes de la BBC, à la nécessité de mettre sur pied un Conseil de l'Europe [12].

Aussi est-ce Churchill qui, en juin 1946, songe à associer Coudenhove à l'œuvre commune, quoique l'aversion que le comte réserve aux Russes lui paraisse excessive et, en tous les cas, trop explicite. En quittant New York, Coudenhove ne dispose pas de projet arrêté pour un continent qu'il n'a pas revu depuis six ans. Faute de mieux, il serait prêt à renouer avec son activisme de conférencier qui, en s'appuyant sur un réseau de comités de patronage constitués d'industriels, d'écrivains et de banquiers, et animés par un esprit de réconciliation entre Allemands et Français, fut relayé par ses interventions personnelles dans les milieux gouvernementaux, comme il le fit au temps du Plan Briand [13]. Au sortir de la guerre, son unique certitude est de voir bientôt les Etats-Unis résolus à assumer une influence déterminante en Europe occidentale, en vue d'y favoriser l'émergence d'une fédération régionale évoluant dans le système des Nations unies. La date tardive du retour de New York à Gstaad tient précisément au souci d'étayer son réseau de contacts au Congrès, dans l'administration démocrate, ainsi que dans divers cénacles internationalistes de la côte Est.

A la faveur de sondages dans les milieux paneuropéens d'avant-guerre, Coudenhove mesure dès l'été 1946 l'intérêt des parlementaires français, italiens et belges pour le thème de l'Europe unie, en particulier parmi les démocrates-chrétiens et les socialistes modérés. Le discours de Churchill à Zurich marque pour lui un amer apogée: consulté une semaine à l'avance, puis invoqué, devant un auditoire universel, à l'égal d'Aristide Briand, Coudenhove n'est pas entendu en tête-à-tête lorsque, à sa stupéfaction, Churchill refuse de lui confier un rôle qui soit à la mesure de son passé de visionnaire de l'Europe unie. Averti par son entourage, l'ancien Premier ministre va jusqu'à admettre que la notoriété même du comte pourrait devenir une source de confusions, voire un danger pour l'efficacité d'un réseau de personnalités acquises aux vues européennes des *tories*. La venue de Coudenhove à Chartwell, un mois à peine après le discours de Zurich,

---

[12] Frank VEREECKEN, *La lutte pour les Etats-Unis d'Europe : Richard Coudenhove-Kalergi en exil, 1938-1947* (thèse de doctorat, Université de Paris VIII, 1994), Londres, Lothian Foundation Press, 1996, 180 p.

[13] Franck THÉRY, "L'action du mouvement paneuropéen sur la scène franco-allemande entre 1924 et 1932", mémoire de maîtrise, Université Lyon III 1995 [à paraître en 1997 à Genève, Institut européen] ; Laurence BADEL, "Le Quai d'Orsay, les associations privées et l'Europe, 1925-32", in *Europe brisée, Europe retrouvée : nouvelles réflexions sur l'unité européenne au XXe siècle*, sous la dir. de René Girault et Gérard Bossuat, Paris, Publications de la Sorbonne, 1994, pp. 109-31.

se solde ainsi par un désaccord de principe sur l'organisation du courant d'opinion dont ils cherchent l'un et l'autre à se réserver la maîtrise [14].

Voilà pourquoi l'idée de parlement européen prend une forme concrète au cours de l'automne 1946, à Gstaad, dans une logique d'action personnelle appelée à se développer parallèlement à celle des *tories*. Dans l'esprit de Coudenhove, les gouvernements de l'Europe libérale, pour se résoudre à accepter une structure fédérale, doivent être exposés à une contrainte double : une initiative d'origine parlementaire devra se conjuguer avec la pression diplomatique des Etats-Unis intéressés à l'organisation d'un grand marché européen, espace de paix et de prospérité.

Au moment de retourner à Washington pour activer ses appuis au Congrès et au Département d'Etat, Coudenhove apostrophe ainsi, par lettre personnelle, près de 4400 parlementaires d'Europe occidentale : en sondant l'avis de tous ceux qui, à le suivre, peuvent se prononcer librement [15], il formule une question dont il ne semble pas peser l'ambivalence ni les non-dits: «Etes-vous en faveur de la création d'une Fédération européenne dans le cadre de l'ONU?» Comme dans ses enquêtes de 1926 et de 1937, une question de principe et d'opportunité à la fois est appelée à induire un engagement informel qui servirait à rassembler les députés pro-européens dans l'enceinte des représentations nationales. Or parmi les parlementaires interrogés, 1766 acceptent de réagir (soit 41.5%), dont une écrasante majorité répondent oui. Les contingents les plus massifs viennent d'Italie, de Grèce, de France et de Belgique (entre 64 et 52 % de la Chambre). Tandis que les Néerlandais ni même les Suisses ne sont en reste, leurs homologues du Danemark, de Suède, de Norvège et de Grande-Bretagne rassemblent de prudentes minorités, en Scandinavie plus frêles encore qu'à Westminster [16].

---

[14] Correspondance Coudenhove-Churchill, AP 2 (FAE Genève); Sandys à Churchill, 11 septembre 1946, *DHEI* vol. 4, p. 113; Amery à Layton, 1er octobre, *DHEI* vol. 3, p. 668; Richard COUDENHOVE-KALERGI, *J'ai choisi l'Europe*, Paris, Plon, 1952, pp. 300-08; Martin GILBERT, *Winston S. Churchill*, vol. VIII: *'Never despair', 1945-65*, Londres, Heinemann, 1988, en particulier le chap. 13.

[15] Il ne sollicite pas en effet les parlementaires de Bulgarie, de Roumanie, de Yougoslavie, d'Espagne et du Portugal. Outre le cas spécifique des zones d'occupation en Allemagne, on manque d'éléments éclairant les raisons qui conduisent Coudenhove, en octobre 1946, à écarter de son enquête les parlementaires de Pologne et de Tchécoslovaquie. De plus, la présence des Commissions alliées d'armistice en Hongrie et en Finlande n'y a pas empêché la tenue de plusieurs scrutins réguliers, antérieurs à la signature des traités de paix en février 1947. Les parlementaires d'Autriche, eux, font partie des sondés.

[16] Cf. Martin POSSELT, "Richard Coudenhove-Kalergi", notamment les chap. III et IV.

Porté par la tension des premières semaines de 1947, puissamment relancé à la mi-mars et au début juin par les discours du président Truman et du secrétaire d'Etat Marshall, le sondage aboutit à un succès inattendu: surpris, et occupé à consolider son influence entre Washington et New York, Coudenhove ne met au point un premier programme sommaire qu'en janvier 1947. S'il évoque un «parlement pour l'Europe», le mémorandum esquisse une marche sinueuse vers cet objectif lointain. L'idée neuve est de constituer dans chaque Chambre un comité parlementaire inter-partis qui serait convié à déléguer à un «Congrès européen» un nombre de députés proportionnel à la population nationale. Or ce Congrès, malgré sa légitimité, ne serait doté d'aucune compétence législative. Autorité morale, instance d'études et de propagande, il se bornerait à faire des recommandations aux gouvernements avant d'élire un «Conseil de l'Europe» qui, lui, serait «un organe consultatif permanent auprès des gouvernements et de l'ONU» [17]. Voyant, de retour en Suisse, grossir l'afflux des réponses affirmatives, Coudenhove décide en mai 1947 de convoquer à Gstaad une première conférence: début juillet, une vingtaine de députés venus d'Italie, de Grèce et de Belgique y créent aussitôt une *Union parlementaire européenne.* Nommé secrétaire général, Coudenhove engage l'*Union* dans une voie qui cherchera à concilier la démarche de prospection et d'influence en milieu parlementaire avec ses activités de conférencier: les impératifs de celles-ci ne manqueront pas de déteindre en retour sur le projet d'assemblée européenne.

De façon analogue, la stratégie de Sandys procède d'une campagne de promotion d'idées. Certes, Churchill constitue aux Communes dès novembre 1946 un premier *All-Party Group,* malgré un désaveu d'Attlee repoussant toute collaboration avec l'opposition [18]. Mais la faiblesse des effectifs pro-européens à Westminster conduit Churchill, Sandys et Amery à lancer une campagne d'opinion mobilisant des appuis dans divers milieux politiques, ecclésiastiques et syndicaux, et bénéficiant d'un soutien significatif du patronat industriel. Pour sa part, l'appareil du *Labour,* sachant multiplier toutes sortes d'obstacles, ne dissimule pas sa résolution d'enrayer, coûte que coûte, la percée d'une association active en politique étrangère et composée de conservateurs mêlés de quelques universitaires

---

[17] "Mémorandum sur l'organisation d'un Parlement pour l'Europe", du 27 janvier 1947, AP 2 (FAE Genève), Mémoradums; version anglaise, in *Documents on the history of European integration,* publiés par Walter Lipgens *et al.,* Berlin, Walter de Gruyter, 1985-92 (désormais *DHEI*), vol. 4, pp. 122-23.

[18] Churchill à Attlee, 27 novembre, et Attlee à Churchill, 4 décembre 1946, in Martin GILBERT, *Winston S. Churchill,* vol. VIII, pp. 287-88.

travaillistes. Groupement de personnalités mis sur pied en janvier 1947, *United Europe Movement* divulgue aussitôt sur une grande échelle les principaux thèmes churchilliens.

A défaut d'un réseau de comités nationaux sur le continent, Sandys obtient la création d'un Comité de liaison entre les quatre formations militant en faveur de l'Europe unie [19]. Tout en cherchant à intégrer les milieux parlementaires, le nouveau Comité dont Sandys s'assure naturellement la présidence vise en priorité à amplifier la campagne d'opinion: l'objectif d'une assemblée européenne reste absent des préoccupations immédiates des *tories.*

Mackay

A l'inverse, la démarche essentiellement parlementaire de Ronald Mackay traduit l'aboutissement d'une trajectoire peu commune. Avocat originaire de Sydney, il décida en 1934 de s'établir à Londres sur les conseils de Stafford Cripps dont allait le rapprocher plus d'un choix personnel. Critiques l'un et l'autre vis-à-vis du *Labour,* ils rompirent à la veille de la guerre — avant de renouer avec lui à l'approche des élections de 1945. Essayistes et conférenciers de formation littéraire devenus des hommes de loi, ils conçoivent tout enjeu politique comme un *court case* susceptible d'être plaidé: une argumentation de qualité ne peut qu'emporter la conviction. Sceptiques au sujet des liens existant entre la métropole et l'Empire, ils analysent les rapports de force mondiaux en termes d'un équilibre où l'URSS devrait trouver sa place, malgré le sous-développement du pays et l'autoritarisme extrême du régime. En comparaison avec un Cripps prolifique, Mackay restreint ses écrits au domaine du fédéralisme européen: dès mars 1940, il signe l'une des contributions majeures au débat et propose une trame constitutionnelle à une entité supranationale d'Europe occidentale où la France et la Grande-Bretagne sont appelées à retrouver une Allemagne démocratique [20].

---

[19] Outre *United Europe Movement,* Sandys réussit en effet à rassembler l'*Union européenne des fédéralistes* (Spinelli, Marc, Frenay), *l'Union parlementaire européenne* (Coudenhove), ainsi que la *Ligue indépendante de coopération économique* (van Zeeland). Cf. Walter LIPGENS, *A History,* pp. 657-84.

[20] Ronald MACKAY, *Federal Europe,* Londres, Michael Joseph, 1940; le texte fut aussitôt réédité, sous le titre *Peace Aims and the New Order,* New York, Dodd, Mead & Cy, 1941. (Des extraits significatifs se trouvent disséminés in *DHEI* vol. 2, première partie.) Pour sa trajectoire d'homme politique, voir Ben PIMLOT, *Labour and the Left in the 1930s,* Cambridge, Cambridge UP, 1987; Jonathan SCHNEER, *Labour's Conscience: The Labour*

Elu en juillet 1945 au siège de Hull, Mackay ne renie rien des analyses qu'il avait développées durant la guerre, tantôt à *Federal Union,* tantôt au sein de *Common Wealth,* parti éphémère cherchant à grignoter à coups d'élections complémentaires sur la gauche du *Labour.* Dès janvier 1943, il estime que la Grande-Bretagne doit assumer en Europe un rôle qu'elle n'y a jamais tenu: le Canada et l'Australie cherchant à Washington un supplément de sécurité, la désuétude des conférences impériales appelle à son avis une refonte en profondeur des rapports avec les pays promis à l'indépendance [21]. Au début de 1947, parallèlement aux experts du Département d'Etat mettant au point le plan d'aide à l'Europe, Mackay identifie les raisons industrielles et commerciales du déclin britannique engagé dès avant 1913. La taille restreinte du marché national comme la vétusté des industries ne trouveront remède que dans une union douanière et monétaire d'Europe occidentale; la reconstruction européenne, si elle est entreprise dans un cadre fédéral, lui apparaît comme un préalable à la reprise des exportations britanniques et du commerce mondial en général. Il estime que seule la Grande-Bretagne est à même de prendre l'initiative de l'entreprise qui hisserait l'Europe de demain au rang d'une troisième force, élément d'équilibre à l'échelle planétaire. La politique de Bevin, sans parler de la campagne de Churchill et de son groupe, lui semble inadéquate car les moyens de grande puissance font désormais défaut au pays, confronté aux problèmes économiques similaires à ceux de l'Italie et de la France [22]. Rien d'étonnant à ce que la virulence de la critique en fasse l'un des quinze signataires du pamphlet *Keep Left* qui, fin avril, passe au crible les principales options de Bevin et d'Attlee depuis la fin de la guerre [23]. Ses interventions aux Communes comme la correspondance qu'il engage avec Coudenhove dès janvier 1946, l'incitent à concentrer la critique du *Labour* sous le drapeau d'un groupe parlementaire acquis à la cause d'une Europe fédérale.

Left, 1945-51, Boston, Unwin Hyman, 1988; Richard MAYNE, *et al., Federal Union: The Pioneers,* Londres, Macmillan, 1990.

[21] Conférence donnée en janvier 1943 devant le *National Peace Council,* dont un extrait est repris, in *DHEI*, vol. 2, pp. 222-24.

[22] Conférence de presse donnée à New York, le 2 avril 1947 ; "Memorandum on Britain's Economic Future", mai 1947. Les deux textes furent repris in *You can't turn the clock back,* Chicago, Ziff-Davis Publ., 1948, pp. 4 et ss. et 341 et ss. ; discours aux Communes, 6 août 1947, et lettre à Coudenhove, 27 août, in *DHEI* , vol. 3, pp. 679-81 et vol. 4, pp. 124-26.

[23] Richard CROSSMAN *et al., Keep Left: by a group of Membres of Parliament,* Londres, The New Statesman & Nation, 1947.

Dans le cours de l'été 1947, en l'espace de quelques semaines, les trois protagonistes se dotent ainsi d'instruments d'influence dont ils entendent se servir dans le débat européen: l'*Union* depuis Gstaad, le Comité de liaison à Paris et à Londres, enfin un embryon de groupe européen des travaillistes à Westminster. Les buts respectifs de Coudenhove, de Sandys et de Mackay, à savoir l'avènement d'une Europe unie à l'aide d'institutions nouvelles, ont tendance à rapprocher les trois hommes; les moyens qu'ils comptent engager dans cette perspective mettent rapidement en lumière les traits particuliers dans la démarche de chacun.

II - UNE VOIE PARLEMENTAIRE: DE WESTMINSTER À LA HAYE

La tenue du Ier Congrès de l'*Union parlementaire européenne,* au début septembre 1947 à Gstaad, doit marquer l'affirmation d'une légitimité nouvelle en Europe. Certes, l'assise en demeure restreinte à 114 députés venus de dix pays; ils souscrivent cependant à l'objectif d'agir par le biais des groupes parlementaires fédéralistes, et s'accordent pour charger la Commission juridique de l'*Union,* présidée par François de Menthon, d'élaborer un projet de Constitution européenne. Le vote des résolutions, le 10 septembre, s'inscrit par conséquent dans la perspective d'une constituante, tandis que la présence de Sandys parmi les nombreux observateurs venus à Gstaad annonce une convergence des efforts militants, en vertu d'une répartition des fonctions dont les quatre principales associations ont convenu fin juillet à Paris.

Or la stratégie parlementaire définie par Coudenhove ne tarde pas à se briser sur les choix dictés par les objectifs spécifiques de ses partenaires et rivaux; la conjoncture ne fera qu'en amplifier les divergences. Persuadé de la cohérence de sa démarche, surestimant la force de ralliement du message européen au sein de classes politiques confrontées à bien d'autres enjeux, Coudenhove n'accepte aucune coordination qui entraverait sa marche *Vers un parlement européen* [24]. De plus, le dessein de mettre sur pied un *American Committee for a Free and United Europe,* ainsi que le souci de suivre les débats parlementaires au Congrès où, jusqu'en avril 1948, on examine les dispositions du Plan Marshall, retiennent Coudenhove aux

---

[24] Titre de la brochure présentant les résultats obtenus depuis le discours de Churchill: Gstaad, Union parlementaire européenne, décembre 1947. Réticent à ratifier l'accord de coordination du 20 juillet 1947, Coudenhove en s'isolant ne manque pas en retour de nourrir la méfiance de Sandys et de son Comité. Cf. Alan HICK, "The European Movement"; Martin POSSELT, "Richard Coudenhove-Kalergi", *passim.*

Etats-Unis durant les mois décisifs pour l'organisation du grand rassemblement convoqué à La Haye. Le seul point d'entente avec Churchill reste la propagande et l'ampleur de l'effort à fournir, fût-ce aux dépens d'une réflexion sur l'action à long terme.

Pour sa part, Sandys s'attache à contenir, dans le cadre du Comité, les excès de l'activisme pro-européen, ceux en particulier des courants radicaux qui animent les débats parfois confus au sein de l'*Union européenne des fédéralistes.* Soucieux d'occuper le terrain en se plaçant à la tête des associations militantes, Sandys prépare La Haye dans une finalité exclusive de propagande. La perspective d'une assemblée, fût-elle ligotée, est toujours absente de ses projets; un «Conseil européen» tiendrait lieu d'instance de consultation et de coordination des politiques nationales dans le cadre intergouvernemental habituel [25]. La transformation du squelettique Comité de liaison, fin décembre 1947, en un *Comité international de coordination des mouvements pour l'unité européenne,* traduit l'emprise de Sandys sur les associations, chargées d'amplifier l'écho du projet qui prend forme dans le milieu étroit des *tories* intéressés à l'Europe.

La montée des tensions dans les premiers mois de 1948 vient bouleverser les conditions où les démarches de Sandys et de Coudenhove devaient se déployer: l'un, pas plus que l'autre, n'a de prise sur l'émergence d'un milieu parlementaire dont le consensus n'obéit pas à la formule de groupe fédéraliste inter-partis esquissée par Coudenhove. C'est bel et bien Mackay qui, entre janvier et juin 1948, entreprend un effort décisif dans la recherche d'un compromis en matière d'assemblée européenne. Cette impulsion, issue des Communes au moment où Bevin vise à expliciter son idée de *Western Union,* aura à se colleter avec celle du gouvernement français qui cherchera, dès juillet, à définir une politique de rechange à l'égard de l'Allemagne.

L'ambition du *back-bencher* Mackay se dessine à un triple niveau. En contestant aux conservateurs le droit à l'exclusivité du débat qu'ils ont engagé depuis 1946, il vise à élargir le courant pro-européen parmi les députés travaillistes et, du coup, à renforcer son influence personnelle au sein du parti. Le trait original de sa démarche, au regard des réticences du *Foreign Office,* revient à plaider — par voie parlementaire et militante à la fois — en faveur d'une *Western Union* dont Bevin vient de proclamer la

---

[25] Note interne de Sandys, "Organizational Arrangements for the Conference", 11 décembre 1947, et "Suggested Outline of the Political Report", du 21 décembre 1947, in *DHEI*, vol. 4, pp. 328-32.

nécessité, dans le grand discours du 22 janvier [26]. Le dessein de constituer un groupe parlementaire se heurte néanmoins à toutes sortes de difficultés: divergences idéologiques, d'abord, entre ténors intellectuels du parti mais aussi hostilité de l'appareil travailliste jaloux de contrôler les contacts internationaux du *Labour,* pour mieux enrayer l'initiative européenne de Churchill. Il ne manque au tableau que la réticence des conservateurs eux-mêmes envers le travailliste aux convictions européennes solidement argumentées: à Gstaad, il fut censuré par deux de ses collègues des Communes [27].

Mackay n'en réussit pas moins le tour de force consistant à organiser dès décembre 1947 un premier *Labour Europe Group,* puis à obtenir l'appui déterminé d'un unioniste écossais de premier plan, Robert Boothby [28], au point de convenir avec lui d'une motion où il loge l'essentiel de ses objectifs, sans céder grand-chose en contrepartie, sinon une allusion aux liens avec l'Empire. Ilfinit par constituer un *All-Party Group* dont il s'assure également la présidence, dans l'idée d'y faire prévaloir la prépondérance travailliste existant à la Chambre. Peu importe que le *Labour Europe Group* lui-même éclate, sous les coups de l'interdit lancé par l'appareil travailliste réitérant, par tous les canaux, son hostilité à l'Europe churchillienne. L'isolement de Mackay est brisé en février-mars 1948, sous l'effet des regroupements que provoque le tournant de la guerre froide : son initiative porte aussitôt des fruits appréciables, à la fois aux Communes et au cours des travaux préparatoires du Congrès de La Haye.

Le Rapport politique que Sandys voudrait présenter au Congrès s'en trouve remanié de fond en comble. En reléguant la propagande au second rang, Mackay met en avant les valeurs démocratiques et la diversité culturelle du continent. Dans le court terme, il préconise des mesures

---

[26] L'ambivalence de plusieurs propositions nourrit un débat dans la presse: le courrier des lecteurs de *The New Statesman & Nation* apparaît significatif à cet égard, de février jusqu'en avril 1948.

[27] Le discours d'ouverture de Mackay, rédigé le 5 septembre, n'a été ni prononcé ni publié au Congrès de l'*Union,* en raison de l'opposition de Peter Macdonald et de Walter Smiles: tour à tour, ils invoquèrent l'excès de fédéralisme et le manque de représentativité de Mackay. Le *New York Herald Tribune* du 10 septembre y ajoutera le soupçon d'attitudes pro-soviétiques. Cf. le dossier "Congrès de Gstaad, 1947", AP 2 (FAE Genève).

[28] Auteur en février 1946 de l'un des premiers plaidoyers en faveur d'un bloc économique d'Europe occidentale dirigé par la Grande-Bretagne. Jeune homme, il fut, de 1926 à 1929, le secrétaire parlementaire de Churchill, alors Chancelier de l'Echiquier; sa trajectoire flamboyante donnera lieu à une biographie vive en couleurs: JAMES, Robert Rhodes, *Bob Boothby: a portrait,* Londres, Hodder & Stoughton, 1991.

institutionnelles d'urgence qui, sur plusieurs points, anticipent sur les dispositions de la convention de l'OECE qui est sur le point d'être signée à Paris. L'architecture d'ensemble ménage délibérément les intérêts des gouvernements: l'assemblée qu'il propose serait purement consultative [29].

Alors qu'aux Communes, sa motion recueillit près de deux cents signatures [30], Mackay se voit investi à La Haye, aux côtés de Hendrik Brugmans et du MRP André Noël, de la charge de rédiger le projet de résolution politique. Au terme d'un débat tumultueux où la proposition de Paul Reynaud d'élire un parlement au suffrage universel se trouve vite neutralisée, le Congrès de La Haye en revient à la rédaction d'origine due à Mackay [31].

Le député de Hull, parti d'une position de faiblesse et cherchant à sauvegarder la substance de son projet de 1940, s'impose ainsi comme l'artisan d'une formule médiane. Celle-ci salue les résultats de la conférence de Paris, tout en jugeant insuffisantes les institutions de l'OECE pour servir d'assise à une solution proto-fédérale ; celle qu'il avance a pour avantage de ménager les intérêts immédiats des Etats, en contrepoint d'un projet où l'assemblée serait cantonnée dans une activité d'études et de conseil, et dépourvue de la moindre compétence législative aussi longtemps qu'un parlement européen ne pourra être élu au suffrage universel [32].

Sandys réitère pour sa part, du haut du Comité, de vastes ambitions de propagande qu'appelle le soudain écho dans le public du projet d'assemblée: ce dernier devrait en devenir l'élément porteur. A son avis, l'agitation devrait s'étaler sur une douzaine de mois, quitte à faire déborder le mouvement du cadre des associations militantes pour susciter des pressions populaires en faveur d'une assemblée européenne [33].

---

[29] Rapport politique dont la rédaction définitive date des derniers jours de mars 1948; in *DHEI*, vol. 4, pp. 333-38. Cf. le projet de Sandys, «Suggested Outline of the Political Report», du 21 décembre 1947, in *DHEI* , vol. 4, pp. 330-332.

[30] Les conservateurs s'y trouvent, en proportion, légèrement plus nombreux que les travaillistes: respectivement 36 et 29% de leurs effectifs parlementaires.

[31] Congrès de l'Europe, *Verbatim Report,* [slnd, Londres 1949], *passim ;* un choix d'interventions, in *DHEI*, vol. 4, pp. 339-351.

[32] "Draft resolution", [sd, du 3 mai], et "Political resolution", votée le 10 mai 1948, in *DHEI*, vol. 4, pp. 338-339 et pp. 345-47.

[33] Sandys, "Organization, objectives and plan for the European Campaign", note interne [sd, fin mai 1948], in *DHEI*, vol. 4, pp. 353-358.

La modération des textes politiques issus de La Haye tient à l'évidence au jugement pondéré des rédacteurs fédéralistes. Lorsque, de retour à Londres, une vingtaine de députés conduits par Mackay et Churchill viennent présenter la résolution à Bevin et Attlee, les deux ministres soulèvent une série d'objections; dans un commentaire explicatif à l'intention du Premier ministre, Mackay met en relief la fonction d'une instance intergouvernementale sauvegardant les droits des Etats, aux côtés d'une assemblée largement ligotée dans ses compétences [34]. La résolution politique de La Haye marque par conséquent le point d'aboutissement d'une analyse parlementaire exclusivement britannique: elle procède d'un noyau pro-européen des Communes et remonte au compromis esquissé en février-mars 1948, dans le mémorandum soumis par Mackay et Boothby au Comité international.

Au total, l'attitude pro-européenne consiste en l'occurrence à envisager une structure parlementaire autonome: si les attributions de celle-ci sont susceptibles d'évoluer à terme, l'assemblée reste subordonnée à un organe intergouvernemental doté, lui, de compétences législatives. L'essentiel de la démarche de Mackay consiste à provoquer une décision gouvernementale qui permettrait à la Grande-Bretagne d'affirmer son ambition européenne et d'initier une lente évolution en faveur d'institutions appelées à bénéficier ultérieurement de transferts partiels de souveraineté.

Le refus du Whitehall d'envisager le moindre pas dans une perspective semée d'inconnues donne au gouvernement français toute latitude pour envisager une initiative d'envergure. Les mobiles du tournant procèdent cependant de la position spécifique de la France en été 1948.

III - NÉGOCIATION, CONSULTATION, NEUTRALISATION

L'initiative spectaculaire de Georges Bidault ouvre la phase gouvernementale du processus lorsque, certes ministre démissionnaire, il propose au Conseil consultatif des Cinq réuni le 19 juillet à La Haye de mettre sur pied un parlement européen, de pair avec une union économique et monétaire. En règle générale tient-on ce tournant pour une percée du fédéralisme européen au niveau des gouvernements [35]: il aboutit en effet,

---

[34] Note interne de l'*United Europe Movement* sur l'entretien d'Attlee et Bevin avec la délégation des parlementaires, 17 juin 1948, in *DHEI*, vol. 3, pp. 709-712 ; Mémorandum de Mackay, [sd, fin juillet 1948], in *DHEI*, vol. 4, pp. 132-135.

[35] Le choix comme la présentation des pièces, in *DHE*, vol. 4, chap. V, obéit à ce raisonnement. Pour l'analyse du *breakthrough* par Alan HICK, voir "The European

dès septembre, à la négociation entre les Cinq d'où sortira en 1949 la rédaction définitive du Statut du Conseil de l'Europe [36].

Cette issue autorise toutefois une mise en perspective plus contrastée des rapports entre les partisans d'une Assemblée européenne: l'été 1948 n'est-il pas, au lendemain même du Congrès de La Haye, le début du déclin, c'est-à-dire le sommet d'une vague d'attentes et de projets dont les associations militantes se font les hérauts depuis 1946? Sans doute escomptent-elles, durant quelques semaines, pouvoir peser sur le cours des tractations ministérielles; il apparaît toutefois que, pour des raisons de personnes autant que de structures, leur rôle d'impulsion prend fin à ce passage de témoin. Elles ont le choix entre la soumission d'un soutien de propagande et l'indépendance d'une action d'éclaireurs dépourvue d'influence pratique. Sandys, Coudenhove comme d'autres encore cherchent à reporter l'échéance du choix; il revient à Paul Ramadier d'incarner le changement qu'entraîne, dans le courant de juillet-août 1948, l'entrée des gouvernements nationaux dans le domaine réservé jusque-là aux associations fédéralistes. Après le geste surprenant de Bidault qui prit de court les militants plus encore que les classes politiques nationales, c'est bel et bien Ramadier, de retour au pouvoir, qui imprimera au débat sur l'Assemblée une tournure inattendue: en lieu et place d'une percée, un début de réalisation d'une structure intergouvernementale étriquée provoquera le déclin de ceux qui portent le projet d'Assemblée depuis bientôt deux ans.

Sandys raisonnait sans doute en termes simples lorsqu'il fit, à la mi-mars 1948, coopter Ramadier dans son Comité: modéré, anglophile, indépendant de l'appareil du parti, enfin président du Conseil entre janvier et novembre 1947 [37], il était, parmi les socialistes de premier plan, le seul Français disponible après que Léon Blum déclina l'offre du Comité. Or ce choix, de par le cumul de ses responsabilités personnelles, va se révéler déterminant dans le rapport entre les associations et le gouvernement français [38].

Movement", chap. 7 et 8 ; le tournant de la politique allemande de Paris, ses prodromes dès avril-mai et ses effets immédiats n'y sont pas pris en compte.

[36] Voir la note 2.

[37] D'Olivier PHILIP (1950) à John W. YOUNG (1984), on commet des contresens sur ce point, à partir d'erreurs de datation: cf. respectivement *Le problème de l'union européenne*, Neuchâtel, La Baconnière, 1950, p. 219 ; *Britain*, p. 110.

[38] Un tel cumul n'a pas été une nouveauté pour Ramadier: président du Conseil, il fut en juillet 1947 co-fondateur du *Conseil français pour l'Europe unie*, dirigé par Courtin, Herriot et Dautry, et associé à *United Europe Movement* de Churchill.

Président de la Commission politique au Congrès de La Haye où son implication fut trop tardive pour être influente [39], il est élu trois semaines plus tard à la présidence de la Commission institutionnelle: le parlementaire fort réservé à l'égard des militants sans légitimité se voit chargé de la rédaction des mémorandums à soumettre à l'OECE. L'ancien président du Conseil se trouve ainsi à un point stratégique au moment où s'ouvre à Paris une longue crise gouvernementale. Homme politique «de tempérament radical» [40] s'attendant comme beaucoup à la chute du cabinet Schuman, il sonde le Premier ministre Spaak sur les chances de succès, dans une perspective franco-belge, d'un plan de campagne et du projet d'Assemblée avancés par le Comité [41]. Le surlendemain, il devient ministre d'Etat dans le cabinet André Marie (26 juillet-5 septembre 1948), avant d'être nommé le 11 à la Défense nationale (cabinet Queuille).

Cette issue, si elle était peut-être prévisible au mois de mars précédent, correspond-elle à l'attente des associations? Ramadier pèse de tout son poids pour obtenir au plus vite une rédaction plus modérée du projet d'assemblée issu de La Haye: le Comité international accepte notamment de ménager davantage les intérêts des gouvernements, suggère un schéma précis de conférence préparatoire et propose que la charge de négocier passe des Seize de l'OECE aux Cinq du traité de Bruxelles [42]. La vive insistance du ministre d'Etat traduit l'urgence de définir une politique de rechange de la France envers l'Allemagne et l'Europe [43].

---

[39] Au colloque du centenaire de Ramadier, les deux communications consacrées aux questions européennes retracent son rôle personnel, sans en aborder plus en détail les moments forts: *Paul Ramadier, la République et le socialisme,* actes publiés sous la dir. de Serge Berstein, Bruxelles, Complexe, 1990. On continue donc ici et là de lui attribuer la paternité de la Résolution politique, voire celle du Rapport ; nous venons de voir pourquoi l'une et l'autre reviennent à Mackay.

[40] Jacques CHAPSAL, *La vie politique en France depuis 1940*, Paris, PUF, 1966, 160 p. Pour le contexte, voir Wilfried LOTH, *Sozialismus und Internationalismus : die französische Sozialisten und die Nachkriegsordnung Europas, 1940-50*, Stuttgart, Deutsche Verlags-Anstalt, 1977, en particulier les chap. V et VI.

[41] Protocole confidentiel sur l'entretien Ramadier-Spaak, 24 juillet 1948, cité par Alan HICK, "The European Movement", f. 280-81.

[42] Mémorandum du Comité international présenté aux gouvernements des Seize, du 18 août 1948, Documentation française, *Notes et études documentaires* n°. 1081 (1948); version anglaise, in *DHEI*, vol. 4, pp. 360-362.

[43] Voir, sur le tournant, les études de Raymond POIDEVIN, réunies désormais, in *Péripéties franco-allemandes: du milieu du XIXe siècle aux années 1950,* Berne, Peter Lang (collection Euroclio), 1995.

Du coup, le rapport entre associations et gouvernements fait l'objet d'une nouvelle donne: elles se trouvent d'abord encadrées, puis neutralisées — à l'avantage des parlementaires — par celui qu'elles tiennent pour leur porte-parole en milieu officiel français. La plus conséquente d'entre elles, à savoir l'*Union parlementaire européenne* réunie en congrès à Interlaken en vue d'arrêter, début septembre 1948, un projet de constitution fédérale en chantier depuis treize mois, se trouve ainsi écartée des travaux préparatoires en cours. Marginalisée, n'offrant pas de projet adéquat, l'*Union* se disloque progressivement, sous les coups d'une confrontation interne entre Coudenhove et Mackay: le secrétaire général tient à rester maître à bord, à l'aide notamment d'un projet de constitution élaboré en exil, tandis que le vice-président, sans oublier le sien datant de 1940, cherche à déplacer le centre de gravité de l'*Union* vers Londres, pour s'appuyer sur elle à l'avantage de son action parlementaire aux Communes [44]. Prise de vitesse par l'initiative française, l'*Union* s'est engagée à corps perdu dans la rédaction d'un Plan d'Interlaken aussi radical qu'inachevé, et dépourvu d'utilité immédiate, si ce n'est celle de convenir à la propagande — et de servir de repoussoir aux adversaires de toute assemblée dotée de quelque autonomie [45].

La consultation des militants par le Comité d'études des Cinq, début décembre 1948, illustre l'engrenage de leur neutralisation progressive [46]. Le Comité international qui s'institutionnalise pour l'occasion à l'enseigne de *Mouvement européen* [47], réussit à traduire les attentes gouvernementales — au prix d'une séparation d'avec les associations fédéralistes dont il était censé coordonner les activités; il est vrai que les composantes modérées du Comité disposaient d'entrées et de contacts personnels

[44] Correspondance entre Coudenhove, Mackay et le président de l'*Union* Georges Bohy, socialiste belge, inAP 2 et AP 3 (Fonds Enzo Giacchero, président du Groupe fédéraliste au Parlement italien), FAE Genève.

[45] Ainsi Ernest Bevin, dans sa charge aux Communes, le 15 septembre: 456 House of Commons, *Debates,* 5s, col. 96-107. Pour le Plan et son élaboration, AP 2, dossier "Interlaken 1948" (FAE Genève).

[46] Ils ne sont pas entendus en séance plénière mais au sein du sous-comité Loesch, mis sur pied fin novembre pour trouver un arrangement entre Britanniques et Français; cf. Marie-Thérèse BITSCH, "Le rôle de la France", pp. 186-189.

[47] Discours de Sandys à l'Hôtel-de-Ville de Bruxelles, le 25 octobre 1948, in *DHEI*, vol. 4, pp. 366-367.

susceptibles de les renseigner sur le tournure des négociations [48]. Pour sa part, l'*Union parlementaire européenne* se dissout dans l'incohérence, en renouant avec les vieux démons — celui du *blue-print* fédéraliste chez Mackay, celui d'un message continental sommaire chez Coudenhove, conférencier soucieux d'échos et de symboles, aux dépens d'une prise réelle sur les négociations politiques en cours [49].

Parlementaires et meneurs d'opinion

Les origines d'une Assemblée consultative, dût-elle être ligotée, mettent en relief les composantes de l'activisme européen dont on aurait tort d'amalgamer les objectifs et les méthodes d'action sous un vocable commun [50]. Certes, à des degrés divers, elles furent toutes fécondes dans la phase ascendante du processus, lorsque leur rôle de réflexion et d'impulsion ne pouvait être pris en charge par aucune instance paragouvernementale. A l'inverse, aucune d'entre elles ne fut entendue lorsque, enfin consultées, elles purent faire valoir leurs avis — qu'il s'agisse des parlementaires fédéralistes ayant fait vœu de modération, ou des courants radicaux d'ascendance spinélienne qui commençaient à s'imposer dans les instances dirigeantes du fédéralisme européen. Le «compromis de Londres» allait ainsi prendre forme, au tournant de 1948-1949, à la faveur d'une transaction ignorant les propositions qui, articulées dans le sillage du Congrès de La Haye, anticipèrent avec force sur la formule du Statut, celle d'une Assemblée consultative subordonnée à l'instance intergouvernementale.

Et pourtant, si l'on se place au point de vue des Etats, l'émergence d'une première assemblée européenne met en lumière la conjonction de deux types d'activisme. Les parlementaires aux convictions européennes font preuve de réalisme et de pondération dans les circonstances propices à

---

48 "Mémorandum présenté par le Comité exécutif du Mouvement européen", du 23 novembre 1948, AP 2 (FAE Genève); des extraits en version anglaise, in *DHEI*, vol. 4, pp. 368-373.

49 Ils présentent chacun, le 8 décembre, un mémorandum personnel au Comité d'études, AP 2 (FAE Genève), Mémorandums.

50 On ne manquerait pas de ressusciter le raccourci d'analystes mal renseignés: dans l'optique du Quai d'Orsay, le terme de fédéralistes désignait, sans exclusive et jusqu'en 1949, tout l'éventail des courants d'opinion pro-européens. Cf. Pierre GERBET, *Le Relèvement*, p. 457, n. 22.

l'adoption de projets ponctuels: entre l'analyse avancée au sein du *Labour Europe Group* en janvier 1948 et l'explication présentée à Bevin, au retour de La Haye, la continuité chez Mackay apparaît incontestable, quels que soient son isolement au sein du parti ou les aléas de son action aux Communes. Les meneurs d'opinion, eux, bannissent l'assemblée de leur propos non pas en leur qualité de Britanniques mais en tant que partisans d'un débat de substitution — en attendant que le projet de parlement apparaisse soudain comme un puissant vecteur pour une campagne d'opinion dont les objectifs, avant d'être européens, répondent aux impératifs politiques nationaux.

Le contraste s'accuse ainsi, sur le plan interne, entre les deux protagonistes du débat. L'un manœuvre en dentelle entre groupes parlementaires, à la barbe des *whips*; l'autre assène des arguments imagés et retentissants, modulés au plus près des craintes que charrie la rhétorique de la guerre froide à ses débuts. Le premier projet trouve son origine parmi les *backbenchers* de la gauche travailliste, là où un député venu d'Australie aspire à asseoir une influence d'analyste bien plus qu'une notoriété de Cassandre; le second, ponctué par la puissante imagerie des discours churchilliens, enfle hors Parlement, tout en s'inscrivant en bonne place parmi les objectifs d'un parti d'opposition.

En tant qu'un vieux pionnier de l'Europe unie, Coudenhove aurait pu assumer un rôle de médiateur entre les deux tendances: son idée neuve, celle de parlement européen, fut en effet accompagnée par un discours d'avant-guerre fort daté où les raccourcis historiques et un souffle de défenseur de civilisation lui faisaient rejoindre le propos churchillien. Or ce fut l'analogie de la démarche et les facultés d'un manœuvrier hors pair qui le poussèrent, à l'égard de Sandys, dans une attitude d'indépendance et d'intransigeance absolue. Le réflexe d'homme d'autorité a été pour beaucoup dans le déclin de son influence, avant même que le projet d'assemblée ne soit entré, avec Ramadier, dans le domaine du négociable.

A l'inverse, le fédéralisme intransigeant dont un Ronald Mackay ou un André Philip feront preuve par la suite apparaît comme une réaction au verrouillage institutionnel, tel qu'il fut ancré dans le Statut en mai 1949. Ils en prendront la mesure lors de la première session de l'Assemblée consultative, pour réitérer avec obstination l'ambition d'autonomie revenant à un corps parlementaire. Dès 1950, Mackay présentera un projet de réforme de l'Assemblée consultative [51], le plus élaboré qui ait vu le jour depuis la mise en place du Conseil [52].

[51] Proposition de résolution AS (2) 143, du 21 novembre 1950, tendant à amender le Statut; voir l'Annexe 10, pp. 308-316, in Pierre DUCLOS, *La Réforme du Conseil de l'Europe,* Paris, Librairie générale de droit et de jurisprudence, 1958.

[52] Non réélu en octobre 1951, il allait vouer une attention d'observateur sceptique à l'œuvre parlementaire du Conseil. Cf. Ronald W. G. MACKAY, "Strasbourg in perspective", *Annuaire européen* 4 (1958), pp. 174-192, ainsi qu'une synthèse de ses raisonnements parue au lendemain de sa disparition, *Towards a United States of Europe: an Analysis of Britain's role in European Union,* Londres, Hutchinson, 1961.

Enjeux intérieurs et choix internationaux en Grande-Bretagne (1948-1949)

par Roland MARX
Université de Paris III — Nouvelle Sorbonne

Les deux années cruciales de 1948 et 1949 voient se constituer en Europe, après l'alliance franco-britannique de Dunkerque de 1947, l'Union de l'Europe occidentale, l'Assemblée Consultative du Conseil de l'Europe et, pendant que se développent par ailleurs les instances des Nations Unies, deux regroupements plus «atlantiques», l'Organisation Européenne de Coopération Economique et l'Alliance de l'Atlantique-Nord. A chaque fois, le rôle du Royaume-Uni a été déterminant. En particulier, l'UEO est née d'une redéfinition, en janvier 1948, par le Ministre anglais des Affaires Etrangères Ernest Bevin, de la politique de son pays face à la montée du péril «rouge»: elle avait pour objet de ramener le partenaire américain vers le Vieux Continent en application de la doctrine Truman d'aide aux pays libres résolus à se défendre contre le communisme. Cependant que l'organisation économique de l'Europe a constitué la condition américaine à laquelle se soumettre, tout comme les autres preneurs, pour bénéficier de l'aide Marshall. Quant au Conseil de l'Europe, il paraît plonger ses racines dans une résolution très fermement affichée d'hommes d'Etat, dont le plus éminent a été Winston Churchill, et les Britanniques ont fortement influé sur la définition de l'Assemblée consultative comme sur sa localisation à Strasbourg.

Si ces faits sont bien établis, il demeure que tout historien de l'idée et des réalisations européennes ne peut qu'être frappé davantage par les refus, les réticences, les méfiances des responsables officiels de la politique britannique que par leur participation positive à l'élaboration d'un système d'organisation spécifique du Vieux Continent. Le même historien trouvera aisément dans les motivations de certains des plus ardents des Européens des contradictions et des intentions profondes de nature à faire douter de leur sincérité. Et il n'est pas interdit de prêter bien des vues cachées aux constructeurs britanniques officiels de l'embryon d'une unité européenne.

En fait, et c'est ce que cette communication se propose de rappeler et de démontrer, les enjeux intérieurs ont souvent relégué le débat européen à l'arrière-plan; ils ont été aussi trop présents dans l'esprit des plus ardents militants de la cause de l'unité des pays démocratiques du Vieux Continent pour ne pas susciter, dans les allées du pouvoir, des rejets plus vigoureux même qu'ils ne l'auraient normalement été.

L'EUROPE DANS LE DÉBAT POLITIQUE BRITANNIQUE

Aux yeux des citoyens ordinaires, elle est singulièrement absente. Elle l'a été lors des élections générales de 1945, et cette absence se retrouvera cinq ans plus tard. Elle est le plus souvent ignorée, y compris des sondeurs d'opinion.

Le Manifeste électoral conservateur de 1945 évoque le rôle de la Grande-Bretagne «dans les conseils suprêmes du monde», pendant que *Let Us Face the Future*, programme du Parti travailliste, fait de la paix «une construction vivante, active et laborieuse», termes bien venus pour condamner «l'inaction et la passivité», fort peu pour suggérer des actions positives [1] ; encore que le Congrès du Parti, en 1945, aille jusqu'à adopter une motion proclamant son engagement à lutter «pour la mise en place des Etats-Unis d'Europe, seul moyen de garantir une paix juste et durable». Cinq ans plus tard, les candidats de tous bords évoquent davantage leurs attaches locales qu'une quelconque vision internationale [2]. Les sondages Gallup de 1945 à 1950 placent invariablement les problèmes de l'alimentation, du logement, de la santé aux premiers rangs des préoccupations de citoyens manifestement peu intéressés par l'étranger en général, l'européen en particulier [3].

Il est vrai que rien n'invite particulièrement le Britannique à intégrer son histoire dans un contexte européen. Assurément pas les cursus scolaire et universitaire: l'historien K. G. Robbins, en 1990, rappelait sa propre expérience, et reprenait à son compte un jugement récent d'Eva Haraszti: «Le terme "histoire européenne" signifie, en Grande-Bretagne, histoire du Continent quand aux yeux des historiens européens du Continent elle inclut bien l'histoire de la Grande-Bretagne» [4].

---

[1] M. CHARLOT, *La Démocratie.à l'anglaise*, Paris, A.Colin, 1972 , pp. 225-26.

[2] H.G. NICHOLAS, *The British General Election of 1950,* 218 p.

[3] R.-J. WYBROW, Britain speaks out..., pp. 17-31.

[4] Keith G. ROBBINS, *Insular Outsider ? British History and European Integration*, The Stenton Lecture, 1989, University of Reading, 1990, 16 p.

Ignorances et indifférence s'éclairent aisément si l'on veut bien tenir compte de trois éléments:

— le véritable consensus entre les grandes formations politiques sur la place du Royaume-Uni dans les affaires mondiales.

— un identique consensus pour refuser une identité européenne que l'expérience vécue de la guerre ne justifierait d'ailleurs pas.

— la persistance, dans les rangs des «internationalistes» les plus déterminés de réticences héritées de l'avant-guerre, auxquelles s'ajoutent les réserves de certains à l'encontre de ce qui serait une «Europe-croupion».

Le consensus est fondé sur l' affirmation que le Royaume-Uni, demeuré grande puissance impériale et coeur du Commonwealth britannique des Nations, est le troisième véritable Grand, aux côtés des grands vainqueurs de la guerre, les Américains et les Soviétiques. Le Foreign Office ne croit pas à une éclipse durable de la puissance anglaise, dès lors que le redressement économique serait effectué; son chef, pendant cinq années, l'ancien syndicaliste et Ministre du Travail Ernest Bevin l'a toujours proclamé: il ne serait pas l'artisan d'un repli de son pays, dont le destin , Churchill l'avait confié déjà au général de Gaulle, privilégierait toujours le «grand large». Comme au lendemain de la Grande Guerre, on imagine mal que la victoire ne s'accompagne pas d'une poussée nouvelle: en 1947, les experts de la politique étrangère imaginent volontiers faire du Moyen-Orient un partenaire économique étroitement lié à la Grande-Bretagne, qui lui fournirait les moyens de son développement grâce à des plans massifs d'investissement et serait son fournisseur et client le plus évident. L'utopie règne en maîtresse, que n'amoindrit pas même l'humiliation infligée par les conditions imposées à la mission Keynes à la fin 1945, au début 1946, lorsqu'elle a sollicité des crédits américains pour compenser la fin du système du prêt-bail. Même lorsque la volonté d'indépendance s'affirme irrésistible en Asie, avec l'émancipation de l'Inde et du Pakistan, de Ceylan et de la Birmanie, l'existence du Commonwealth permet d'espérer une relation privilégiée avec les anciennes dépendances; le souci de Bevin, récompensé en 1949 par le ralliement à ses thèses, et à celle de l'Indien Nehru, de la Conférence du Commonwealth est de découvrir une nouvelle structure d'accueil pour des peuples libres qui ne peuvent pas être qualifiés de britanniques et qui, parfois, souhaitent passer à un système républicain: le nouveau «Commonwealth des Nations», multiethnique et multilinguistique, dont le «chef» ex-officio sera le souverain du Royaume-Uni, constitue alors la réponse à toutes les contradictions. Les pertes sont réduites, de la Birmanie au mandat palestinien, gênantes, mais pas de nature à remettre en question une volonté d'identité mondiale, encore affirmée par la préservation, à haut prix, d'une impressionnante puissance militaire que l'on entend bien doter de la dimension atomique (ce sera chose faite en 1952, trois ans après l'URSS). Aucun parti national ne placerait l'ambition européenne au premier rang de ses objectifs, et pas un homme d'Etat d'envergure ne critiquerait la mauvaise volonté affirmée à suivre les conseils des Etats-Unis de prendre la tête d'une unification du Continent. D'ailleurs, les relations «spéciales» avec Washington sont toujours soulignées comme un élément de l'influence mondiale, avec parfois l'illusion que l'Athènes de l'Europe saurait inspirer les démarches de la Rome de l'aire atlantique.

Attlee a rappelé que «la Grande-Bretagne ne s'est jamais considérée tout juste comme une puissance européenne. Ses intérêts sont mondiaux. Elle est au coeur d'un grand Commonwealth». En 1947, le Congrès conservateur a affirmé sa foi dans le fait que «la Grande-Bretagne et le monde dépendent plus que tout d'un Empire britannique fort et indépendant» [5]. Le monde des affaires est sur la même ligne: l'un des périodiques économiques et financiers les plus influents, l'*Economist*, publie le 29 mai 1948 un fort long éditorial pour relever les inquiétudes des dominions devant les avancées militaires vers une Europe unifiée, leurs craintes aussi de voir ternir les «préférences impériales», et il en vient à souligner qu'«il n'y aucune pensée à Londres d'abandonner les dominions en faveur de nouvelles amours de l'autre côté de la Manche».

A la conscience aiguë d'une manifeste destinée mondiale s'ajoutent les effets d'une grande réserve à l'encontre de tout rapprochement étroit avec le Continent. Les vieux stéréotypes continuent de servir pour souligner l'immaturité, la légèreté de bien des peuples du Continent, à commencer par le français. Les «dérives internes», en particulier la puissance des communismes italien et français, accentuent l'impression d'une grande fragilité des démocraties continentales: alors que cette fragilité même pousse bien des partis, en Europe, à souhaiter l'union de toutes les forces de liberté, en Grande-Bretagne elle agit comme un repoussoir anti-européen. Et, surtout, la Grande-Bretagne a seule soutenu le poids de la guerre entre juin 1940 et juin 1941, même si certains alliés vaincus ont joint ce qui leur restait de forces à celles du Royaume-Uni; elle n'a pas été occupée, à l'exception médiocre des îles anglo-normandes. Elle n'a pas connu l'émergence de nouvelles forces politiques liées à une résistance à l'occupant ou à des régimes de collaboration, la fraternité des résistants de

---

[5] Les deux citations in R. MARX, "Le problème du Commonwealth dans les choix européens de la Grande-Bretagne de 1948 à 1975", *Relations Internationales*, 55, aut. 1988, pp. 361-376.

tous les pays, l'intensification des liaisons entre courants sociaux-démocrates et chrétiens-démocrates sur des programmes de reconstruction interne et de réconciliation européenne. La guerre n'a pas contribué à créer une solidarité européenne là où déjà elle n'existait pas avant la guerre: rappellera-t-on ici l'héritage des réticences de l'entre-deux-guerres à l'encontre de tout projet européen, la réponse négative faite par Ramsay MacDonald au projet Briand au nom de vieilles solidarités impériales prioritaires, l'impression de la plupart des «internationalistes» britanniques, nombreux dans la Ligue pour la Société des Nations, que toute organisation régionale serait contraire à l'objectif du développement d'un gouvernement du monde, seul destiné à vaincre définitivement le péril de la guerre?

A ces réticences héritées de l'avant-guerre s'ajoutent dans certains cas les réserves soulevées par des projets qui, peu à peu, en viennent à ne pouvoir concerner que la fraction occidentale du Continent. Jusqu'en 1947 au moins, les sentiments de fraternité avec l'Union soviétique demeurent très forts dans l'opinion publique, pour laquelle Stalingrad a signifié un moment capital de la victoire commune. Dans la gauche travailliste, les nostalgiques d'une Grande Europe socialiste sont nombreux, parfois prêts à rejoindre les positions du bien faible Parti Communiste de Grande-Bretagne, dont les 50000 militants de 1945 sont en fonte rapide, mais qui conserve, grâce à ses publications et à une influence indéniable dans certains syndicats, une influence non négligeable. En juillet 1948, quarante-cinq députés travaillistes du rang, soucieux de «garder la gauche» (ils appartiennent à la fraction «Keep Left») et prenant le périodique *The New Statesman* comme leur porte-parole, exhortaient le gouvernement à éviter de participer à une division irrémédiable de l'Europe par anti-soviétisme exacerbé. Les ruptures décisives créées par la naissance de l'OECE et le refus du plan Marshall par les démocraties populaires, les débuts de la guerre froide, servent d'arguments puissants pour refuser de nouvelles cassures. Or, la naissance de l'Assemblée de Strasbourg coïncide précisément avec les grandes fractures internationales et convainc certains Britanniques de s'opposer à de nouvelles opérations de parcellisation du Vieux Continent.

Parler d'«enjeu européen» serait évoquer une lutte interne ardente: elle est en fait si réduite qu'on aurait quelque peine à en découvrir davantage que des traces limitées. Si le lien entre «intérieur» et «effort européen» est pourtant important, c'est à d'autres circonstances que cela est dû.

LES SUSPICIONS ENVERS LES «EUROPÉENS» BRITANNIQUES ET ENVERS LES «CONTINENTAUX»

Les motivations des militants de l'unité européenne constituent en fait l'un des facteurs majeurs des refus les plus déterminés. La composition du Mouvement européen, le rôle flamboyant qu'y assume Winston Churchill créent à gauche une réaction de rejet. Très vite, la lutte pour ou contre l'Europe est empoisonnée par le soupçon majeur: l'unification ne remettrait-elle pas en question la construction d'une société plus juste et la réduction des pouvoirs de capitalistes «inhumains» qui constituent l'espérance d'alors d'une majorité des citoyens?

La part prise par l'Opposition conservatrice dans l'action en faveur de l'Europe a été si affirmée qu'elle entraîne à elle seule bien des rejets. Churchill est, Monica Charlot le rappelle fort bien, «le plus nationaliste, le plus impérialiste, le plus américanophile des hommes politiques britanniques» [6]; tout comme l'étoile montante, Harold MacMillan, il a eu une mère américaine; ne voilà-t-il pas qu'il prend la tête d'une véritable croisade en faveur de l'Unité européenne? A Zurich, le 19 septembre 1946, il termine un vibrant plaidoyer en faveur des «Etats-Unis d'Europe» par le cri répété: «*Europe, Unite*!». Dans son style flamboyant, il a mis en avant l'existence d'une «famille européenne», qui reconstituée, ferait du Continent, «en peu d'années, une terre aussi heureuse que la Suisse d'aujourd'hui». C'est que le tout premier, et fort de sa liberté d'expression, le grand artisan de la victoire s'est inquiété de la division de l'Europe de part et d'autre d'«un rideau de fer»: le 4 mars 1946, en présence du Président Truman, à Fulton, dans le Missouri, il a décrit sa mise en place «de Stettin dans la Baltique à Trieste dans l'Adriatique»... Mais sa vision le mène apparemment très vite au-delà de la stratégie politico-militaire; contre tous les principes traditionnels, il soutient qu'«il n'y a aucune raison pour qu'une organisation régionale de l'Europe gêne en quoi que ce soit l'organisation mondiale des Nations Unies». Son zèle militant le place tout naturellement à la tête du mouvement européen qui se constitue dans son pays à partir de janvier 1947, et qui comporte aussi bien des représentants d'autres partis et d'Eglises; le 14 mai 1947, à l'Albert Hall, l' *United Europe Movement* tient sa première réunion publique. Churchill prétend à la sincérité de son engagement et peut rappeler que, dès les 15 et 16 juin 1940, dans une situation il est vrai désespérée, il n'a pas hésité à prôner, «une indissociable union franco-britannique»; il était au pouvoir lorsque le

---

[6] *Op. cit.*, pp. 223-224.

Foreign Office, analysant les perspectives de l'après-guerre, n'avait pas exclu le schéma d'une Europe occidentale sous hégémonie britannique.

Quoi qu'il en soit, on retrouve dans son sillage des députés conservateurs, son gendre Duncan Sandys, le brillant Harold MacMillan, Anthony Eden, mais aussi des députés travaillistes, qui seront vingt-six à passer outre les mises en garde de la direction de leur parti et à participer, en mai 1948, au Congrès paneuropéen de La Haye; des intellectuels de gauche, dont l'éditeur Victor Gollancz, n'ont pas non plus hésité à manifester alors leur foi européenne. Dès 1947, nombre d'hommes politiques de tous bords n'ont pas hésité à adhérer à l'Union parlementaire européenne lancée par le comte Koudenhove-Kalergi, lequel, apôtre passionné de l'Europe dès l'entre-deux-guerres, fera un temps de Winston Churchill le démiurge rêvé d'une neuve Fédération des peuples, allant, en 1950, jusqu'à lui proposer de revendiquer la présidence d'une telle Europe une fois constituée.

MacMillan, dans ses Mémoires pour la période 1945-55, le dit d'ailleurs fort bien: c'est de Churchill que procèdent l'élan et l'enthousiasme: «c'est à vous», lui avait-il écrit en 1950,«que revient le lancement de l'Europe unie. Sans vous, il n'y aurait pas eu de Conseil de l'Europe, ni de Comité des Ministres, ni d'Assemblée Consultative, ni de Strasbourg» [7]!

Appelé à présider le Congrès des mouvements européens à La Haye, il y a prononcé le 7 mai un discours décisif [8]. Et, par avance, il a entendu se décrire comme le porteur d'un Evangile sans esprit partisan:

> Ceci n'est pas un mouvement de partis, mais un mouvement des peuples. Pas de place pour les jalousies. S'il existe une rivalité de partis, que ce soit pour percevoir lequel se distinguera le plus en faveur de la cause commune. Personne ne peut imaginer que l'Europe pourra s'unir sur une base partisane ou fractionnelle, pas plus qu'aucune nation ne pourra prétendre à une suprématie dominatrice. Ce doit être "tous pour tous". L'Europe ne pourra être unifiée que par le voeu ardent et l'exigence véhémente de la grande majorité de tous les peuples de toutes les parties de toutes les contrées éprises de liberté, sans considération de lieu ni de choix électoral.

Cette insistance même s'explique par l'existence de méfiances difficilement surmontables au sein de la gauche britannique comme d'une grande partie de la nation.

Aux yeux des hommes politiques du parti travailliste, tout se passait comme si Churchill essayait de faire appel de sa défaite de 1945 et de la

---

[7] *Tides of Fortune, 1945-1955*, 3, Londres, MacMillan 1969, 194 p.

[8] Discours reproduit in *Europe Unite*, Randolph Churchill ed., Londres, Cassell, 1950, pp. 311-312.

dépasser en poussant à la naissance d'une Fédération européenne où il jouerait un rôle prépondérant. Dans les masses, comme dans les syndicats, l'inquiétude était grande de voir ainsi compromettre les premiers apports de l'Etat-Providence.

Les craintes des politiques se sont exprimées ouvertement.

Le 10 février 1948, dans une circulaire, Emmanuel Shinwell, Président du Parti travailliste, déclare dans une litote aisée à comprendre: «La question de l'unité européenne est bien trop importante pour être confiée à des représentants non mandatés», ce qui permet, le 28 avril, au Conseil Exécutif de demander aux députés du parti de s'abstenir de se rendre à La Haye: nous savons déjà que 26 d'entre eux passèrent outre, leur proportion équivalant à moins de 7 % du groupe parlementaire.

Au lendemain du Congrès de La Haye, quand Churchill presse le Premier Ministre d'appuyer les résolutions des «Européens», Clement Attlee, dans sa lettre-réponse du 30 juillet, réaffirme les prérogatives du gouvernement, écarte les initiatives «d'organisations privées».auxquelles il reconnaît tout au plus le droit de continuer à défendre l'idée européenne dans leur sphère de compétence [9].

Lorsque, le même mois de juillet, puis officiellement en août, la France et le Benelux proposent une assemblée européenne élue qui, selon les voeux français, disposerait de certains pouvoirs supranationaux, Ernest Bevin accueille fort mal cette proposition: si l'on en croit les mémoires de Lord Strang[10], il aurait réagi avec colère:«Je n'aime pas cela. Je n'aime pas cela. Si vous ouvrez cette boîte de Pandore, vous la découvrirez pleine de chevaux de Troie».

Une autorité politique reviendrait , selon lui, à mettre le toit sur un édifice avant que le bâtiment lui-même soit construit. Il craint une assemblée irresponsable et créatrice de confusion, risquant de placer gouvernements et parlements dans des situations impossibles au risque de bien des frustrations et amertumes; surtout en cas de conflit avec des gouvernements responsables [11].

Curieusement, les partisans travaillistes de l'union de l'Europe semblent avoir conçu la même interprétation de l'élan donné par W. Churchill aux espérances fédéralistes: au Congrès du parti à Scarborough, en mai 1948,

---

[9] In M. CHARLOT, *op. cit.*, pp. 244-45.

[10] W. STRANG, *Home and Abroad,* Londres, A .Deutsch, 1956. Lord Strang a été secrétaire général adjoint du Foreign Office de 1949 à 1953.

[11] In Avi SHLAIM, Peter JONES, Keith SAINSBURY, *British Foreign Secretaries since 1945*, Londres, David & Charles, 1977; pp. 52-53.

un délégué, Fenner Brockway, dépose une résolution marquant l'urgence d'une organisation indépendante, politique et militaire, de l'Europe: ce serait la seule chance de ne dépendre d'aucune grande puissance et le choix unique, selon Brockway, était entre une «Europe réactionnaire et churchillienne et une Europe socialiste» [12]; ce qui confirmait que Churchill risquait bien de regagner sur le terrain européen ce qu'il avait perdu sur le terrain national !

Certes, le chef du parti conservateur avait constamment tenté de souligner sa sincérité européenne et son respect des institutions britanniques. Plus que le discours de La Haye, où il reprit le thème d'une conception non partisane de l'action européenne, il faudrait ici se référer à son grand discours aux Communes du 23 janvier 1948. Ayant évoqué la formation du Comité pour l'Europe, il avait souligné qu'il s'agissait d'un organisme «inter-partis» dont seuls les Communistes étaient absents et avait tenté de «rassurer» le Ministre des Affaires étrangères:

> Nous n'aspirons pas à faire concurrence aux gouvernements dans la sphère exécutive... Notre désir ardent est de diffuser l'idée que les hommes et les femmes de bien des pays peuvent être de bons Européens autant que des citoyens patriotes de leurs pays d'origine... Notre comité est une institution privée regroupant des individus privés qui se sont engagés à promouvoir (nos idéaux)...
> Rien dans les activités de notre mouvement privé et de notre Comité ne pourra gêner le processus de la politique du Gouvernement de Sa Majesté. Au contraire, notre espoir est de contribuer à créer l'atmosphère et même de contribuer à établir le schéma d'une Europe unie de toutes les nations libres qui, sans abandonner leurs coutumes ni leurs traditions, en viendront à se considérer comme les parties de la grande entité européenne...

De tels propos auraient été plus rassurants si, à l'intérieur, les Britanniques n'avaient pas engagé un immense programme de réformes sociales et économiques, éléments d'un «socialisme à l'anglaise» dont tous leurs préjugés estiment les «continentaux» impropres à l'imiter. En 1952 encore, Denis Healey, dans les *Nouveaux Essais Fabiens* intitulés *L'Avenir du Travaillisme*, n'écrit-il pas?:

> Le socialisme fondé sur le concept du «Welfare State» ...exige un niveau très élevé d'esprit civique et de compétence administrative, qui n'existe guère en dehors du monde anglo-saxon et du Nord de l'Europe. Le socialisme anglais a réalisé le «Welfare State» par des mesures fiscales. Une telle méthode n'est possible que si, dans leur ensemble, les citoyens sont prêts à payer leurs impôts et que si l'appareil d'Etat est suffisamment efficace et honnête pour empêcher la fraude fiscale...Il n'en est pas ainsi dans de

---

[12] Michael R. GORDON, *Conflict and Consensus in Labour's Foreign Policy, 1914-1965* Stanford, 1969, pp. 144-145.

> nombreux pays d'Europe. La plupart des méthodes de planification et de contrôle qui ont été appliquées en Grande-Bretagne pendant et après la guerre resteraient sans effet dans un pays comme la France où la plupart des citoyens estiment n'avoir aucune obligation d'obéir au Gouvernement et n'y avoir aucun intérêt... [13].

Ce texte suit de trois ou quatre ans le grand débat sur l'assemblée de Strasbourg et de deux les refus opposés au Plan Schuman. Il n'en témoigne pas moins de la vigueur des stéréotypes traditionnels à l'encontre des «autres», et il apporte quelque éclairage aussi sur les motivations générales des hésitations permanentes de l'Angleterre: puisque les Continentaux ne sauraient pas bâtir un Etat-Providence, que les intérêts égoïstes s'opposeraient à sa mise en place, le capitalisme continuerait de prédominer de l'autre côté de la Manche: les Britanniques ne feraient-ils pas les frais d'une unification qui supposerait harmonisation des politiques? Cette question a été lancinante à la fin des années 1940 comme dans la décennie suivante: l'enjeu intérieur joue pleinement ici contre le choix d'une nouvelle option internationale, et c'est aussi vrai en 1948-49 que cela le sera en 1950 ou en 1957.

La preuve en est que Hugh Dalton, lors du Congrès du parti de mai 1948, a obtenu une large approbation sur une conception qu'on peut qualifier de «petite-européenne»: tout en soutenant l'idée européenne du bout des lèvres, le ministre travailliste avait surtout souligné les impressionnantes réalisations du pouvoir depuis 1945, dont le plein emploi, les nationalisations, et rappelé qu'il ne convenait pas de les sacrifier sur «l'autel doctrinal d'une Europe occidentale fédérée»; il ne fallait surtout pas s'exposer à devoir revenir «aux conditions présocialistes» sous la pression d'un «décret» européen; il fallait être réaliste, s'en tenir à une approche fondée sur la coopération intergouvernementale, le point de vue fédéral revenant «à créer des conclaves de bavards» [14].

La construction du socialisme anglais aboutissait ainsi paradoxalement à l'affirmation d'un étroit nationalisme, à l'exaltation de la souveraineté nationale par un parti en théorie internationaliste ...

---

[13] Trad. fr. Les Editions Ouvrières, 1952, 238 p.

[14] M. GORDON, *op. cit.*, p. 145.

DE L'AFFIRMATION DE L'ORIGINALITÉ BRITANNIQUE À L'ENGAGEMENT MINIMALISTE

Ce n'est pas un hasard que Hugh Dalton, ancien chancelier de l'Echiquier, alors chancelier du Duché de Lancaster, le plus éloquent pourfendeur des thèses fédéralistes, ait été désigné comme le chef de la délégation britannique chargée de négocier les accords européens.

Ernest Bevin ne s'était rallié à de telles négociations que sous la pression des événements et pour éviter l' isolement de son pays. Et toute l'action diplomatique de la Grande-Bretagne est le reflet des réticences majeures qui priment dans l'opinion comme dans les milieux travaillistes et syndicalistes. L'histoire en est bien connue, et Serge Bernier a fort bien rapporté le détail des options britanniques [15].

Ce que nous venons de dire des préjugés et des craintes a déterminé la stratégie gouvernementale: au départ, on n'envisage que la création d'un Comité des Ministres, de manière à éviter tout risque de confusion de pouvoirs; après une entrevue Schuman-Bevin à Londres, le 14 janvier 1949, la délégation britannique à une Conférence des Cinq à Bruxelles est porteuse d'une proposition de «compromis», inspirée en fait de la même préoccupation: un Conseil de l'Europe serait effectivement mis sur pied, constitué du Comité des Ministres et d'une Assemblée, mais l'unanimité serait exigée dans le Comité et l'Assemblée serait composée de délégués désignés par les gouvernements, votant en bloc, «chacun des pays disposant d'un nombre de votes proportionnel à son importance»; le Conseil siégerait à Strasbourg, aurait un secrétariat permanent et pourrait organiser un travail en commissions.

Ces idées anglaises auraient, du point de vue de Londres, abouti à préserver toutes les prérogatives nationales, mais aussi à ne pas risquer de mettre le pouvoir en place à Whitehall en rivalité avec une autorité supranationale ou une assemblée parlementaire dans laquelle la majorité mettrait en péril l'oeuvre entamée avec le soutien d'un courant politique différent dans le Royaume-Uni. Les biographes de Bevin ont, par ailleurs, abondamment utilisé une lettre du ministre à Hugh Dalton, en date du 22 janvier 1951, retrouvée dans les archives Dalton, et selon laquelle le choix de Strasbourg aurait résulté non pas d'un quelconque enthousiasme pour un lieu historique d'affrontement, et à présent de réconciliation franco-allemande, mais de l'éloignement même de la capitale alsacienne, des difficultés de communication inhérentes à sa position et de la

---

15 Serge BERNIER, *Relations politiques franco-britanniques (1947-1958)*, Sherbrooke, Naaman, 1984, pp. 78-87.

perspective dès lors envisageable d'une mort lente de l'institution par dépérissement naturel. George Brown, lui-même successeur travailliste de Bevin au Foreign Office en 1966-68 a rappelé cette position dans ses propres mémoires, publiés en 1971 sous le titre *In My Way* .

Transportée à Londres les 27 et 28 janvier, la Conférence ne retient pas les idées de Bevin relatives à l'Assemblée: chaque gouvernement devrait désigner sa délégation, mais le vote en Assemblée se ferait par tête avec le seul garde-fou de l'exigence d'une majorité qualifiée des deux-tiers; par contre, autre garde-fou, l'ordre du jour serait à la discrétion du Comité des Ministres qui, dans les questions majeures, devrait bien statuer à l'unanimité.

On rappellera l'heureuse conclusion de Serge Bernier: «Bevin et le Foreign Office se sont donc résignés. Ils sont tout de même parvenus à s'assurer que l'Assemblée serait un corps sans âme». Notant que les partenaires de la Grande-Bretagne n'ont pas sérieusement contesté le point de vue britannique, il émet l'hypothèse que les ardeurs internationalistes des gouvernements n'étaient peut-être pas, en général, à la hauteur des espérances du Mouvement européen. En ce sens, l'attitude britannique aurait constitué par la suite un précieux alibi et le Royaume-Uni serait devenu un commode bouc émissaire des insuffisances de la construction politique européenne.

L'évolution de la position britannique est fort limitée: après la première réunion de l'Assemblée de Strasbourg, en mai 1949, où Winston Churchill conduit la délégation de son parti, Bevin accepte, un an plus tard de faire l'Assemblée maîtresse de son propre ordre du jour, mais il semble aussi, en janvier 1951, deux mois avant sa retraite forcée du Foreign Office, avoir envisagé un retrait de son pays d'une organisation des plus «décevantes».

Etudier la politique officielle britannique au moment de la naissance du Conseil de l'Europe revient ainsi à marquer des différences: avec les principes de coopération économique au sein de l' OECE, organisation qui n'impliquait aucune supranationalité parlementaire, avec la recherche effrénée, depuis le grand tournant de janvier 1948, d'une coopération militaire englobant le plus grand nombre possible de pays dans une Union de l'Europe occidentale, mais ici encore sans dessein politique, sans autre référence que bien vague aux valeurs communes de civilisation, et avec pour principal objet de séduire les Etats-Unis. Ces comportements font d'autant mieux ressortir l'absence de toute passion, voire de tout sentimentalisme même vague à l'égard de l'ébauche d'une construction politique du Vieux Continent.

Dans la belle biographie qu'il a consacrée à Clement Attlee en 1982, Kenneth Harris rappelle [16] toute la méfiance du Premier Ministre envers les positions churchilliennes, qu'il considérait d'autant plus dangereuses qu'elles n'étaient pas, à son avis, sincères, mais de nature à tromper les Américains sur ce que pourrait devenir la politique britannique en cas d'alternance politique. Et, faisant de son «héros» l'incarnation de fait de l'opinion de son temps, Harris ajoutait:

> Il n'était pas un *Little Englander*..., il admirait et aimait les Français, les Allemands et les Italiens, il admirait leurs cultures, mais il n'était pas d'accord sur la manière dont ils gouvernaient leurs pays».
> Refusant toute assimilation avec le cas des treize colonies américaines, il avait écrit, dans ses mémoires, *As It Happened* , que les Américains étaient incapables de faire la différence entre la Fédération européenne de communautés établies de fort vieille date et la fédération de (leurs treize colonies).

Tout est bien là: et les doutes et suspicions sur les raisons du zèle fédérateur de Winston Churchill, qui, revenu au pouvoir, s'empressera effectivement de mettre fin à toute illusion à cet égard; et l'affirmation d'une identité britannique qui, en aucun cas, ne saurait se fondre dans un moule «continental»: en rappelant qu'au temps de l'expérience socialiste, cette identité est aussi faite de l'affirmation de la capacité de bâtir un authentique système socio-économique de justice et d'égalité; et la foi bien ancrée que la «démocratie à l'anglaise» était inimitable et que les comportements politiques des continentaux n'autorisaient aucun Anglais à faire durablement confiance aux engagements des pouvoirs en place.

Dans une mesure évidente, les réticences britanniques à l'accouchement du Conseil de l'Europe préfigurent les refus formels que Londres opposera bientôt, pour des motifs identiques, aux projets économiques lancés à l'initiative de Jean Monnet et de Robert Schuman.

---

[16] Pp. 314-315.

La Belgique et les débuts du Conseil de l'Europe [1]

par Marie-Anne ENGELBEL
Université catholique de Louvain

En décembre 1944, le gouvernement belge, se nourrissant de l'expérience de la politique d'indépendance et du second conflit mondial, expose ses priorités en matière de politique étrangère. La volonté de maintenir la paix et l'impossibilité pour le pays de se défendre seul en cas de nouveau conflit conduisent la Belgique à privilégier la sécurité collective et à s'engager dans des organisations internationales comme l'ONU en 1945, ou l'OTAN, en 1949. Le second objectif du ministre des Affaires étrangères est d'impliquer le pays dans une alliance européenne ou plus régionale. En effet, la nécessité de s'unir semble claire pour les petites nations européennes confrontées à un nouvel ordre international où les Grands prennent seuls les décisions et se taillent la plus large part du gâteau. De plus, en cette période de reconstruction nationale et internationale, propice au développement d'idées neuves et durant laquelle apparaît l'espoir de

---

[1] Voir M.-A. ENGELBEL, *La Belgique et la création du Conseil de l'Europe (1948-1949)*, Louvain-la-Neuve, 1995 (Mémoire présenté en vue de l'obtention du grade de licencié en histoire sous la direction de Michel Dumoulin). Ce travail est basé sur différentes sources inédites: les archives du ministère des Affaires étrangères (AMAEB: dossiers consacrés aux débuts du Conseil de l'Europe), de l'Institut Emile Vandervelde (papiers privés de Max Buset (PMB) et documents relatifs au parti socialiste), du Centre Paul Hymans (documents du parti libéral), ainsi que les papiers personnels de Fernand Dehousse (PFD) et de Raymond Rifflet (PRR). Les sources éditées, quant à elles, relèvent essentiellement de la presse et des *Annales* et *Documents parlementaires*. L'historiographie belge consacrée aux débuts du Conseil de l'Europe est pauvre; on peut néanmoins consulter E. FLOUR, *De belgische bijdrage tot het ontstaan en de werking van de raad van Europa (1948-1952)*, Leuven, 1992 (Mémoire de licence) mais ce mémoire évoque le sujet de manière trop large; nous avons donc jugé nécessaire d'y revenir. En Belgique, on verra, en outre, F. DEHOUSSE, *Un précurseur oublié: le Comité d'études pour l'Union européenne*, in *Miscellanea W.J. GANSHOF VAN DER MEERSCH*, t. II, Bruxelles-Paris, 1972, pp. 77-86. A l'étranger, enfin, deux travaux essentiels ont traité de la naissance du Conseil de l'Europe; il s'agit de ceux de M.-T. BITSCH, *Le rôle de la France dans la création du Conseil de l'Europe*, in R. POIDEVIN, dir., *Histoire des débuts de la construction européenne. Mars 1948-mai 1950*, Bruxelles-Milan-Paris-Baden-Baden, 1986, pp. 165-198 et de U. LEONE, *Le origini diplomatiche del Consiglio d'Europa*, Milan, 1965.

retrouver un bien-être économique, politique et social, des projets d'unification de l'Europe resurgissent grâce à la propagande lancée par Winston Churchill. En Belgique, de grandes personnalités du monde politique, économique ou intellectuel s'investissent dans de nombreux mouvements qui militent pour l'union de l'Europe. A partir de l'année 1947, la guerre froide provoque une tension exacerbée sur la scène mondiale et pousse les Etats-Unis à pratiquer une politique destinée à endiguer le communisme. Ainsi, l'initiative Marshall, lancée en juin 1947, permet la concrétisation d'une véritable coopération économique européenne et mène, le 16 avril 1948, à la création d'un organisme permanent, l'Organisation Européenne de Coopération Economique, auquel adhère la Belgique. Celle-ci s'engage, dès 1944, dans la coopération européenne par la mise au point d'un accord douanier avec les Pays-Bas et le Grand Duché de Luxembourg. En mars 1948, la Belgique signe à Bruxelles, avec la France, la Grande-Bretagne et les autres membres du Benelux, un traité d'assistance et d'aide mutuelles en matière économique et militaire. Durant les négociations, les pays du Benelux font preuve d'une grande cohérence politique et diplomatique, la Belgique dévoilant par là ses ambitions européennes. Deux organismes permanents sont créés: un Conseil consultatif qui permet aux cinq ministres des Affaires étrangères de se réunir périodiquement et une Commission permanente, chargée de maintenir, dans l'intervalle des réunions, le contact entre les membres. Parallèlement à ces premières expériences européennes, les mouvements pour l'Europe unie se développent et coordonnent leurs actions. C'est en mai 1948 qu'a lieu le Congrès de La Haye, réunissant une grande majorité de ces mouvements et organisé en vue de galvaniser l'opinion publique à l'égard de l'union européenne. La résolution politique qui en émane est d'une grande importance; elle préconise la création d'une assemblée européenne délibérative. Au mois d'août, cette proposition est soutenue officiellement par le gouvernement français et aboutit, après dix mois de délibérations, à la naissance du Conseil de l'Europe, le 5 mai 1949.

A — LES PRINCIPES GÉNÉRAUX DU CONSEIL DE L'EUROPE

Lors de la cérémonie des signatures à Londres, le représentant de la Belgique fait état des espérances que son pays confère à la nouvelle organisation malgré son caractère modeste [2]. Né d'un compromis entre le projet de véritable fédération souhaité par la France et la volonté britannique de créer un simple organe intergouvernemental, le Conseil de l'Europe dispose, à sa naissance, de compétences et d'objectifs très vastes (dans les domaines politique, économique, social, culturel,...) mais de moyens relativement faibles pour les réaliser. Il est composé d'une Assemblée consultative subordonnée à un Conseil de ministres, dépourvu lui-même de fonction exécutive. Il deviendra, cependant, la plus importante tribune politique de l'Europe et fera germer de nombreux projets mais son statut ne se rapprochera guère des formules fédéralistes revendiquées à La Haye.

B — L'APPORT BELGE AUX ORIGINES DU CONSEIL DE L'EUROPE

1. Les acteurs

C'est dans le cadre des organes du Traité de Bruxelles que se déroulent les négociations visant à créer une Union européenne. Les principaux protagonistes en sont les cinq pays membres auxquels s'ajouteront, lorsque l'essentiel de l'accord sera réalisé, au mois de mars 1949, le Danemark, l'Irlande, l'Italie, la Norvège et la Suède. En Belgique, il faut d'abord souligner l'action de Paul-Henri Spaak qui, de par son envergure internationale et ses fonctions de Premier ministre et de ministre des Affaires étrangères [3], a donné l'impulsion nécessaire pour que le projet d'assemblée, soutenu par la France, soit étudié d'un point de vue diplomatique. Son rôle est loin d'être négligeable; en tant que chef de la diplomatie belge, il participe à tous les débats qui ont lieu au sein du Conseil consultatif du Traité de Bruxelles. En outre, il fournit aux techniciens la ligne de conduite à adopter au cours des mois à venir, insistant sur la nécessité de parvenir à un accord et respectant une politique étrangère traditionnellement ouverte aux compromis. Les autres

[2] AMAEB, dossier n° 15234: Conférence sur la création d'un Conseil de l'Europe. Compte-rendu, 3-5 mai 1949: Déclaration de l'ambassadeur de Belgique, annexe, p. 22.

[3] La Belgique est, jusqu'au 27 juin 1949, gouvernée par une coalition sociale-chrétienne-socialiste. Le 11 août lui succède un gouvernement catholique-libéral.

négociations s'effectuent de manière plus discrète par le biais de diplomates comme Walter Loridan et Fernand Van Langenhove. Le socialiste Fernand Dehousse, légiste de renom et également connu pour son combat en faveur d'une fédération européenne, joue, lui aussi, un rôle important lors de discussions plus techniques. D'autres hommes politiques entrent en jeu: Max Buset, président du parti socialiste, et Frans Van Cauwelaert, membre du parti social-chrétien interviennent à un moment crucial des délibérations. Enfin, reste à évoquer l'influence diffuse des mouvements belges pour l'Europe unie par l'intermédiaire de quelques grandes personnalités comme le fédéraliste socialiste Raymond Rifflet, le sénateur catholique Etienne de la Vallée Poussin, le parlementaire socialiste Georges Bohy ou Paul Van Zeeland, homme politique social-chrétien connu également pour son action dans les milieux économiques.

2. L'initiative franco-belge

L'apport de la Belgique est essentiel au cours des dix mois de tractations. Tout au long de celles-ci, les représentants belges s'efforcent de rapprocher les points de vue opposés de la France et de la Grande-Bretagne car leur désir de voir aboutir le projet d'assemblée européenne est grand. Dès le 29 juillet, répondant à une question du démocrate-chrétien de la Vallée Poussin lors d'une séance au Sénat, le ministre des Affaires étrangères affirme qu'il soutiendra la proposition des mouvements européens si ceux-ci approfondissent et clarifient leurs suggestions [4]. Le 2 septembre, ce projet est officiellement accepté par la Belgique. En effet, le Comité international de Coordination pour l'Unité européenne avait, à la mi-août, présenté un memorandum réclamant la création d'une assemblée

---

[4] De la Vallée Poussin s'exprime au nom du Comité international de Coordination pour l'unité européenne. Spaak lui répond en ces termes: *Parmi les résolutions du congrès de La Haye se trouve celle de réunir une assemblée parlementaire européenne. Je trouve que cette idée est bonne et réalisable. A mon avis, c'est au comité issu du congrès de La Haye à en pousser l'étude systématique et à résoudre un certain nombre de questions pratiques, (...). Lorsque le comité du congrès de La Haye aura étudié son projet et l'aura mis au point, il faudrait qu'il le communique aux différents gouvernements. Je crois pouvoir m'engager, au nom du gouvernement belge, à soutenir ce projet et à aider à sa réalisation en le soumettant, au besoin, aux gouvernements des autres pays et en tâchant de soutenir le projet par la voie diplomatique.* In *Annales parlementaires*, Sénat, 29 juillet 1948, p. 1945.

européenne consultative et parlementaire [5] qu'il avait adressé aux seize membres de l'OECE. La France avait immédiatement donné son concours à cette proposition et souhaitait prendre une initiative, de concert avec la Belgique, afin d'inviter les autres membres du Traité de Bruxelles à prendre les dispositions nécessaires pour concrétiser les suggestions des mouvements européens. Le 20 août, l'ambassadeur de Hauteclocque demandait l'appui du gouvernement belge. Celui-ci, sans doute influencé par les hésitations des Pays-Bas et de la Grande-Bretagne, avait refusé d'entamer cette démarche avec la France. Ce n'est que lorsque Spaak rencontre Robert Schuman le 31 août à Paris qu'il donne son assentiment au projet [6]. Ils y conviennent d'effectuer une démarche commune auprès des trois autres membres du Traité de Bruxelles. Le 2 septembre, ils défendent donc, dans le cadre de la Commission permanente à Londres, les propositions exposées dans le memorandum du Comité international [7]. Désormais et jusqu'au terme des délibérations, c'est l'attitude des Britanniques qui va poser problème et conduire les gouvernements français et belge à infléchir leurs positions. Au sein des organes du Traité de

[5] Le memorandum suggérait que la mise au point de l'assemblée soit prise en considération par une conférence de 75 délégués choisis par les parlements des cinq pays membres du Traité de Bruxelles. Cette conférence devrait se réunir, au plus tard, au mois de novembre 1948 afin d'étudier les problèmes relatifs à la création de l'assemblée. Lorsque ces questions seraient résolues, les Cinq du Traité de Bruxelles seraient chargés de convoquer les autres pays participants. Cette démarche permettait, selon le Comité international, de faire progresser le projet plus rapidement. (AMAEB, dossier n° 15236: note sur la convocation d'une assemblée européenne [projet de circulaire d'information], s.d.).

[6] Que s'est-il passé entre-temps? Il est difficile de comprendre clairement les raisons de ces réserves car les sources ne sont pas suffisamment explicites à cet égard. Moins d'un mois plus tôt, le ministre des Affaires étrangères belge avait annoncé qu'il soutiendrait le projet mais il laisse, ensuite, planer le doute durant dix jours, ce qui suscite quelque inquiétude au Quai d'Orsay. Il est possible que ce refus ait été engendré par un simple problème de communication. En effet, le ministère belge pouvait ne pas disposer d'instructions à ce sujet car Spaak était à ce moment en vacances. L'homme politique belge semble avoir reçu une lettre de Schuman le 23 (P.-H. SPAAK, *Combats inachevés*, t. II: *De l'espoir aux déceptions*, Paris, 1969, p. 25) mais Joseph Retinger, le président du Comité international, affirme lui avoir appris la nouvelle par téléphone à Biarritz (J. RETINGER, *Memoirs of an Eminence Grise*, J. POMIAN, ed., Sussex, 1972, p. 204). Par conséquent, c'est peut-être un simple concours de circonstances qui a retardé l'intervention diplomatique de la Belgique.

[7] AMAEB, dossier n°15236: lettre de la direction générale de la politique du Ministère des Affaires étrangères, 13 septembre 1948.

Bruxelles et jusqu'à la fin du mois d'octobre, le Foreign Office ne cesse d'émettre des critiques à l'égard du memorandum devenu «projet franco-belge». Durant cette période d'échanges de vues, la Belgique soutient le point de vue français tandis que les Britanniques montrent maintes réticences concernant les compétences de l'assemblée et surtout au sujet de son caractère parlementaire. Ernest Bevin considère que l'union économique, puis politique, doit s'effectuer de manière progressive et que le mieux serait, dès lors, de créer un conseil gouvernemental. Un autre point qu'il soulève est l'association du Commonwealth dans le processus.

Par conséquent, les 25 et 26 octobre, lorsqu'a lieu la troisième session du Conseil consultatif des Cinq à Paris, la question est mise à l'ordre du jour car l'Angleterre refuse de modifier ses positions. Schuman doit, dès lors, envisager certaines concessions; Spaak l'encourage, d'ailleurs, dans cette voie car il estime indispensable l'organisation de l'Europe vu la demande de l'opinion publique. Le représentant français y souligne la nécessité de mettre en place une conférence de parlementaires, représentative des différents courants de l'opinion publique européenne, qui étudiera les problèmes liés à la création d'une fédération de l'Europe, comme le stipule le memorandum des mouvements européens. Mais Bevin ainsi que les ministres néerlandais et luxembourgeois souhaitent, quant à eux, que ce problème soit pris en charge par des délégués gouvernementaux, constatant également qu'une petite commission composée de personnes spécialisées dans ces questions serait plus efficace qu'une grande réunion de parlementaires. La France est donc contrainte de s'éloigner des perspectives du memorandum et propose la mise en place d'un comité d'études. Sur la suggestion de Spaak, ce comité sera constitué de douze à quinze membres nommés par les gouvernements respectifs et choisis dans les parlements ou ailleurs [8]. Cette commission, réunie en séances privées à Paris, aura pour objet «d'examiner et de proposer aux gouvernements les mesures à prendre en vue de réaliser une union plus étroite entre les pays de l'Europe» [9] et devra prendre en considération les propositions franco-belges et celles d'Ernest Bevin relatives à la création d'un conseil européen. La Belgique avait, jusqu'à ce stade des débats, adopté la même politique que la France, qu'en est-il, ensuite, dans le cadre du Comité d'études?

---

[8] Le projet de procès-verbal de la réunion du Conseil consultatif des 25 et 26 octobre est reproduit in U. LEONE, *op. cit.*, pp. 51-57.

[9] Extrait du communiqué présenté à l'issue de la réunion du Conseil consultatif le 28 octobre 1948. In U. LEONE, *op. cit.*, pp. 60-61.

3. Les négociations au sein du Comité d'études pour l'Union européenne

Le Comité, finalement composé de dix-huit membres [10], tient ses séances au Palais Bourbon [11]. Les premières réunions, les 26, 27 et 30 novembre, permettent à chaque délégation d'exprimer clairement son point de vue. La France et la Grande-Bretagne précisent leurs positions sous forme de nouveaux memorandums qui laissent entrevoir l'opposition fondamentale séparant les nouvelles suggestions. D'une part, le projet britannique [12] revendique la création d'un «Conseil de l'Europe» qui serait, dans un premier temps, établi pour cinq années et limité aux membres du Pacte de Bruxelles. Les délégations de chaque Etat seraient désignées par les gouvernements et dirigées par des ministres responsables. Des compétences de cet organe seraient exclues les questions de défense réservées au Traité de Bruxelles et tous les problèmes économiques du ressort de l'OECE [13]. Le Conseil de l'Europe discuterait de toutes matières d'intérêt commun et voterait à l'unanimité; il serait secondé par un secrétariat permanent. D'autre part, le memorandum français [14] propose la mise en place d'une Assemblée consultative européenne représentative des différents courants de l'opinion publique et capable de stimuler les gouvernements dans la voie de l'unité. Elle serait composée de délégués nommés par les parlements, selon un mode de désignation propre à chacun d'eux. Cette Assemblée, saisie des questions à débattre par les gouvernements, pourrait également inscrire elle-même toute autre question à son ordre du jour. Les résultats de ses travaux, consignés sous forme de résolutions adoptées à la majorité, seraient transmis aux gouvernements

---

[10] Constitué de 5 représentants pour la France et la Grande-Bretagne, 3 pour la Belgique et les Pays-Bas et 2 pour le Grand-Duché du Luxembourg, le Comité est présidé par l'homme politique français Edouard Herriot.

[11] PMB, dossier n° 163: Procès-verbaux des huit séances du Comité d'études pour l'Union européenne.

[12] Memorandum of the British Proposal for a Council of Europe, reproduit in U. LEONE, *op. cit.*, pp. 70-71.

[13] En 1952, cette organisation serait éventuellement subordonnée au Conseil de l'Europe.

[14] PMB, dossier n° 163: Memorandum de la délégation française sur le projet d'une Assemblée consultative européenne, 29 novembre 1948.

compétents pour prendre des décisions. Dans sa forme finale, toutes les nations européennes y seraient représentées. A côté de l'Assemblée, la France envisage la mise en place d'un Conseil gouvernemental qui constitue une concession aux Britanniques. Cet organe aurait pour mission soit de préparer le travail de l'Assemblée, soit de prendre toutes décisions. Une divergence radicale apparaît donc entre les deux projets, tant dans la forme de l'institution elle-même que dans les compétences, les modes de décision et la manière de désigner les délégués. Au cours des discussions, les choses n'évoluent guère. D'un côté, les Anglais souhaitent que l'organisation de l'Europe s'effectue pas à pas et d'un point de vue strictement gouvernemental, de l'autre, les Français dessinent un projet européen ambitieux, soulignant la nécessité de faire preuve d'audace afin d'entraîner le choc psychologique indispensable pour mener à la fédération de l'Europe.

Face à ces oppositions de vues et pour conclure la première phase de ces pourparlers, quelle est la position suivie par la délégation belge? Celle-ci est officiellement composée de Max Buset, Frans Van Cauwelaert [15] et Fernand Dehousse suppléés à différentes reprises par Walter Loridan et Fernand Van Langenhove. Tout en accordant une approbation de principe au memorandum français, la Belgique marque néanmoins une plus grande volonté de réaliser un compromis. Durant les deux premières séances, Van Langenhove se contente de demander aux Britanniques des précisions concernant les compétences du Conseil. Il tente, par ailleurs, de savoir si la Grande-Bretagne considère sa proposition comme exclusive ou si elle estime qu'un arrangement à partir des deux memorandums est envisageable. Au cours de la troisième session, le représentant belge, constatant que les divergences s'accentuent, s'efforce de souligner un point susceptible de mener à un compromis:

> Parmi les précisions nouvelles fournies par le memorandum (français), il en est une qui, à notre avis, mérite d'être particulièrement soulignée, c'est celle du § 4°; à côté de l'assemblée consultative européenne, le memorandum fait apparaître l'utilité d'un conseil qui se réunirait à intervalles réguliers, ou chaque fois que les circonstances l'exigeraient, soit pour préparer le travail de l'assemblée, soit pour prendre toutes décisions. Ainsi, apparaît, me semble-t-il, la possibilité de concilier les dispositions

---

[15] Le nom d'Auguste De Schrijver, président du parti social-chrétien, est également cité dans certaines sources éditées mais c'est Frans Van Cauwelaert qui participa effectivement aux débats du Comité d'études.

essentielles de la proposition française et de la proposition britannique, c'est-à-dire des deux propositions dont la commission est saisie [16].

Ces premières séances ont permis de mieux cerner les différents points de vue et de percevoir plus précisément les oppositions entre les memorandums. Mais, à l'issue de la troisième session, malgré les efforts consentis par la Belgique, les positions ne se sont guère rapprochées. Le délégué britannique propose, par conséquent, de confier l'étude de cette question à une sous-commission. Suite à une intervention de Van Langenhove durant laquelle il rappelle la volonté de son gouvernement d'aboutir à un accord, le mandat de la sous-commission est défini. Le sous-comité sera chargé «d'examiner de manière détaillée les questions que posent les propositions franco-belge et britannique et la manière de les résoudre. Les délibérations de la sous-commission s'étendraient à toutes propositions dans la mesure où celles-ci ne seraient pas couvertes par les propositions franco-belge et britannique» [17].

Le sous-comité [18], composé de sept techniciens, est présidé par le Luxembourgeois Fernand Loesch. Il se réunit à douze reprises durant les quinze premiers jours du mois de décembre afin d'élaborer un compromis entre les propositions franco-belge et britannique. Le représentant belge, Fernand Dehousse [19], défend les positions françaises car elles correspondent également à ses propres convictions. C'est le cas notamment lorsqu'il est question des compétences de l'Assemblée. La Belgique et la France soulignent l'utilité d'y évoquer les questions économiques que l'Angleterre refuse d'envisager. Il en est de même en ce qui concerne le mode de désignation des membres de l'Assemblée. La délégation britannique souhaite que le choix passe par les gouvernements tandis que Belges et Français estiment, au contraire, que cette investiture doit émaner des parlements [20]. Par ailleurs, Fernand Dehousse joue un rôle important

---

[16] PMB, dossier n° 163: Procès-verbal de la troisième séance plénière du Comité d'études.

[17] *Ibid.*

[18] PMB, dossier n° 163: Procès-verbaux des douze séances du sous-comité.

[19] Il est suppléé par Walter Loridan au cours des deuxième, troisième et quatrième séances.

[20] PFD, dossier n° 1: Télégramme de Loridan à Fernand Van Langenhove, 7 décembre 1948.

de par ses qualités de légiste. En effet, au cours des discussions portant sur le nombre des délégués à l'Assemblée, Dehousse s'oppose à la proposition de la France d'attribuer un siège par million d'habitants car elle désavantage les petits pays. Ayant porté une attention particulière à cette question, il présente deux systèmes de répartition possible [21]: l'un prévoyant un contingent de sièges pour chaque pays comportant une limite maximum et minimum et l'autre supposant une répartition égale pour chaque pays ou groupe de pays. Le choix du sous-comité s'oriente, après quelques débats, sur la première option proposée [22]. Enfin, malgré ses desseins de fédération européenne, le délégué belge manifeste sa volonté de parvenir à un accord et soumet un compromis. Il souligne le lien qui doit unir les deux organes de la nouvelle organisation et propose, comme le revendiquent les Britanniques, que l'assemblée soit saisie par le conseil. Le sous-comité souscrit à cette proposition mais, contrairement à ce que souhaitait le représentant belge, il est également admis que le vote au sein du conseil s'effectuerait à l'unanimité. Dehousse avait exprimé des réserves sur ce point car il estimait, comme c'était le cas à l'ONU, que ce système de votation avait un effet paralysant; il se plie, cependant, à l'avis général dans un esprit de conciliation [23].

La sous-commission clotûre ses travaux le 15 décembre et examine le rapport élaboré le matin même par un comité rédactionnel. Ce texte, déclare le délégué belge, ne constitue qu'une ébauche, «qu'une relation de principes généraux» [24]. Le rapport suggère au Comité plénier de créer un «Conseil de l'Europe» et une «Assemblée consultative européenne» [25]. Tandis que le Conseil de l'Europe était considéré par le memorandum français comme un simple organe secondaire, le rapport lui confère de plus

---

[21] En fait, ses réflexions l'ont amené à envisager trois procédés, mais le troisième étant destiné à un système fédéral n'est pas retenu.

[22] Dehousse avance dès lors les chiffres suivants: France 25 sièges, Royaume-Uni 25, Belgique 8, Pays-Bas 8, Luxembourg 3. Il précise qu'ils ne valent qu'à titre d'exemple et peuvent être modifiés. In PMB, dossier n° 163: Procès-verbaux des cinquième, sixième et septième séances du sous-comité; PFD, dossier n° 1: Télégramme de Dehousse à Spaak, 8 décembre 1948; télégramme de Dehousse à Van Langenhove, 9 décembre 1948.

[23] PMB, dossier n° 163: Procès-verbaux des neuvième et dixième séances du sous-comité; PFD, dossier n° :1 Télégramme de Dehousse à Spaak, 13 décembre 1948.

[24] PMB, dossier n° 163: Procès-verbal de la douzième séance du sous-comité.

[25] PMB, dossier n° 163: Rapport du sous-comité, 15 décembre 1948.

vastes compétences, sa conception se rapprochant davantage de celle proposée par les Britanniques. Chaque pays membre de l'Union européenne y serait représenté par un ministre assisté, si nécessaire, d'une délégation choisie par chacun des gouvernements. Les décisions y seraient prises à l'unanimité sauf si le Conseil en décidait autrement. Les attributions de l'Assemblée sont, quant à elles, analogues à celles du projet franco-belge. Son champ d'action est cependant réduit car une plus grande initiative est assignée au Conseil. Le texte prévoit, enfin, la création d'un Secrétariat.

Le lendemain, ce rapport est étudié par les représentants des gouvernements au sein du Comité d'études. Le délégué britannique considère qu'il s'agit d'«une contribution remarquable dans le sens de la conciliation» [26]. Les réactions françaises sont beaucoup moins enthousiastes, l'indignation portant essentiellement sur la limitation des compétences de l'Assemblée. La délégation belge, composée de Van Langenhove, Dehousse et Loridan, se déclare, quant à elle, satisfaite de la synthèse heureuse élaborée par le sous-comité. Néanmoins, Dehousse fait état des concessions qu'il a été amené à consentir et ajoute avec fermeté: «Je crois pouvoir dire maintenant qu'il (...) serait impossible d'aller en deçà du statut qui est fait à l'Assemblée par le sous-comité. C'est une raison peut-être pour ceux qui n'étaient pas en faveur de l'Assemblée, de faire un pas dans cette direction et de rejoindre sur ce point ceux qui ont consenti des concessions si importantes» [27]. Ce fervent défenseur de l'Assemblée espérait qu'il serait possible de grapiller quelques concessions aux Britanniques [28], lorsque les négociations reprendraient [29].

Mais, le 18 janvier, Hugh Dalton ruine toutes les espérances de ses partenaires en dévoilant la nouvelle position de son gouvernement. Le contre-projet qu'il expose constitue un recul considérable par rapport au memorandum franco-belge. L'Assemblée s'appellerait désormais

---

[26] PMB, dossier n° 163: Procès-verbal de la quatrième séance plénière.

[27] *Ibid.*

[28] C'est en ces termes qu'écrit Fernand Dehousse au chef de cabinet de Paul-Henri Spaak: «A mon sens, c'est de fermeté qu'il faut faire preuve. J'ai peine à croire que les Britanniques seraient irréductibles. Ils peuvent faire des concessions sur cette question, qui n'est pas concrète à leurs yeux, mais à laquelle leurs amis du continent attachent un grand intérêt». In PMB, dossier n° 1: Lettre de Fernand Dehousse à Jean Drapier, 10 janvier 1949.

[29] Le comité a prévu de tenir une séance le 6 janvier mais, sur proposition anglaise, elle est reportée au 18 du même mois.

«Conférence» tandis que le terme «Comité» remplacerait celui de Conseil. Cette Conférence réunirait des délégations nationales nommées par les gouvernements et pratiquerait le vote bloqué. Les désaccords atteignent leur paroxysme. La France réagit violemment, exprimant sa profonde désillusion quant aux compétences assignées à la Conférence. Edouard Herriot la qualifie de «rouage inutile» [30].

Même si la délégation belge considère que le contre-projet anglais est insuffisant [31], elle oriente plus que jamais sa politique vers la recherche d'un consensus. Les deux orateurs, Frans Van Cauwelaert et Max Buset, s'efforcent constamment d'insister sur les points pour lesquels un accord a été trouvé et font des suggestions en vue d'une conciliation, répétant leur volonté d'aboutir à un résultat. Le représentant socialiste ne manque pas d'évoquer la question relative au mode de désignation des membres de l'Assemblée et critique la conception britannique trop restrictive. Il suggère, à cet égard, que gouvernements et parlements nationaux désignent les membres de concert [32]. Mais, les Britanniques s'en tiennent à leurs positions. Après d'ultimes tentatives d'arrangement, Frans Van Cauwelaert est contraint de constater qu'une entente complète au sein du Comité d'études est impossible [33]. Malgré l'esprit de conciliation dont la Belgique a fait preuve au cours de ces débats, l'opposition entre le désir français de

[30] PMB, dossier n° 163: Procès-verbaux des cinquième et sixième séances plénières.

[31] Max Buset a pris quelques notes au cours de la cinquième séance critiquant le nouveau texte anglais. Il dénonce la portée restrictive de la terminologie du contre-projet: l'appellation «Conférence» est un terme diplomatique qui consiste en une simple consultation limitée à un court laps de temps. De plus, celle-ci ne ferait que reprendre le point de vue des gouvernements, déjà exprimé au sein du Comité ministériel. L'homme politique belge se penche également sur la nouvelle pondération des votes proposée par l'Angleterre et se rend compte qu'avec ce système, il serait impossible à la France et aux pays du Benelux d'obtenir la majorité des deux tiers sans l'appui de l'Allemagne et de l'Italie. Voir PMB, dossier n° 163: notes manuscrites, 18 janvier 1949.

[32] «Si nous avons, en premier lieu, un préambule définissant les principes fondamentaux sur lesquels nous nous serions accordés au départ et, en second lieu, un système de désignation des membres qui fasse que, pratiquement, ce soient et le gouvernement et le parlement qui soient associés, suivant des manières pouvant varier d'un pays à l'autre, pour déterminer le choix des membres, je pense que le principe de la responsabilité serait suffisamment sauvegardé et que l'on pourrait ainsi arriver à concilier les points de vue qui se sont fait jour au cours des discussions qui ont eu lieu jusqu'à présent». In PMB, dossier n° 163: procès-verbal de la sixième séance plénière.

[33] PMB, dossier n° 163: Procès-verbal de la septième séance plénière.

fonder une assemblée consultative parlementaire et la volonté britannique de se limiter à une coopération gouvernementale subsiste.

4. Le compromis

Il faut attendre la réunion du Conseil consultatif, les 27 et 28 janvier, pour qu'un arrangement aboutisse. Spaak et Schuman considèrent que l'Assemblée rencontre mieux les souhaits de l'opinion publique qu'une réunion périodique de ministres. Néanmoins, tous deux sont disposés à accepter un compromis, estimant qu'une entente est possible et nécessaire. Les cinq ministres des Affaires étrangères parviennent à se mettre d'accord sur les grands fondements de l'organisation. Il sera créé un Conseil de l'Europe composé d'un Comité de ministres et d'un corps consultatif [34]. Concernant cet organe, on convient, d'une part, que chaque membre du Conseil de l'Europe sera libre de fixer lui-même la procédure selon laquelle sera constituée sa délégation et, d'autre part, que le vote sera individuel et non bloqué.

La Belgique exerce une influence moins importante au cours des dernières négociations. Liées à l'élaboration du statut définitif, elles relèvent essentiellement de compétences techniques, juridiques et diplomatiques. La mise au point du statut est, tout d'abord, remise à la Commission permanente du Traité de Bruxelles qui présente un premier projet le 4 mars [35]. C'est ensuite au sein de la «Conférence préparatoire des Dix» [36] que se discute le texte. Les travaux se poursuivent dans le cadre de la commission juridique et, du 3 au 5 mai, les dernières questions sont réglées par les ministres des Affaires étrangères. Au cours de ces ultimes délibérations, ce sont les attributions du Comité des Ministres qui sont élaguées. On lui supprime sa qualité d'«organe exécutif du Conseil de

---

[34] A la Commission permanente de Londres, les Anglais accepteront de remplacer ce terme, qu'ils avaient utilisé lorsqu'ils avaient présenté leur contre-projet au Comité d'études, par celui d'Assemblée initialement proposé par le memorandum franco-belge.

[35] Commission permanente du Traité de Bruxelles. Propositions de la Commission permanente concernant le Conseil de l'Europe, Londres, le 4 mars 1949. In U. LEONE, *op. cit.*, pp. 120-122.

[36] Elle est constituée des ambassadeurs des membres du Traité de Bruxelles, du Danemark, de l'Italie, de la Norvège, de la Suède et de l'Irlande et se réunit du 28 mars au 14 avril. Chargée d'élaborer un projet de statut, elle est aidée dans sa tâche par un comité juridique chargé de la rédaction.

l'Europe» et on annule son pouvoir contraignant auprès des gouvernements. Dès lors, ces restrictions limiteront considérablement l'influence du Conseil de l'Europe au niveau gouvernemental [37]. Ces dernières reculades sont dues, en grande partie, à la méfiance des Scandinaves, qui ont tenu à obtenir toutes les garanties pour que l'organisme ne puisse acquérir de pouvoir supranational. Mais, pour la Belgique, il s'agit d'une étape importante; malgré ses faibles compétences, la première institution politique de l'Europe est née.

C — QUELQUES RÈACTIONS BELGES FACE A LA CRÉATION DU CONSEIL DE L'EUROPE

Quels échos suscitent ces négociations et la création du Conseil de l'Europe en Belgique francophone [38]? Au niveau étatique, on peut constater qu'un large consensus s'établit en politique étrangère, notamment en ce qui concerne l'Union européenne, car le gouvernement PSB-PSC a d'autres priorités telles que la reconstruction et la question royale sur le plan intérieur, tandis qu'au niveau international, l'expansion du communisme constitue une préoccupation majeure. C'est la crainte de la Belgique de voir son rôle international réduit à néant dans un monde polarisé par deux grandes puissances antagonistes, son souci de se préserver d'un troisième conflit mondial et de recouvrer sa prospérité qui poussent le monde politique à s'investir dans la construction européenne. Mais, si les grandes formations du pays approuvent la politique européenne du gouvernement, il n'en demeure pas moins que, du point de vue des partis, de la presse et de certains groupes et individus, les priorités relatives à l'organisation de l'Europe divergent quelque peu.

Du côté socialiste, tout d'abord, l'idée européenne génère des réactions diverses. Alors que Paul-Henri Spaak s'affiche comme l'un des grands défenseurs de la construction de l'Europe, le parti marque certaines réserves à l'égard de l'Union européenne et des mouvements militant en sa

---

[37] AMAEB, dossier n° 15234: Conférence préparatoire sur la création d'un Conseil de l'Europe, 14 avril 1949.

[38] En 1950, un sondage demandant aux Belges s'ils savent ce qu'est le Conseil de l'Europe est réalisé. 13,3 % des personnes interrogées avouent ne pas savoir de quoi il s'agit; 35,9 % le connaissent vaguement, 24,9 % assez bien et seulement 13,9 % affirment bien le connaître. In *Opinion des Belges au sujet du Conseil de l'Europe*, Bruxelles, 1950 (Institut universitaire d'information sociale et économique, INSOC, n° 5).

faveur; il tient à préciser officiellement son indépendance vis-à-vis de leurs revendications: «Des socialistes belges ont participé au Congrès de la Haye, (...). Il est bien entendu que ces camarades assistent à de telles réunions à titre personnel, qu'ils n'y représentent pas le parti» [39]. Le journal *Le Peuple*, organe officiel du PSB, fait preuve de pessimisme quant aux résultats de ce rassemblement [40]. En janvier 1949, le ministre des Affaires étrangères explique sa position vis-à-vis de l'Union européenne et avoue ne pas accorder une totale priorité aux délibérations visant à créer une assemblée, ses préoccupations étant davantage centrées sur l'organisation économique. Mais, il ajoute: *Ceci dit, je pousse à l'Union européenne. J'espère que nous aurons une assemblée européenne et (...) que l'expérience que l'on va tenter sera faite sur des plans modestes et raisonnables* [41]. En fait, pour les hautes sphères du parti, sa politique européenne est trop occidentale car il préconise une coopération économique, militaire et politique serrée avec les Etats-Unis. Les paroles de Max Buset et de Victor Larock l'attestent car, si ceux-ci évoquent l'avenir de l'édification européenne, c'est uniquement sur base de principes fermement socialistes et dans un esprit internationaliste [42]. A côté de ces figures du parti, le président du groupe socialiste à la Chambre et membre actif de l'Union parlementaire européenne, Georges Bohy, considère que le cadre politique de l'Europe est primordial. Dans un article du quotidien *Le Soir*, il dessine un projet de fédération européenne socialiste [43]. Dès lors, intervenant à la Chambre, il exhorte Spaak à faire avancer les débats au sein du Comité d'études, soulignant son espoir de voir s'établir une Union européenne [44]. *Le Peuple*, par contre, s'intéresse peu aux pourparlers, si ce n'est pour défendre la position des travaillistes anglais: «Spaak et Léon Blum auront à surmonter les réticences, d'ailleurs compréhensibles et

---

[39] PMB, dossier n° 14: Rapport du Congrès du PSB des 6, 7 et 8 novembre 1948.

[40] «On ne se fait guère d'illusions sur les effets pratiques de ce Congrès» car «tant de questions plus urgentes se posent en ce moment aux pays de l'Europe». In *Le Peuple*, 8 mai 1948, p. 1.

[41] *Annales parlementaires*, Chambre des Représentants, 19 janvier 1949, p. 14.

[42] *Annales parlementaires*, Chambre des Représentants, 4 mars 1948, pp. 9-10; M. BUSET , *Quelle Europe?*, in *Le Peuple*, 27-28 février 1949; V. LAROCK, *Unifier l'Europe*, in *Le Peuple*, 29 avril 1948.

[43] G. BOHY, *Fédéralisme et socialisme*, in *Le Soir*, 28 avril 1948, p. 1.

[44] *Annales parlementaires*, 18 janvier 1949, pp. 8-9.

fondées (...) de Hugh Dalton, chef de la délégation britannique, qui abhorre les doctrinaires du fédéralisme»[45]. Il existe donc plusieurs courants d'opinion dans les rangs socialistes d'autant que l'on peut encore évoquer l'action du groupe et périodique: les *Cahiers socialistes*. Prônant la mise en place d'une Europe fédérale et socialiste par la révolution, ils dénoncent la politique de Spaak jugée trop occidentale[46] et émettent de nombreuses critiques à l'égard du Conseil de l'Europe et de ses compétences[47]. Lorsque le statut du Conseil de l'Europe est signé, la frange la plus hostile du PSB adopte une attitude moins méfiante et plus pragmatique vis-à-vis de la construction européenne, ne renonçant cependant pas aux conceptions socialistes et internationalistes qui lui sont chères[48]. Cette vision internationaliste, la crainte d'une mainmise américaine sur l'Europe, le souci de ne pas adopter une position agressive vis-à-vis de l'URSS et, enfin, le fait que la plupart des grands militants européens soient des hommes de droite, tous ces éléments ont entraîné une certaine réserve dans son attitude. Elle réagit ensuite favorablement car les dernières négociations lui apportent certaines garanties: d'une part, l'Angleterre travailliste[49] participe à la nouvelle entreprise et d'autre part, l'organe n'est aucunement supranational. En novembre 1949, la quasi-totalité des députés socialistes approuve le statut du nouvel organe de Strasbourg. Paul-Henri Spaak, devenu président de l'Assemblée européenne[50], prenant

---

[45] *Le Peuple,* 26 novembre 1948.

[46] *Lettre ouverte à Paul-Henri Spaak*, in *Cahiers socialistes,* décembre 1948, pp. 20-25.

[47] «Après les expériences de la SDN et de l'ONU, il n'est plus permis d'espérer de bonne foi quoi que ce soit d'utile d'échanges de vues accomplis sous le signe de la souveraineté nationale et du veto gouvernemental». In R. RIFFLET, *L'Union européenne en marche*, in *Cahiers socialistes,* février 1949, p. 54.

[48] V. LAROCK, Le socialisme international et l'Union européenne, in *Le Peuple*, 19 mai 1949, p. 1.

[49] C'est parce que le parti travailliste anglais n'avait pas participé au Congrès de La Haye que le PSB s'était lui-même abstenu.

[50] Spaak est élu à l'unanimité le 11 août 1949. A cette occasion, il reçut l'appui de son parti: «Plein succès dans travaux dont heureux aboutissement répondrait fort opportunément à nos préoccupations et aspirations». Institut Emile Vandervelde: Télégramme de Max Buset à Paul-Henri Spaak reproduit dans le compte-rendu du bureau du PSB, 12 août 1949. Il est à préciser que l'homme politique a tout le loisir de s'investir dans sa nouvelle tâche puisque les socialistes ne font plus partie du gouvernement depuis le 11 août 1949. C'est le catholique Paul Van Zeeland qui possède le portefeuille des Affaires étrangères.

la parole à la Chambre au nom du groupe socialiste, prie le nouveau ministre des Affaires étrangères d'utiliser l'instrument récemment créé avec témérité pour que progresse l'édification de l'Europe [51].

Les catholiques manifestent plus d'enthousiasme à l'égard de l'Union européenne que leurs partenaires socialistes. Les conclusions du Congrès de juillet 1948 en témoignent: «Le parti souhaite que la Belgique donne tout son appui à la création d'une union politique européenne» [52]. Cette question suscite également moins de controverses qu'au sein du PSB. Le parti social-chrétien approuve l'action des mouvements européens [53] tout en s'en tenant à une vision plus pragmatique de la construction européenne. A l'instar des socialistes, il privilégie la coopération économique à l'organisation politique mais il considère, par contre, que cette collaboration économique doit s'effectuer par le biais d'ententes régionales et douanières. Par conséquent, les sociaux-chrétiens se soucient davantage de mener à terme le plan Marshall et d'accroître la coopération dans le cadre de Benelux et du Traité de Bruxelles que de négocier la mise en place d'une Assemblée européenne [54]. Des quotidiens conservateurs et d'inspiration chrétienne tels que la *Libre Belgique* et *la Métropole* laissent apparaître un certain engouement à l'issue des travaux de La Haye et soulignent de façon élogieuse l'action de Winston Churchill. A l'instar du PSC, la *Libre Belgique* fait surtout état de préoccupations économiques, proclamant l'urgence de réorganiser l'Europe à ce niveau [55]. Son attention porte également sur la continuation de Benelux et du plan Marshall ainsi que sur la question allemande. Les informations relatives à l'Union européenne y sont traitées de manière plus sommaire. La *Métropole* fait une plus large place aux différents échanges de vues mais elle reste dans

---

[51] *Annales parlementaires*, Chambre des Représentants, 17 novembre 1949, p. 6-8.

[52] *Bulletin d'information du PSC*, juin-juillet 1948, p. 528.

[53] Certaines personnalités du parti comme Etienne de la Vallée Poussin ou Paul Van Zeeland militent dans ces mouvements.

[54] Ce point de vue est notamment exprimé à la Chambre par Raymond Scheyven: «Que dire de l'entente qui devrait exister au niveau économique, alors que les divergences de vues s'accusent à Paris entre la Grande-Bretagne et nous. Nous ferions mieux de consacrer l'essentiel de nos efforts à la réalisation de Benelux (...). Si nous devions échouer dans cette tâche, toute union européenne serait impossible ». In *Annales parlementaires*, Chambre des Représentants, 19 janvier 1949, pp. 5-8.

[55] F. BAUDHUIN, *La Libre Belgique*, 2 mai 1948.

l'expectative en ce qui concerne les discussions du Comité d'études. En janvier 1949, son intérêt pour les négociations reprend; elle exprime, à ce sujet, son mécontentement vis-à-vis de la politique anglaise, n'hésitant pas à émettre un jugement empreint de sous-entendus: «Quoi de plus naturel que Bevin ait conçu une antipathie contre la courageuse initiative de Churchill et qu'il se soit employé à freiner un mouvement dont l'élan ne pouvait profiter qu'à son adversaire politique» [56]. Certaines personnalités, de par leurs activités au sein des mouvements européens, se prononcent individuellement sur cette question. C'est le cas, notamment, du sénateur Etienne de la Vallée Poussin qui estime, quant à lui, qu'il est urgent et nécessaire pour l'Europe de s'unir économiquement et politiquement sous l'égide des Etats-Unis [57]. A la suite du congrès de La Haye, c'est sous sa plume que s'exprime l'hebdomadaire officiel du PSC: «Le Congrès de l'Europe (...) est un événement majeur dans l'histoire de notre continent. Peut-être est-ce un tournant dans l'histoire du monde» [58]. Lorsque les compétences du nouvel instrument sont connues, le périodique déclare que sa mise en place dépassera bien des espérances [59]. En effet, pour *Temps nouveaux*, la fédération de l'Europe doit s'effectuer progressivement car, malgré le développement d'un vaste courant en faveur de l'union européenne, les intérêts nationaux demeurent très forts [60]. Le ton de la *Libre Belgique* révèle une certaine déception quant à la limitation des attributions du nouvel organe européen mais exprime, cependant, l'espoir de voir évoluer les compétences de l'Assemblée [61]. De son côté, la *Métropole* s'étend plus longuement sur le sujet. Même si elle souligne que cette organisation permet aux membres d'adopter une politique étrangère commune, elle n'en déplore pas moins le rôle prédominant assigné au Comité des ministres [62]. Par la suite, ce quotidien s'engage dans une réflexion visant à expliquer les raisons des reculades. Les causes invoquées

---

[56] *La Métropole*, 19 janvier 1949, p. 1.

[57] *Bulletin d'information du PSC*, août-septembre 1948, p. 567.

[58] Hier divisée, aujourd'hui unie ... telle est apparue l'Europe au Congrès de La Haye, in *Temps nouveaux*, 15 mai 1948, n° 20, p. 1.

[59] D. LAMALLE, *Le Conseil de l'Europe*, in *Temps nouveaux*, 2 avril 1949, n° 13, p. 8.

[60] *Temps nouveaux*, 29 janvier 1949, n° 4, p. 5.

[61] *La Libre Belgique*, 5 mai 1949, p. 1.

[62] *La Métropole*, 7-8 mai 1949, p. 1.

relèvent de la conjoncture internationale, des possessions coloniales et de l'esprit national qui reste trop important [63]. Pour l'hebdomadaire *Phare Dimanche*, l'Europe doit être organisée économiquement et défensivement sous l'égide américaine; il ne croit pas à l'union politique, jugeant comme un mythe l'abandon des souverainetés nationales [64]. Le parti catholique se montre favorable à la création du Conseil de l'Europe, le *Bulletin d'information du PSC* évoquant largement le sujet et appuyant les objectifs du Mouvement européen [65]. Dans son programme en vue des élections du 26 juin, le parti émet le voeu de voir se réaliser «l'Union occidentale (...) par l'entrée en fonction du Conseil de l'Europe dans ses deux organes». Il convient toutefois de préciser que, comme ce fut le cas durant les négociations, la coopération économique et l'aboutissement du Pacte de Bruxelles font l'objet d'une plus grande volonté d'aboutir que le Conseil de l'Europe [66]. Les parlementaires catholiques approuvent son statut à l'unanimité. Même s'ils dénoncent le manque de pouvoirs du nouvel organisme européen, ils souhaitent néanmoins que celui-ci se développe. A la Chambre, le discours de Paul Van Zeeland est empreint d'optimisme. Mais si, pour ce libre-échangiste et fondateur de la Ligue européenne de Coopération économique, le Conseil de l'Europe doit progresser, c'est essentiellement à des fins économiques [67]. De la Vallée Poussin apporte également l'approbation du groupe catholique au statut de la nouvelle organisation mais émet des critiques à l'égard de l'action du Comité des ministres, répétant sa volonté de créer les Etats-Unis d'Europe [68].

Quant aux libéraux relégués dans l'opposition, ils adhèrent, eux aussi, aux mesures entreprises en vue de créer une Union européenne. Cette question n'est pourtant pas évoquée lors des réunions du parti [69]; les prises

---

63 *La Métropole*, 11-12 mai 1949, p. 1.

64 Force et faiblesse du mythe européen, in *Phare Dimanche*, 16 mai 1948, n° 124, p. 3.

65 D. LAMALLE, *Le Mouvement européen*, in *Bulletin d'information du PSC*, mars 1949, pp. 224-230.

66 *Bulletin d'information* du PSC, mai 1949, pp. 413-415.

67 *Annales parlementaires*, Chambre des Représentants, 17 novembre 1949, pp. 13-16.

68 *Annales parlementaires*, Sénat, 12 janvier 1950, pp.182-185.

69 On peut même dire que le parti ne fait allusion à aucun point de politique étrangère. Dans l'opposition jusqu'en août 1949, il se concentre sur les problèmes de politique intérieure.

de position relatives à l'édification européenne n'ont lieu que dans le cadre des débats parlementaires concernant le plan Marshall, le Pacte de Bruxelles et le Conseil de l'Europe. Seules des personnalités comme Roger Motz et Jean Rey s'investissent dans la cause européenne; leur action reste, cependant, individuelle bien que la situation qu'ils occupent dans le parti puisse donner l'illusion d'un engagement soutenu. Lors de la discussion du budget à la Chambre, le représentant libéral donne l'assentiment de son groupe à la politique étrangère menée par Spaak mais lui demande de l'orienter davantage vers l'Occident. Quant aux négociations en vue de mettre au point l'Union européenne, il en accepte le principe et souhaite à cet égard quelques précisions au sujet des compétences que l'organe pourra acquérir [70]. En novembre 1949, devenus les partenaires des sociaux-chrétiens au gouvernement, les libéraux se montrent favorables à la mise en place du Conseil de l'Europe tout en critiquant néanmoins la limitation de ses pouvoirs [71]. Au Sénat, pour Roger Motz, membre de l'Assemblée strasbourgeoise, l'organisation de l'Europe devrait permettre la libération des échanges internationaux. Quant à l'Assemblée, il estime nécessaire, pour l'avenir de la civilisation européenne, que l'entreprise réussisse et que ses membres soient désormais élus par les parlements [72]. Le *Flambeau*, revue bimestrielle, ne s'intéresse qu'à une seule reprise au Conseil de l'Europe et n'y voit comme élément positif que le caractère libéral et occidental dont il pourra être doté [73]. Les libéraux voient dans le statut du Conseil de l'Europe la possibilité de progresser vers une Europe plus libérale et semblent plus ouverts à des dons de souveraineté nationale que les catholiques.

Les communistes ont, depuis le 20 mars 1947, quitté le gouvernement. A l'aube de la guerre froide, leur position diverge systématiquement de celle de la majorité. Ils ne font aucune allusion aux tractations visant à fonder

---

[70] *Annales parlementaires*, Chambre des Représentants, 18 janvier 1949, pp. 10-12.

[71] *Annales parlementaires*, Chambre des Représentants, 17 novembre 1949, pp. 8-9.

[72] *Annales parlementaires,* Sénat, 11 janvier 1950, pp. 171-172.

[73] «Il y aura une Assemblée consultative aussi publique qu'impuissante. Mais, (...) ce qui importe, c'est l'alliance très effective et très puissante, grâce à l'Amérique, qui en assume et en assurera la direction et la force, de l'Europe utile, vouée à la liberté. De toutes les dénominations officielles ou officieuses (...) mises en avant pour désigner ce groupe des nations occidentales, l'appellation de Bloc de la Liberté nous paraît la plus simple et la plus juste». In FAX, *Pacte atlantique, Accord de Londres et Conseil de l'Europe,* in *Le Flambeau,* 1949, n° 1, pp. 105-106.

une Union européenne mais y sont tacitement opposés. *Le Drapeau rouge*, quotidien respectant la ligne politique du parti, ne voit, dans ces négociations, qu'un moyen pour les Etats-Unis de régenter l'Europe [74]. Au Parlement, leur hostilité s'exprime à l'encontre du Pacte de Bruxelles, du plan Marshall et de la question allemande. En février 1949, un groupe de militants manifeste à Bruxelles contre le Mouvement européen qui y tient un meeting et lorsqu'il est question du projet de loi concernant le Conseil de l'Europe, les parlementaires s'y opposent radicalement et à l'unanimité [75].

Reste à envisager le point de vue de périodiques ouverts à la problématique fédéraliste. Les *Cahiers du monde nouveau* se définissent eux-mêmes comme «la tribune libre des fédéralistes» [76]. Le Congrès de l'Europe constitue pour cette revue un sujet privilégié, donnant successivement la parole à Alexandre Marc, Henri Brugmans et Denis de Rougemont [77]. Elle applaudit, ensuite, l'initiative française et ajoute que, si l'Angleterre hésite à s'engager, la fédération européenne doit se constituer sans elle [78]. La perspective européenne de la revue *Synthèses* est axée sur le fédéralisme et le socialisme. Elle porte toutefois peu d'intérêt aux tractations concernant le Conseil de l'Europe, axant davantage ses objectifs européens sur le plan économique: «L'Europe peut se sauver à une condition: créer une véritable union économique», mais cela ne l'empêche pas de revendiquer, en dernière instance, l'élaboration d'une fédération de l'Europe [79]. *La Relève*, groupe de réflexion et hebdomadaire agissant au

---

[74] *Etats-Unis d'Europe ... ou succursale européenne des Etats-Unis ?*, in *Le Drapeau rouge*, 6 septembre 1948, p. 1.

[75] *Annales parlementaires*, Chambre des Représentants, 17 novembre 1949 et Sénat, 12 janvier 1950.

[76] Dans l'un de ses éditoriaux, elle affirme: «Tant dans la perspective européenne que dans la perspective mondiale, *Monde nouveau* poursuivra son effort en faveur de la compréhension internationale et de l'organisation fédéraliste, seule efficace, de la paix». in *Cahiers du monde nouveau*, 1948, n°5, p. 1.

[77] *Ibid*, n° 6.

[78] R. SILVA, *Faire l'Europe d'abord*, in *Cahiers du monde nouveau*, 1948, n° 9, p. 16.

[79] «Pour réaliser une véritable union (...) il n'y aurait pas de plus sûr moyen que d'élire une Assemblée européenne (...), nécessaire prélude à la Fédération européenne, qui est à souhaiter si l'on veut que l'Europe soit forte». In *L'Europe en danger*, in *Synthèses*, 1948, n° 9, pp. 298-299.

sein du PSC, affirme sa volonté de voir progresser l'unification de l'Europe comme une «Troisième force» entre les Etats-Unis et l'Union Soviétique et insiste sur le caractère progressiste et social qu'elle doit revêtir [80]. Tout en appréciant les principes issus du congrès de La Haye, elle en regrette cependant le caractère conservateur, perceptible en raison du charisme de certaines personnalités comme Churchill [81]. Ce périodique est favorable à la mise en place d'une fédération européenne pour autant qu'une union s'effectue au niveau économique: «Il faut créer un organisme constitutionnel auquel nos différentes nations devront concéder une part de leur souveraineté. Mais, cela ne donnera aucun résultat si l'union économique, de son côté, n'est pas réalisée» [82]. Les *Dossiers de l'action sociale catholique* s'intéressent surtout à l'activité des mouvements européens. Ce mensuel requiert un plus grand travail de propagande sur les masses laborieuses et émet le voeu de voir les résolutions du rassemblement de La Haye se concrétiser [83]. Après la mise en place du Conseil de l'Europe, *Synthèses* manifeste peu d'enthousiasme, les premiers travaux de l'organisme étant jugés peu spectaculaires [84]. Par contre, les *Cahiers du monde nouveau* adoptent une attitude positive après la première session de l'Assemblée: malgré les limitations imposées au nouvel instrument, l'Assemblée de Strasbourg pourra graduellement obtenir un pouvoir constituant et rédiger un pacte fédéral [85]. *La Relève* considère, quant à elle, qu'il s'agit d'un nouveau pas vers la paix et d'un renforcement de la position des Occidentaux [86]. Enfin, les *Dossiers de l'action sociale catholique* s'en prennent aux sceptiques, à ceux qui doutèrent des résultats de La Haye, afin de démontrer que l'Assemblée européenne, bien que fortement emprisonnée par ses limites, constitue un instrument de

---

80 *La Relève*, 8 mai 1948, n° 18, p. 2.

81 *La Relève*, 22 mai 1948, n° 20, p. 1.

82 *Vers l'organisation de l'Europe*, in *La Relève*, 12 mars 1949, n° 10, p. 6.

83 A. VERLEYE, *Le Congrès de l'Europe unie*, in *Dossiers de l'action sociale catholique*, mai 1948, n° 5, pp. 330-334.

84 M. LAMBILLIOTE, *Washington*, in *Synthèses*, 1949, n° 6, p. 261.

85 R. SILVA, *Strasbourg, berceau de l'Europe unie*, in *Cahiers du monde nouveau*, n° 8-9, décembre 1949, pp. 49-54.

86 *La Relève*, 14 mai 1949, n° 19, p. 2.

l'avenir [87]. Bref, la naissance du Conseil de l'Europe suscite des réactions favorables à l'exception de certaines réticences socialistes et du rejet total des communistes. Mais, sa mise en place ne constitue pas une préoccupation majeure en matière de construction européenne — si ce n'est pour les groupes résolumment fédéralistes —, la primauté étant accordée à la coopération économique.

[87] A. VERLEYE, *Strasbourg ... et après*, in *Dossiers de l'action sociale catholique*, décembre 1949, n° 12, pp. 758-763.

Faire du Conseil de l'Europe «l'Union européenne»: le projet de Carlo Sforza [1]

Par Rinaldo MERLONE
Turin

En février 1947, Alcide De Gasperi nomme le comte Carlo Sforza ministre des Affaires étrangères de la République italienne [2]. Il a un programme très clair: reconduire au plus vite l'Italie à une position d'égalité avec les autres puissances européennes. Il fait donc signer rapidement le traité de paix [3]. Cette décision lui permet de regarder vers l'Europe, et de tenter de réinsérer l'Italie dans le jeu politique du continent. Dans ces circonstances, le 18 juillet 1948 — un jour avant la déclaration de Georges Bidault à la conférence des cinq puissances signataires du pacte de Bruxelles — Sforza propose la réalisation d'une fédération d'états européens, comme remède

[1] Cette étude s'appuie principalement sur les Archives du Ministère italien des Affaires étrangères (AMIAE), Roma, Direzione generale degli Affari politici (Dgap) 46-50, carton 193-1 (Conseil de l'Europe: admission de l'Allemagne et d'autres membres, 1949); carton 195-3 (Conseil de l'Europe: réunions et admissions, 1049); Dgap, Germania 1950, carton 35 (relations politiques et économiques avec l'Italie, 1950); Direzione generale degli Affari economici (Dgae) Uff. IV B, carton 171, 2 (Conseil de l'Europe: liaisons Conseil-OECE, 1949); Dgae Uff. IV A, carton 277, 1 (Conseil de l'Europe, 1949); Dgae Uff. IV C, carton 97, 1 (UEP, OECE, Conseil de l'Europe, 1950). Archives historiques du Conseil de l'Europe (AHCE), Strasbourg, Committee for the study of European Unity (1949), file n° 0014; Preparatory Commission of the Council of Europe, 1949-1950, file 00110, vol. 1; The role of the CE (1950-1963), file 0013, vol. 1. Archives privées Taviani Paolo Emilio (APT), Esercito Europeo (1950-1951).

[2] Carlo Michele Sforza (1872-1952) commence sa carrière diplomatique en 1896 pour devenir sous-secrétaire d'état aux Affaires étrangères, sénateur, ministre des Affaires étrangères (1920-21). Quand Mussolini prend le pouvoir, Sforza passe à l'opposition; en 1926 il part pour l'exil (en Belgique, en France et aux Etats-Unis), d'où il reviendra en 1943. Il suivait la pensée de Giuseppe Mazzini et croyait dans la fraternité des peuples et des nations libres. En 1930 il présenta à Lugano une conférence dont le titre était *Les Etats-Unis d'Europe* (cf. note 4). Dans sa campagne politique sur le référendum entre monarchie et république (1946), il soutient la forme républicaine, car elle aurait facilité la rédaction du traité de paix et l'organisation future de l'Europe.

[3] Carlo SFORZA, *L'Italia alle soglie dell'Europa*, Milano, Rizzoli, 1947, pp. 17-26.

pour éliminer la possibilité de nouvelles guerres en Europe [4]. A l'occasion d'un discours prononcé à l'Université pour étrangers de Pérouse [5], il indique la nécessité d'une intégration graduelle, qui doit forcément passer par les unions douanières, selon l'exemple franco-italien [6]. En application de ce programme, et suite à la décision française d'accepter les propositions du Comité international des mouvements pour l'unité européenne, le 24 août 1948 Sforza envoie au gouvernement français un memorandum [7], suivi d'un autre du même genre aux gouvernements adhérents au plan Marshall, où il déconseille de créer de nouveaux organismes, et souhaite le renforcement et la mise en valeur de l'Organisation européenne de Coopération économique (OECE) [8].

Le 25 octobre de la même année, la délégation italienne auprès de l'OECE annonce au ministre qu'on est finalement passé de la phase des discussions «à l'examen des réalités concrètes et à la prise en charge des engagements, contraignants pour la politique économique et budgétaire des différents pays» et qui par la suite soulèveront des «controverses considérables». Elle invite donc le gouvernement italien à faire vite et bien ce qu'il faut, ce qui sera «indiqué [9] par les Américains» et à former une administration d'état bien équipée. Vue de l'extérieur l'Italie se trouve encore dans une situation inadaptée aux nécessités du moment. Le pays aurait dû atteindre une connaissance de tous les problèmes sectoriels du monde, des différentes langues et surtout disposer de personnel bien formé [10]. Toutefois le ministre invite la délégation à faire plutôt entendre à l'extérieur que le problème de l'émigration italienne est aussi «leur

---

4 Carlo SFORZA, *Gli Stati Uniti d'Europa* (conférence, Lugano, 1930), in *O Federazione europea o nuove guerre*, Firenze, La Nuova Italia, 1948, pp. 17-43.

5 Carlo SFORZA, *Cinque anni a Palazzo Chigi. La politica estera italiana dal 1947 al 1951*, Roma, Atlante, 1952, pp. 483-496.

6 Au centre du nouveau concert européen, Sforza avait mis, déjà en 1942, la France et l'Italie, qui auraient dû montrer "au monde une union entre elles": cf. Carlo SFORZA, "Italia e Francia: presente e avvenire", *Il Ponte*, t. I, 1945, pp. 272-276; Carlo SFORZA, *Demain il faudra faire grand*, Montréal, éd. de l'Arbre, 1942, 46 p.

7 Carlo SFORZA, *Cinque anni a Palazzo Chigi* ..., pp. 69-73.

8 *Ibid.*, pp. 73-80.

9 Dans le sens italien de la parole: "indicato".

10 AMIAE, Dgae uff. IV A, carton 277, 1 (1949) : Paris 25 octobre 1948, délégation italienne pour la Coopération économique européenne (OECE).

affaire», d'autant plus que l'Italie vit prostrée par les conséquences de la guerre et d'un traité de paix injuste, par la perte des colonies et elle se trouve de surcroît contestée par l'opposition [11].

L'Italie est enfin admise dans les organismes internationaux. A Londres le 27-28 janvier 1949 le Conseil consultatif, formé par les cinq ministres des Affaires étrangères, accepte l'admission immédiate de l'Italie dans le Conseil de l'Europe avec l'Irlande et les Pays scandinaves [12].

Pendant la réunion du groupe consultatif des ministres de l'OECE (18 février 1949) Sforza prend à nouveau en considération la portée historique du regroupement en vue de l'union européenne. Il s'oppose à la proposition de faire tourner les réunions dans les différentes capitales européennes — ce qui aurait ressemblé à un cirque — et suggère plutôt de charger certaines personnalités de la nouvelle institution de rendre visite aux gouvernements membres [13]. Il se félicite avec l'ambassadeur américain William Averell Harriman, qui a invité l'Europe à suivre les Etats-Unis dans la politique de la productivité, des prix, du marché international, des payements et de la convertibilité des devises, afin de porter le continent vers une étape «susceptible de développements ultérieurs» [14].

Quelques jours avant (9 avril 1949) la conférence sur la création du Conseil de l'Europe, Vittorio Zoppi, secrétaire général du ministère des Affaires étrangères, avait conseillé de ne pas appuyer l'admission de la Grèce et de la Turquie [15] pour ne pas déplaire à l'Angleterre [16]. Les grandes puissances commençaient évidemment à regarder vers

---

[11] *Ibid.*, Rome 26 novembre 1948, instructions de Sforza à la délégation italienne. Paris, LGDJ, 1986, p. 192, n° 145.

[12] Marie-Thérèse BITSCH, *Le rôle de la France dans la naissance du Conseil de l'Europe*, in *Histoire des débuts de la construction européenne* (mars 1948-mai 1950), (actes du Colloque de Strasbourg, 28-30 novembre 1984), sous la direction de Raymond POIDEVIN, Bruxelles, Bruylant, 1986, p. 192, n° 145.

[13] AMIAE, Dgae uff. IV A, carton 277, 1 (1949): procès verbal 1ère réunion du groupe des ministres de l' OECE, 18 février 1949.

[14] *Ibid.*, Parigi 19-2-1949, note remise par la délégation italienne pour L' OECE.

[15] Le 5 novembre 1948 l'Italie avait signé à San Remo avec la Grèce un traité d'amitié; avec le Turquie elle le signera à Rome le 24 mars 1950: cf. "Intensa attività della diplomazia italiana", in *Relazioni Internazionali*, t. XII, 1948, p. 755; "Trattato di amicizia tra Italia e Turchia. Dichiarazione di Sforza", in *Relazioni Internazionali*, t. XIV, 1950, p. 180.

[16] AMIAE, Dgae uff. IV A, carton 277, 1 (1949): Rome, 9 avril 1949, instructions de Vittorio Zoppi à l'amb. Gallaratti Scotti.

l'Allemagne de Bonn, dont l'admission à l'Assemblée consultative, aussi bien à parité des conditions que telle qu'associée, aurait été probablement inscrite à l'ordre du jour de la première séance [17].

Du 3 au 5 mai Sforza participa à Londres à la conférence finale à dix. L'ambassadeur Tommaso Gallarati Scotti et quatre fonctionnaires l'accompagnaient. Le ministre prit la parole à propos de l'admission de nouveaux membres, et, de même que son collègue Robert Schuman, et les ministres belge et néerlandais, souhaita l'accession au Conseil aussi bien de la Grèce que de la Turquie [18]. À Londres Sforza se trouvait plutôt sur la même longueur d'onde que Schuman, mais il ne voulait pas se rendre hostile à Ernest Bevin, qui soutenait en revanche que l'on ne s'était pas encore mis d'accord pour admettre ces pays à la signature [19]. Cette admission se révélait pour l'instant impossible, étant donné que la question devait être «réglée par le Comité des ministres, dès sa première réunion, conformément aux dispositions de l'article 4 du statut». Le ministre italien souligna donc d'un côté qu'on devait décider «à l'unanimité de l'admission», mais de l'autre, qu'il ne fallait pas «décourager ces pays», car ils se trouvaient «sous la menace de l'expansion soviétique. Toute l'aide morale possible aurait dû leur être accordée» [20].

Le «compte rendu» de la conférence tenue au palais Saint-James met bien en évidence les autres aspects de la position de médiation prise par Sforza. Il savait très bien que l'Italie devait conserver l'amitié de la France, mais en même temps il devait obtenir la sympathie et le soutien du Royaume Uni, sans lequel aucune politique étrangère ou européenne n'aurait été possible pour son pays. Après que Schuman avait défendu l'expression «Union Européenne», à laquelle s'opposait l'appellation «Conseil de l'Europe», voulue par Bevin, il ne restait au ministre italien qu'à soutenir qu'il comprenait bien «les raisons du recours au titre modeste de Conseil» et qu'il reconnaissait la nécessité de construire l'organisation «lentement et solidement», contrairement à ce qu'avait prévu Aristide Briand. Cependant, il se déclarait aussi partisan de l'expression «Union

---

17 AMIAE, Dgap 46-50, carton 195, 3 (1949): Paris, 11 avril 1949, note remise par l'ambassade d'Italie; carton 193, 1 (1949): Zurich,12 avril 1949, note remise par le consulat général d'Italie.

18 AHCE, file n° 0014: compte rendu de la Conférence sur la création d'un Conseil de l'Europe (Palais Saint-James, Londres 3-5 mai 1949, confidentiel), pp. 3-4.

19 *Ibid.*, p. 16.

20 *Ibid.*, p. 17.

Européenne», car on l'aurait accusé sinon «d'être hostile à l'idée d'union européenne, ce qui aurait pu avoir de graves conséquences» [21]. Ensuite, après que Schuman venait de dire qu'il ne désirait toutefois pas «créer des difficultés à ses collègues, ou exagérer la portée de ses remarques», Sforza déclara qu'il était alors «nécessaire de trouver une dénomination autre que celle d'Union Européenne, étant donné que l'imagination populaire à montré qu'elle pouvait s'accommoder d'expressions telles que Benelux». Dans la déclaration finale, quand tout était décidé, le ministre italien se dépouilla de son rôle de diplomate, et fut le seul à parler encore d'«Union» plutôt que du «Conseil de l'Europe», titre trop simple pour une institution qui «sert la paix et qui contribue à l'organisation du vieux continent» [22].

Pendant la discussion du projet de statut, le ministre italien se trouva tout à fait d'accord avec la France et le Royaume Uni à propos du choix de Strasbourg comme siège du Conseil, plutôt que d'un petit pays européen comme les Pays-Bas ou la Belgique. Il se déclarait «reconnaissant» à la délégation anglaise d'avoir suggéré Strasbourg, car ce qui avait été «un centre de conflits dans le passé», deviendrait dans l'avenir «un centre d'union» [23]. Même pour Sforza, Strasbourg devait devenir une porte ouverte vers la nouvelle Allemagne démocratique, qui aurait pu s'asseoir dans le siège resté libre, le jour où ce pays aurait montré au monde qu'il avait abandonné sa terrible tradition de guerre. Le représentant italien fut certainement bien accueilli par les neuf autres membres de la Conférence, qui — selon des documents confidentiels — «après un débat prolongé» acceptèrent la suggestion de Sforza, selon laquelle les représentants au comité des ministres devaient être les ministres-mêmes des Affaires étrangères [24].

Quand la discussion en arriva à l'article 20, et donc à la possibilité d'admettre le vote à l'unanimité, Sforza se déclara tout à fait d'accord avec la France et le Royaume Uni. Schuman avait justement soutenu que sur la plupart des questions, le vote aurait dû intervenir à la majorité des deux tiers, et qu'«il existerait sinon un danger de voir le fonctionnement du Conseil paralysé». Bevin avait remarqué que le vote à l'unanimité aurait

---

[21] *Ibid.* p. 5.

[22] *Ibid.*, p. 15 et p. 24.

[23] *Ibid.*, pp. 6-7.

[24] Carlo SFORZA, *Il Consiglio Europeo e l'unità europea. Discorsi pronunciati alla Camera e al Senato il 14 e il 21 luglio [1949] all'occasione della per il Consiglio Europeo*, Roma, 1949, p. 19.

constitué «une consécration du principe de veto, sous une forme plus mauvaise encore que celle qui est pratiquée aux Nations Unies» et qu'il ne faisait donc pas «mettre dans le statut une clause qui montre que l'Europe n'a pas de confiance en elle-même». Le représentant italien à son tour suggérait «d'éviter tout ce qui pourrait faire tomber l'immense vague d'optimisme qui avait suivi en Europe la signature du Pacte de l'Atlantique» [25].

Pendant la conférence, Sforza s'était comporté en chef de la diplomatie italienne, et en homme politique bien conscient que le pays qu'il représentait avait été invité à la discussion finale des négociations. C'est seulement dans la déclaration finale que le ministre italien nous donne un message plus large, qui synthétise tout son tourment idéologique sur l'union européenne. Avec la création de cet organisme européen Sforza voyait finalement disparaître dans le continent la menace de Berlin. Par ailleurs soucieux de laisser une porte ouverte vers l'Est, il ajouta même que l'entente européenne était née grâce «à un réveil, de la part de Moscou, du désir d'une entente pacifique». La signature du Pacte atlantique et la création du Conseil de l'Europe avaient exercé une influence prépondérante en faveur d'une volonté constante de paix, et avaient créé une situation où les frontières étaient «tracées, non à l'encre, mais au crayon». Le «besoin unique» et «suprême» de l'Europe était devenu la paix [26].

La machine bureaucratique européenne se mit donc en mouvement, et le 10 mai l'ambassade d'Italie en France communiquait au secrétaire exécutif que l'Italie avait désigné comme délégué à la commission préparatoire le marquis Francesco Cavalletti, premier secrétaire de l'ambassade, accompagné par le professeur de Rossi, expert juridique et par Sforza-Galeazzo Sforza, que l'on appelait Sforzino [27].

Sforza retourna à Rome pour reprendre sa lutte politique en faveur de l'Europe. Il s'était rendu compte que le pays devait se rapprocher le plus vite possible de l'Allemagne de l'Ouest, surtout maintenant que l'Union douanière et le Finebel étaient devenus des instruments de politique ordinaire, et presque bilatérale [28]. Le 16 mai 1949 l'ambassadeur Pietro

---

[25] AHCE, file n° 0014: compte-rendu de la Conférence cit., pp. 7-10.

[26] *Ibid.*, p. 24.

[27] AHCE, file n° 00110, vol. 1: Paris, 10 mai 1949, note remise par l'ambassade d'Italie.

[28] Pierre GUILLEN, "L'Italie et le problème allemand 1945-1955", in *Relations internationales*, tome 51, 1987, pp. 269 à 277; Lamberto BERTI, "L'Italia e la Germania :

Quaroni informait en outre le ministère que le plan Kennan, énergiquement démenti par Jessup, avait fait grande impression en France. L'éventuelle évacuation des troupes d'occupation de l'Allemagne mettait en évidence l'impréparation militaire de l'Occident et la supériorité soviétique, même dans ses conditions économiques désastreuses. En cas de retrait des troupes, l'Allemagne se serait trouvée abandonnée et sans défense envers l'agression [29].

Quand le 7 juin 1949 le ministre fut appelé à l'Université de Toulouse, pour recevoir le titre de docteur «honoris causa», il réaffirma les valeurs historiques des liaisons entre la France et l'Italie, qui pendant les siècles formèrent ensemble une frontière sur le Rhin et contre l'expansion germanique [30]. L'Union douanière franco-italienne devait donc servir «non pas contre l'Allemagne, mais au plus vrai et profond avantage de l'Allemagne», qui aurait dû se mettre à travailler pour la paix, et non pour la guerre [31].

Il y a une parfaite cohérence entre le discours de Toulouse, et ceux qui furent prononcés respectivement le 14 et le 21 juillet 1949 à la Chambre des députés et au Sénat, à l'occasion du débat pour le Conseil de l'Europe. Sforza confirma de nouveau que le choix de Strasbourg, emblème de sang et de haine entre la France et l'Allemagne, devait amener l'Allemagne républicaine à se convertir à l'Europe et à la paix, et à la faire admettre au Conseil [32]. Cet organisme, pouvait aussi bien décider de l'union des chemins de fer, que de créer tout un ensemble d'échanges et de contacts, jusqu'à l'union monétaire [33]. Sforza, face à l'opposition, a réaffirmé sa foi en l'union européenne, qui devait croître graduellement: «aujourd'hui, c'est le Conseil de l'Europe, demain ce sera une réelle union européenne; maintenant c'est le comité des ministres, ce sera à l'avenir un gouvernement supranational; à présent c'est l'Assemblée consultative,

---

l'atteggiamento della diplomazia italiana dal 1950 al 1952", *Storia delle relazioni internazionali*, t. VI/1, 1990, pp. 117-122.

[29] AMIAE, Dgap 46-50, carton 193, 1 (1949): Paris, tel. n° 513-1858 du 16 mai 1949, note remise par l'ambassade d'Italie.

[30] Carlo SFORZA, *Italie et France. Discours prononcé dans l'aula magna de l'Université de Toulouse le 7 juin 1949*, Roma, Tipografia del ministero degli Affari esteri, 1949, p. 4.

[31] *Ibid.*, p. 14.

[32] Carlo SFORZA, *Il Consiglio europeo e l'unità dell'Europa, Discorsi* ..., pp. 4-5.

[33] *Ibid.*, pp. 9-10.

demain ce sera un vrai parlement européen, où les communistes mêmes seront représentés. Le comte ne voyait pas le statut du Conseil comme un texte définitif ou fixe, mais plutôt comme la «magna Charta» britannique, qui est devenue la constitution la plus forte du monde, car elle à changé au cours des années, en conformité avec les besoins des peuples et le développement de l'esprit de liberté et de démocratie [34]. Il n'y avait donc plus de contradictions entre le Conseil de l'Europe et le Pacte atlantique, car le deuxième était simplement «un instrument de paix», et un achèvement du premier. Telle était sa vision à l'époque. En juillet 1949, le ministre déclara au Parlement: «Je suis tout à fait convaincu que l'Union Soviétique veut la paix», et que «la paix entre l'Orient et l'Occident peut être sauvée et consolidée, et que les deux systèmes politiques pourront vivre ensemble». Il suffit d'améliorer les conditions sociales des classes laborieuses, comme le veut le communisme, et d'abandonner la possibilité pratique d'attaquer par esprit d'aventure ou par une conviction idéologique [35].

Simultanément on commença à parler sérieusement de l'ordre du jour de la première réunion du Comité des ministres et de l'Assemblée consultative. Le ministère des Affaires étrangères concentra son attention premièrement sur le plan institutionnel, en demandant de faciliter les interrelations entre l'OECE et le Conseil, qui aurait dû s'intéresser également au groupe d'études sur l'Union douanière européenne qui avait son siège à Bruxelles. Il invitait aussi l'OECE à transmettre périodiquement un rapport sur son activité et souhaitait la constitution des organismes de liaison entre l'OECE et la Commission économique des Nations Unies pour l'Europe (ECE). Les deux organismes devaient donc rester en activité, orientés l'un sur le plan pratique, l'autre sur le plan théorique [36].

Du côté italien on recommanda aussi au Conseil d'examiner la possibilité de faciliter entre les pays membres la libre circulation des personnes, des marchandises et des capitaux, en espérant de maîtriser la surabondance de la main-d'œuvre italienne. L'OECE avait déjà commencé à traiter ce sujet, en instituant un Comité, mais elle avait constaté la faible capacité des pays membres d'intégrer cet excès, de sorte qu'elle avait encouragé l'émigration vers l'Amérique du Sud. Le Conseil de l'Europe devait donc trouver maintenant les moyens nécessaires pour arriver à des

---

[34] *Ibid.*, p. 21.

[35] Carlo SFORZA, *Cinque anni a Palazzo Chigi* ... (ci-dessus, note 5), pp. 252-253.

[36] AMIAE, Dgae Uff. IV b, carton 171, 2: Rome, 2 juillet 1949, note du ministère; voir aussi Paris, 8 juillet 1949, note remise par l'ambassade d'Italie.

accords, capables de résoudre le problème du surplus de main d'œuvre [37]. La délégation italienne à Paris examina avec la délégation française la possibilité d'une mise en œuvre de travaux publics avec la participation de capital et de main-d'œuvre européens. Tout cela facilitait aussi l'intégration de techniciens et de main-d'œuvre italienne dans les programmes mêmes de l'Assemblée et du Conseil et par la suite, le perfectionnement et l'harmonisation de la législation européenne dans le secteur de l'assurance et de la tutelle ouvrière [38].

Pendant la rédaction de l'ordre du jour d'un côté il y avait la France qui, voulant examiner les «buts» du Conseil, proposait — soutenue par l'Italie et par la Belgique — la création de la Cour des droits de l'homme, un programme de travaux collectifs et le développement du commerce international. De l'autre côté il y avait la Grande-Bretagne, qui envisageait plutôt des discussions sur des sujets vagues. On avait donc l'impression d'agir avec une extrême prudence, d'avoir peur d'aller trop loin, d'envahir des terrains de compétence d'autres organisations internationales [39]. L'Italie, conformément aux suggestions françaises, proposa de mettre à l'ordre du jour l'abolition des droits de douane sur les livres, la définition des droits de l'homme selon la tradition européenne et la création d'un comité culturel en contact avec l'UNESCO. Les deux premiers points trouvèrent faveur auprès du directeur général du Quai d'Orsay (Louis Joxe); quant au comité culturel il suggéra de remettre, pour le moment, cette tâche à la délégation de chaque pays auprès du Conseil [40].

La commission préparatoire accepta ensuite les propositions italiennes sur les liaisons entre l'OECE et l'ECE (point 13 de l'ordre du jour) et le rattachement éventuel du groupe d'études de l'Union douanière européenne de Bruxelles au Conseil de l'Europe (point 2 de l'annexe) [41]. Sforza exposa aux diplomates de son ministère ainsi qu'à l'ambassade à Paris «les critères fondamentaux» à suivre: les deux projets auraient permis de définir de manière plus précise la sphère d'attribution en matière

[37] *Ibid.*, Rome, 4 juillet 1949, note pour le secrétaire général du ministère.

[38] *Ibid.*, Rome, 5 juillet 1949, note pour le secrétariat général.

[39] *Ibid.*, Paris, 6 juillet 1949, note remise par l'ambassade d'Italie.

[40] *Ibid.*, Rome, 3 août 1949, instructions du ministère.

[41] *Ibid.*, projet d'ordre du jour du comité des ministres avec annotations de Sforza, 10 juillet1949.

économique du Conseil, qui dans son esprit aurait donné l'impulsion à l'OECE dans ces matières [42].

Le développement du commerce intereuropéen, accompagné du mouvement des personnes, des échanges, des services et du tourisme (point 14 de l'ordre du jour), offrait à Sforza l'occasion favorable de propager avec force l'idée de l'unification monétaire en Europe qu'il voit déjà en rapport avec l'union politique, et de faire supprimer les derniers obstacles à la libre circulation des marchandises, des capitaux et de la main d'œuvre. Cependant il expliquait dans son rapport que l'introduction d'une nouvelle monnaie, même s'il était bien de lui donner un écho médiatique, devait se faire à long terme, c'est à dire d'une façon graduelle et en harmonie avec le renforcement de l'union fédérative. En effet il prévoyait d'abord une monnaie, engagée dans le système de compensation multilatérale de l'OECE et pourvue d'une fonction d'unité de compte, à laquelle les différentes devises européennes devaient se rapporter. Cette unité monétaire idéale et la convertibilité mutuelle des monnaies auraient permis les opérations de caisse de compensation, en laissant en vigueur le système d'échanges et les devises nationales [43].

Angelo Costa, président de la Confédération générale de l'Industrie italienne, soutenait le programme de Sforza et lui envoya un dossier riche en réflexions. Il constatait que les échanges européens étaient encore très limités à cause de leur fonctionnement strictement bilatéral et parfois encore plus restrictif. L'absence d'un système de convertibilité des devises si on la compare aux économies fondées sur le dollar et sur la livre sterling, empêchait la multilatéralité des échanges. L'échec de l'OECE prouvait que les préoccupations nationalistes étaient encore très fortes et que la Grande-Bretagne considérait comme secondaire l'unité européenne. Il revenait donc au Conseil de l'Europe d'aligner les politiques économiques et de trouver les éléments de rééquilibrage budgétaire automatique [44].

Les réunions de la première session du Comité des ministres (8-9 août 1949) furent caractérisées par deux craintes: celle de Bevin notamment, qui voyait Winston Churchill se servir du Conseil comme d'une plate-forme électorale en politique intérieure, et celle des autres ministres, craignant que l'Assemblée ne prît le dessus [45]. Le Comité décida toutefois

42 *Ibid.,* Rome, 23 juillet 1949, instructions de Sforza, ff. 1-2.

43 *Ibid.*, ff. 3-5.

44 *Ibid.*, Rome, 14 juillet 1949, lettre et analyse de Angelo Costa.

45 *Ibid.,* Rome, 18 août 1949, f. 1, transcription de la note remise par la délégation italienne au Conseil de l'Europe, 14 août.

l'admission de la Grèce, de la Turquie et de l'Islande. Quant à l'Assemblée, elle commença son débat le 10 août par un acte d'accusation contre la politique économique travailliste et ensuite par une critique contre la politique antieuropéenne de la Grande-Bretagne, soupçonnée de privilégier le Commonwealth à l'Europe. L'OECE ne fut pas épargnée en tant qu'organisation bureaucratique et expression des gouvernements, de sorte qu'on proposa de la placer sous le contrôle de l'Assemblée [46]. On parla aussi du Secrétariat de l'Assemblée, qui devait demeurer séparé du Secrétariat général, et de beaucoup d'autres questions techniques [47].

L'apport des parlementaires italiens fut remarqué, même s'il avait été discret. Le marquis Cavalletti, de l'ambassade à Paris, commenta très ironiquement le comportement des délégués italiens, qui au début se trouvaient désorientés et perdus; mêmes les plus intelligents étaient pâles et balbutiaient. Mais la situation s'améliora peu à peu et les délégués apportèrent une contribution remarquable aux travaux et ils furent appréciés, de manière que l'Italie obtint dans les commissions deux présidences et une présidence adjointe sur six. Les parlementaires conservèrent une certaine unité et harmonie, malgré les contacts avec les partis similaires comme le Mouvement républicain populaire (MRP) et les travaillistes [48]. Ugo La Malfa proposa une session extraordinaire sur la politique de l'OECE [49]. Les députés Pietro Campilli, Paolo Treves, Epicarmo Corbino et Antonio Boggiano-Pico participèrent à la discussion sur les buts du Conseil dans le domaine économique [50]. Le ministère avait donné les lignes directrices concernant la politique envers l'Allemagne: appuyer l'orientation française, sans prendre position à propos de la Sarre. Seul Ferruccio Parri prit une attitude autonome sur l'avenir de l'Allemagne, provoquant aussi la réaction française et une dure polémique [51]. L'Italie se sentait satisfaite du point de vue politique, car ses

---

[46] *Ibid.*, Strasbourg, 26 août 1949, note remise par la délégation italienne.

[47] *Ibid.*, Rome, 18 août 1949, f. 2, transcription de la note du 14 août, *cit*.

[48] AMIAE, Dgap 46-50, carton 195, 3 (1949): Strasbourg, 23 août 1949, note remise par la délégation italienne.

[49] AHCE, Assemblée consultative du Conseil de l'Europe (23 août 1949), doc. n° 13, proposition de résolution présenté par La Malfa.

[50] AMIAE, Dgae Uff. IV b, carton 171, 2: Strasbourg, 29 août 1949, note remise par la délégation italienne, f. 3.

[51] AMIAE, Dgap 46-50, carton 195, 3 (1949): Strasbourg, 6 septembre 1949, note remise par la délégation italienne.

propositions — sauf celle sur l'unification du droit des obligations — furent accueillies par l'Assemblée. De plus, les résolutions de Strasbourg n'étaient pas contraires aux intérêts italiens, ou mieux encore étaient conformes à la politique du pays. Mais du point du vue pratique le pays n'avait pas encore obtenu des résultats tangibles, comme la solution du problème de l'immigration [52].

L'impression générale était donc positive, même si les résultats étaient plutôt faibles [53], car ils se limitaient au souhait d'une meilleure organisation interne, de la réforme du statut et de la création de nouvelles institutions. On avait obtenu quelques résultats concrets dans le secteur des droits de l'homme, mais en ce qui concerne les problèmes économiques, on s'était limité à des affirmations générales et catégoriques. La tendance à renvoyer les problèmes et à parler de manière très générale rendait l'Assemblée presque pareille aux réunions du Mouvement européen. Les délibérations étaient des instructions adressées aux gouvernements respectifs: on s'était donc limité à préparer la deuxième réunion du Comité des ministres, qui aurait eu lieu en novembre [54].

Le 2 septembre 1949 l'Assemblée consultative fut convoquée de nouveau pour les réunions plénières. Pendant huit heures de débat animé (3 septembre), auquel prirent part de manière prépondérante les Français et les Anglais, elle examina le rapport de la Commission économique [55]. Même si la relation se présentait comme un compromis entre les tendances libérale et socialiste, on lui apporta environ 80 amendements [56]. Le plus discuté fut celui du suédois Bertil Ohlin, qui fut refusé puisqu'il impliquait l'ajustement des changes par rapport soit au dollar soit aux différentes de-

---

[52] AMIAE, Dgae Uff. IV b, carton 171, 2: Rome, 20 septembre 1949, analyse du ministère.

[53] *Ibid.*, Strasbourg, 29 août 1949, tel. n°. DE-EU-64, note remise par l'ambassade d'Italie.

[54] *Ibid.*, Rome 20 septembre 1949, ff. 2 à 4, analyse du ministère.

[55] La Commission économique avait préparé un texte pour l'Assemblée consultative, où elle aussi persistait à affirmer la nécessité d'un système multilatéral de payements et l'urgence de convoquer une conférence économique européenne qui poursuivait en toute autonomie les travaux de l'OECE. La création d'une conférence industrielle et des négociations entre les Etats membres et les Etats-Unis étaient également souhaitables: cf. *Ibid.*, Rome, 15 septembre 1949, rapport de la commission économique. Cf. aussi *Giornale Sera*, 3 septembre 1949, article sur le Conseil d'Europe.

[56] AMIAE, Dgae Uff. IV b, carton 171, 2: Strasbourg, 6 septembre 1949, note remise par la délégation italienne.

vises européennes. Une critique obstinée fut lancée contre l'action de l'OECE, que quelqu'un proposa de remplacer par le Conseil de l'Europe, mais on se borna enfin à demander au Comité des ministres de poursuivre et développer les travaux déjà commencés par cet organisme. Le groupe démocrate-chrétien italien, néerlandais, belge et luxembourgeois présenta un amendement sur la réduction de 10% environ sur les tarifs à l'intérieur de l'Europe [57]. Le député Ludovico Benvenuti demanda — et obtint de faire ajouter dans le dossier de la Commission — une motion sur la libre circulation de la main-d'œuvre [58].

Entre-temps les Etats-Unis entrèrent de nouveau dans le vif de la question européenne. Pendant la réunion à Washington (28 octobre) des 16 représentants des pays de l'OECE, le Département d'état américain demanda en premier lieu d'accepter l'amendement au préambule de l'accord bilatéral (Economic Cooperation Act), en mettant bien en évidence que «la politique du peuple des Etats-Unis encourage l'unification de l'Europe». Les Danois, les Norvégiens, les Anglais et les Français parurent très hésitants à ce propos, et ceci explique que le processus d'unification sera encore bien long. Alberto Tarchiani, ambassadeur à Washington, fit part au Département de la disponibilité de l'Italie à accepter cet amendement, et cela fut apprécié, et il communiqua au ministère qu'il fallait «conserver l'attitude la plus conciliante possible pour obtenir, sans s'exposer à aucun risque, la reconnaissance américaine et laisser aux autres la charge d'obtenir des changements dans la rédaction de nouveaux documents» [59].

Le 31 octobre il y avait à Paris la réunion du Conseil des ministres de l'OECE. Paul Hoffman affirma lui aussi l'urgence d'arriver en Europe à un équilibre des comptes en dollars, afin d'intensifier les échanges entre l'Europe et l'Amérique. Cette intégration entraînait soit la dévaluation soit l'encouragement des exportations, mais aurait permis pour l'avenir la formation d'un grand marché, où il n'y aurait plus de restrictions, de barrières monétaires et de tarifs douaniers, mais à leur place l'accroissement de la production. Les moyens pour atteindre ce but étaient surtout la coordination des politiques budgétaires et monétaires, la

---

[57] *Giornale d'Italia*, 4 septembre 1949: (article "Atmosfera grave contro l'OECE a Strasburgo").

[58] AMIAE, Dgae Uff. IV b, carton 171, 2: Strasbourg, 6 septembre 1949, f. 3, note remise par la délégation italienne.

[59] AMIAE, Dgae Uff. IV a, carton 277, 1: [Washington], 29 octobre 1949, note remise par l'ambassadeur Tarchiani.

modification des taux d'échange et la création d'un marché européen unique qui pouvait se réaliser aussi par des regroupements plus restreints [60].

Sur la même longueur d'onde l'ambassadeur Tarchiani, suggérait aux autorités américaines de créer dans le cadre de l'OECE un organisme supranational tel qu'une banque centrale, pour favoriser cette intégration [61]. Presque au même moment Vittorio Zoppi, directeur général du ministère, informait l'ambassadeur de Grande Bretagne à Rome que l'Italie ne souhaitait pas écarter l'OECE, qui seul restait l'organisme approprié pour la coopération économique [62]. Umberto Grazzi, directeur général des affaires économiques du ministère, notait avec satisfaction que les affirmations d'Hoffman étaient en fait des reproches au plan anglais et pouvaient être considérées comme «un encouragement pour l'union douanière franco-italienne et en faveur de nos théories sur les ententes régionales» [63]. Le 31 octobre la direction des affaires économiques soulignait qu'en vue du prochain Comité des ministres du Conseil de l'Europe, l'Italie en principe n'était pas contraire à la position britannique, mais que pour l'instant on pensait accorder «massimo liberalizzazioni consentitele» [64]. On souhaitait de rester sur un terrain pratique et de rejoindre l'union de nouveau à travers l'union douanière franco-italienne et les ententes régionales avec le reste de l'Europe. Mais certains, tel que le député La Malfa, se révélaient pessimistes et considéraient que, malgré le discours d'Hoffman, «on marcherait très peu» vers l'intégration [65].

Ces interventions préparèrent l'ambiance pour la deuxième session du Comité des ministres qui eut lieu du 3 au 5 novembre 1949. Sforza prit la parole en faveur de Schuman mais sans contredire le ministre anglais [66];

---

60 AMIAE, Dgae Uff. IV b, carton 171, 2: Paris, 31 octobre 1949 (h. 13,10), phonogramme au ministère n° prot. 3008.

61 AMIAE, Dgae Uff. IV a, carton 277, 1: Washington, 3 novembre 1949, note remise par l'ambassadeur Tarchiani.

62 AMIAE, Dgae Uff. IV b, carton 171, 2: Rome, 31 octobre 1949, analyse de Zoppi, f. 2.

63 Cf. ci-dessus, note 59, f. 4.

64 *Ibid.*, Rome, 31 octobre 1949, h. 19, instructions.

65 *Ibid.*, Rome, 1 er novembre 1949, lettre de Ugo La Malfa. Sur la reforme du Secrétariat du Conseil, qui prévoyait la création d'un deuxième poste de secrétaire adjoint, souhaité par l'Italie voir *Ibid.*, Rome, 15-X-1949, instructions de Zoppi.

66 AHCE, compte rendu du Comité des ministres, deuxième session, première séance, Paris, 3 novembre 1949, p. 22.

d'abord il mit l'accent sur la nécessité de «maintenir le prestige du Conseil de l'Europe et d'éviter la naissance de tout antagonisme» entre l'Assemblée et le Comité [67]. Les questions politiques, concernant l'admission de nouveaux pays, attirèrent l'attention du ministre italien. Déjà en septembre certains milieux italiens, grâce à la publicité donnée par la presse, avaient souhaité l'entrée de l'Autriche; cependant le chancelier et Karl Gruber, après avoir manifesté leur appréciation, les avaient invités à s'abstenir de cette proposition, du moins avant la conclusion du traité de paix [68]. En cas d'admission l'Etat autrichien aurait pu participer seulement aux travaux de l'Assemblée et serait allé au-devant de sérieuses complications avec l'URSS, qui occupait encore son territoire [69]. Bevin proposa donc au Conseil d'attendre que «l'Autriche eût recouvré sa complète souveraineté», alors que Sforza trouvait qu'il était bon «de faire savoir à l'Autriche dans quels sentiments d'amitié et de solidarité le Comité s'était exprimé au cours de cette séance» [70].

Le 7 septembre l'Allemagne de l'Ouest s'était constituée en état fédéral. Vers la fin d'octobre Zoppi avait communiqué à Victor Mallet, ambassadeur de Grande Bretagne, la position de l'Italie, favorable d'une part à l'entrée de l'Allemagne au Conseil, mais d'autre part désireuse de tenir «compte du point de vue ainsi que des exigences intérieures du gouvernement français». Quant à l'entrée de la Sarre, on était plus «perplexe» tant à cause des répercussions défavorables en Allemagne et des réflexes de la propagande soviétique, qu'à cause de la réaction impopulaire que ce choix aurait provoqué dans certains pays membres [71]. Sforza donna donc son accord à l'admission de l'Allemagne, en rappelant que les deux Chambres italiennes avaient récemment voté un ordre du jour «aux termes duquel l'Italie demandait que l'Allemagne fût admise aussi rapidement que possible» [72]. «Par contre il se limita à dire que le gouvernement sarrois était

---

[67] *Ibid.*, p. 29.

[68] AMIAE, Dgap 46-50, carton 195, 3 (1949): Rome, transcription du tél., Vienne, 29 juillet 1949 (Rome, telespresso n° 16).

[69] *Ibid.*, Rome 5 septembre 1949, instructions de Zoppi.

[70] AHCE, compte rendu du Comité des ministres, deuxième session, deuxième séance, Paris, 4 novembre 1949, pp. 3-4.

[71] AMIAE, Dgae Uff. IV b, carton 171, 2: Rome, 31 octobre 1949, analyse de Zoppi, f. 1.

[72] AHCE, compte rendu cit. (voir note 70), pp. 4-6.

fermement désireux de s'intégrer dans la communauté européenne» [73]. Il ne dit rien non plus à propos de la Suisse, vu déjà qu'en août le chef des affaires politiques du département politique fédéral avait invité au niveau diplomatique à ne pas redemander, comme il entendait le faire le ministre norvégien, l'admission au Conseil de la République Helvétique, car cette dernière n'aurait pu accepter l'invitation [74]. Sforza détourna l'attention sur les liens entre l'OECE —à la direction de laquelle il était question de mettre Spaak, président de l'Assemblée — et le Conseil de l'Europe. Les deux institutions ne devaient pas être considérées «comme deux puissances féodales entretenant des rapports l'une avec l'autre», puisqu'il existe entre les deux un lien naturel, surtout si l'on considère que les membres siègent en qualité de représentants de leurs gouvernements [75].

Le ministre fut assez sévère sur les questions techniques et sur les recommandations faites par l'Assemblée, qui selon lui ne faisaient pas vraiment progresser l'Europe vers l'union: il demanda alors de désigner des «experts en fonction de leurs qualités particulières» [76] et de préparer le travail au sein des commissions pour éviter que l'Assemblée ne devienne une usine à discours. Certaines questions, comme celle du passeport européen, ne revêtaient pas une très grande dignité : «il aurait suffi de demander aux promoteurs s'ils désiraient vraiment créer une nouvelle armée de dix mille douaniers» [77].

En décembre la Commission économique du Conseil termina elle aussi ses travaux, caractérisés par une ambiance tendue, à cause de la réticence anglaise à l'intégration européenne. Un autre compromis entre la tendance libérale et la tendance socialiste était fait. La résolution sur la réforme monétaire fut remarquable, mais en tant qu'acte de la Commission elle se bornait à une simple indication de tendance [78]. Parallèlement l'ambassadeur d'Italie à Washington faisait savoir que les tendances perçues dans les différents pays européens, les précautions du Département

[73] *Ibid.*, p. 17.

[74] AMIAE, Dgap 46-50, carton 195, 3 (1949) : Berne, 16 août 1949, note remise par Egidio Reale, légation d'Italie.

[75] AHCE, compte-rendu cit. (voir note 70), p. 29.

[76] *Ibid.*, p. 9.

[77] *Ibid.*, p. 12.

[78] AMIAE, Dgae Uff. IV b, carton 171, 2: Paris, 21 décembre 1949, note remise par l'ambassadeur Pietro Quaroni.

d'Etat et les considérations du monde économique américain plus avisé avaient refroidi les ardeurs du passé. La création d'un organisme supranational et d'unions régionales pouvait entraîner des risques politiques et économiques ; il était donc plus sage de retourner à l'action frontale de l'OECE, en prévoyant en Europe la réalisation d'une «clearing union» et la constitution des ententes régionales caractérisées par la libéralisation des échanges [79]. Tout ceci aurait permis d'aborder de nouveau les projets d'intégration. Par la suite le Royaume Uni maintint le système du double prix pour l'exportation du charbon, en irritant Hoffman, car cela impliquait la subsistance du double prix pour le charbon, l'acier et le fer de la France, pour le charbon de l'Allemagne, pour le fer et le bois tendre de la Suède, pour le chanvre de l'Italie, et ainsi de suite [80].

Vers la fin de 1949 la nécessité d'incorporer la République fédérale allemande (RFA) dans les organisations internationales devient toujours plus pressante, si on veut éviter que les Etats Unis traitent directement le projet avec les Allemands [81]. On se rendait compte que les choses allaient bientôt changer. Le 24 novembre Babuscio Rizzo, consul d'Italie à Munich, informait le ministre qu'une réunion secrète sur la reconstruction de l'armée allemande avait eu lieu entre la police bavaroise et des autorités nord-américaines [82]. Babuscio Rizzo n'excluait pas que d'autres réunions auraient pu avoir lieu ailleurs. Peu après, début décembre, Konrad Adenauer suscitait un certain émoi dans l'opinion publique dans une interview qui soutenait la nécessité d'une armée européenne avec la participation de militaires allemands. Une telle provocation visait à faire comprendre qu'en Allemagne de l'Est on envisageait la formation d'une «armée populaire» composée de six groupes [83].

---

[79] AMIAE, Dgae Uff. IV A, carton 277, 1: Washington, 2 décembre 1949, note remise par l'ambassadeur Alberto Tarchiani.

[80] *Ibid.*, Washington, 23 décembre 1949, note remise par l'ambassadeur Tarchiani.

[81] Pierre GUILLEN, *Le projet d'union économique entre la France, l'Italie et le Benelux*, in *Histoire des débuts de la construction européenne (mars 1948-mai 1950)*, actes du Colloque de Strasbourg, 28-30 novembre 1984, sous la direction de Raymond POIDEVIN, Bruxelles, Bruylant, 1986, p. 152.

[82] AMIAE, Dgap 46-50, carton 193, 1 (1949): Munich, 24 novembre 1949, tel. n° 10555, note remise par le consulat d'Italie.

[83] *Ibid.*, Francfort, 5 décembre 1949, n. 0274-134, note remise par le consul Babuscio Rizzo, avec le texte de l'interviewd'Adenauer (4 décembre).

Les relations entre l'Italie et l'Allemagne se fortifièrent [84], de telle sorte que le chancelier Adenauer exprima le souhait d'une intégration économique entre les deux pays (janvier 1950) [85]. Mais Sforza préféra ne pas témoigner d'une attitude polémique envers la France [86]. Il croyait encore en la coalition Paris-Rome, pour que l'Allemagne Fédérale ne devienne pas l'interlocuteur privilégié de Washington, et pour que la renaissance économique allemande n'affaiblisse pas l'économie italienne. Mais quand les incertitudes françaises devinrent plus visibles, Sforza trancha résolument. Fort de l'entente entre les démocrates-chrétiens italiens et allemands [87], il soutint vigoureusement l'entrée de la RFA au Conseil, et le 30 mars 1950 l'Allemagne de l'Ouest fut invitée à adhérer au Conseil de l'Europe [88].

Dans ce contexte, le ministre italien prit de nouveau position sur l'avenir du Conseil, et à Strasbourg déclara: «Il faut persuader les hommes et les femmes de notre Europe que nous devons limiter la liberté excessive des Etats nationaux, dont la souveraineté absolue fut et demeure la cause unique de toutes les guerres modernes» [89]. Mais le plan Schuman, rendu public le 9 mai 1950, avait attiré l'attention générale. Celui-là trouva Sforza préparé, de façon que l'Italie fut le premier pays à adhérer à ce projet. Le ministre envoya comme chef de la délégation Paolo Emilio Taviani, avec l'instruction de «dire que dans le plan Schuman, nous discernons la première tentative d'avoir en Europe une autorité supranationale» [90]. Le ministre comprit toute de suite que la Communauté européenne du charbon et de l'acier (CECA) freinerait l'élargissement du Conseil de l'Europe et enterrerait l'Union douanière, mais il fallait

---

[84] Déjà en novembre 1949, l'Italie est le premier pays en Europe à nommer un représentant diplomatique à Bonn en la personne de Babuscio Rizzo, ancien représentant auprès du Saint-Siège: cf. Lamberto BERTI, "L'Italia e la Germania"... (voir note 28), p. 122.

[85] AMIAE, Dgap, Germania 1950, carton n° 35 (1950): note remise le 17 janvier 1950, tel. n° 0233-117 et tel. n°. 0221-109.

[86] *Ibid.*, Rome, 30 janvier 1950, tel. n°. 42-01412.

[87] Pierre GUILLEN, "L'Italie et le problème allemand" ... (voir note 28), p. 278.

[88] Lamberto BERTI, "L'Italia e la Germania" ..., p. 124, n°. 32.

[89] AHCE, file n° 0013, vol. 1, The role of the C.E.: déclarations, faites en 1950, par des hommes d'état européens sur l'unification de l'Europe et l'avenir du Conseil, Italie (D 19.264-43).

[90] Carlo SFORZA, *Cinque anni a Palazzo Chigi* ... (voir note 5), pp. 303-306.

absolument accepter la proposition française. Il se dévoua alors pour qu'il soit possible d'être membre aussi bien du Conseil que de la CECA [91].

A la conférence du Conseil atlantique de New York (15-16 septembre), le ministre italien accueillit avec enthousiasme le projet d'une armée atlantique autonome à côté des armées nationales [92]. La sécurité militaire européenne, loin d'être un expédient diplomatique de circonstance, trouvait sa raison d'être dans la réalisation de «l'Union ou de la Fédération européenne» à laquelle Sforza faisait chaque fois allusion dans ses interventions. Face à une Europe solidaire et non seulement défensive, l'Allemagne aurait finalement compris qu'il fallait collaborer à l'union et le Conseil de l'Europe devenait l'institution appropriée pour offrir une base de travail à tous les organismes d'intégration européenne, et pour insérer l'Allemagne dans la vie de l'Occident [93]. Pour ce faire, le Conseil devait acquérir une certaine élasticité, et permettre à tous les pays membres de «l'institution supérieure» de prendre des engagements plus contraignants, tels que le projet de l'union douanière ou le plan Schuman [94].

Pendant la session d'été, l'Assemblée consultative s'était aussi bien engagée dans un débat sur l'armée européenne. Ce thème avait été déjà discuté au sein des organes suprêmes du Pacte atlantique et Sforza, en tant que président en exercice du Conseil des ministres, communiqua en novembre 1950 à l'Assemblée, réunie pour sa deuxième session, que «pour le moment il fallait entourer ce sujet de silence» [95]. Il fixa alors l'attention sur la révision du statut, maintenant que l'Assemblée avait «trouvé le moyen d'ouvrir une brèche dans des formules où les attentes des peuples se trouvaient à l'étroit». Le Conseil des ministres avait reconnu et accepté la nécessité «d'apporter des modifications» à la charte pour permettre au Conseil «de réaliser des progrès riches de possibilités futures : dorénavant

---

[91] Sergio PISTONE, *Carlo Sforza e l'unità europea*, in *Diplomazia e storia delle relazioni internazionali. Studi in onore di Enrico Serra*, a cura di Alessandro MIGLIAZZA, Enrico DECLEVA, Milano, Giuffré Editore, 1991, p. 620.

[92] Carlo SFORZA, *Cinque anni a Palazzo Chigi ...*, pp. 282-287.

[93] Carlo SFORZA, *Il Patto Atlantico, il Consiglio di Europa e la tutela della pace. Discorso pronunciato a Milano, all'Istituto per gli Studi di Politica Internazionale il 28 ottobre 1950*, Roma, 1950, pp. 7-10.

[94] *Ibid.*, p. 9.

[95] AHCE, Discours prononcé par Carlo Sforza (...) le 18 novembre 1950 à la séance d'ouverture de la 2 ème partie de la deuxième session de l'Assemblée consultative (A. 3172), p. 5.

on aurait pu constituer en son sein des ententes restreintes, des accords partiels, des autorités spécialisées, sans pour cela amoindrir ou affaiblir le cadre général de la collaboration européenne tel qu'il était conçu par le statut» [96].

L'approche fédéraliste est évidemment très critique à propos de ces choix, qui tendaient à réduire l'importance du Conseil [97], mais Sforza en tant que diplomate et homme politique croyant dans le fédéralisme, voulait plutôt faire progresser ensemble tous les pays européens et éviter «un tiraillement dangereux entre les tendances de ceux qui auraient voulu marcher vite, et les tendances de ceux qui (..) aimaient mieux s'en remettre davantage au temps et à son évolution naturelle, peu enclins à accepter dès maintenant une renonciation à des parcelles de leur souveraineté nationale» [98]. Il invitait donc l'Assemblée à discuter sur les liens existant entre le Conseil de l'Europe et le Pacte atlantique, vu que même du point de vue des statuts, il existait «des ressemblances très nettes dans les buts» des deux organismes suprêmes de l'Occident: «la création d'une étroite union politique et économique aussi bien que militaire pour la consolidation de l'Europe et de la paix» [99].Une politique, basée sur des réformes graduelles, relèvera aussi le destin de l'Italie, qui pourra finalement voir le problème de Trieste réglé, ainsi que l'élimination des clauses militaires et politiques et l'admission aux Nations Unies [100].

Mais il vrai aussi qu'à un certain moment Sforza avait prit une décision nettement populaire: en octobre 1950, il décida lui aussi de signer, avec plus de 500.000 citoyens italiens, le pacte fédéral pour soutenir l'Assemblée consultative [101]. Ce geste était sans doute purement politique et de circonstance, mais peut-être vers la fin de sa carrière politique et de sa vie, le comte avait-il commencé à regarder les institutions européennes

---

96 *Ibid.*, p. 6.

97 Sergio PISTONE, *Carlo Sforza e l'unità europea...*, pp. 621-632.

98 AHCE, Discours prononcé par Carlo Sforza ... (voir note 95), p. 7.

99 *Ibid.*, p. 13, cf. aussi la conclusion à la p. 17 : "La construction de l'unité fédérale permettra à l'Europe de rester libre; dans le cas contraire elle redeviendra la morne et oubliée petite péninsule de l'Asie, qu'elle fut avant le miracle d'Athènes et de Rome."

100 Carlo SFORZA, *Come difendere la patria e la pace. Testo stenografico del discorso pronunziato al Teatro Verdi, in Genova il 20 maggio 1951*, Roma, Menaglia Editore, [1951], p. 13.

101 *Petizioni di cittadini italiani al Parlamento della Repubblica Italiana*, Roma, publié par le Comité promoteur italien, 1950.

avec un certain scepticisme. En tant que ministre des Affaires étrangères, Sforza accepta naturellement le plan Pleven (janvier 1951), tout en étant convaincu que ce nouveau projet n'aurait absolument pas réglé le problème allemand [102]. On dit qu'il ne croyait pas dans l'approche militaire d'une construction de l'Europe [103], et qu'il n'avait pas confiance non plus dans la résolution des parlementaires français, car «il connaissait mieux que les autres les humeurs des hommes politiques français» [104].

Le pire moment arriva à la fin de la conférence de Santa Margherita (février 1951), quand Sforza accompagna Schuman à la gare: à ce moment-là, l'homme politique français confia au collègue italien que le parlement français était en train d'enterrer le projet d'union douanière [105]. Le député républicain Michele Cifarelli m'a confié le commentaire à vif de Sforza: «Pour l'unité européenne, c'est fichu. Il n'y a plus rien à faire !» [106].

Sforza avait prévu une Europe fédérale, commençant par l'union économique de la France et de l'Italie; il s'était ouvert vers l'Allemagne de Bonn, en renonçant à regarder vers l'URSS et l'Europe Orientale. Il comprenait alors que la question militaire menait l'Europe dans une impasse. Le vieux continent devait donc faire retour aux jalons du Conseil de l'Europe.

---

[102] Carlo SFORZA, *Cinque anni a Palazzo Chigi* ..., p. 290. Cf. aussi Randolfo PACCIARDI, *Protagonisti grandi e piccoli. Studi, incontri, ricordi*, Roma 1972, p. 144.

[103] La délégation italienne à la Communauté européenne de la défense (CED), déclara agir sans instructions de son gouvernement, et justifia sa position vis à vis du plan Pleven: cf. APT, Esercito europeo (1950-1951), Rome, 28-02-1951, compte de la délégation italienne pour l'armée européenne; Paris, 22 juin 1951, note remise par la délégation italienne; 3 mars 1951, note remise à Taviani par le ministère des Affaires étrangères; Paris, 11 juillet 1951, note remise par Francesco Cavalletti de la délégation italienne.

[104] Giulio ANDREOTTI, *De Gasperi visto da vicino*, Milano, Rizzoli, 1986, p. 197.

[105] Livio ZENO, *Ritratto di Carlo Sforza col carteggio Croce-Sforza e altri documenti inediti*, Firenze, Le Monnier, 1975, p. 237-238; Livio ZENO, *Storia tascabile dell'Europa in cammino, 945-1954*, Milano, Pan Editrice, 1979.

[106] Cifarelli m'a confié cet épisode le 20 mai 1984 à la conclusion du colloque sur Carlo Sforza (Rome, 18-20 mai 1984).

De l'espoir à la désillusion: le mouvement européen et le Conseil de l'Europe (1949-1952)

par Jean-Marie PALAYRET
Archives historiques des Communautés européennes — Florence

Dans l'ensemble, le création du Conseil de l'Europe suscita l'espoir et les attentes des partisans de l'idéal européen. Le Mouvement européen se sentait investi d'une responsabilité particulière à l'égard de l'institution née le 5 mai 1949. N'avait-il pas porté le Conseil de l'Europe sur les fonds baptismaux?

Le statut de la nouvelle institution créait de fait une association d'Etats d'un nouveau type, basée sur l'identité de valeurs spirituelles et morales, sur l'attachement commun aux principes fondamentaux de la démocratie libérale, une communauté fondée sur le droit qui pouvait paraître apte à constituer l'embryon d'une fédération européenne. L'expérience des mois suivants allait décevoir l'attente des européïstes, provoquant une crise à l'intérieur même du Mouvement et ouvrant la voie à une nouvelle approche de l'intégration européenne, le fonctionnalisme.

On peut distinguer trois phases dans le travail politique du Mouvement européen après la création du Conseil de l'Europe.

La première phase dura de mai 1949 à juillet 1950. Elle se caractérisa par la campagne en faveur de la révision du statut mais aussi par une crise au sein du mouvement. En témoignent les longs débats sur la mise en point d'une déclaration politique sur l'Autorité politique européenne et la disparition du «leadership» anglais avec la démission de Duncan Sandys.

La seconde phase, de juillet 1950 à la fin de 1951 fut dominée par la présidence de Paul-Henri Spaak. Le Mouvement européen accompagna alors l'initiative lancée par l'Assemblée consultative dans sa tentative de créer une autorité politique dans le cadre du Conseil de l'Europe.

La troisième phase débuta en 1952 lorsqu'il devint évident pour les instances dirigeantes du Mouvement européen qu'une autorité politique européenne n'avait aucune chance de voir le jour dans le cadre du Conseil mais seulement dans celui de la Communauté supranationale que les Six avaient accepté de construire avec le plan Schuman.

A — Du Statut du Conseil de l'Europe à la déclaration sur l'autorité politique européenne (mai 1949-juillet 1950)

1. Les premières réactions du Mouvement européen au statut du 5 mai 1949

Le 5 mai 1949 à Londres, les ministres des Affaires étrangères des Dix pays signaient le Statut du Conseil de l'Europe. Celui-ci dérivait dans une large mesure des recommandations émises par le Mouvement européen, mais il ne les suivait pas à la lettre et s'en distinguait même sur quelques points fondamentaux. Surtout, l'analogie dans les termes recouvrait parfois des différences dans les intentions qui devaient vite apparaître au grand jour. La réaction du Mouvement pris dans son ensemble face au statut du Conseil fut ambivalente: les espoirs et les attentes que faisaient naître les «virtualités» qu'il comportait sur le long terme compensant difficilement une désillusion initiale à peine voilée. Il est bien connu que le statut du Conseil de l'Europe n'a jamais été considéré par la plupart des militants européens comme une fin en soi. Même ceux qui en étaient partisans l'ont le plus souvent conçu comme une première étape sur une route probablement assez longue. Dès le départ, la révision du statut n'a cessé d'être envisagée et réclamée. Mais en droit, la révision se heurtait à l'obstacle majeur de l'article 41, article aux exigences sévères s'il en est, qui subordonnait pratiquement la modification des dispositions fondamentales du statut à une décision prise à l'unanimité du Comité des ministres.

Ces sentiments contradictoires ressortaient clairement du message que le Mouvement européen adressait aux dix ministres des Affaires étrangères au terme de la réunion de son Comité exécutif international des 7, 8 et 9 mai [1].

Le Mouvement européen y exprimait sa satisfaction pour «la signature, une année exactement après l'adoption de ce projet par le Congrès de la Haye, de la convention établissant un Comité des ministres européens et une Assemblée consultative européenne» et après avoir reconnu que «le statut de l'Assemblée est très analogue au projet soumis aux gouvernements, au cours des mois précédents par le Mouvement européen» il se limitait à attirer l'attention des gouvernements sur certains aspects de la

[1] AHCE.ME/622: "Observations sur le Statut du Conseil de l'Europe", annexe (EX/P/91) au procès-verbal de la réunion du Comité exécutif international des 6, 7 et 8 mai 1949.

convention qui pourraient empêcher «cette institution nouvelle et historique» de connaître «un succès complet». Il considérait à cet égard les limitations apportées à la liberté de discussions de l'Assemblée (...) psychologiquement fâcheuses et pratiquement peu efficaces». S'il était recommandé que l'Assemblée reçoive une latitude plus grande pour l'établissement de son ordre du jour «pour éviter le risque de désaccord entre l'Assemblée et le Comité des ministres», la décision d'exclure de la compétence de l'Assemblée les problèmes de défense n'était pas mise en question. L'accent était également mis sur l'urgence d'inclure l'Allemagne de l'Ouest au sein du Conseil.

Au cours de la même réunion, le Comité exécutif décidait d'entreprendre une étude critique du statut et de ses possibilités d'amendement. Le rôle du Mouvement européen avait été esquissé: d'une part les études et initiatives utiles aux travaux de l'Assemblée, de l'autre la création et l'animation de l'opinion publique européenne, sans l'appui de laquelle l'Assemblée serait dangereusement isolée [2].

Somme toute une critique «positive» qui sentait le compromis. L'Exécutif du Mouvement s'était révélé incapable d'arrêter une position commune. Les Britanniques se voulaient résolument optimistes: Lord Layton par exemple affirmait dans la *Newsletter* de l'«United European Movement» qui suivrait la réunion que le Conseil de l'Europe marquait «un tournant dans l'histoire de l'Europe (...), un immense pas en avant». Il redevenait pragmatique en commentant: «A l'instant de sa naissance, il est plus important de mettre l'accent sur ses grandes possibilités que sur ses limites» [3].

Layton signifiait à ses collègues que c'eût été une erreur que de considérer l'actuelle formation de l'Assemblée consultative et du Comité des ministres comme nécessairement antagonistes. Ils devraient au contraire être perçus comme «les deux organes d'un futur gouvernement européen».

Le président du Comité exécutif Duncan Sandys était également partisan de la manière «gradualiste».

Lié à l'«Establishment» et aux «officiels» de Whitehall, Sandys partageait l'optimisme de Layton quant à l'illusion que le pragmatisme du gouvernement britannique conduirait celui-ci à évoluer positivement et à se

---

[2] AHCE.ME/622 (EX/M/12): "Observations sur les procès-verbaux des réunions du Comité exécutif des 6,7, et 8 mai 1949".

[3] *UEM Newsletter* n° 14, Lord Layton "Landmark in European History", may 1949.

montrer mieux disposé à l'égard des mesures d'intégration au fur et à mesure que le Conseil de l'Europe démontrerait le sérieux de sa démarche. Il considérait en revanche que c'eût été une erreur tactique que d'exercer des pressions en faveur de modifications «supranationales» ou «constitutionnelles» dans le faux espoir d'instaurer immédiatement quelque forme d'autorité européenne [4].

Sandys ne prétendait cependant pas prendre la défense du statut dans toutes ses dispositions. Il reconnaissait que les restrictions prévues pour l'ordre du jour et le budget devraient être levées; le nombre des membres apparaissait trop restreint (il espérait en doubler l'effectif en transformant les suppléants en membres de plein exercice). Il était en outre essentiel que fut créé une commission permanente qui assurerait la continuité des travaux de l'Assemblée dans l'intersession.

Mais il suggérait à ses collègues «qu'en présentant des amendements au Statut, le Mouvement européen devrait être attentif à la forme de ses représentations et à leurs effets sur «l'opinion britannique». En d'autres termes, ajoutait le président du Comité exécutif si la Grande Bretagne doit s'unir à l'Europe, cela arrivera d'autant plus rapidement que la pratique précédera la forme, et non pas l'inverse» [5].

L'accueil réservé au statut par les courants «maximalistes» du Mouvement fut autrement critique. S'opposant à la politique de prudence de Layton et Sandys, l'Union européenne des Fédéralistes (UEF) lors de la réunion du Comité central des 4 et 5 mai 1949 approuvait à l'unanimité (moins trois abstentions) une motion sur l'Assemblée consultative où il était affirmé que «dans l'état des choses actuel, l'Assemblée consultative est privée de tout pouvoir réel et demandant que l'Assemblée, mettant au second plan toutes tâches subsidiaires dont on voudrait encombrer son ordre du jour, s'efforce avant tout de convaincre les autorités des Etats participants de la nécessité d'établir un véritable pacte fédéral entre Etats européens» [6].

Altiero Spinelli qui avait pris la tête de l'opposition après avoir gagné à sa cause le président Henri Frenay était parvenu à faire approuver à la majorité du Comité central l'élément clé de la démarche «constitutionnaliste», à savoir l'idée du pacte fédéral visant à transformer le Conseil de l'Europe

---

4 AHCE.ME/622, Duncan Sandys, observations adressées au Comité exécutif.

5 *Ibid.*

6 AHCE.UEF/128, procès-verbal de la réunion du Comité central de l'UEF, Paris, 4-5 mai 1949.

de simple agence intergouvernementale en véritable constituante européenne [7].

Dans son *Bulletin* de juin 1949, l'UEF s'en prenait directement au statut, lequel était «très loin de lui donner satisfaction» notamment en ce qui concernait:

a) la règle d'unanimité adoptée pour la procédure du Comité des ministres;
b) le manque de pouvoirs, le nombre et la durée trop restreinte des séances, et la limitation des sujets dont l'Assemblée pourrait discuter;
c) la limitation, par voie budgétaire, du nombre de commissions que l'Assemblée jugerait utile de créer, mais dont le fonctionnement incombait au Comité des ministres;
d) la création d'un secrétariat unique pour l'Assemblée et le Comité;
e) le nombre des délégués à l'Assemblée, beaucoup trop restreint pour que les peuples européens puissent vraiment se sentir représentés, non seulement dans leur représentation parlementaire, mais dans toutes leur diversité politique, économique, sociale, culturelle et spirituelle;
f) l'impossibilité stipulée par l'art. 41 du traité, de proposer une modification du statut avant deux ans [8].

L'UEF réintroduisait donc le principe de la représentation «de forces vives» et en réaffirmait la nécessité «pour les nations libres de l'Europe de s'unir, de toute urgence, par un pacte fédéral».

2. Le Mouvement européen et la première session du Conseil de l'Europe

1) La préparation

Alors qu'une commission préparatoire, composée de représentants des Etats-membres du Conseil de l'Europe élaborait les règlements intérieurs provisoires du Comité des ministres et de l'Assemblée consultative et établissait un projet d'ordre du jour pour les deux organismes, le Mouvement européen convoquait le 17 juin 1949 à Versailles une réunion

---

[7] G. CAPURRO, *L'azione dell'UEF dalla nascità del movimento alla crisi della CED (1946-1954)*, thèse Université de Florence, 1992, p. 158.

[8] UEF *Bulletin n° 3*, juin 1949, in AHCE.UEF/246, pp. 28-29.

mixte des membres de son Comité exécutif international et de représentants des divers groupes parlementaires européens en vue de «discuter de la position à adopter en ce qui concerne la prochaine session de l'Assemblée consultative européenne» [9].

La conférence qui vit la participation d'un grand nombre de membres de l'Assemblée européenne (43) récemment désignés se conclut par l'adoption d'une série de recommandations à soumettre au Comité des ministres, concernant l'organisation et l'ordre du jour de l'Assemblée. Parmi les questions devant figurer à l'ordre du jour de la première session: «il devrait être ouvert un débat sur les problèmes de l'Union européenne, au point de vue politique, et sur les mesures pratiques à prendre pour réaliser cette union».

Pour ce qui avait trait à l'organisation, le Comité des ministres était sollicité d'examiner les questions suivantes qui demandaient une décision avant l'ouverture de l'Assemblée:

a) adhésion de nouveaux Etats-membres, en particulier de l'Allemagne fédérale;
b) interprétation du statut notamment quant au contrôle que devait exercer le Comité des ministres sur l'Assemblée. Il était à cet égard recommandé que le Comité publie une «déclaration rassurante» portant qu'il n'avait pas l'intention de restreindre indûment la liberté de discussion de l'Assemblée, que cette dernière disposerait d'un secrétariat distinct, qu'à la fin de la première session, le Comité des ministres serait disposé à considérer favorablement tous amendements au statut que l'Assemblée désirerait proposer, et à les mettre le cas échéant en vigueur [10].

L'initiative de Sandys et de ses collègues n'apparut cependant pas suffisamment incisive aux courants plus radicaux du Mouvement. Spinelli résuma les résultats de la réunion de Versailles par une boutade, «beaucoup de bavardages pour rien» [11] et convainquit à Bernkastel les 5 et 6 juin le

---

[9] AHCE.ME/1106, note de Hohn Retinger, 16 mai 1949.

[10] AHCE.ME/1106, recommandations au Comité des ministres formulées par une conférence convoquée par le Mouvement européen du 17 au 19 juin 1949 à Versailles, p. 2.

[11] A. SPINELLI, *Diario europeo*, Bologna, Il Mulino, p. 56.

Comité central de l'UEF de concentrer son action sur le projet de pacte fédéral européen [12].

Le MFE italien se montra particulièrement actif en l'occurrence puisqu'il adressait le 1er août 1949 à la délégation italienne à l'Assemblée consultative un mémorandum rédigé par Spinelli [13] contenant une série de suggestions portant sur l'objectif de la transformation de l'Assemblée consultative en Assemblée constituante. Ces recommandations furent dans l'ensemble adoptées par la délégation italienne à Strasbourg qui comprenait quelques-uns des représentants les plus autorisés du groupe parlementaire fédéraliste à l'Assemblée comme Parri, Giacchero, Benvenuti et Santero [14].

2) La première session du Conseil de l'Europe

a) Une assemblée «instrument» du Mouvement européen?

La première session de Conseil de l'Europe se tint du 8 août au 8 septembre 1949, dans une atmosphère de cordialité et de sympathie de la part de la population locale, qui accueillit l'arrivée des délégués européens avec enthousiasme et participa aux nombreuses manifestations organisées par le «Comité strasbourgeois pour le Mouvement européen» parmi lesquelles il faut noter le grand meeting qui réunit, le 12 août sur la place Kléber «vingt cinq mille personnes enthousiasmées par les vibrants appels en faveur de l'unité européenne» [15].

Près des deux tiers des participants à la première session de l'Assemblée consultative étaient membres du Mouvement européen. Celui-ci programmait, en réunion de son exécutif le 7 août, les activités qui flanqueraient les travaux des délégués: en premier lieu il fut décidé d'ouvrir à Strasbourg un bureau chargé de fournir aux représentants du Mouvement européen membres de l'Assemblée «toute documentation ou aide de caractère pratique» et de contribuer «à diffuser l'idée de l'union européenne

---

[12] AHCE-UEF/128, procés-verbal de la réunion du Comité central à Bernkastel, 5-6 juin 1949.

[13] AHCE.AS/12, A. Spinelli, "Promemoria circa l'ordine del giorno dell'Assemblea consultativa europea nella sua prima sessione".

[14] S. Pistone, "Il ruolo del Movimento federalista europeo negli anni 1949-1950", in R. Poidevin, *Histoire des débuts de la construction européenne*, LGDG, 1985, p. 303.

[15] E. Bonnefous, *L'Europe face à son destin*, Paris, PUF, 1959, p. 123.

dans le grand public, durant la session de l'Assemblée». Toutefois, craignant qu'un «excès de zèle» ne put provoquer des réactions favorables parmi les membres de l'Assemblée, le Mouvement européen jugea opportun d'exercer son influence «non par des adresses ou des actes d'allure officielle, mais par des entretiens privés avec les membres de l'Assemblée qui sont membres actifs du Mouvement» [16].

Ce souci de ne pas monopoliser ouvertement les activités et le débat politique avait été imposé par Sandys et la majorité du groupe dirigeant du ME qui restaient fidèles à la conception d'un Conseil «Forum européen» opposée à la démarche de certains maximalistes qui envisageaient au contraire des «Etats généraux» de l'Europe.

Au cours de la session, le Mouvement européen allait se montrer très actif par le patronage qu'il assurerait aux initiatives parlementaires. Il allait jouer le rôle d'un «comité d'études», faisant circuler des politiques détaillées mises au point dans les douze mois précédents à la Haye, Bruxelles ou Westminster.

Healey, dans le rapport confidentiel sur la première session qu'il adressait au parti travailliste estimait que ces politiques «pouvaient compter à l'avance sur l'appui de la moitié au moins de l'Assemblée. En conséquence la discussion de toute question tend(ait) à tourner autour des propositions du Mouvement européen» [17]. Il en concluait que l'Assemblée était l'instrument du Mouvement.

Mac Millan observait de même que «Duncan Sandys continuait, dans la coulisse, à tirer les ficelles» [18].

Dès l'ouverture de la session les ténors du Mouvement européen, André Philip (MSEUE), Paul Bastid (Conseil Français pour l'Europe Unie) et Ronald Mackay (Federal Union) réclamèrent des amendements au statut qui visaient à accroître les pouvoirs de l'Assemblée et à réduire sa dépendance à l'égard des Ministres.

Les amendements proposés portaient sur les points suivants: les nouveaux membres du Conseil de l'Europe devraient être approuvés par l'Assemblée; l'Assemblée devrait se voir reconnaître le pouvoir de fixer son

---

[16] AHCE.ME/380, «Activités du Mouvement européen durant la session de l'Assemblée européenne», (EX/P/107), annexe au procès-verbal de la réunion du Bureau exécutif international, Strasbourg, 7 août 1949.

[17] HEALEY, "Confidential report on the first session of the Consultative Assembly for the Labour Party international Committe", cité par A. HICK, *op. cit.*, p. 439.

[18] H. MAC MILLAM, *Tides of fortune*, London, 1965, p.176.

propre ordre du jour; le nombre des représentants devrait être doublé, incluant des syndicalistes et des personnalités européistes.

Suivant un vif débat économique, au cours duquel Reynaud avait prononcé un discours d'un fédéralisme appuyé, l'Assemblée présentait le 22 août 1949 une série de résolutions économiques autorisant le Conseil de l'Europe à s'octroyer officiellement une part des travaux de l'OECE. André Philip faisait passer au Comité économique du Conseil, en décembre 1949, certaines des résolutions de la Conférence de Westminster, appelant la création d'une autorité publique de l'industrie européenne de l'acier ayant la charge de fournir des avis sur les investissements, les prix et la production, comme première étape vers une planification européenne dans les domaines de l'énergie et des transports. Un autre débat, animé cette fois par Teitgen conduisit l'Assemblée à faire au Comité des ministres une proposition formelle pour la Charte des Droits de l'Homme qui était l'un des objectifs majeurs du Mouvement européen [19].

Le problème essentiel de la structure politique fut le second point largement débattu en session plénière de l'Assemblée.

Bien que les questions politiques ne figurassent pas dans les matières de la compétence du Conseil de l'Europe, l'Assemblée parvint à inscrire au point 4 de l'ordre du jour l'étude des «modifications nécessaires dans la structure politique de l'Europe pour réaliser une plus grande unité entre les membres du Conseil de l'Europe (...)».

Les discussions permirent de dégager une majorité substantielle en faveur d'une structure européenne de forme fédérale. Au terme des débats, le problème fut confié par l'Assemblée à une commission politique, la Commission des affaires générales.

La commission, présidée par G. Bidault avec G. Mollet comme rapporteur reçut pas moins de 24 propositions incluant une motion clé présentée par Ronald Mackay suggérant l'établissement d'une fédération démocratique européenne et la création d'une commission chargée de rédiger une constitution.

Côté unioniste, MacMillan déposa une motion qui demandait la réunion d'une conférence pour décider des pouvoirs exécutifs qui pourraient être conférés au Comité des ministres (soumise également par deux autres conservateurs unionistes: Robert Boothby et Maxwell Fyfe). MacMillan, Boothby et Fyfe se démarquaient de l'attitude beaucoup plus réservée du

---

[19] C.A Documents, 1949, n° 173, Official Reports, 15 août 1949, p. 10.

parti conservateur britannique [20]. Lord Layton et Churchill se montraient beaucoup plus circonspects. Churchill, qui s'était pourtant montré défenseur résolu de l'autonomie de l'Assemblée à l'ouverture de la session, décevait ses collègues plus radicaux en déclarant: «We must look at the girl before we marry her».

La portée pratique des interventions du Mouvement européen fut en définitive limitée.

Le rapport présenté par la Commission Affaires générales (Guy Mollet) le 5 septembre contenait une vague formule de compromis et ne proposait aucune modification immédiate de la structure politique de l'Europe. L'Assemblée se rallia cependant le lendemain, à l'unanimité à un amendement au rapport, déposé par R. Mackay et A. Philip qui déclarait que «le but et l'objectif du Conseil de l'Europe sont l'institution d'une autorité politique européenne, dotée de fonctions limitées mais de pouvoirs réels» [21]. La commission reçut instruction d'approfondir l'étude selon la formule précitée et de soumettre ses propositions sur le sujet à l'Assemblée en sa seconde session d'avril 1950.

b) Le Mouvement européen se divise sur la question de l'autorité politique européenne

Il ne fallut pas moins de cinq mois de discussions animées au Mouvement européen pour aboutir à un accord sur une déclaration commune portant sur l'autorité politique européenne.

L'Exécutif et son bureau débattirent à maintes reprises du caractère de l'Autorité politique réclamée par l'Assemblée consultative. Un comité ad hoc composé de membres du Bureau exécutif fut même constitué en décembre 1949 pour fournir une base de discussion au Comité exécutif international. Cette commission étaya ses travaux sur trois documents : le premier avait été élaboré par Duncan Dandys, président de l'Exécutif du Mouvement européen; le second mis au point par l'UEF portait sur

---

[20] A. HICK, *The European Mouvement and the Campaign for a European Assembly*, 1947-1950, Th, IUE, Florence, 1981.

[21] Consultative Assembly, Documents n° 87, First Session, 10th August-8th September 1949.

l'organisation d'un pacte fédéral, le troisième pratiquement identique au second [22], émanait du MSEUE.

— *La démarche fonctionnaliste*

Dans le premier document intitulé «Création d'une autorité politique européenne. Quelques idées personnelles sur l'évolution possible du Conseil de l'Europe», Sandys réaffirmait sa préférence pour une méthode évolutive et empirique:

> il ne semble pas nécessaire, à ce stade, d'envisager une institution politique nouvelle. Notre tâche est plutôt de développer et de renforcer par tous les moyens le nouveau Conseil de l'Europe, jusqu'à ce que, par étapes successives, il devienne de fait l'Autorité politique européenne... [23].

Son plan était fondé sur un co-développement pondéré et complémentaire de l'Assemblée et du Comité des ministres. Sandys était convaincu que les gouvernements ne consentiraient aucun transfert de souveraineté à l'Assemblée. C'était donc au Conseil des ministres qu'il convenait de conférer de nouveaux pouvoirs. Sandys préconisait un développement des relations entre l'Assemblée et le Comité, lesquelles étaient déjà :

> sous maints rapports, similaires à celles qui exist(aient) entre un Parlement et son gouvernement. (...). Dans ce processus évolutif , le Conseil de l'Europe, bien que ne possédant encore sur le papier aucun pouvoir p(ourrait) d'ici peu de temps, être amené à assumer imperceptiblement, pour tous objets pratiques, les fonctions essentielles d'une autorité politique européenne supranationale [24].

Sandys pensait que le Conseil de l'Europe serait amené à créer des institutions supranationales spécialisées telles qu'un bureau européen des passeports, un office des brevets, une Cour des Droits de l'Homme mais il

---

[22] MSEUE (ME/PG/1) Mouvement socialiste pour les Etats-Unis d'Europe: "Une situation critique au sein du Mouvement européen". Réunion du Comité ad hoc pour la création d'une autorité politique européenne, pp. 1-2, cit., in *Rebattet*, *op. cit.*, pp. 398-399.

[23] AHCE.ME/628 (EX/P114),"Creation of a supranational Authority, some personal thoughts upon a possible future evolution of the Council of Europe", by Sandys Duncan, p. 2, 16th October 1949.

[24] *Ibid.*, p. 7.

soulignait l'importance de leur contrôle exercé conjointement par les deux organes du Conseil de l'Europe.

En fait son pragmatisme, celui des unionistes, condamnait tout changement institutionnel. Il s'efforçait de maintenir l'initiative dans le cadre du Conseil de l'Europe. Il voyait dans le statut de ce dernier un outil apte à fonctionner, qui pouvait être amélioré de l'intérieur sans recourir à des amendements majeurs, grâce à l'esprit de coopération prévalant parmi les gouvernements participants, dans la mesure où ceux-ci seraient prêts à concéder des transferts partiels et graduels de souveraineté à l'organisation. Sa stratégie consistait à s'appuyer sur un système de conventions et de précédents, plutôt que de faire fonds sur un traité strictement constitutionnel qui n'avait, du fait de l'opposition britannique, aucune chance d'obtenir un appui officiel.

L'United European Mouvement approuva le texte de Sandys mais demanda que toute référence précise sur la forme possible d'une future constitution fédérale fut omise.

Le Conseil britannique du Mouvement européen, sans exclure la fédération comme «ultima ratio» estimait prématuré de définir, à ce stade, la forme constitutionnelle qui s'imposerait.

Le Conseil norvégien rejetait la création d'une autorité politique, et déclarait que les Etats européens n'avaient aucune intention d'accepter des abandons de souveraineté.

Le Conseil allemand recommandait une solution à l'intérieur du Conseil existant [25].

Le point de vue défendu par Sandys avait l'inconvénient de faire fi des réalités: le gouvernement britannique et ceux des pays scandinaves n'étaient pas disposés à jouer le jeu. C'était M. Lange, le ministre norvégien des Affaires étrangères qui déclarait que le Conseil était né au mauvais moment, ou trop tôt, ou trop tard. C'était là un sentiment que Bevin aurait pu faire sien: le ministre travailliste n'était pas un fervent admirateur du Conseil de l'Europe dont il considérait les activités avec quelque exaspération. Il demeurait résolument partisan de la conception originelle d'une assemblée «Forum» où des parlementaires discuteraient de questions d'intérêt commun et pourraient émettre des recommandations destinées à stimuler une coopération plus étroite entre les Etats-membres [26].

---

[25] AHCE.ME PAC/P/2, "Memorandum on the creation of a European Political Authority: Summary of main points".

[26] DBFP S. II, vol. 1, 1950-1952, Schuman Plan and Council of Europe, Introduction.

Dans ces conditions, le gouvernement britannique avait plusieurs raisons de se défier de la tendance dominante à l'Assemblée, les fédéralistes: ils adoptaient des positions très en avance sur celles de l'opinion publique; minorité bien organisée, ils se servaient de l'Assemblée et des aspirations qu'elle suscitait comme d'un forum où ils pouvaient présenter leurs plans irresponsables et leur donner un maximum de publicité. Ils dénonçaient dans le gouvernement britannique le principal obstacle au projet fédéraliste et l'accusaient constamment de traîner les pieds dans les questions européennes : le gouvernement britannique était devenu le bouc émissaire des fédéralistes de l'Assemblée consultative [27].

— *La campagne pour le Pacte fédéral*

Pour les fédéralistes, la condition de la poursuite de la collaboration avec le Mouvement européen passait par l'acceptation sans réserve du projet en faveur du «pacte fédéral».

L'occasion de lancer la campagne avait été offerte par l'approbation de la motion Mackay à l'Assemblée de Strasbourg.

La reconstitution de l'Etat allemand, ainsi que les réticences britanniques de plus en plus évidentes à accepter des développements de type fédéral - confirmée par la dévaluation le 18 septembre 1949 de la livre sterling décidée sans concertation préalable et sans tenir aucun compte des intérêts des partenaires européens — avaient fini par convaincre les fédéralistes de la nécessité de mobiliser l'opinion publique et de miser sur le binôme France-Allemagne plutôt que sur le binôme Grande Bretagne-France.

Au cours des discussions préparatoires le Comité central se rallia non sans difficultés aux propositions des maximalistes italiens et français. Alors que les néerlandais Nord et Brugmans défendaient la formule d'une action à mener «en pleine collaboration avec le Mouvement européen» le but immédiat à atteindre étant «un minimum de fédéralisme dans un maximum de pays» [28] de manière à y inclure la Grande Bretagne, Spinelli soutenait: «que si l'on ne pouvait obtenir gain de cause dans le Mouvement européen à propos du pacte fédéral, les fédéralistes de l'UEF, du MSEUE et les NEI fissent un cartel qui devrait poursuivre son action indépendamment du

[27] DBFP, *Ibid.*, Introduction.

[28] AHCE-UEF/95 Lettre de Henri Nord à Joseph, Brugmans, de Rougemont, Voisin, Rifflet du 19 octobre 1949 qui contient les rapports sur le pacte fédéral de Nord (pp. 2-4), Spinelli (pp. 12-16), Brugmans (p. 17).

Mouvement européen et sur la base d'une entente entre l'Allemagne et la France» [29].

Frenay partageait son point de vue estimant que depuis mai 1949, le Mouvement européen semblait comme frappé de léthargie.

Les thèses des fédéralistes italiens constituèrent la base des résolutions approuvées par l'Assemblée générale extraordinaire de l'UEF tenue à Paris du 28 au 31 octobre 1949. Celle-ci adopta les principes fondamentaux d'un pacte européen d'Union fédérale, c'est-à-dire d'un schéma de constitution fédérale à partir de laquelle réaliser une unification économique graduelle, une politique extérieure et une politique de défense communes des pays adhérents au pacte. L'assemblée demanda à l'Assemblée consultative de rédiger au cours de sa prochaine session, sur la base des indications données, le texte d'un pacte fédéral et d'en recommander la ratification aux Etats-membres, lesquels devraient s'engager à le faire entrer en vigueur dès qu'il aurait été ratifié par un nombre de pays dont la population atteindrait au moins 100 millions d'habitants [30].

L'Assemblée de l'UEF décida d'accompagner le projet par une vaste campagne populaire destinée à mobiliser l'opinion publique et à appuyer l'action des éléments les plus «progressistes» de l'Assemblée de Strasbourg [31]. L'UEF proposait de constituer à cette fin dans tous les pays d'Europe des «comités de patronage et d'organisation» composés de personnalités. Ces comités devaient recueillir des signatures en faveur du pacte fédéral à transmettre au Conseil de l'Europe à Strasbourg.

---

[29] Spinelli motivait son choix dans une lettre qu'il adressait alors à Frenay: "France, Allemagne et Italie constituent un noyau continental ayant une population égale à celle des Etats-Unis d'Amérique et un complexe industriel et agricole de premier ordre. Sans l'existence de ce bloc minimum la défense de l'Europe continentale n'a pas de sens. De forts courants d'opinion fédéraliste existent dans les trois pays; tous trois ont déclaré dans leur constitution être prêts à une limitation de leur souveraineté [...] Ce noyau de fédération est le minimum indispensable pour constituer à longue échéance un centre d'attraction irrésistible pour les autres pays d'Europe. L'Angleterre avait vocation à jouer ce rôle. Mais elle a vendu son droit d'aînesse pour le plat de lentille du socialisme dans un seul pays", in AHCE-AS/13, lettre de A. Spinelli à H. Frenay, septembre 1950.

[30] Cf. S. PISTONE, "Il ruolo del Movimento federalista", in R. Poidevin, *Histoire des débuts de la construction européenne*, Bruxelles LGDJ 1986, pp. 285-308.

[31] Les résolutions de l'Assemblée générale extraordinaire de Paris sont rapportées dans *Europa Federata*, n° 14, 30 novembre 1949, p. 3.

L'UEF comptait, pour la réalisation de cet ambitieux projet, obtenir la collaboration du Mouvement européen [32].

La stratégie «gradualiste» suivie par Sandys et la majorité du Mouvement européen venait de subir un démenti très rude du fait de l'attitude entièrement négative adoptée par le Comité des ministres, lequel avait le 5 novembre renvoyé la plus grande part des recommandations formulées par l'Assemblée à l'examen d'experts et n'avait approuvé aucun des amendements proposés au statut se limitant à déclarer sa volonté de ne «pas exercer en pratique son droit de contrôle sur l'ordre du jour de l'Assemblée» [33].

Le 25 novembre, le Mouvement européen publiait un communiqué danslequel il se déclarait :

> profondément déçu par (...) l'attitude négative et dilatoire du Comité des ministres [qui a] inévitablement créé la malheureuse impression que les gouvernements méconnaissent l'extrême urgence du besoin d'unification européenne, et au lieu d'apprécier le soutien et la coopération de l'Assemblée, il semble qu'ils cherchent à restreindre au minimum son rôle et son action [34].

Le 20 et le 21 janvier 1950 se réunit à Londres le Comité exécutif international du Mouvement européen. Ce fut, dans le souvenir de Frenay «une dramatique séance (...) où je dus quitter la salle, en guise de protestation contre les méthodes intolérables du président» [35]. La réunion se conclut toutefois par un compromis qui prit la forme d'une déclaration à soumettre à la commission des affaires générales de l'Assemblée consultative, par lequel le Mouvement européen, sur la base des conclusions du Comité ad hoc réuni en décembre, acceptait la perspective d'une Europe à deux vitesses. La déclaration affirmait en premier lieu que pour aboutir à la création d'une autorité politique européenne dotée de fonctions limitées mais de pouvoirs réels,

---

[32] AHCE.UEF/95, note du secrétariat général: «L'action politique de l'UEF dans les cinq prochains mois (septembre 1949-janvier 1950)», 3 février 1950.

[33] Consultative Assembly, Documents n° 116, First Session, *cit*.

[34] AHCE.ME/276, "Observations upon the recent meeting of the Committee of Ministers of the Council of Europe", (EX/P/126), 25th November 1949.

[35] AHCE.UEF/101, Henri Frenay, rapport de politique générale, présenté au IIIè congrès ordinaire de l'UEF, Strasbourg, les 17-19 novembre 1950, p. 32.

> Il est nécessaire que tous les Etats-membres du Conseil de l'Europe concluent sans délai un pacte [36] pour la création de l'Union européenne. Ce pacte instituerait une autorité politique, au moyen de laquelle les Etats-membres décideraient ensemble et démocratiquement d'une politique commune en matière de protection des droits de l'Homme, de relations extérieures, d'affaires économiques.

Sous la direction de cette autorité politique, «devraient être créées des institutions spécialisées», compétentes pour divers secteurs: des problèmes économiques et financiers aux transports, des industries de base à l'agriculture, des questions sociales et culturelles à la défense. Toutefois, il n'était pas indispensable que tous les membres de l'Union européenne adhèrent à chacune des institutions spécialisées, même s'il était admis que les Etats désireux d'instaurer entre eux des liens organiques plus étroits pussent créer entre eux une «organisation fédérale» qui «resterait ouverte à ceux qui désireraient plus tard y adhérer» [37].

Le compromis du 21 janvier semblait ramener l'unité à l'intérieur du Mouvement européen: comme Sandys l'avait déclaré au cours de l'une des réunions du Comité ad hoc, il s'agissait apparemment d'une question de présentation, puisque on avait jugé préférable de considérer «que tous les membres du Conseil de l'Europe forment l'Union européenne et que, parmi ces membres, quelques-uns ont signé un pacte fédéral» [38]. Il répondait au souhait des fonctionnalistes de maintenir l'autorité politique dans le cadre du Conseil de l'Europe et d'éviter la division de l'Europe en deux blocs d'Etats. Mais il constituait aussi un signe des progrès que les thèses fédéralistes avaient accompli au sein du Mouvement. Ces derniers étaient d'ailleurs résolus à suivre leur propre voie.

La campagne de pétitions se développa du mois d'avril au mois d'octobre 1950. Y collaborèrent, outre l'UEF, le Mouvement socialiste pour les Etats-Unis d'Europe et les Nouvelles Equipes internationales. Certains Conseils nationaux du Mouvement européen, ceux de France, d'Italie, d'Allemagne et de Belgique se prononcèrent en faveur du pacte fédéral, le Conseil

---

[36] Le texte ne faisait pas, de façon délibérée référence à un pacte fédéral, mais simplement à un "pacte".

[37] AHCE.ME/626, Déclaration politique, 21 janvier 1950 (EX/P/196).

[38] AHCE.ME/1081, Procès-verbal de la réunion du Comité ad hoc, Paris, 16 décembre 1949 (PAC/M/1).

anglais (Miss Josephy) et néerlandais s'y opposèrent, alors que le Conseil international, bien qu'adhérant, demeura inerte [39].

Des résultats inégaux furent obtenus en Italie et en Allemagne, ils furent décevants en France.

1) En Italie, la campagne recueillit d'avril à octobre les signatures de plus de 500 000 citoyens, dont 141 sénateurs et 105 députés, et l'adhésion de 493 conseils municipaux, de 39 administrations provinciales, des principaux partis, des syndicats non communistes et de quelque 200 associations.

La souscription se conclut le 4 novembre avec une imposante manifestation au théâtre Sistina de Rome, le 4 novembre 1950, à laquelle participa le président de la République Einaudi et au cours de laquelle la pétition fut souscrite par le président du Conseil de Gasperi ainsi que par plusieurs ministres. La pétition fut présentée le 7 novembre aux deux chambres qui adoptèrent les 10 et 15 novembre une motion identique [40].

2) En République fédérale d'Allemagne, la campagne se limita à des référendums organisés dans des villes d'importance secondaire, à Breisach (Bade) et à Castrop-Rauxelle, ville industrielle de 70 000 habitants (Ruhr). On ne parvint pas à obtenir le vote d'une grande ville, ce qui aurait conféré une réelle portée à ces élections [41].

3) En France la campagne lancée avec un certain retard, souffrit des rivalités existant entre les différentes organisations fédéralistes. Le résultat le plus significatif fut la signature de la pétition en faveur du pacte fédéral par plus de 10 000 maires [42].

Dans l'ensemble, la campagne pour le pacte fédéral ne parvint pas à créer le mouvement d'opinion susceptible d'engager le Conseil de l'Europe à adopter une attitude incisive en faveur de la fédération. L'Assemblée évita toute déclaration sur la nécessité d'un pacte fédéral. Elle avait aggravé les dissensions latentes entre minimalistes et maximalistes au sein du Mouvement, lesquelles contribuèrent certainement à accélérer la démission

---

[39] Cf. U. MORELLI,"La campagne per il patto di Unione federale europea", in AAVV (Sergio Pistone), *I movimenti per l'Unità europea, 1945-1954*, *op. cit.*, 349.

[40] S. PISTONE, "Il ruolo del Movimento federalista europeo", *op. cit.*, in R. Poidevin, *Histoire des débuts de la construction européenne*, *op. cit.*, pp. 305-306.

[41] W. LOTH , "Il movimento per l'unità europea nei primi anni della Repubblica federale tedesca", in AAVV *I movimenti per l'unità europea, 1945-1954*, éd. Univ. Jaca, *op. cit.*, p. 100.

[42] AHCE.UEF/128, Procès-verbal de la réunion du Comité central de l'UEF des 22 et 23 avril 1950, p. 11.

du président de Mouvement européen, Duncan Sandys et avec elle, la fin du «leadership» britannique au sein des instances dirigeantes.

La session estivale de l'Assemblée consultative (août 1950) fut caractérisée par la fin de la campagne européenne du Mouvement européen. «Le Mouvement européen», observait succinctement Healey dans son rapport relatif à la seconde session «a eu beaucoup moins d'influence que l'an dernier, et il est probable que celle-ci décline encore». Le Mouvement empêtré dans ses divisions internes, et dans sa volonté d'inclure à tout prix la Grande Bretagne dans une union européenne, passait à l'arrière plan de la scène internationale. En juin la commission des Affaires générales émettait finalement un rapport très vague intitulé «Autorité politique européenne» qui ne faisait que d'obscures références à la forme de l'institution en question. MacMillan devait confier à son propos : «il est plutôt décevant, bien que très volumineux» [43].

Les initiatives prises par les délégués du Mouvement — Mackay présenta en fin de session un «Protocole» dans lequel il réclamait une révision du statut du Conseil comportant la création d'une chambre haute et d'une chambre basse dotées de pouvoirs législatifs. Le ministre italien Ugo La Malfa soumit un plan en faveur de l'accroissement des pouvoirs consultatifs de l'Assemblée [44] — furent rejetées sans véritable examen. Une fraction importante de l'Assemblée, britanniques et scandinaves en première ligne, s'opposait décidément à sa transformation en constituante et à l'instauration de liens entre les Etats adhérants dépassant le cadre étroitement intergouvernemental du Conseil de l'Europe.

B — DU CONSEIL DE L'EUROPE À LA COMMUNAUTÉ POLITIQUE EUROPÉENNE (NOVEMBRE 1950- SEPTEMBRE 1952)

Les gouvernements réoccupaient le devant de la scène européenne. Le 9 mai 1950, Robert Schuman avait lancé le projet de Communauté européenne du charbon et de l'acier. Il n'était pas le produit direct de la campagne politique européenne qui s'était développée avec une force

[43] MacMillan, lettre à Suncan Sandys, 26 juin 1950, cité in A. Hick, *The European Movement and the campaign for a European Assembly*, thèse, *op. cit.*, p. 467.

[44] *Ibid.*, La Malfa proposait que les gouvernements membres du Conseil de l'Europe acceptassent l'obligation statutaire de consulter le Conseil de l'Europe pour leurs politiques et Traités ayant des implications sur le plan européen.

croissante depuis le Congrès de la Haye jusqu'à la seconde session du Conseil de l'Europe. Conçu par Jean Monnet et son équipe, il était le produit d'une élite technocratique qui ne répudiait pas l'approche fonctionnaliste, mais contrairement à la stratégie mise en avant par Sandys, lequel ne concevait les projets d'intégration sectoriels que placés sous la responsabilité ultime de l'«Autorité politique européenne» représentée par le Comité des ministres et par l'Assemblée de Strasbourg, Monnet et Schuman proposaient une Haute Autorité indépendante de la structure politique du Conseil de l'Europe. Le plan Schuman faisait en outre ressortir la position isolée de la Grande Bretagne et mettait l'accent sur l'éventualité de bâtir l'Europe sans sa participation.

A contrario, et en dépit de l'assurance donnée par Schuman selon laquelle le plan ne représentait qu'«un premier pas vers la fédération européenne» le projet n'était porteur d'aucun idéalisme supranational.

Dans ces conditions, les «unionistes» britanniques et les «fédéralistes» continentaux qui formaient la base du Mouvement européen réalisèrent brusquement qu'ils n'occupaient plus le devant de la scène européenne et leur difficile alliance vola officiellement en éclats. Les fonctionnalistes et les fédéralistes décidèrent, chacun avec leurs moyens, d'exploiter les opportunités offertes par les institutions spécialisées en gestation.

1. Une collaboration ME-UEF impossible

1) La présidence de Paul-Henri Spaak

Les relations entre le ME et l'UEF entrèrent dans une phase de tension croissante après la nomination de Paul-Henri Spaak à la présidence de l'Exécutif du Mouvement.

L'UEF craignait d'une part que les deux fonctions de Spaak (Président de l'Assemblée consultative et du Conseil Exécutif du Mouvement européen) puissent s'avérer incompatibles en empêchant le Mouvement d'adopter «les positions de combat que la situation peut imposer» [45]. L'attitude de Spaak avait d'autre part influé sur le comportement de certains délégués à l'Assemblée qui n'avaient pas voté les amendements au projet de la commission affaires générales, proposés par les fédéralistes. L'action de Spaak avait alors visé à éviter toute décision qui aurait pu conduire la

---

45 AHCE-ME/626, procés-verbal de la réunion du Comité Exécutif International des 20 et 21 janvier 1950 à Londres (EX/M/16). Déclaration de M. Frenay Henri .

Grande-Bretagne à choisir entre l'Europe et le «privileged relationship» qu'elle entretenait avec les Etats-Unis et le Commonwealth. Alors que l'idée d'une «petite Europe à Six» commençait à faire son chemin, Spaak n'avait pas encore abandonné l'espoir d'une participation anglaise. Il n'était pas disposé à donner son aval aux initiatives susceptibles d'aggraver la division de l'Europe, au risque de démentir la ligne du Mouvement dont il assumait la présidence [46].

Sous la direction de P. H. Spaak, la majorité du Mouvement européen estima que sa première tâche était d'assister l'Assemblée. Elle décida de concentrer ses efforts sur certains objectifs en matière d'études et de propagande. Le Mouvement disposait d'experts, organiserait des conférences qui pouvaient fournir des informations autorisées aux commissions surchargées de l'Assemblée.

En novembre 1950, sur proposition du Conseil néerlandais, le Comité exécutif déterminait trois principaux champs d'études qui porteraient sur:

1) la forme et le caractère des futures autorités spécialisées pour le contrôle international des transports, de l'électricité et de l'agriculture;
2) les implications pratiques des résolutions sur les problèmes sociaux formulés à la Conférence de Rome et approuvées par le Conseil de l'Europe;
3) les problèmes techniques découlant des recommandations de l'Assemblée pour la révision du statut (Protocole Mackay, proposition La Malfa, etc.).

Enfin, le Conseil européen envisageait un renforcement de l'action de propagande destinée à sensibiliser l'opinion sur l'activité de l'Assemblée [47].

2) Le Conseil européen de Vigilance (novembre 1950)

Cette absence d'initiative provoqua la réaction des fédéralistes qui entrèrent quasiment en révolte ouverte. Frenay, désormais convaincu de la nécessité de créer à l'intérieur du Mouvement européen «un cartel de caractère fédéral» [48] prit alors contact avec le MSEUE, les NEI et le Conseil français du Mouvement européen. A la mi-septembre fut fondé un «Conseil européen de Vigilance». Il s'agissait, sur l'idée initiale de Daniel Villey, d'André Voisin (La Fédération) et d'un groupe de députés français

---

[46] P.-H. SPAAK, *Combats inachevés*, *op. cit.*, p. 38.

[47] AHCE-ME, procés-verbal de la réunion du Comité Exécutif, Strasbourg et Rapport sur l'activité du Mouvement présenté par le Secrétaire général, 25 novembre 1950.

[48] AHCE.UEF/10, lettre de H. Frenay à E. Kogon, Paris, 13 septembre 1950.

qui avaient créé à l'Assemblée un groupe dit du «serment du Jeu de Paume» de convoquer à Strasbourg, à l'occasion de la session de novembre du Conseil de l'Europe une sorte d'assemblée «alternative» chargée de faire pression sur l'Assemblée consultative et de l'entraîner progressivement vers un renforcement de l'Europe en un sens fédéral [49].

Le Conseil européen de vigilance ne donna que très peu de résultats concrets, car il semble que la publicité de son action ait été très mal organisée: la radio, la presse nationale et provinciale qui, semble-t-il avait vivement soutenu cette initiative jusqu'à la séance inaugurale, cessèrent brusquement, après le 20 novembre de donner des informations détaillées sur son déroulement. Selon certains dirigeants fédéralistes, cette attitude des mass-médias serait à mettre en rapport avec la position très hostile qu'aurait adoptée Guy Mollet, alors «ministre des Affaires européennes». Aucune collaboration entre le fer de lance fédéraliste et les parlementaires européens ne fut possible. le président de l'Assemblée consultative, Paul-Henri Spaak accueillit «froidement et ironiquement» la requête de Constituante européenne qu'une délégation du Conseil européen de vigilance lui présenta, la considérant sans fondement, et déclara que «la seule base sur laquelle on pouvait travailler pour l'Europe était le Conseil de l'Europe» [50].

A la fin de 1950 on assistait à un important changement de politique au sein de l'UEF: jusque là l'action fédéraliste avait été centrée essentiellement sur le Conseil de l'Europe dans la tentative de transformer l'Assemblée consultative en Assemblée constituante et de réaliser l'Autorité politique dotée de pouvoir réels que l'Assemblée elle-même avait invoquée lors de sa première session. Désormais, les «constitutionnalistes» avaient cessé de placer leurs espoirs dans l'institution strasbourgeoise. A cause du droit de veto exercé au Comité des ministres, du caractère purement consultatif de l'Assemblée et de l'attitude négative de certaines délégations nationales, ils faisaient le choix d'une autre stratégie: une constituante démocratiquement élue, hors du cadre institutionnel fourni par le Conseil de l'Europe.

En novembre 1950, au moment où le Conseil européen de vigilance était convoqué à l'Orangerie se tenait à Strasbourg le IIIè congrès de l'Union européenne des fédéralistes. Spinelli y invitait l'UEF à «lever l'étendard de

---

[49] A. VOISIN,"Comment est née l'idée du Conseil européen de Vigilance", *Courrier de l'Europe*, n° 10, octobre 1950.

[50] A. GREILSAMMER *Les mouvements fédéralistes en France de 1945 à 1974*, Paris, Presses européennes, 1975, p. 64.

la bataille de l'Assemblée pour le pacte fédéral» [51]. Affirmant qu'il était illusoire de continuer d'espérer dans le Conseil de l'Europe, le secrétaire général du MFE entraînait le congrès à adopter une motion qui affirmait:

> que pour atteindre ce but il est indispensable que les Etats disposés à s'unir par un lien fédéral s'engagent à convoquer une assemblée fédérale constituante européenne, composée de représentants des peuples et non des gouvernements et chargée de voter un pacte d'union fédéral qui serait entré en vigueur dès qu'il aurait été ratifié par un nombre de pays indiqué dans le pacte lui-même [52].

Le congrès émit d'autre part un jugement favorable sur le plan Schuman «première pierre de la construction européenne» en ce qu'il prévoyait un exécutif supranational responsable devant une assemblée commune.

Agissant en synergie avec les recommandations du IIIè congrès de l'UEF le Conseil européen de Vigilance devenu Conseil des Peuples d'Europe abandonnait sa position primitive et décidait d'agir indépendamment de l'Assemblée consultative.

Sur proposition de Spinelli, il vota deux motions. Dans la première il lança un appel aux Etats disposés à accepter une limitation de leur souveraineté afin qu'ils s'engageassent à «signer sans délai un traité international qui convoquât une assemblée constituante chargée de rédiger le Pacte fédéral». Avec la seconde, il décida de constituer une commission restreinte pour étudier les conditions et les modalités de la Constituante [53].

Cette dernière convoqua une conférence internationale, composée de juristes, de militants fédéralistes éminents, d'hommes politiques et de tous les délégués à l'Assemblée constituante ayant signé le manifeste en faveur de la fédération pour préparer le projet de traité à proposer aux gouvernements pour la convocation de la Constituante [54].

---

[51] A. Spinelli, *Storia e perspective del Movimento federalista europeo*, pp. 169-170.

[52] AHCE.UEF/101, A. Spinelli, "Rapport sur la requête d'une Assemblée européenne pour le Pacte d'Union fédérale", IIIè congrès ordinaire de l'UEF, Strasbourg, 17-19 novembre 1950, p. 2.

[53] AHCE.UEF/204B, conseil européen de Vigilance, procès-verbal de la 4è séance, 25 janvier 1951, Strasbourg.

[54] AHCE.UEF/204, d.6 Conseil des Peuples d'Europe, procès-verbal de la 7è séance, 31 janvier 1951, déclaration de M. Bichet. Les NEI et le Mouvement socialiste pour les Etats-Unis d'Europe se retirèrent du Conseil des Peuples à la fin janvier 1951, le Bureau des Nouvelles Equipes ayant exprimé la crainte de voir le nouvel organe "tenter de créer un mouvement néo-européen qui doublerait l'action du Mouvement européen tant en matière de travaux qu'en matière d'appel de fonds". La participation du MSEUE étant de pure

La conférence se réunit à Lugano en avril 1951: elle adopta le projet de statut d'une assemblée constituante. Un comité juridique formé de personnalités de renom (F. Dehousse, H. Nawiasky, A. Spinelli, P. Calamandrei) avait prédisposé le schéma de traité et indiqué les dispositions essentielles qui devraient être contenues dans le pacte fédéral. Les autorités spécialisées qui étaient en train de se créer hors du Conseil de l'Europe démontraient la volonté européïste des gouvernements, indiquait l'«exposé des motifs», mais ces autorités devraient être coordonnées par un véritable pouvoir politique européen, c'est-à-dire par un gouvernement et par un Parlement institués par une Assemblée constituante. Le statut préparé prévoyait la convocation, trois mois après l'approbation de la part des Etats, d'une assemblée constituante chargée de rédiger le pacte d'union fédérale. L'assemblée serait composée de représentants des Etats en nombre double par rapport à celui dont chaque pays disposait à l'Assemblée consultative du Conseil de l'Europe, élus par les parlements nationaux, et qui voteraient à la majorité. Le pacte indiquerait les institutions fédérales estimées nécessaires, leur organisation et leur fonctionnement, les pouvoirs à transférer à la fédération. Celle-ci devrait naître avec un premier noyau d'Etats disposés à des transferts de souveraineté, ouvert toutefois à de futures adhésions [55].

Enfin, et ce fut l'ultime tentative fédéraliste d'utiliser le Conseil de l'Europe, Henri Frenay et Altiero Spinelli composèrent de toutes pièces une résolution que le délégué de Felice soumit à l'Assemblée le 20 novembre 1951 [56]. La résolution qui prévoyait la création d'une fédération entre les six pays du Plan Schuman ne fut repoussée que par six voix de majorité (47 contre 41) mais cet échec marqua la disparition définitive des espoirs placés dans l'institution et contribua à provoquer la démission immédiate (10 décembre 1951) de son président Paul-Henri Spaak.

---

forme, l'organisation et le financement de la conférence internationale furent laissés à la seule responsabilité de l'UEF.

[55] Cf. sur tous ces points Umberto MORELLI, "La campagne per il patto di unione federale europea", in AAVV, *I movimenti per l'unità europea, 1945-1954, op. cit.*, pp. 341-366.

[56] A. SPINELLI, *Diario Europeo,* Ed. Paolini ed., Bologna, *Il Mulino*, t. 1 (1948-1969), p. 107 (annotation du 25 novembre 1951).

2. La mise hors jeu du Conseil de l'Europe et le choix de la Communauté politique à Six

Alors que l'Assemblée Consultative du Conseil de l'Europe ne parvenait pas à sortir de l'état de paralysie et se bornait à formuler des résolutions stériles, alors que le Mouvement européen se divisait et restait agrippé au modèle des autorités supranationales spécialisées, l'initiative allait passer de façon surprenante aux mains des gouvernements, poussés par le contexte politique ou par les Européistes les plus engagés.

Le projet de Communauté européenne de Défense et la «conversion» de P.-H. Spaak en faveur des thèses fédéralistes allaient, à partir de décembre 1951, ressouder le Mouvement et l'orienter vers une action de sensibilisation de la classe politique au sein du groupe des «Six».

1) La portée de l'article 38 du Traité CED

La convocation à Paris le 26 février 1951 d'une Conférence destinée à l'étude d'un projet de Communauté européenne de défense (CED) à l'initiative du ministre Pleven imprima une nouvelle vigueur à l'action du Mouvement européen.

Dans le climat de guerre froide, et surtout après l'éclatement de la guerre de Corée en juin 1950, le projet, conçu par Jean Monnet sur le modèle de la CECA, proposait d'incorporer les contingents militaires allemands indispensables à la défense de l'Europe dans une armée européenne et gérée par des institutions supranationales. Lors de la première phase de la Conférence, les gouvernements et les délégations s'étaient opposés à tout développement politique de l'armée européenne. Le 27 juillet, les délégations avaient transmis à leurs gouvernements un «Rapport intérimaire» qui indiquait d'une part les progrès accomplis et révélait d'autre part les difficultés survenues au cours des négociations, portant sur des questions telles que le budget commun, les pouvoirs du Commissariat et la composition des forces européennes, que seuls les politiques seraient en mesure de résoudre. Quant à l'Assemblée prévue, le rapport lui assignait des prérogatives fort limitées: le pouvoir de formuler des observations sur le rapport annuel du Commissariat et le pouvoir de censurer ce dernier [57].

[57] Fondation Bolis (Turin), Archive Ivan Matteo Lombardo, "Rapport intérimaire des Délégations aux gouvernements participant à la Conférence", 24 juillet 1951, cité in D. Preda, *Sulla soglia dell'unione ...*, *op. cit.*, p. 51.

Spinelli vit là l'occasion d'exploiter la contradiction inhérente au fait de vouloir construire une armée commune en l'absence d'un Etat fédéral qu'elle devait avoir pour mission de servir. Il se lançait alors dans une action de sensibilisation de la classe politique. Durant l'été 1951 il adressa divers mémoranda aux Présidents successifs de la délégation italienne à la Conférence Paolo Emilio Taviani, puis Ivan Matteo Lombardo, et au président du Conseil Alcide De Gasperi. Il y affirmait en substance que la création d'une véritable armée commune — et non d'une simple alliance militaire — ne pouvait dépendre d'une «autorité spécialisée» comme cela avait été le cas pour le charbon et pour l'acier, étant donné qu'elle impliquait d'autres secteurs essentiels de la vie politique: une politique extérieure commune et sa gestion unitaire par un Ministre européen; un budget commun de la défense constitué par les ressources fiscales que l'Autorité commune lèverait directement sur les citoyens; un exécutif européen, un législatif bicaméral, une Cour de justice. Spinelli ajoutait que la Conférence de Paris ne disposait ni de la compétence, ni des pouvoirs nécessaires pour résoudre les problèmes liés à l'armée européenne. Son rôle aurait dû se limiter à indiquer l'organe habilité à rédiger un projet de Traité entre les Etats, qui définirait clairement les Institutions européennes, leurs compétences et prérogatives. Cet organe ne pouvait être qu'une Assemblée constituante.

Ce projet devait se transformer au moins partiellement, du fait de la volonté de De Gasperi, en une décision politique des gouvernements: au sein de l'Assemblée Consultative du Conseil de l'Europe le 10 décembre 1951, puis surtout lors des réunions des ministres des Affaires étrangères des Six le 11 décembre à Strasbourg et le 27 à Paris, le président du Conseil italien face aux hésitations de Schuman et l'obstructionnisme des ministres belge et hollandais, Van Zeeland et Stickker, défendit l'idée de confier un pouvoir pré-constituant à l'Assemblée de la CED.

Il obtint que fussent insérés dans ce qui deviendrait l'article 38 du projet du Traité des engagements et des échéances précises permettant de garantir à la Communauté de Défense un cadre politico-institutionnel qui n'excluait pas la solution fédérale [58].

L'article 38 n'était certes pas parfait. Spinelli observait qu'il «contenait trois défauts fondamentaux: la mise en oeuvre de la procédure constitutionnelle était subordonnée à la ratification de la CED.

---

[58] Cf. D. PREDA, "De Gasperi, Spinelli e l'art. 38 della CED", in *Il Politico*, LIV (1989), n. 4 et Archive Ivan Matteo Lombardo, carton CED, "Projets du traité CDE", 14 février 1952, cité in D. Preda, *Sulla soglia dell'unione...*, *op. cit.*, p. 54.

L'Assemblée de la CED était chargée, non de rédiger immédiatement un projet de pacte, mais d'étudier le problème et de transmettre ensuite les résultats de cette étude à une Conférence diplomatique. Le mandat constitutionnel assigné à la CED était enfin pour le moins confus» [59]. Néanmoins comme l'écrit Daniela Preda «l'Europe semblait quitter le terrain de l'idéal pour entrer dans celui plus ardu encore du possible» [60].

2) La démission de Spaak et l'unité retrouvée du Mouvement européen autour du thème de la constituante européenne

a) La «conversion» de Paul-Henri Spaak

Le 11 décembre 1951 le président de l'Assemblée consultative, déçu par l'inertie de cet organisme [61], renonçait à son mandat et décidait de continuer l'action en faveur de l'Europe hors de celui-ci. «J'en avais assez —dira-t-il — d'être arbitre, j'entendais devenir militant» [62]. Cette décision était également motivée par son changement d'opinion sur l'Angleterre:

> De 1942 à 1951 - déclare-il dans ses mémoires - j'ai défendu avec continuité l'idée de la participation de la Grande-Bretagne à la construction de l'Europe et même l'idée de son leadership. Après le retour au pouvoir de Churchill j'ai réalisé qu'il fallait nous passer de son soutien si nous voulions aller de l'avant (...). Je me ralliais à la thèse de Jean Monnet: Faites l'Europe — disait-il — l'Angleterre la rejoindra. C'est en réussissant que vous la convaincrez [63].

Grâce à l'autorité de Spaak qui agissait, selon l'expression de Spinelli, «en pur animal politique» [64] le Mouvement européen allait abandonner sa

---

[59] A. SPINELLI, "Rapport politique au IVe Congrès du MFE", in *Europa Federata*, V (1952), n.11, 30 novembre.

[60] D. PREDA, *Sulla soglia dell'unione...*, *op. cit.*, p. 54

[61] Quelques heures après avoir abandonné la Présidence Spaak prononçait un discours violent à l'égard de l'Assemblée: "J'ai été étonné — disait-il — de la somme de talent que l'on dépensait dans cette Assemblée pour expliquer qu'il ne fallait pas faire quelque chose (...) Je me suis rendu compte — déclarait-il ensuite au cours d'une interview — que presque la moitié des membres de l'Assemblée ne voyaient pas la nécessité de faire l'Europe".

[62] P.- H. SPAAK, *Combats inachevés*, vol. II, *De l'Espoir aux déceptions*, Paris 1969, p. 50.

[63] *Ibid.*, p. 53.

[64] A. SPINELLI, *Diario Europeo*, *op. cit.*, p. 135.

position prudente pour se recentrer sur l'action en faveur de la Communauté politique au sein des Six pays adhérents aux Plans Schuman et Pleven.

Du même coup le différend qui opposait traditionnellement en son sein les courants fonctionnaliste et fédéraliste s'atténuait. Collaborant ouvertement avec Spinelli, Spaak adhérait à la bataille pour la Constituante: le 5 février 1952 il la proposait sans laisser place à la discussion au Bureau Exécutif [65] du Mouvement européen [66]. La campagne populaire qui devait appuyer la propagande en faveur de la Constituante fut cette fois délibérément limitée au cadre des Six. Le 25 février, Spaak et Spinelli décidaient la création d'un «Comité d'initiative (ou Comité d'Action) pour l'Assemblée constituante européenne» composé des représentants des six Conseils nationaux des pays signataires du Plan Schuman, de l'UEF, du MSEUE, et des NEI [67] dont l'objectif serait de promouvoir, parmi les Six, l'installation rapide de l'Assemblée constituante européenne envisagée dans le Traité CED par des pétitions et par la propagande. Considérant que cette action ne recevrait pas l'aval de l'ensemble des Conseils nationaux et des organisations affiliées, P.-H. Spaak avait initialement songé à en faire un organe indépendant du Mouvement européen [68].

b) La Constituante à Strasbourg ou à Luxembourg?

Le projet de Communauté européenne de Défense fut discuté par le Bureau Exécutif du Mouvement européen le 23 et 24 février 1952 sur la base d'un rapport présenté par André Philip [69].

---

[65] Le 14 septembre à Washington, les ministres des Affaires étrangères de France, Grande-Bretagne et Etats-Unis avaient déclaré que les trois gouvernements promouvraient l'intégration sur la base de l'égalité des droits avec les autres Etats, d'une Allemagne démocratique dans une Communauté continentale européenne.

[66] AHCE-UEF, procés-verbal de la réunion du Bureau Exécutif du Mouvement européen, Paris, le 3 février 1951.

[67] AHCE-ME, "Campaign for the European Contituent Assembly - International Initiating Committee" et lettres de P.-H. Spaak (Président du Comité) et de H. Frenay (Secrétaire général), 26 mars 1952.

[68] AHCE-ME, Procés-verbal de la réunion du Bureau Exécutif à Strasbourg, 22-23 mai 1952.

[69] AHCE-ME, André Philip, "L'armée européenne", 16 février 1952.

Un consensus s'établit, au cours de la discussion sur le fait que le Plan Pleven présentait des défauts et lacunes techniques et politiques, tenant principalement au fait que si l'intégration militaire paraissait très avancée et élaborée, l'intégration politique était très insuffisante. Par la force des circonstantes les progrès de l'unité européenne se trouvaient d'autre part liés à un plan qui procédait de l'idée d'un réarmement allemand, ce qui le plaçait dans un contexte psychologique défavorable. A l'inverse, un échec du Plan n'aurait pas manqué d'avoir de graves conséquences. La résolution finale de la réunion, fortement influencée par les fédéralistes préconisait donc que: «pour retrouver un climat politique favorable, aussi bien que pour assurer le contrôle efficace de l'armée européenne, une action rapide devait être entreprise en vue de la réalisation d'une autorité politique réelle (...). Cette action devrait gagner de vitesse le projet actuel» [70].

Pour ce faire, la motion finale demandait qu'il fût précédé à la convocation de la Constituante sans attendre la ratification du Traité.

Des échanges de vues eurent lieu concernant les modalités pratiques de sa convocation. Différentes hypothèses furent émises, qui feraient l'objet de débats ultérieurs au Comité International du Mouvement européen: utilisation de la CED comme le Traité le prévoyait, utilisation de l'Assemblée de la CECA, initiative de l'Assemblée consultative de Strasbourg, nouvelle action des gouvernements intéressés pour la convocation d'une Commission d'une Conférence ou d'une Assemblée constituante «ex novo» [71].

Spaak décidait dans le même temps de confier à une équipe de juristes et de personnalités la charge de préparer un avant-projet de constitution européenne. Composé de spécialistes de droit public dont plusieurs avaient participé à l'ébauche du Pacte fédéral, présenté à Lugano dès avril 1951, comme F. Dehousse, H. Nawiasky, P. Calamandrei, A. Spinelli, son travail incluait également «l'étude de la méthode à suivre pour la convocation de l'Assemblée constituante préconisée» [72].

---

[70] AHCE-ME, Procès-verbal de la réunion du Bureau Exécutif, tenue à Paris le 23 et 24 février 1952.

[71] AHCE-UEF, procès-verbal de la réunion du Bureau Exécutif, Paris, 23-24 février 1953. A Frenay et Spinelli qui posaient clairement le problème de la Constituante répliquaient les sceptiques de la Ligue Européenne de Coopération Economique: Giscard d'Estaing et de la Vallée Poussin.

[72] Cf. D. Preda, *Sulla soglia dell'unione ..., op. cit.*, p. 73-74.

Tout en affichant ses préférences pour le premier, son secrétaire F. Dehousse proposait deux modèles: la création d'une Assemblée constituante «ex novo» ou l'utilisation d'assemblées existantes, comme celle de Strasbourg [73]. Spinelli épousait la première hypothèse : «le seul moyen pour y arriver — expliquait-il — est que les six gouvernements décident d'établir un autre traité concernant seulement la convocation d'une constituante et le fassent ratifier par une procédure d'urgence par les Parlements». Pour garantir le succès de l'opération, il aurait suffi que les gouvernements suppriment la convocation de la conférence diplomatique prévue par l'article 38. Quant à l'Assemblée de Strasbourg, Spinelli excluait — contrairement à Spaak et à Frenay — qu'elle pût se transformer en constituante, même en composition restreinte aux délégations des Six. Elle aurait pu toutefois jouer un rôle déterminant si elle avait décidé d'assumer la fonction incitative que la Convention d'Annapolis avait joué dans la fédération américaine en invitant les Parlements des six pays à «convoquer à une date fixe et en un lieu déterminé la Constituante européenne».

Le 3 mai, le Comité des juristes décidait finalement de soumettre à l'Assemblée de Strasbourg, lors de sa session de la fin du mois, une résolution (à préparer par le Conseil international) visant à recommander en premier lieu aux six pays d'étudier les modalités de l'union politique à travers une constituante et en second lieu à inciter les six Parlements à y désigner leurs délégués.

Mais lors de la réunion du Conseil International du Mouvement européen convoquée à Strasbourg du 21 au 23 mai le Conseil opta pour la méthode proposée par Spaak, émettant le souhait que le mandat de rédiger le projet de constitution européenne prévu par l'article 38 soit confié à l'Assemblée de la CECA, dont la convocation était imminente. Celle-ci coincidait pratiquement avec celle de la CED, mais serait élargie pour la circonstance [74].

Cette décision devait beaucoup à l'influence de Jean Monnet. Spaak le confirme dans ses mémoires:

> Envisageant les perspectives qui nous étaient offertes, nous eûmes, Jean Monnet et moi, de nombreuses conversations. Nous conçûmes le projet d'obtenir des ministres des Six pays membres de la CECA une décision confiant à l'assemblée parlementaire fonctionnant au sein de cette institution, la tâche qui dans l'avenir devait être celle de

---

[73] Cf. A. SPINELLI, *Diario Europeo*, *op. cit.*, p. 134.

[74] In "Projet de statut de la CPE, travaux préparatoires", éd. par le Mouvement européen CECE, Bruxelles 1952, pp. 13-16.

> l'Assemblée prévue par le Traité CED. Il s'agissait, en d'autres termes, de faire exécuter une des dispositions essentielles du Traité de Paris avant même que celui-ci soit ratifié. C'était inhabituel et audacieux [75].

Ce fut la proposition avancée par Spaak à l'Assemblée consultative de Strasbourg lors de sa session de fin mai 1952. Celle-ci demandait en effet depuis mars à être consultée aussi bien sur le projet de Traité CED que sur l'instauration d'une autorité politique européenne [76].

c) Le Mouvement européen et le Plan Eden

Alors que Spaak et Spinelli travaillaient à anticiper la Constituante au Foreign Office Eden et Nutting traçaient les grandes lignes d'un plan alternatif. Les perspectives politiques posées par l'article 38 posaient au Conseil de l'Europe un problème vital, à savoir celui:

1) des possibilités de développement d'une action des Six en vue de la convocation d'une Constituante;

2) du cadre dans lequel cette action serait appelée à se poursuivre — en d'autres termes le sort à faire au Conseil de l'Europe dans l'éventualité de la formation, entre les Six, d'une Communauté de caractère fédéral ou confédéral [77].

En ce sens, elles suscitaient les préoccupations de la Grande-Bretagne, fermement décidée à ne pas se laisser «couper de l'Europe» et à faire obstacle par tous les moyens à la réunion d'une Constituante.

Ce fut F. G. Ghallager, du Western Organization Departement qui suggéra le premier le 21 décembre 1951 «que le statut du Conseil de l'Europe devrait être amendé (...) pour permettre aux organes existants du Conseil de devenir les Institutions du Plan Schuman et de l'Armée européenne» [78].

Le 20 mars 1952, Eden informait le gouvernement français de son idée de réformer le Conseil de l'Europe et présentait son plan devant le Comité des Ministres. Le Comité des Ministres et l'Assemblée consultative

---

[75] P.-H. SPAAK, *Combats inachevés*, vol. II, *op. cit.*, p. 55.

[76] Cf. sur tous ces projets Daniela PREDA, *Sulla soglia dell'unione ...*, *op. cit.*, pp. 90-91.

[77] AHCE-ME/295, "Crise actuelle et évolution possible du Conseil de l'Europe", par F. DEHOUSSE, 15 mai 1952.

[78] Cité dans John W. YOUNG, *The External Policy of Churchill's Peacetime Administration 1951-1955*, p. 113.

auraient ajouté à leurs fonctions existantes celle d'autorité politique de la CECA et de la CED. Les sessions des deux organes du Conseil de l'Europe auraient donc fonctionné à trois niveaux: réunions restreintes aux Six (agissant dans le cadre des Traités CED et CECA); réunions des Six et des pays associés (par exemple la Grande-Bretagne); réunions du Conseil de l'Europe en son entier, en tant qu'organe intergouvernemental.

La proposition Spaak et le plan Eden aboutirent à un conflit ouvert au cours de la quatrième session de l'Assemblée consultative qui se tint à Strasbourg du 26 au 30 mai 1952. Encore une fois l'Assemblée devenait le théâtre d'affrontements entre fédéralistes et fonctionnalistes, entre maximalistes et minimalistes. Il revint au sous-secrétaire britannique Anthony Nutting d'exposer les motivations de son gouvernement: la volonté de faire retrouver au Conseil de l'Europe un rôle utile; l'opportunité d'éviter le foisonnement d'organismes communautaires aux tâches analogues; la possibilité d'associer à la Communauté européenne, à travers le Conseil de l'Europe les pays qui — comme la Grande-Bretagne — refusaient une participation directe à des organismes de nature «fédérale», mais désiraient maintenir des liens étroits avec les Six; le désir que le Conseil de l'Europe offrit le cadre politique à l'intérieur duquel les institutions des Communautés européennes pourraient fonctionner.

La proposition Eden fût l'objet de sévères critiques au sein des instances du Mouvement européen, où la méfiance à l'égard des intentions britanniques était un sentiment désormais largement partagé. La proposition Eden faisait du Conseil de l'Europe un usage tendancieux afin de dénaturer les autorités supranationales naissantes et de contrecarrer les progrès du fédéralisme.

> Si l'on se rallie aux vue britanniques [écrivait Dehousse dans un rapport consacré à la crise du Conseil de l'Europe à l'attention du Bureau Exécutif] ce sont en somme le Comité des Ministres et l'Assemblée consultative de Strasbourg qui vont devenir les rouages dirigeants des organisations supranationales présentes et futures. Cela aurait pour conséquence de bouleverser de fond en comble les structures édifiées dans les Traités signés à Paris le 18 avril 1951 et le 9 mai 1952 (...). Un organisme consultatif pouvant intervenir dans l'orientation d'organismes de décisions [par] un Protocole additionnel qui leur est étranger [79].

---

[79] AHCE-ME/295, "Crise actuelle et évolution possible du Conseil de l'Europe", par F. DEHOUSSE, 15 mai 1952.

On craignait également que le plan ne visât à contrecarrer le projet de statut en gestation devant l'Assemblée de Strasbourg [80] et de bloquer la convocation d'une Assemblée constituante, idée force des fédéralistes.

Entre le projet Spaak et le plan Eden l'Assemblée consultative évita une fois de plus de prendre position et vota une motion (Margue) anodine.

Ceux qui avaient choisi de se battre pour la Communauté politique continuèrent la bataille pour la Constituante hors du Conseil de l'Europe, en prenant directement contact avec les gouvernements. Bien que les archives ne permettent pas de déterminer quelle fût la réelle portée de ces interventions, il faut constater que ce qui n'était à l'origine que la proposition d'un mouvement peu écouté jusqu'alors rencontra presque immédiatement l'adhésion de Schuman (sans doute à travers l'action de Jean Monnet, décidé à mener «une guerre d'attrition» contre le Plan Eden) et de De Gasperi (à travers Lombardo ?) jusqu'à devenir en quelques semaines une initiative franco-italienne pour l'anticipation de l'article 38.

Au cours de la réunion du Conseil des ministres de la CECA qui eut lieu les 9 et 10 septembre 1952, De Gasperi demanda, appuyé par Schuman et Adenauer que l'Assemblée de la CECA se constituât en Assemblée constituante — dénommée ensuite Assemblée ad hoc —. Le jour même de son installation, Adenauer qui assumait la Présidence tournante, invitait l'Assemblée de la CECA à rédiger dans les six mois un projet de Traité qui instituât une Communauté politique européenne. Les gouvernements déclaraient simplement s'inspirer des propositions du gouvernement britannique tendant à créer des liens étroits entre la future Communauté politique et le Conseil de l'Europe. Les sessions de l'Assemblée ad hoc débutaient cinq jours plus tard, avec la participation de treize «observateurs» provenant des pays non-membres de la CECA.

Au moment du bilan, on peut distinguer deux formes d'action du Mouvement européen en regard du Conseil de l'Europe. Le Mouvement européen a agi comme un groupe de pression et comme un groupe pilote.

Dans le premier cas, les pressions furent efficaces essentiellement lorsque les dirigeants du Mouvement européen et des organismes affiliés se trouvèrent également en charge des négociations au niveau gouvernemental.

---

[80] A la fin de sa 3e. session, l'Assemblée avait adopté une recommandation (21B) préconisant, entre les Etats qui y seraient disposés, la conclusion rapide d'un accord instituant "une autorité politique soumise au contrôle démocratique d'une Assemblée parlementaire".

Ceci se produisit au moment des négociations pour la création du Conseil de l'Europe et du projet de statut de la Communauté politique européenne. En revanche, l'action du Mouvement européen s'est heurtée à l'antagonisme des gouvernements lorsque ses leaders se trouvaient dans l'opposition, ou lorsque les décideurs ressentaient la méfiance des experts pour ce qu'ils percevaient comme l'intrusion d'amateurs dans le domaine des relations internationales. De ce point de vue, il convient de se rappeler que de nombreux Conseils nationaux bénéficiaient du soutien financier de leurs gouvernements et pouvaient être considérés dans une certaine mesure comme des organisations para-gouvernementales.

La pression s'exerça également au niveau parlementaire (notamment par l'UEF) mais elle fut essentiellement le résultat de l'action isolée d'adhérents particulièrement actifs capables d'entraîner leurs formations politiques à prendre parti à certains moments pour les thèses européistes. Le Mouvement européen ne put toutefois jamais s'assurer le «relais» des grands groupes politiques qui dominaient l'Assemblée consultative. Le MSEUE ne constitua jamais qu'un courant très marginal de l'Internationale socialiste qui se montra divisée, et — sous l'influence du Labour — souvent minimaliste sur la question de l'Union européenne. L'action dilatoire menée par Guy Mollet au sein de la Commission des affaires générales et le soutien qu'il apporta au plan Eden furent emblématiques à cet égard.

L'action d'un Teitgen ou d'un Bichet mise à part, la direction du MRP resta de marbre face aux diverses tentatives lancées en vue de donner un contenu politique supérieur aux institutions de Strasbourg.

Spinelli a clairement précisé ce point lorsque, présentant le «nouveau cours fédéraliste» en 1954 [81], il écrivait: «Etre les inspirateurs, ceux qui suggèrent, avait un sens tant qu'il y avait des gouvernements disposés à se laisser inspirer et suggestionner, tant qu'il y avait des ministres eux-mêmes convaincus qu'il fallait aller vers des institutions supranationales». Cette affirmation constitue un aveu implicite de l'incapacité du Mouvement européen d'influer de manière décisive sur le processus de formation de décision politique.

Le Mouvement européen était lui-même responsable de ce manque d'impact. Sa structure, qui en faisait un organe de coordination entre des organisations de tendances très diverses poussait son Exécutif au compromis acceptable par les parties. Jusqu'en 1950 prévalut l'attitude prudente et empirique des Britanniques qui se caractérisa par l'absence

---

[81] A. SPINELLI, "Nuovo Corso", *Europa Federata*, 31 octobre 1954, n° 10. AHCE-AS/16.

d'initiative politique réelle à l'égard du Conseil de l'Europe, et par le refus de choisir entre l'option fédérale et confédérale. Un renversement de tendance se produisit en 1951, les idées fédéralistes l'emportèrent alors progressivement au sein des instances internationales du Mouvement, les entraînant à chercher cette fois des solutions supranationales hors du cadre du Conseil de l'Europe.

En fait, la seule force sur laquelle le Mouvement européen pouvait compter était celle des idées: entre 1948 et 1952, le Mouvement a contribué à modifier l'opinion. Dans l'intervalle des sessions, il a suscité l'intérêt et créé un climat psychologique favorable aux recommandations de l'Assemblée allant dans le sens de l'Union. Le Mouvement européen s'est cependant montré incapable de toucher les masses.

Du fait de l'insuffisance de moyens financiers et d'une faible base militante son action de propagande s'est limitée aux élites politiques et à l'opinion «initiée».

Les adversaires de l'idée européenne ont temporairement été mis sur la défensive.

En revanche le Mouvement européen a joué le rôle d'un laboratoire d'idées, élaborant grâce à ses groupes d'experts et aux conférences internationales des propositions qui servirent de base aux recommandations de l'Assemblée dans les domaines économiques, sociaux, culturels du problème européen.

II
Les États-membres et le Conseil de l'Europe

La Suède et le Conseil de l'Europe (1948-1951)

par Jean-Pierre MOUSSON-LESTANG
Université Robert Schuman — Strasbourg

Associée dès 1947-1948 aux initiatives des mouvements européens, la Suède fut parmi les fondateurs du Conseil de l'Europe. Un peu hésitante au début, mais proche de l'Angleterre, elle commença à s'affirmer à partir de 1950, contribuant à écarter certaines dérives qui eussent compromis son adhésion, et trouvant finalement un certain équilibre.

I — AVANT LA CONSTITUTION DU CONSEIL DE L'EUROPE

La Suède a participé modestement au mouvement européen qui a précédé la constitution du Conseil de l'Europe.

Aucun Suédois n'a participé à la réunion des parlementaires européens de Gstaad de juillet 1947; quelques-uns, cependant, allèrent ensuite aux réunions de septembre 1947 et septembre 1948. En 1947, toujours, s'était constitué à Göteborg un petit mouvement européen qui se rapprocha ensuite du mouvement européen rassemblé par Duncan Sandys d'abord sur la forme du «Comité International de Coordination pour l'Europe Unie». Peu avant que, sur la convocation de ce Comité, le Congrès de l'Europe ne se réunisse à La Haye du 7 au 10 mai 1948, les fédéralistes socialistes européens s'étaient réunis à Paris pour établir leur propre mouvement, le Mouvement Socialiste pour les Etats Unis d'Europe (MSEUE). Le parti social-démocrate suédois — alors au pouvoir en Suède — y fut représenté par Kaj Björk, son secrétaire international. Mais il y apparut plus comme un observateur que comme un participant.

Lors du Congrès de La Haye avec ses près de 800 participants, 19 délégués représentaient la Suède, dont 4 conservateurs, 3 sociaux-démocrates, 2 libéraux, 1 paysan (Bondeförbundet). Il n'y eut pas de représentation officielle. Le parti social-démocrate demeurait réservé: en son sein aucun débat, ni au Comité Directeur, ni au groupe parlementaire. Parmi ces participants certains, cependant, méritent d'être tirés de l'oubli, comme l'industriel Carl-August Wicander et le parlementaire Karl

Wistrand, membre conservateur de la 1ère chambre jusqu'en 1953 [1]. Le Congrès lança un appel en faveur de l'élection d'une «Assemblée Parlementaire européenne» par les parlements nationaux. Entre juillet 1948 et janvier 1949 les événements s'accélérèrent sur le continent européen, tandis que la Suède concentrée sur sa politique de neutralité stricte et continue s'engageait dans des politiques infructueuses:

Sur le plan économique tout d'abord, la Suède avait fait preuve de fermeté en venant participer à la Conférence de Paris qui, dans la seconde moitié de 1947, engagea 16 Etats européens dans le plan Marshall, car elle dut passer outre aux pressions de l'URSS. Mais, ensuite, elle fut, avec la Grande-Bretagne, un des principaux acteurs du rejet du projet d'Union douanière européenne, alors souhaité par les Etats-Unis. La coopération telle qu'elle s'établit alors dans le cadre de l'OECE lui semblait à bien des égards suffisante. Les efforts déployés ultérieurement pour mettre sur pied une Union douanière nordique ne devaient pas davantage réussir.

En matière de Défense, la Suède s'était tenue à l'écart du Pacte de Bruxelles, puis, quand la négociation euro-nordaméricaine commença, elle s'efforça d'éviter la dérive atlantique du Danemark et de la Norvège en essayant de nouer une Alliance Défensive Scandinave [2]. Mais, là aussi, ce fut bientôt l'échec, définitif dès mars 1949.

C'est au début de janvier 1949 que le gouvernement suédois fut informé par ses ambassadeurs à Londres et Paris que les 16 Etats de l'OECE seraient invités à constituer une organisation ouest-européenne. A la suite d'un compromis anglo-français, il y aurait à la fois un Conseil et une Assemblée, mais l'organisation n'aurait pas de compétence militaire. Ainsi les Etats qui, comme la Suède, rejetaient la négociation atlantique en cours, pourraient participer.

La décision d'inviter la Suède fut prise au sein du Conseil consultatif du Pacte de Bruxelles le 28 janvier 1949. Comme le Ministre des Affaires étrangères Östen Undén le déclara devant la Commission des Affaires étrangères (Utrikesnämnd) le 2 février, le gouvernement voyait dans le projet «un développement de la coopération Marshall». Rien de plus. D'évidence il faudrait bien disposer d'une autre organisation lorsque l'aide Marshall allait cesser au bout de quatre ans. Si la Suède n'en était pas, cela

---

[1] Mikael AF MALMBORG., *Den ståndaktiga nationalstaten*, Lund, 1994, passim.

[2] Selon certains, ce projet ne fut qu'un exutoire destiné à masquer une véritable crise d'autorité résultant alors de la difficulté à imposer la politique de neutralité. Cf. MOLIN Karl, *Omstridd neutralitet. Experternas Kritik av svensk Utrikespolitik 1948-50,* Stockholm, 1993.

lui serait dommageable. Pourtant on était conscient que les autres Européens pouvaient avoir, ou avaient sans doute, une autre conception — plus large — de la future organisation. Le Premier Ministre Erlander a souligné dans ses Mémoires [3] «le caractère incertain» du projet aux yeux des Suédois, et que leur choix avait constitué un «moment de risque». On se rendait compte qu'on allait vers de nouvelles tensions avec l'URSS, prompte à dénoncer un complot d'encerclement, d'autant qu'il était alors aussi question d'inviter la Grèce et la Turquie. Cette crainte fut du reste partagée par les Etats du Pacte de Bruxelles et l'invitation à la Grèce et à la Turquie retardée [4]. Après que les trois Etats scandinaves réunis à Oslo eurent, dès le 28 janvier 1949, manifesté leur intérêt pour le futur Conseil de l'Europe, tel qu'il se présentait dans le Compromis, le gouvernement suédois fit connaître qu'il était disposé à participer à la Conférence Constitutive (10/2/1949). Pourtant le 22 mars 1949, encore, à la veille même de la Conférence de Londres, Undén s'étonnait que le projet ne mentionnât pas clairement les questions qui devaient entrer dans le cadre de la future organisation. Parlant devant le groupe parlementaire de son parti [5], il ne cacha pas qu'il y avait beaucoup de scepticisme au sein du gouvernement, mais estima qu'un refus serait mal jugé à l'extérieur, surtout depuis que la Suède avait rejeté tout arrangement militaire. Il trouva le soutien d'une majorité de son groupe, bien que certains aient redouté que le Conseil de l'Europe fût interprété comme un passage menant au Pacte atlantique en voie de conclusion.

II — LA CRÉATION DU CONSEIL DE L'EUROPE : LES PREMIÈRES SESSIONS DE L'ASSEMBLÉE CONSULTATIVE ET DU COMITÉ DES MINISTRES (MAI-NOVEMBRE 1949)

La Suède participa donc à la Conférence de Londres — chargée de préparer la future Charte du Conseil — où elle fut représentée par son ambassadeur Gunnar Hägglöf [6]. Mais le moins qu'on puisse dire c'est qu'elle cherchait toujours sa voie, mis à part sa volonté de prendre un minimum d'engagements. Avec l'Angleterre, elle contribua au rejet d'un

[3] Tage ERLANDER, *1949-1954*, Stockholm, 1974, p. 107.

[4] Paris, AE Z Europe 1944-49, vol. 13.

[5] Stockholm, ARA Soc. dem. riksdagsgruppens protokoll, 22/3/1949.

[6] Gunnar HÄGGLÖF, *Fredens vägar*, 1945-1950, Stockholm, 1973.

texte français comportant l'affirmation que le but de l'organisation était une fédération européenne. Mais elle s'opposa vivement à cette même Angleterre lors de la rédaction de l'article 20 des futurs statuts, relatif à la procédure de vote au sein du Comité des Ministres. Pour les Britanniques la majorité des 2/3 pourrait être la règle et l'unanimité limitée aux questions les plus importantes. Selon eux, la majorité des 2/3 devrait être suffisante pour les éventuelles modifications des statuts. Cette dernière proposition, surtout, sembla tout à fait inacceptable pour les Suédois car en modifiant les statuts on pourrait donner, plus tard, au Conseil de l'Europe compétence en matière de défense, alors qu'une des raisons déterminantes de l'adhésion de la Suède était l'article 1 D des statuts qui l'excluait et qui rendait l'adhésion compatible avec la neutralité [7].

Lors de la réunion des 3-5 mai 1949 du Comité des Ministres, il y eut de vifs échanges entre Bevin et Undén, mais, finalement, on trouva un compromis: la règle serait que les statuts pourraient être modifiés à la majorité des 2/3, sauf pour les dispositions les plus importantes qui exigeraient l'unanimité. Le risque d'une vocation militaire du Conseil de l'Europe ainsi écarté, la Suède fut un des 10 membres fondateurs, le 5 mai 1949, le jour même où cessait le blocus de Berlin. On restait cependant présent sur la pointe des pieds: d'un côté, contre le reproche d'isolement, le Conseil de l'Europe apparaissait comme une caution, mais d'un autre côté Undén ne dissimulait pas la crainte de son gouvernement qu'il contribuât à la division permanente de l'Europe. La délégation suédoise fut cependant d'un niveau relativement élevé: dans les 6 postes qu'ils occupèrent lors de la 1ère Session de l'Assemblée Consultative (10 août-8 septembre 1949), les Suédois déléguèrent deux anciens ministres sociaux-démocrates, Ernst Wigforss et Axel Gjöres, le président du parti paysan Gunnar Hedlund, et le président du parti libéral Bertil Ohlin, tous deux aussi anciens ministres. On sait que cette 1ère Assemblée adopta un grand nombre de résolutions. Le rôle des Suédois y fut modeste. Ils votèrent cependant tous les six la résolution appelant à la création «d'une autorité politique européenne ayant des fonctions limitées mais des pouvoirs réels», sans doute parce que la plupart d'entre eux furent plus sensibles aux fonctions limitées qu'aux pouvoirs réels. Nombre de résolutions de l'Assemblée Consultative transmises comme recommandations au Comité des Ministres des 3-5 novembre 1949 y furent rejetées par Bevin, soutenu le plus souvent par Undén et les autres Scandinaves. Au lendemain de cette session Bertil Ohlin pouvait écrire [8]

[7] Stockholm, UD. HP. 24 L.

[8] *Stockholms Tidningen*, 31/12/1949.

que l'idée de bâtir dans un proche avenir une Fédération d'Etats européens manquait d'actualité. De son côté, Ö. Undén parlant devant le Riksdag le 22 mars 1950, adoptait une attitude critique: le Conseil de l'Europe n'avait guère trouvé son domaine d'activité propre. Puis, rappelant que les questions économiques étaient aussi traitées par l'OECE, il estima qu'il allait falloir ou bien tracer de strictes limites de compétences entre les deux organismes, ou bien prévoir leur fusion.

III — L'ANNÉE 1950: UNE PHASE D'ADAPTATION

L'année 1950 s'était ouverte dans un climat général de relative déception car les recommandations de la précédente session de l'Assemblée Consultative n'avaient guère été retenues par le Comité des Ministres. Et surtout se produisaient successivement deux événements qui avaient une forte influence sur le Conseil de l'Europe: d'une part la déclaration Schuman du 9 mai qui montrait que certains membres allaient s'engager sur la voie d'accords spécialisés; d'autre part la guerre de Corée qui, à partir de la fin de juin, réactualisa la question militaire. Lors de la 2ème session de l'Assemblée Consultative, en août, plusieurs intervenants prestigieux, dont Winston Churchill, se prononcèrent en faveur de la création immédiate d'une armée européenne intégrée, et d'une autorité européenne disposant de cette armée. Cette option était toujours inacceptable pour les Suédois [9]. Bertil Ohlin déclara alors que si certains voulaient aller vers une Union fédérale et réaliser un groupe de défense, alors ils devraient le faire entre eux, sans les Britanniques (les travaillistes au pouvoir) et sans les Scandinaves. Pourtant on espérait que cette évolution ne se produirait pas et Sven Backlund, un des délégués suédois à Strasbourg, rapportait au Directeur des affaires politiques Sven Dahlman les propos tenus par Paul-Henri Spaak, le président de l'Assemblée Consultative, selon lesquels «on ne saurait accepter de construire une Europe sans les Britanniques et sans les Scandinaves, sous prétexte qu'ils ne sont pas fédéralistes» [10]. Le 30 octobre 1950 Bevin adressa une note à tous les Ministres des Affaires étrangères du Comité des Ministres rappelant les fonctions essentielles du Conseil de l'Europe:

---

[9] Ils décidèrent de s'abstenir estimant que voter c'était prendre part à un débat contraire aux statuts. Ils soutinrent alors une contre-proposition d'Axel Gjöres qui se contentait de condamner l'agression nord-coréenne.

[10] Stockholm, UD. HP. 49 AII, vol. 1870, Backlund à Dahlman, 14/8/1950.

1) organe de coopération inter-étatique.

2) une assemblée purement consultative représentant les différents courants politiques sans être liée à la politique des gouvernements.

3) des compétences excluant la défense.

Undén donna instruction à la délégation suédoise au Comité des Ministres de soutenir entièrement la position de Bevin. Lors de la session de novembre 1950 de l'Assemblée Consultative, la délégation suédoise se divisa (entre votes positifs et abstentions) lorsqu'on examina le projet de révision des statuts par une Commission d'experts et le projet d'autorités spécialisées; en revanche, lorsqu'après une intervention de René Pleven venu présenter le plan français l'Assemblée adopta une nouvelle recommandation en faveur d'une armée européenne, tous les Suédois s'abstinrent. Le 28 décembre 1950, parlant devant la Commission des Affaires étrangères (Utrikesnämnd), Undén estimait que pour écarter définitivement les questions militaires, il convenait de procéder à une fusion complète entre l'OECE et le Conseil de l'Europe. Deux jours plus tard, il adressait un memorandum [11] au Secrétaire Général du Conseil de l'Europe, Jacques-Camille Paris, qui rappelait que l'exclusion des questions militaires (article 1 d) avait été déterminant pour l'adhésion de la Suède, et s'opposait à toute nouvelle disposition visant à restreindre le nombre de cas où les décisions, en Comité des Ministres, étaient prises à l'unanimité.

IV — L'ANNÉE 1951: UNE POLITIQUE MARQUÉE PAR PLUS DE LUCIDITÉ ET DE RÉSOLUTION

Dès le 5 janvier 1951 un memorandum suédois proposait la fusion du Conseil de l'Europe et de l'OECE. L'auteur du memorandum était Dag Hammarskjöld — le futur secrétaire général de l'ONU — qui, secrétaire général du Ministère des Affaires étrangères depuis 1949, fut nommé ministre sans portefeuille (Konsultativt Statsråd) le 6 février 1951 et fit ses débuts comme représentant de la Suède lors du Comité des Ministres de mai 1951. Avec lui se mit en place, comme l'a justement souligné Mikael af Malmborg [12] une politique de coopération européenne plus clairvoyante. Il distinguait la «ligne Schuman» (+ Adenauer + Sforza + Benelux) visant à transformer le Conseil de l'Europe en Conférence ministérielle

---

[11] Strasbourg, Archives du Conseil de l'Europe (ACE) Developments of the statute, 1950, dossier 00123. Memorandum du 30/12/1950.

[12] Mikael AF MALMBORG, *op. cit.*, p. 212.

permanente de l'Europe occidentale qui pourrait «remplacer le groupe de Bruxelles et compléter l'OTAN». Selon lui, le front Grande-Bretagne — Suède ne devait pas être surestimé, car il manquait d'unité, les Britanniques lui semblant moins hostiles à l'engagement du Conseil de l'Europe dans des discussions sur la défense. Si la Suède avait remarquablement réussi à «croiser» jusqu'alors, il y avait un risque important de la voir isolée.

Pourtant le front anglo-suédois avait à plusieurs reprises manifesté sa consistance et sa résolution. Ainsi en Commission des Statuts (16-20 janvier 1951), puis au sein du Comité de travail qui lui fit suite en février, les Anglo-Suédois s'opposèrent d'une part à toute modification de l'article 1 d, et d'autre part à toute extension vers «les domaines politiques» de l'article 1 b définissant les domaines d'action du Conseil de l'Europe. En Comité des Ministres en mars (16-17), le front anglo-suédois se ressouda encore contre l'extension «politique» de l'article 1 B. Ces votes manifestaient clairement que «certains gouvernements membres n'étaient pas encore prêts à consentir un abandon de pouvoirs en faveur d'un organisme européen» [13].

Mais la délégation suédoise ne réussit pas toujours aussi bien: ainsi lors du Comité des Ministres du 27 avril 1951 le projet de fusion entre l'OECE et le Conseil de l'Europe se heurta à de très fortes oppositions et fut renvoyé devant un groupe de travail, c'est-à-dire promis à l'oubli malgré l'intérêt qu'il suscitait au sein de l'Assemblée. Cette dernière revint encore à la charge au cours de sa 3ème session (26 novembre-11 décembre 1951). Elle avait à l'ordre du jour trois propositions venues de la Commission des Affaires générales [14]: la première visait à l'établissement d'un collège de ministres chargé des affaires européennes, la seconde à créer une autorité politique européenne, la dernière à réviser les statuts, c'est-à-dire l'article 1. Toutes les trois furent largement adoptées par l'Assemblée, mais les délégués suédois ou s'abstinrent ou votèrent contre, à l'exception d'un seul, le conservateur Karl Wistrand. Malgré ces succès, il était évident qu'aucune de ces résolutions ne franchirait le barrage du Comité des Ministres, parce que notamment les Britanniques ne cachaient pas qu'ils opposeraient leur veto. Paul-Henri Spaak démissionna le 11 décembre 1951. Östen Undén estimait cependant que la Suède n'avait pas à s'opposer par l'exercice de son droit de veto à l'évolution vers une autorité fédérale ou une armée européenne. Et pour ne pas faire obstacle, la Suède serait peut-être amenée à se retirer du Conseil de l'Europe. Cela n'était qu'une

[13] Strasbourg, ACE, Cabinet 1949-51, C 1.

[14] Strasbourg, ACE, Commission des Affaires générales, dossier 02424, nov.-déc. 1951.

éventualité en cette fin d'année 1951, car la réalité des développements séparés semblait s'imposer depuis que le traité instituant la CECA avait été signé le 18 avril 1951. Ainsi les pays qui avaient de véritables ambitions européennes avaient décidé de suivre leur propre voie en groupe restreint.

Après ces trois années 1949-1951, où le Conseil de l'Europe s'était peu à peu édenté, puis scindé, la Suède retrouva alors son équilibre. Le temps des grandes frayeurs était passé. La Suède fut par la suite un partenaire particulièrement apprécié.

L'Autriche et le Conseil de l'Europe

par Jean-Paul BLED
Université de Paris — Sorbonne (Paris IV)

Il était deux manières de concevoir ce sujet «L'Autriche et le Conseil de l'Europe». On pouvait choisir d'étudier dans le détail l'action spécifique de l'Autriche dans les différents domaines de compétences du Conseil de l'Europe: la défense des droits de l'homme — la culture et l'éducation — les sciences et la recherche — la protection de l'environnement. L'autre voie consistait à analyser la place occupée par le Conseil de l'Europe dans la politique européenne de l'Autriche. Il a paru plus intéressant de retenir cette seconde option. Mais, avant d'aller plus loin, pour l'étude de ces contributions autrichiennes, on renverra à l'ouvrage collectif: *Österreich im Europarat 1956-1986. Bilanz einer 30jährigen Mitgliedschaft*, publié, en 1988, sous la direction de W. Hummer et G. Wagner, qui, branche par branche, en présente un tableau exhaustif.

Plus dynamique, la seconde option nous a paru mieux correspondre à notre tâche d'historien. Sur une période de quarante ans et même un peu plus, si on remonte avant 1956, elle permet de suivre en parallèle l'engagement de l'Autriche dans le Conseil de l'Europe et ses relations avec l'autre mode de la construction européenne dans le cadre de la Communauté, puis de l'Union européenne [1]. Elle permet d'examiner les problèmes posés par cette dualité et les réponses trouvées par l'Autriche en rapport avec son statut d'Etat neutre, puis après le double tournant de 1989.

L'histoire des relations de l'Autriche avec le Conseil de l'Europe commence avant son adhésion en 1956. D'une certaine manière, elle trouve un préambule dans la signature apposée, le 16 avril 1948, par l'Autriche

---

[1] Sur cette problématique, on pourra consulter: Theo ÖHLINGER —Hans MAYRZEDT — Gustav KUCERA, *Institutionelle Aspekte der osterreichischen Integrationspolitik*, Vienne 1976-77; Hummer WALDEMAR — Gerhard WAGNER, *Österreich im Europarat 1956-1986*. Bilanz einer 30jährigen Mitgliederschaft, Vienne 1988; Manfred SCHEICH, "Die Entwicklung der österreichischen EG-Politik im Jahr 1988", *Österreichisches Jahrbuch der internationalen Politik*, Vienne 1988, pp. 153-172; Jean-Paul BLED, "L'Autriche et les grandes étapes de la construction européenne", *Revue d'Allemagne et des pays de langue allemande*, t. XXII/1, 1990, pp. 3-8.

avec 15 autres pays d'Europe occidentale à la convention qui, en liaison avec le Plan Marshall, donne naissance à l'Organisation européenne de coopération économique. Indépendamment de sa finalité économique, ce choix a déjà une signification politique, à savoir l'adhésion de l'Autriche aux valeurs communes aux démocraties occidentales, alors même qu'elle est encore soumise à un statut d'occupation et n'a pas recouvré sa pleine souveraineté. Cette communauté de valeurs inspire l'intérêt qu'elle porte rapidement au Conseil de l'Europe et les liens qu'elle entreprend de nouer avec lui.

Sa situation a empêché l'Autriche de figurer parmi les Etats fondateurs du Conseil. Cette même raison ne lui permettra pas d'y être admise aussi longtemps qu'un Traité d'Etat ne lui aura pas rendu sa souveraineté. En revanche, des formules intermédiaires d'association peuvent être envisagées. A défaut de pouvoir entrer au Conseil de l'Europe comme membre à part entière, l'Autriche se montre intéressée par une formule qui lui offrirait cette possibilité et la préparerait à une adhésion, le moment venu, avec tous les droits afférents à la qualité de membre. Ainsi, dans une lettre datée du 21 septembre 1951, son ambassadeur à Paris informe le secrétaire général que le gouvernement autrichien réserverait un accueil favorable à une invitation au *Nationalrat* à envoyer des observateurs auprès de l'Assemblée Consultative [2]. En réponse, une telle invitation à valoir dès la prochaine session est adressée, le 3 novembre, par le Président de l'Assemblée le Belge Paul-Henri Spaak [3]. Le 14 novembre, Léopold Kunschak, le président du *Nationalrat* , donne, conformément au scénario annoncé, une suite favorable à cette invitation. Dans un premier temps, deux observateurs autrichiens, représentant les deux partis gouvernementaux, siègeront à Strasbourg: le populiste Eduard Ludwig et le socialiste Bruno Pittermann, soit deux personnalités de poids de la vie politique autrichienne (quelques années plus tard, Bruno Pittermann deviendra le chef du parti socialiste, le SPÖ). Ce choix confirme donc l'importance accordée par Vienne au Conseil de l'Europe. Puis, à partir de juin 1952, l'Autriche est représentée à Strasbourg par une délégation de six observateurs, en application du *Proporzsystem*, trois parlementaires populistes et trois parlementaires socialistes, qui ne se contentent pas d'assister aux séances, mais participent également aux travaux des Commissions.

---

[2] Wolfgang BURTSCHER, "Österreichs Annäherung an den Europarat von 1949 bis zur Vollmitgliedschaft im Jahre 1956", in HUMMER Waldemar — WAGNER Gerhard (ed.), *op. cit.*, p. 43.

[3] *Ibid.*, p. 44.

Il s'agissait là d'une situation d'attente. La donne change après la signature du Traité d'Etat du 15 mai 1955 qui rend à l'Autriche sa souveraineté. Avec ce retour à la normalité, Vienne souhaite naturellement reprendre sa place au sein de la communauté internationale. Cette volonté se manisfeste d'abord dans l'admission de l'Autriche à l'Organisation des Nations Unies qui, avec le soutien des quatre puissances co-signataires du Traité du Belvédère, intervient dès le 14 décembre 1955. Ce premier acte est rapidement suivi d'une demande d'adhésion au Conseil de l'Europe.

Il est vrai que l'affaire pourrait se révéler ici moins simple. La question se pose en effet de savoir si cette adhésion est compatible avec le statut de neutralité permanente dont l'Autriche s'est dotée par la loi constitutionnelle du 26 octobre 1955. S'il a été rapidement tranché, ce point a nourri un débat au sein de la classe politique et de l'opinion publique autrichiennes. Sur le principe de la demande d'adhésion, l'accord est complet entre les deux grands partis associés au gouvernement. L'un et l'autre défendent la thèse selon laquelle la participation au Conseil de l'Europe ne serait pas en contradiction avec les obligations de la neutralité permanente par lesquelles l'Autriche s'est interdit d'adhérer à une alliance militaire et d'accueillir sur son sol des bases étrangères. Une telle contradiction ne peut exister puisque, aux termes de l'article 1 du statut du Conseil, les questions militaires sont exclues des compétences du Conseil de l'Europe.

La différence d'appréciation porte sur l'opportunité d'un dépôt rapide de la demande d'adhésion. Les socialistes sont, pour leur part, partisans de procéder sans retard à cette démarche. Dès le 18 janvier 1956, leurs trois observateurs auprès de l'Assemblée Consultative déposent, au nom de leur groupe parlementaire[4], une proposition en ce sens sur le bureau du *Nationalrat*. Si beaucoup de populistes partagent ce point de vue, le Chancelier Julius Raab commence par incliner à la prudence, par souci de ne pas irriter les Russes avec lesquels il a négocié le Traité d'Etat [5]. Or, l'hostilité de Moscou au Conseil de l'Europe est un fait connu. De plus, elle vient d'être rappelée dans un article des *Iswestja* qui dénonce dans le Conseil une organisation inspirée par l'antisoviétisme [6]. Cet argument est repris à satiété par les communistes autrichiens. Ainsi Ernst Fischer vilipende dans le Conseil de l'Europe un «Ersatz» à l'Anschluss avec

[4] *Ibid.*, p. 45.

[5] *Ibid.*, p. 47.

[6] *Ibid.*, pp. 47-49.

l'Allemagne et «un organe auxiliaire du bloc militaire atlantique» [7]. Ces thèses trouvent également un écho dans la gauche catholique dont l'hebdomadaire *Die Furche* est le porte-parole [8].

Le parti favorable au dépôt rapide de la demande d'adhésion ne tarde cependant pas à l'emporter. Le 21 février 1956, le Conseil des Ministres tranche en ce sens, arguant qu'«il n'y a pas de contradiction entre notre neutralité et la coopération interétatique sur le terrain non-militaire» [9]. Les choses vont alors très vite. Le 1er mars, le *Nationalrat* approuve cette démarche à l'unanimité, moins les voix des cinq élus communistes. Une semaine plus tard, le Conseil de l'Europe admet l'Autriche en son sein. Après quoi, le 16 avril 1956, les délégués autrichiens prennent leur place à l'Assemblée Consultative comme membre à part entière.

Au cours des prochaines décennies, l'Autriche s'affirme comme un membre actif du Conseil de l'Europe dans lequel elle voit une pièce importante de sa politique européenne. Pour ses contributions dans les différents champs de compétences du Conseil, on renvoie à l'ouvrage collectif cité plus haut. Mais plusieurs faits significatifs méritent d'être relevés qui indiquent la place occupée par le Conseil dans la politique extérieure de Vienne. Il n'est certainement pas indifférent que, depuis 1966, les quatre chanceliers autrichiens, successivement Josef Klaus, Bruno Kreisky, Fred Sinowatz et Franz Vranitsky, soient intervenus devant l'Assemblée parlementaire pour exalter sa contribution à la construction européenne. On observera ensuite que l'Autriche a ratifié la plupart des Conventions passées dans le cadre du Conseil de l'Europe. Dès le 13 décembre 1957, elle ratifie la Convention pour la protection des Droits de l'Homme et des Libertés Fondamentales, et cela alors que plusieurs des Etats fondateurs traînent encore à le faire. Il faut enfin noter que l'influence acquise par l'Autriche au sein du Conseil est attestée, au cours de ces années, par le choix de deux personnalités autrichiennes pour occuper le poste de Secrétaire Général: le Dr. Toncic-Sorinj de 1969 à 1974 et le Dr. Franz Karasek de 1979 à 1984. L'élection de Karl Czernetz à la Présidence de l'Assemblée parlementaire en 1975 revêt la même signification [10].

---

[7] Thomas NOWOTNY, "Immerwährende Neutralität, der Europarat und Österreichs Europapolitik", in HUMMER W. — WAGNER G., *op. cit.*, p . 91.

[8] *Ibid.*, p. 92.

[9] W. BURTSCHER, *op. cit.*, p. 49.

[10] J. P. BLED, *op. cit.*, p. 5.

L'importance reconnue durant ces années par l'Autriche au Conseil de l'Europe tient pour beaucoup à ce qu'il est alors le seul forum européen auquel elle participe. S'engager pleinement dans le Conseil de l'Europe est donc pour elle une nécessité si elle ne veut pas être tenue à l'écart du processus de construction européenne. Ce point est fortement souligné par Ludwig Steiner, un des députés autrichiens siégeant à l'Assemblée parlementaire du Conseil: «Pour nous, écrit-il en 1987, en plus de son importance éminente pour l'application des droits de l'homme, le Conseil de l'Europe a une fonction particulière comme la seule institution de coopération européenne à laquelle nous puissions participer». Et d'ajouter: «toute dévaluation du Conseil de l'Europe au profit de la Communauté européenne a pour nous des aspects négatifs» [11].

Ces lignes sont écrites en 1987, soit seulement deux ans avant que l'Autriche ne dépose, le 17 juillet 1989, sa demande d'adhésion à la Communauté européenne. On ne refera pas ici dans le détail l'historique des relations entre l'Autriche et la Communauté. On se bornera à en retracer les grandes étapes [12].

L'Autriche se tient d'abord à l'écart du processus qui conduit, avec la signature du Traité de Rome, le 25 mars 1957, à la création du Marché Commun. Cette entreprise se fixe des objectifs qui, dans le contexte de l'époque, paraissent difficilement compatibles avec le statut de neutralité permanente. Les Six Etats signataires du Traité sont tous membres de l'Alliance Atlantique. D'autre part, le Marché commun est conçu par ses fondateurs comme une première étape vers une union politique.

L'Autriche ne choisit pas pour autant la solution de l'isolement. Avec plusieurs Etats groupés autour du Royaume-Uni, elle participe à la création de la zone de libre-échange dans le cadre de l'AELE. Cette initiative étant exempte de toute finalité politique ou militaire, aucun obstacle ne s'y oppose. Il est vrai que les responsables autrichiens ne tardent pas à reconsidérer leur position. Les progrès de l'Europe des Six, la modification de l'attitude du Royaume-Uni qui fait bientôt acte de candidature au Marché commun invitent Vienne à s'en rapprocher. Le 30 juillet 1961, le gouvernement autrichien fait connaître qu'il est prêt à entreprendre des négociations en vue de la participation de l'Autriche au Marché commun. Cette première tentative ne donne pas les résultats espérés. En deux occasions, le 11 décembre 1961, puis le 3 mai 1963, l'Union Soviétique fait

---

[11] Ludwig STEINER, "Allgemeine Darstellung der politischen Bedeutung des Europarates aus Österreichischer Sicht", HUMMER W. — WAGNER G., *op. cit.*, pp. 53-61.

[12] J. P. BLED, *op. cit.*, pp. 5-6.

savoir qu'une adhésion au Marché commun serait contraire au statut de neutralité permanente. Mais surtout la demande autrichienne se heurte au veto italien et à l'opposition de la France. Le différend sur le Tyrol du Sud dicte l'attitude de Rome, alors que Paris ne souhaite pas créer un précédent qui pourrait servir de modèle au Royaume-Uni. Aussi l'Autriche doit-elle se contenter d'un accord de libre-échange pour les produits industriels qui est signé au printemps 1972.

Le problème est relancé dans les années 80. C'est la conséquence de l'élargissement de la Communauté qui, de six Etats membres, passe d'abord à neuf, puis à douze, et de l'affaiblissement corrélatif de l'AELE. Enfin, la décision des Douze de constituer, à partir du 1er janvier 1993, un marché unique représente pour les dirigeants autrichiens une pression qui, au terme d'un long débat, les conduit à se prononcer pour l'adhésion à la Communauté.

Ce renforcement et cette force d'attraction de la Communauté ne pouvaient manquer de poser à terme le problème de la fonction et du rôle du Conseil de l'Europe. Les Etats membres de la Communauté sont désormais majoritaires au sein du Conseil (12 sur 23); l'avantage est encore plus net au regard du poids démographique. Enfin, dans les années 60 et, en partie, dans les années 70, le Conseil de l'Europe avait pu jouer un rôle de «pont» entre les Etats de la Communauté et ceux de l'Union. Or, il est clair que, devant la perte progressive de substance de l'AELE, cette fonction tend à s'effriter. Bref, à la fin de la décennie 80, face à cette évolution, le Conseil de l'Europe paraît entré dans un processus de crise qui le condamne à un effacement progressif. Si aucun événement ne s'était produit, il est probable que l'Autriche aurait été amenée à adapter son comportement à l'inexorabilité de ce processus.

Or, la malice de l'histoire a fait que la candidature de l'Autriche à la Communauté a été, à quelques semaines près, contemporaine du grand ébranlement qui, avec l'effondrement du communisme, a bouleversé le visage de l'Europe et qui, du même coup, a donné une nouvelle chance et une nouvelle légitimité au Conseil de l'Europe. En quelques années, celui-ci s'est presque élargi aux dimensions du Continent et, de ce fait, a acquis à la fois une dimension et une fonction paneuropéenne. Même si l'ambition de la plupart des nouveaux membres est de rejoindre l'Union européenne, ce processus sera long.

Il est clair qu'au sein de ce forum paneuropéen, l'Autriche a un rôle particulier à jouer, notamment en raison de ses liens anciens et aujourd'hui confirmés avec les Etats d'Europe centrale et orientale. Ainsi, elle s'est fait l'avocat de la plupart d'entre eux pour leur admission au Conseil. Sa sensibilisation au problème des minorités nationales la place également au coeur d'une des problématiques majeures de l'Europe nouvelle. Ce rôle a été reconnu par le choix de Vienne pour accueillir, en octobre 1993, la première conférence des Chefs d'Etat et de gouvernement des 32 Etats membres du Conseil de l'Europe. Sa contribution à la «déclaration finale», notamment au pan réservé à la protection des minorités nationales est loin d'avoir été négligeable [13]. Bref, en ce milieu de la décennie, et encore pour de nombreuses années, même si elle accorde la priorité à sa participation à l'Union européenne devenue effective le 1er janvier 1995, l'Autriche joue bien sa partition européenne sur deux claviers.

---

[13] Hans WINKLER, "Europa. Ein Raum demokratischer Sicherheit? Der Wiener Europagipfel 1993", in *Österreichisches Jahrbuch für internationale Politik*, Vienne 1993, pp. 146-188.

La Suisse et le Conseil de l'Europe

par Antoine FLEURY
Université de Genève

Quel peut être l'intérêt de traiter de la Suisse et du Conseil de l'Europe pour la période désormais ouverte aux recherches historiques [1]? La question est particulièrement pertinente en ce qui concerne la création du Conseil de l'Europe et ses premières années d'activité; en effet la Suisse n'a pas participé aux discussions ni aux négociations qui ont conduit à la création du Conseil de l'Europe en 1949 et elle s'est tenue à l'écart de l'organisation mise en place à Strasbourg, pendant plus de dix ans; ce n'est que le 6 mai 1963 qu'elle y adhère officiellement. Depuis lors et jusqu'à nos jours, il est vrai que la diplomatie suisse va accorder une importance croissante à la plate-forme européenne que lui fournit Strasbourg, à défaut de participation à la Communauté européenne et à l'ONU [2].

Or, ce qui mérite une explication, c'est, en premier lieu, cette absence de la Suisse, au moment de la création du Conseil de l'Europe, et en deuxième lieu, la persistance de son éloignement jusqu'au début des années soixante. Du point de vue de l'historien, c'est bien entendu le premier point qui est le plus intéressant, car il est aussi, de prime abord, le moins compréhensible, voire le plus contradictoire avec la position que la Suisse avait adoptée dans l'immédiat Après-Deuxième Guerre mondiale en faveur de la coopération européenne [3]. Par ailleurs, c'est en Suisse que se sont réunis de pré-

---

[1] Pour une première étude d'ensemble sur la base de sources publiées, cf. Rudolf WYDER, *Die Schweiz und der Europarat 1949-1971*, Berne, Haupt, 1984; aussi Hans-Peter FURRER, "La Suisse et le Conseil de l'Europe", *Handbuch der Schweizerischen Aussenpolitik,* Berne, Haupt, 1975, pp. 423-446 ou *Nouveau manuel de la politique extérieure de la Suisse,* Berne, Haupt, 1992, pp. 425-447; aussi Peter HILFIKER, "Die Schweiz und der Europarat 1949-1963, Aspekte eines aussenpolitischen Entscheidungsprozesses", Bern, Diplomarbeit, Historisches Institut, November 1987.

[2] Dans son *Rapport sur la position de la Suisse dans le processus d'intégration européenne,* du 24 août 1988, le Conseil fédéral écrit: "Le Conseil de l'Europe demeure la seule organisation européenne à champ d'activité politique, dont la Suisse fasse partie", p. 7.

[3] Cf. notre contribution: "La situation particulière de la Suisse au sein de l'Organisation européenne de coopération économique (OECE)", *Histoire des débuts de la construction*

férence plusieurs mouvements qui militaient en faveur d'une réconciliation européenne et d'une fédération des peuples. Mais, ce n'est pas ce foisonnement d'initiatives et de congrès, antérieurs au Congrès européen de La Haye, étudiés ailleurs [4] que je me propose d'analyser; je me limite ici simplement à relever que le parcours des militants et personnalités d'esprit qui réfléchissent sur l'avenir de l'Europe, durant cette période qui précède la création du Conseil de l'Europe, est passé souvent par la Suisse et que des citoyens suisses y ont été naturellement associés quand ils n'en ont pas été eux-mêmes les inspirateurs [5]. Ce parcours est parsemé de lieux de rencontres situés en Suisse — Genève, Seelisberg, Hertenstein, Interlaken, Montreux, Gstaad, Lausanne — qui constituent autant de références pour le chercheur qui se penche sur l'histoire des mouvements européens; des concepts y ont été élaborés et débattus, des résolutions y ont été prises au sujet de la nécessité d'organiser l'Europe selon des principes démocratiques et fédéralistes conformes aux valeurs culturelles et spirituelles communes aux peuples européens. Enfin, une ville suisse est toujours citée dans ce parcours, c'est Zurich, où Winston Churchill prononça en septembre 1946 le célèbre appel à la réconciliation franco-allemande, comme pivot de toute union européenne [6].

---

européenne, actes publiés sous la direction de Raymond POIDEVIN, Bruxelles, Bruylant, 1986, pp. 95-117.

[4] Cf. Eric FLURY, "Union européenne des fédéralistes und die Europa-Union, Grenzen und Möglichkeiten des Einflusses von europaföderalistischen Verbänden in der Schweiz", et Lubor JÍLEK, "L'Union parlementaire européenne et son écho en Suisse au lendemain de la guerre", *Itinera* (Berne) 1996 [à paraître]; Thomas STAFFELBACH, "Die Europa-Union, 1946-1949", *Etudes et sources* (Berne), n° 18, 1992, pp. 159-229.

[5] Sur le rôle des *Rencontres internationales* réunies à Genève pour la première fois en septembre 1946, autour du thème *L'Esprit européen,* cf. Claus HÄSSIG, *Cinquante ans des Rencontres internationales de Genève 1945-1995* (avec un entretien de Jean Starobinski), Genève, RIG, 1995.

[6] Sur le discours de Churchill à l'Université de Zurich, le 19 septembre 1946 et les circonstances de son séjour en Suisse, cf. *Documents diplomatiques suisses,* vol. 16 [en préparation] et surtout Archives fédérales (AF) E 2001 (E) 1/26; E 2800/1990/106/18; aussi Daniel BOURGEOIS, "La visite de Churchill en Suisse en 1946", *Almanach de la Croix-Rouge suisse,* Berne, 1988, pp. 60-65. Relevons que le chef de la diplomatie suisse, Max Petitpierre, s'est rendu à Zurich pour entendre le discours de l'Homme d'Etat britannique, alors chef de file de l'opposition au gouvernement travailliste. Signalons que Petitpierre avait dû convaincre ses collègues du gouvernement fédéral de renoncer à l'exigence que certains d'entre eux avaient formulée, dans le souci de ne pas froisser le gouvernement de Londres, d'obtenir à l'avance le texte du discours que Churchill aller prononcer. Ce fait apparemment anodin révèle l'extrême prudence du gouvernement suisse à l'égard de tout ce qui touche à la position internationale du pays.

Eu égard à ces circonstances où l'on voit la Suisse et des Suisses activement associés aux initiatives visant à établir une sorte d'union européenne, dont l'architecture et les structures sont justement à l'ordre du jour de tous les mouvements et congrès, comment expliquer l'attitude de retenue du Conseil fédéral au moment de l'élaboration du Conseil de l'Europe entre le Congrès de La Haye (mai 1948) auquel des Suisses [7], notamment Denis de Rougemont [8], ont pris une part très active, et l'adoption des statuts du Conseil de l'Europe (mai 1949) à l'élaboration desquels les Suisses n'ont pas pris part.

L'explication la plus évidente est donnée par le changement rapide qui s'opère au niveau des relations internationales; en effet, entre l'été 1947 et le printemps 1948, la Guerre froide qui s'annonçait certes depuis la fin de la Guerre mondiale entre les deux grandes puissances victorieuses qui incarnaient chacune une philosophie de l'histoire et de l'organisation sociale concurrente et conquérante à l'échelle mondiale, se cristallise autour de la réponse que les Européens donneront au Plan Marshall en juin/juillet 1947; le refus des Etats européens, placés depuis 1945 dans la zone d'influence de Moscou, conduit à une division de l'Europe; celle-ci se renforce considérablement au début de 1948: coup de Prague, blocus de Berlin. La Suisse est placée devant le dilemme d'une solidarité active avec un groupe de puissances — les démocraties occidentales — auxquelles ses valeurs morales et ses intérêts économiques la rattachent indiscutablement, ou d'une politique de neutralité à affirmer face aux deux blocs en formation; la recherche d'une telle politique va bien au-delà des exigences résultant du statut de neutralité garanti en 1815 et reconnu sans discontinuité par les Puissances européennes, notamment lors des deux dernières guerres mondiales, statut qui fait du territoire de la Confédération helvétique un espace neutre sur le plan militaire dans l'intérêt de toute l'Europe [9]. La question qui se pose à Berne face à la détérioration du climat

---

[7] La délégation suisse comptait une trentaine de personnalités, parmi lesquelles l'ancien chef de la diplomatie, Marcel Pilet-Golaz.

[8] Sur Denis de Rougemont, voir notamment ses *Ecrits sur l'Europe,* tome III des oeuvres complètes, Paris, La Différence, 1994, 2 vol.; de même Mary Jo DEERING, *Combats acharnés: Denis de Rougemont et fondements de l'unité européenne,* Lausanne, Fondation Jean Monnet pour l'Europe, 1991; François SAINT-OUEN, *Denis de Rougemont. Introduction à sa vie et son oeuvre.* Genève, CEC/Georg, 1995.

[9] Sur cet aspect, cf. notre contribution: "La neutralité suisse à l'épreuve de l'Union européenne", *The History of neutrality.* Edited by Jukka NEVAKIVI, Helsinki, Finnish Historical Society, 1993, pp. 191-202; voir aussi la rubrique "neutralité" et "politique de neutralité" in les volumes des *Documents diplomatiques suisses.* En ce qui concerne la Russie tsariste puis soviétique et son appréciation de la neutralité, cf. *Suisse-Russie,*

international est de savoir s'il convient d'étendre ce statut et les droits et devoirs qui y sont rattachés en cas de guerre à ce type de conflit à caractère idéologique et global, qui n'implique pas le recours à la guerre ouverte.

Au moment de l'initiative du secrétaire d'Etat Marshall, en juin 1947, la Suisse avait d'emblée fait connaître sa volonté de prendre sa part à la reconstruction européenne [10]; elle avait aussi exprimé des réserves que lui dictait sa neutralité; elle les a d'ailleurs renouvelées en avril 1948, au moment de la signature de la convention pour la coopération économique européenne grâce à laquelle elle a pu participer pleinement à l'organisation européenne de coopération économique (OECE); en 1950, elle s'associa aussi à l'Union européenne des paiements (UEP) qui en était l'instrument monétaire, en y obtenant un statut particulier [11].

Or, ce qui a permis au Conseil fédéral de justifier sa participation à une organisation ne regroupant qu'un nombre restreint d'Etats européens, tous bénéficiaires du Plan Marshall, c'était d'une part l'argument maintes fois souligné qui consistait à affirmer que l'OECE avait une fonction exclusivement économique voire technique, qu'elle ne poursuivait en l'occurrence aucun objectif de caractère politique ni d'ailleurs militaire; à cet argument s'ajoutait d'autre part une considération plus technique ou juridique, à savoir que l'OECE ainsi que le Plan Marshall n'auraient qu'une durée limitée, que le jour où l'objectif de la relance des économies européennes aura été atteint, l'organisation disparaîtra.

Dans ces conditions, le Conseil fédéral pouvait justifier son adhésion à l'OECE, en développant des considérations destinées aussi bien à l'opinion intérieure qu'à prévenir les reproches de la part de gouvernements étrangers de non respect de la neutralité; aux yeux du Conseil fédéral, en effet sa participation à l'OECE n'engageait nullement la Suisse dans une voie définitive, mais uniquement en vue d'actions ponctuelles et limitées dans le temps; en d'autres mots, elle n'affectait pas la neutralité du pays.

Or, dans le projet d'Etats-Unis d'Europe que prône un Churchill et que se propose de mettre en oeuvre le «Mouvement européen», la Suisse, quant à elle, y est favorable sur le fond, mais elle considère que sa position d'État neutre lui interdit de participer à une institution européenne qui, sans être

---

Contacts et ruptures 1813-1955. Documents tirés des Archives du Ministère des Affaires étrangères de Russie et des Archives fédérales suisses, choisis, annotés et présentés par Antoine FLEURY et Danièle TOSATO-RIGO, Berne, Haupt, 1994.

[10] Cf. note 3 ci-dessus.

[11] Cf. Gunter SCHWERDTEL, *The Swiss Participation in the European Payments Union*, 1950-1958, Berne, P. Lang, 1992.

paneuropéenne dans sa composition, incarnerait un objectif politique d'Union européenne qui dans le contexte de la Guerre froide ne peut aboutir qu'à la formation d'un bloc contre un autre bloc d'État européens. Cependant, en leur for intérieur, les milieux dirigeants suisses ont une attitude assez voisine de celle d'un Churchill et de nombreux Britanniques; ils pensent que l'Union européenne est devenue une nécessité; ils la souhaitent car ils y voient un moyen d'éviter la guerre en Europe; ils en espèrent aussi une garantie indispensable à la reconstruction économique et sociale du continent. Mais, ses objectifs et les contraintes politiques qui en résulteront, ils se refusent à les assumer; d'où la détermination des Suisses à affirmer leur neutralité qu'ils s'évertuent à doter d'une fonction universelle, en se réclamant d'une solidarité véritablement mondiale, c'est-à-dire au-delà des blocs et des clivages idéologiques qui divisent le monde depuis 1947 et qui menacent même la paix mondiale. Les Suisses réaffirment leur neutralité face au mouvement d'union européenne et démontrent un attachement à leur statut traditionnel de neutralité en quelque sorte à l'instar des Anglais qui demeurent rivés à leur mission impériale.

Telle est au fond la position fondamentale des dirigeants et même du peuple suisse que nous pourrions étayer de nombreuses déclarations que les initiatives européennes suscitent à divers échelons: aussi bien aux Chambres fédérales que de la part des membres du Gouvernement fédéral et, en premier lieu, du chef de la diplomatie, Max Petitpierre [12]. Le problème crucial qui s'est posé à lui, c'était de veiller à ce que la Suisse ne soit pas isolée au moment où tous ses voisins et principaux partenaires se retrouvaient associés au sein du Conseil de l'Europe. A Berne, on s'efforçait de suivre le plus près possible l'orientation et les structures de la nouvelle institution européenne. De ses caractéristiques dépendait finalement la nature de la relation que la Suisse souhaitait établir avec elle.

Si l'on entreprend l'analyse du processus de négociation qui conduit à la création du Conseil de l'Europe, un premier écueil se dresse, lequel interdit pour ainsi dire à la Suisse de s'associer aux pourparlers; c'est le fait que le *Comité de coordination des mouvements pour l'Europe unie,* chargé d'établir un mémorandum en vue de mettre en œuvre la résolution politique du Congrès de La Haye, a confié aux organes du Traité des cinq Puissances signé à Bruxelles le 17 mars 1948 (Conseil consultatif, Commission permanente, Comité d'études pour l'Union européenne) les travaux

---

[12] Pour un choix de ses discours et déclarations, cf. Max. PETITPIERRE, *Seize ans de neutralité active. Aspects de la politique étrangère de la Suisse (1945-1961),* Neuchâtel, La Baconnière, 1980.

préparatoires qui ont abouti au Statut du Conseil de l'Europe [13]. Dans ces conditions, comment un Etat neutre aurait-il pu s'associer, même indirectement, à une négociation patronnée par une institution de défense — Union occidentale — telle que prévue dans le Pacte de Bruxelle?

A Berne, dès qu'on eut connaissance de l'avancement des négociations et de l'adoption imminente des statuts de la nouvelle institution européenne, on s'est préoccupé en tout premier lieu de faire comprendre aux initiateurs du projet que la Suisse souhaiterait ne pas être invitée à participer au Conseil de l'Europe. Selon une explication *a posteriori* que donnera, le 15 mars 1955, en réponse à une interpellation parlementaire du Conseiller national Alfred Borel, le chef de la diplomatie suisse, Max Petitpierre, déclare: «Nous avions pu faire savoir officieusement que le Conseil fédéral préférerait qu'une invitation ne lui fût pas adressée, parce qu'il serait vraisemblablement obligé de la décliner. Ce voeu a été respecté et nous sommes reconnaissants aux hommes d'Etat qui ont compris notre situation» [14].

A vrai dire, Petitpierre s'était montré très prudent à l'égard de tout projet d'organisation politique de l'Europe occidentale et ceci dès le début de la relance du projet lancé par Churchill dans son discours de Zurich. En effet, lors d'un entretien avec Duncan Sandys, le 26 janvier 1948, au cours duquel ce dernier lui annonce la préparation du futur congrès européen de La Haye et lui exprime son souhait de l'y voir participer, Petitpierre ne cache pas à son interlocuteur que la position de neutralité du pays lui dicte une grande réserve. En revanche, il se montre intéressé à ce que le mouvement qu'anime Sandys crée un centre d'activités culturelles à Zurich, dans la mesure où une activité «à caractère strictement culturel, n'était pas incompatible avec notre politique de neutralité» [15].

Au début de l'année suivante, lors d'un entretien avec Robert Schuman, le 17 janvier 1949, au cours duquel «un examen général de la situation

---

13 Pour les textes officiels français et anglais du Traité des cinq Puissances réglant leur collaboration en matière économique, sociale et culturelle, et leur légitime défense collective, du 17 mars 1948, cf. *Recueil des Traités,* Nations Unies, 1947, vol. 9, n° 304; aussi Jean STENGERS, "Paul-Henri Spaak et le traité de Bruxelles de 1948", *Histoire des débuts de la construction européenne,* actes publiés sous la direction de Raymond POIDEVIN, Bruxelles, Bruylant, pp. 119-142; Maurice VAÏSSE, "L'échec d'une Europe franco-britannique ou comment le Pacte de Bruxelles fut créé et délaissé", *ibid.,* pp. 369-389.

14 Pour le texte complet de la réponse à l'interpellation Borel du 28 septembre 1953, cf. AF, E 2800 1967/59/60; aussi Rudolf WYDER, *op. cit.,* p. 76.

15 Pour la notice de Petitpierre sur son entretien avec Sandys, cf. AF, 2800/1990/106/19.

politique» [16] a été entrepris, le ministre français des Affaires étrangères auquel le chef de la diplomatie suisse a exposé l'attachement de la Suisse à la neutralité et son «désir de rester en dehors de toute organisation politique et de n'adhérer à aucune alliance militaire» tout en collaborant sur le plan économique, répond qu'il «considère que nous représentons un élément positif dans la défense de l'Europe occidentale en raison de notre défense nationale et de notre résistance au communisme». Schuman considère comme utile le maintien d'Etats neutres en Europe. Ceux-ci à ses yeux servaient à démontrer qu'il n'était pas question de «donner à l'URSS le sentiment qu'un groupe compact d'Etats se constituait contre elle sous l'égide des Etats-Unis». Schuman confie alors à Petitpierre que la Suisse ne serait pas invitée «à adhérer ni au Pacte de Bruxelles ni à celui de l'Atlantique, et que vraisemblablement nous ne serions pas invités à la réunion convoquée pour la création d'une Union européenne». Ainsi le dirigeant français répondait d'avance à la suggestion de Petitpierre que les Puissances invitantes renoncent à adresser une invitation à la Suisse afin de «ne pas nous obliger à donner une réponse négative».

C'est dans un discours prononcé à Soleure, le 17 novembre 1949 [17] que l'on peut saisir une première appréciation que porte le chef de la diplomatie suisse sur le Conseil de l'Europe naissant. Après une brève présentation de l'origine et des organes du Conseil de l'Europe, lesquels à vrai dire lui paraissent encore fragiles et peu compréhensibles, Petitpierre poursuit:

> Les buts du Conseil de l'Europe sont encore vagues. Il doit sauvegarder et promouvoir les idéaux et les principes qui sont le patrimoine commun de ses membres. Il doit favoriser leur progrès économique et moral. En outre, le Conseil de l'Europe a pour but une action commune dans les domaines économique, social, culturel, scientifique, juridique et administratif.
>
> Tout ce qui est politique a été délibérément mis de côté. Toutefois l'Assemblée consultative a montré rapidement qu'elle n'était pas d'accord avec cette tendance à limiter son activité. Elle a institué un débat de caractère purement politique, ayant pour objet les changements à apporter à la structure de l'Europe pour favoriser la naissance d'une unité européenne. On ne peut donc pas voir dans le Conseil de l'Europe une organisation de caractère apolitique. Le fait même que le Comité est formé de représentants des Gouvernements et l'Assemblée de membres dont la plupart sont des parlementaires donne à cette organisation un caractère politique indéniable.
>
> Le mouvement vers l'unification de l'Europe est soutenu par une élite consciente des dangers auxquels l'Europe est actuellement exposée. Il est fondé sur un mélange d'idéalisme et de réalisme, la part du réalisme étant cependant la plus importante.

---

[16] Selon la notice de Petitpierre sur l'entretien avec Schuman, *ibid.*

[17] Pour le texte complet du discours, cf. AF E 2800/1967/59/59.

Quel est l'avenir du Conseil de l'Europe? Il n'est pas encore possible de le dire. L'efficacité du Conseil de l'Europe dépend dans une large mesure, pour ne pas dire exclusivement, de la manière dont seront résolus les problèmes multiples que la guerre a fait naître et sont encore ouverts, un accord entre les vainqueurs sur les traités de paix qui auraient dû normalement résoudre ces problèmes, s'étant avéré impossible. Il n'y a aucun doute que le Conseil de l'Europe peut jouer un rôle actif sur deux points: en permettant à l'Allemagne, au moins pour le moment à l'Allemagne occidentale, de retrouver une place parmi les nations européennes et d'avoir avec ses anciens ennemis un forum où elle prendra part aux discussions sur un pied d'égalité, ensuite en favorisant la formation d'une conscience collective européenne, qui à l'heure actuelle n'existe pas encore.
Notre pays doit suivre avec intérêt et une grande sympathie le développement que prendra le Conseil de l'Europe. La question de l'adhésion pourrait aussi nous être posée un jour. Quoi qu'il en soit, elle n'est pas de la compétence exclusive du Conseil fédéral. Mais ce serait aux Chambres puis, le cas échéant, au peuple suisse, à se prononcer définitivement.

Les premiers pas du Conseil de l'Europe ne vont pas inciter Petitpierre et les dirigeants suisses à changer d'appréciation du Conseil de l'Europe. Le danger de pendre part à des débats de nature politique était suffisant pour l'en dissuader. Les querelles entre Européens et Britanniques et Scandinaves au sujet des structures, des objectifs et des compétences du Conseil de l'Europe sont suivis avec attention par Berne. Pour les Suisses, il serait bien difficile de devoir opter pour l'une ou pour l'autre thèse qui s'opposent. En avril 1951, lors d'un tour d'horizon avec le ministre hollandais des Affaires étrangères, Dirk Stikker[18], qui s'enquérait d'une possible adhésion prochaine de la Suisse au Conseil de l'Europe, Petitpierre lui répond que la question a perdu de son intérêt en Suisse et notamment à partir du moment où «l'Assemblée de Strasbourg avait décidé de discuter du problème d'une armée européenne» et qu'en l'occurrence «si le peuple suisse était consulté sur l'adhésion de notre pays à l'organisation de Strasbourg, il se prononcerait contre à une écrasante majorité».

Cette perception d'un Conseil de l'Europe politique qui s'occupe même de problèmes militaires va perdurer tout au long des années cinquante, parmi les responsables de la politique suisse. Le jurisconsulte du Département politique fédéral, Rudolf Bindschedler écrit encore en 1958, dans *L'Annuaire européen* que «le Conseil de l'Europe a pris un aspect politique assez prononcé. Cela est de nature à renforcer les scrupules de la Suisse qui se demande si l'adhésion à cette organisation telle qu'elle a évolué est compatible avec la poursuite d'une stricte politique de neutra-

---

[18] Pour la notice de Petitpierre sur son entretien avec Stikker, le 21 avril 1951, cf. AF 2800/1990/106/19.

lité» [19]. Aux yeux du juriste, *la composition même du Conseil de l'Europe fait problème*, du fait de son manque d'universalité, même à l'échelle européenne. «Une certaine universalité était nécessaire pour permettre à la Suisse d'envisager son entrée dans un organisme de caractère politique» [20].

Entre-temps, il est vrai, la diplomatie suisse n'a pas été totalement fermée au Conseil de l'Europe. En premier lieu, elle s'est intéressée très rapidement aux travaux de certains comités techniques, qu'il s'agisse des Brevets ou de la Santé ainsi qu'à plusieurs dossiers de caractère économique que l'Assemblée de Strasbourg recommandait de confier à l'OECE. Les Suisses actifs à l'OECE n'ignoraient donc pas les impulsions qui venaient du Conseil de l'Europe, notamment à travers ses nombreuses commissions:

— questions sociales
— questions financières
— échanges commerciaux
— contrôle de la production.

Mais les délégués suisses (ainsi d'ailleurs que les délégués britanniques) à l'OECE veilleront à ce qu'il n'y ait pas confusion de compétences entre les deux institutions. Autrement dit, il n'est pas question de «pousser trop loin des liens entre l'OECE et l'organisation de Strasbourg» [21].

A vrai dire, l'opinion suisse semble aussi veiller à ce qu'il n'y ait pas de confusion. Déjà le fait de désigner des experts suisses auprès des Comités d'experts mis sur pied pose des problèmes. Au sein de la haute administration et du Conseil fédéral, les points de vue divergent. Si le Conseil fédéral décide d'envoyer un expert au Comité des Brevets, en justifiant l'importance de cette question pour la Suisse, il est réticent à soutenir l'avis du Directeur de l'Office fédéral des assurances sociales, Saxer, qui recommande que la Suisse soit représentée au Comité d'experts en matière de sécurité sociale (il suivait la question à titre personnel); il n'encourage pas non plus la Division de l'Agriculture qui a manifesté son intérêt à suivre les travaux du Plan Charpentier-Pflimlin; le Département politique fédéral hésite à appuyer les *desiderata* des administrations «techniques»

[19] Dans un article: "La Suisse et l'intégration de l'Europe", *L'Annuaire européen,* IV, 1958, p. 206.

[20] *Ibid.*

[21] Selon le délégué suisse à l'OECE, Agostino Soldati, dans son rapport du 7 janvier 1950, AF, E 2001(E) 1967/113/844.

concernées, car à ses yeux «la question ne présente donc pas seulement un aspect technique, mais pose également un problème politique» [22].

L'aspect politique ne concerne pas uniquement la politique de neutralité par rapport à l'étranger mais elle implique aussi une dimension intérieure que traduit fort bien la question du Conseiller national communiste, Jean Vincent, le 5 avril 1951, interrogeant le gouvernement à propos d'observateurs suisses aux travaux du Conseil de l'Europe [23]. C'est l'occasion pour le Département politique de donner quelques précisions sur la désignation d'un expert suisse délégué au groupe de travail chargé d'étudier les brevets, puis d'un autre, en réponse à une invitation du Conseil de l'Europe, pour «participer à une conférence chargée d'organiser la réalisation d'une organisation commune des principaux marchés agricoles»; il annonce d'ailleurs qu'il étudiera la possibilité de prendre part à d'autres groupes de travail technique du Conseil de l'Europe. Par ailleurs, une initiative parlementaire, en sens inverse, c'est-à-dire en faveur de l'envoi d'une représentation parlementaire à titre d'observateurs auprès de l'Assemblée consultative du Conseil de l'Europe a été lancée le 28 septembre 1953 par le Conseiller national Alfred Borel et appuyée par 49 députés; pour l'auteur de l'interpellation, il n'existe aucun obstacle de principe à l'adhésion de la Suisse au Conseil de l'Europe. Pour le chef de la diplomatie suisse qui répond à cette interpellation parlementaire le 15 mars 1955 [24], il est prématuré de poser cette question dans la mesure où le rôle politique du Conseil de l'Europe a eu, au contraire, tendance à se développer (discussion sur la CED et la CPE). En ce qui concerne l'envoi d'observateurs, il estime que les parlementaires suisses seraient «dans une fausse posture», n'étant ni membres de plein droit de cette première

---

[22] Note pour le chef du Département, du 28 mars 1951, et prise de position du Conseil fédéral résumé dans une note de Petitpierre du 30 mars 1951, AF, E 2001 (E) 1967/113/852, dans laquelle il écrit: "le Conseil fédéral est négatif en ce qui concerne la participation de la Suisse aux deux comités d'experts en matière d'agriculture et de sécurité sociale. La question pourrait être revue si la situation changeait ou si des éléments nouveaux devaient être fournis au Conseil fédéral."

[23] Pour la question de Jean Vincent, la réponse du Conseil fédéral et les débats dans la presse, cf. AF, E 2001(E)1967/113/852. Voir aussi la réponse de Petitpierre à l'interpellation du Conseiller national Ernst Boerlin du 12 avril 1951, lors d'une intervention devant le Conseil national le 14 juin 1951 in Max. PETITPIERRE, *op. cit.*, pp. 256-260.

[24] Pour le texte complet de la réponse de Petitpierre à l'interpellation du Conseiller national Alfred Borel du 28 septembre 1953, concernant l'envoi d'observateurs officiels (parlementaires) auprès de l'Assemblée consultative du Conseil de l'Europe, cf. AF, E 2800 1967/59/60 ; aussi pour des extraits Rudolf WYDER, *op. cit.*, p. 92.

assemblée parlementaire internationale, ni délégués officiels du gouvernement. En l'occurrence, le moment n'est pas encore venu d'envoyer des observateurs parlementaires. Il conclut son argumentation avec un aveu de modestie: «La présence de la Suisse à Strasbourg ou son absence seraient sans influence aujourd'hui sur les succès ou l'échec des efforts qui s'accomplissent en faveur de l'Unité européenne».

Au fond, aux yeux de Petitpierre ainsi que de la majorité des dirigeants à Berne, le Conseil de l'Europe qui annonçait de grandes ambitions en faveur de l'Union européenne n'a pas encore réussi à les convaincre de son utilité, ni de l'intérêt pour la Suisse d'être associée à ses activités, à part les comités techniques où elle est déjà représentée. Des évaluations allant dans ce sens sont nombreuses au sein de l'administration fédérale et lors des interventions dans le cadre des commissions parlementaires des affaires étrangères; le chef de la diplomatie suisse ne cache pas non plus son scepticisme, même en public, y compris à l'étranger. Ainsi dans une conférence qu'il donne à Milan, le 9 novembre 1957 [25], Petitpierre déclare:

> L'activité du Conseil de l'Europe est trop mal connue pour qu'un mouvement populaire se manifeste en faveur d'une adhésion. On peut d'ailleurs se demander si l'adhésion d'un Etat attaché à une stricte neutralité présente des avantages pour une institution comme le Conseil de l'Europe. Les représentants de plusieurs Etats membres considèrent, en effet, le Conseil de l'Europe comme un instrument de l'intégration politique de l'Europe et comme le porte-parole d'une commission européenne en voie de formation. Ils sont d'avis — et je les comprends — que le Conseil de l'Europe doit être le lieu où se discutent tous les problèmes européens. La présence d'Etats neutres ne peut qu'être un frein au développement d'une telle politique.

A l'appui de son argumentation, Petitpierre évoque les résolutions et recommandations votées par l'Assemblée consultative, notamment dans le contexte des crises hongroise et de Suez en novembre 1956, qui impliquaient des engagements peu compatibles avec la neutralité.

En ce qui concerne l'opinion publique, Petitpierre avait sans doute raison. En effet, un projet d'initiative populaire avancé par un Comité pour la participation de la Suisse au Conseil de l'Europe, lancé en 1957, n'avait recueilli en 1959 que 20 706 signatures; ce résultat constituait un terrible échec pour les initiateurs et les européistes de Suisse [26].

Mais peu après, une nouvelle interpellation parlementaire, celle du Conseiller national Emil Duft, le 3 juin 1959, allait relancer le débat. En

---

[25] Conférence donnée à l'*Istituto per gli Studi di Politica internazionale*, AF, E 2800 1990/106/7.

[26] Rudolf WYDER, *op. cit.*, p. 102.

effet, il s'agissait désormais de répondre à une invitation émanant de la Commission permanente de l'Assemblée consultative, décidée le 5 mai 1959, d'associer la Suisse et le Portugal, — mais transmise à Berne par une lettre du Secrétaire général du Conseil de l'Europe, datée du 21 juin — à la discussion des modalités d'un rapprochement entre l'OECE et le Conseil de l'Europe. Le 13 juillet 1959, Petitpierre répondit au Secrétaire général du Conseil de l'Europe que la question nécessitait un examen approfondi [27]. Un rapport fut présenté au Conseil fédéral, le 17 septembre 1959 [28], dans lequel le Département politique fédéral analysait les inconvénients et les avantages de la participation de parlementaires suisses au Conseil de l'Europe, mais concluait que:

> pour le moment, les arguments négatifs paraissent l'emporter. [...] A notre avis, il serait dès lors profitable de continuer à observer dans quelle direction la politique d'intégration européenne va s'orienter ces prochains mois avant de prendre une décision dont les conséquences nous engageront tout de même dans une voie nouvelle.

Un fait extérieur (l'entrée de l'Espagne à l'OECE en juillet 1959) donnera la latitude aux autorités suisses de ne pas envoyer de réponse à Strasbourg, report qui a été approuvé par le Conseil fédéral le 25 septembre.

Dans ces conditions, la participation de parlementaires suisses était gelée jusqu'à un prochain enjeu européen soumis aux Chambres fédérales. Il s'agit du débat, en mars 1960, au sujet de la participation de la Suisse à l'AELE; certains parlementaires en profitèrent pour soulever à nouveau la question de l'envoi de parlementaires observateurs à Strasbourg. Cette revendication parlementaire va conduire le Département politique à réévaluer la situation qui a considérablement évolué en l'espace d'une année, avec la création de l'AELE et surtout à la suite de la transformation de l'OECE en OCDE, avec élargissement aux Etats-Unis et au Canada. La perte de la seule plate-forme de collaboration européenne qu'était l'OECE amène les responsables de la politique étrangère à considérer que «cette perte pourrait être partiellement compensée, au moins du point de vue psychologique, par notre présence à Strasbourg», peut-on lire dans la proposition que le Département politique soumet au Conseil fédéral [29]. Convaincu par les arguments avancés, notamment à propos du rôle du Conseil de l'Europe dans la recherche d'une entente entre l'Europe des Six et celle des Sept, le

---

27 AF, E 2800 (E) 1967/60/15.

28 *Ibid.*

29 Proposition du 3 mai 1960, *ibid.*

Conseil fédéral décida, le 10 mai 1960, de recommander aux Chambres l'envoi de parlementaires à Strasbourg: «Les délégués suisses prendront part aux débats en matière économique, mais sans droit de vote. Ils auront ainsi un statut de membres consultatifs» [30].

Certes, un pas significatif était franchi. Berne reconnaissait l'utilité du Conseil de l'Europe. Du 1er au 3 mars 1961, pour la première fois, une délégation de six parlementaires suisses participèrent à la séance plénière de l'Assemblée consultative. Mais il faudra encore deux ans pour que le Conseil fédéral, après diverses appréciations contradictoires sur les activités du Conseil de l'Europe, sur les avantages et les inconvénients d'une adhésion suisse puisse prendre la décision positive.

C'est encore à la suite d'un postulat présenté par le Conseiller national Willy Bretscher, le 5 juin 1962, recommandant carrément l'adhésion au Conseil de l'Europe, qu'un nouveau débat est relancé [31]. Enfin, dans son rapport du 26 octobre 1962 [32], le Conseil fédéral approuve l'adhésion au Conseil de l'Europe; à l'appui de cette réévaluation du Conseil de l'Europe pour la politique étrangère de la Suisse, il relève:

1. que l'appartenance au Conseil de l'Europe n'est pas contraire à la politique de neutralité; il ne s'agit pas d'adhérer à une organisation supranationale qui porterait atteinte à la souveraineté de ses membres;

2. que le rôle du Conseil de l'Europe s'affirme de plus en plus, depuis la dissolution de l'OECE, comme lieu de rencontres entre les divers regroupements d'Etats européens.

Les Chambres fédérales ayant approuvé à une grande majorité l'adhésion, les 10 et 11 décembre 1962, le Secrétaire général du Conseil de l'Europe pouvait transmettre, le 17 décembre, au Président de la Confédération une invitation officielle. Le 15 janvier 1963, le *Message du Conseil fédéral sur l'adhésion de la Suisse au statut du Conseil de l'Europe* [33] était soumis aux Chambres fédérales. Le Conseil national l'approuvait, le 19 mars, par 126 voix contre 3 (les communistes), tandis que le Conseil des Etats l'avait accepté à l'unanimité des 28 voix, le 7 mars. Il ne restait plus qu'au chef du Département politique, Wahlen, d'apporter à

---

[30] Max PETITPIERRE, *op. cit.*, p. 386.

[31] Sur le débat parlementaire dans les commissions dès juin 1962 et jusqu'en mars 1963, cf. Rudolf WYDER, *op. cit.*, pp. 120 ss.

[32] "Rapport du Conseil fédéral à l'Assemblée fédérale concernant les relations de la Suisse avec le Conseil de l'Europe", *Feuille fédérale,* 1962, II, p. 1073-1104.

[33] *Ibid.,* 1963, I, p. 109-112.

Strasbourg, le 6 mai 1963, l'acte officiel d'adhésion de la Suisse au Conseil de l'Europe.

OBSERVATIONS FINALES

L'attitude du Conseil fédéral à l'égard du Conseil de l'Europe a été dictée par des considérations que l'on peut attribuer surtout aux circonstances.

La sauvegarde et le renforcement de la neutralité dans un monde profondément troublé par la Guerre froide est un argument récurrent que la confrontation entre l'Est et l'Ouest rend crédible de même que l'émergence de conflits, entre le Nord et le Sud, encore alimentés par les conflits de décolonisation. Tant que le Conseil de l'Europe est perçu à Berne comme une institution symbolisant avant tout un projet politique, on estime devoir s'en tenir à l'écart.

L'autre argument, qui parcourt toute la période, revient à s'interroger sur les raisons d'adhérer à une institution dont on ne voit pas les activités ni le rôle; la concurrence d'autres organisations plus dynamiques et structurées — CECA, projet CED, CEE, etc. — porte manifestement ombrage à l'image de l'organisation de Strasbourg, non seulement au sein des milieux dirigeants, mais aussi dans l'opinion publique.

Enfin, les évolutions de la politique européenne sur lesquelles Berne n'avait guère de prise ont considérablement influencé la politique du Conseil fédéral. Il y a eu d'abord l'échec du projet de Grande Zone de Libre-Echange en 1958-59 [34], auquel Max Petitpierre tenait beaucoup en tant que formule susceptible d'éviter la division de l'Europe; il y a eu ensuite la dissolution de l'OECE au profit d'une organisation atlantique, l'OECD, en 1960; il y a eu enfin la création de l'AELE à laquelle la Suisse a été associée mais qui a consacré une certaine division économique des Etats européens occidentaux, division que la demande d'association à la CEE, formulée en décembre 1961 à la suite de la demande britannique, était censée supprimer [35]: tout cela a amené le Conseil fédéral à réévaluer à la fois sa politique européenne et sa position à l'égard du Conseil de l'Europe qui apparut presque soudainement comme la seule institution à

---

[34] Notre contribution: "La Suisse: le projet de Grande Zone de Libre-Echange et la création de la CEE". *Il rilancio dell'Europa e i Trattati di Roma,* actes publiés sous la direction de Enrico SERRA, Milano, A. Giuffrè, 1989, pp. 355-376.

[35] Notre contribution, en commun avec Martin ZBINDEN, "La Suisse et la première tentative d'élargissement de la CEE, 1961-1963" (colloque de l'Institut universitaire européen, Florence, avril 1994) [à paraître].

laquelle la Suisse pouvait encore adhérer, sans renoncer à son ambition de sauvegarder sa neutralité et son indépendance.

En conclusion, une dernière remarque qu'il convient de faire. Contrairement à ce que certains commentateurs ont trop largement soutenu, ce n'est pas le départ, en juin 1961, du chef de la diplomatie Max Petitpierre et son remplacement par Friedrich Wahlen, qui explique ce changement d'attitude, mais bien la transformation des données européennes dont la Suisse a bel et bien dû et su tirer parti.

L'influence des très petits Etats au Conseil de l'Europe

par Markus SEILER
Berne

A — INTRODUCTION

Les très petits Etats sont à de nombreux égards des acteurs particuliers sur la scène de la politique internationale: faiblement peuplés, ils ne disposent pratiquement pas d'une puissance économique et encore moins militaire. Ils doivent cependant encore et toujours affirmer leur propre indépendance à l'égard d'Etats plus grands et plus puissants, s'ils n'entendent pas disparaître de la carte politique.

L'éventail des possibilités à disposition de la politique étrangère des très petits Etats est toutefois fortement limité. Il en est parmi eux qui ne conduisent de politique étrangère que depuis quelques années ou quelques dizaines d'années.

Au cours de la période récente, la recherche s'est de plus en plus concentrée sur la politique des très petits Etats-membres par rapport à l'Union européenne. La question des relations qu'entretiennent les très petits Etats avec les plus anciennes organisations du vieux continent, avec le Conseil de l'Europe, n'a jamais été au centre des préoccupations.

Entre-temps, le Luxembourg, l'Islande, Malte, le Liechtenstein et Saint-Marin ont adhéré au Conseil de l'Europe comme membre à part entière. Pour ces petits Etats, le Conseil de l'Europe représente une institution importante qui occupe une place significative dans leur politique extérieure et offre, en la matière, des possibilités de mise en oeuvre précieuses.

B — LES TRÈS PETITS ETATS

Quelle est la taille d'un très petit Etat?

A l'issue de la deuxième guerre mondiale, le monde ne connaissait que quatre très petits Etats: Andorre, le Liechtenstein, Monaco et Saint-Marin. Depuis la décolonisation, en particulier depuis les années soixante, le nombre s'est considérablement accru. Ce qui a incité les Nations Unies à se pencher sur la problématique micro-étatique.

Une initiative du Secrétaire général de l'ONU qui visait à former un «Comité des mini-Etats» a cependant échoué à constituer une solution de remplacement valable, pour les micro-Etats, au statut de membre à part entière des Nations-Unies ou une définition voire un simple catalogue, des petits Etats, sur laquelle il eut été possible de trouver une communauté d'opinion.

Seul un consensus a pu être réalisé autour de la conviction que la délimitation des petits Etats constituait un problème particulièrement délicat, du moment que chaque définition comportait un élément arbitraire. Le plus petit dénominateur commun a pu être décelé dans cette remarque du Secrétaire général de l'ONU U-Thant, remarque qui date de 1967, lorsqu'il disait que les «micro-Etats» étaient des «entités extrêmement petites quant à leur surface, leur population, leur ressources humaines et économiques». Actuellement, il n'existe pas encore de réponse d'une valeur générale à la question de savoir ce qui est un petit Etat.

Il reste que la littérature spécialisée contient de nombreuses propositions de définition. La plupart des auteurs s'appuient sur la statistique de la population comme critère de délimitation. Ce faisant, la limite se situe entre 100 000 et 1 000 000 habitants. D'autres critères sont invoqués comme la superficie, le produit social, les possibilités de relations de droit international ou la comparaison de ces critères.

Compte tenu du type de question posée, il me paraît judicieux de considérer une population inférieure à 500 000 habitants – non pas comme une limite absolue, mais comme un outil de travail – comme étant représentative de la qualité de très petit Etat. Cela signifie que, sont considérés comme très petits Etats, les membres du Conseil de l'Europe que sont le Liechtenstein, Saint-Marin, l'Islande, Malte, le Luxembourg et l'Andorre. D'autres très petits Etats n'étant pas membres du Conseil de l'Europe sont le Saint-Siège et Monaco.

C — DIX THÈSES

1. L'adhésion au Conseil de l'Europe a pris une forme très différente selon les petits Etats concernés. Seul le Liechtenstein a été confronté à une résistance lors de son adhésion.

Le Luxembourg, membre fondateur du Conseil de l'Europe, n'a en tant que tel jamais considéré qu'il était nécessaire de justifier sa prétention au statut de membre à l'occasion des négociations d'adhésion. Il n'a pas été soumis aux dispositions d'adhésion applicables aux Etats-membres admis par la suite: il avait participé aux négociations de fondation sans passer par une procédure d'admission particulière.

Le faible poids politique de l'Islande, Etat insulaire éloigné, a fait que les Etats fondateurs n'ont pas estimé que cet Etat au Conseil de l'Europe était une nécessité absolue. Cependant, les pays scandinaves ont fait savoir clairement, avant la signature des statuts en mai 1949, que l'admission de la Grèce et de la Turquie, basée sur des raisons stratégiques, et qui était prévue pour la première séance du comité des ministres, ne pouvait être cautionnée que si l'Islande était invitée à adhérer à l'organisation.

Le premier examen d'une demande d'adhésion par le comité des ministres et l'Assemblée parlementaire du Conseil de l'Europe à l'échelon des comités spécialisés a eu lieu à la fin de 1964 à l'occasion de l'admission de Malte. La brièveté à elle seule de la procédure d'alors montre que l'examen de la demande maltaise était encore limité à une évaluation sommaire. La petite taille du nouvel Etat-membre ne soulevait pas encore de question critique. Avec une population pratiquement aussi nombreuse que celle du Luxembourg et clairement supérieure à celle de l'Islande, Malte a aisément trouvé place dans l'ordre de grandeur du Conseil de l'Europe.

Le cas du Liechtenstein est différent: la principauté nettement moins peuplée que Malte, le Luxembourg et l'Islande a fait qu'il était nécessaire de traiter de manière exhaustive la question des très petits Etats, en 1978, au sein du Conseil de l'Europe. A l'issue d'une approche longue et prudente, des débats passionnants à l'Assemblée parlementaire, le Conseil de l'Europe a approuvé l'admission de la principauté.

Par l'admission du Liechtenstein, le Conseil de l'Europe s'était également décidé sur la question de sa politique future à l'égard des pays européens les plus petits. Dans ce contexte, et sur la base des expériences positives accomplies avec le Liechtenstein, l'admission de Saint-Marin, en 1988, dix ans après celle du Liechtenstein, n'était plus contestée.

2. La condition d'adhésion au Conseil de l'Europe pour tous les très petits Etats était une vaste unité politique sur la volonté d'adhérer au Conseil de l'Europe.

Dans tous les petits Etats examinés, la décision gouvernementale d'adhérer au Conseil de l'Europe bénéficiait de l'appui de pratiquement tous les rassemblements et les forces politiques représentatifs. Cette unité était indispensable. En effet, les Etats les plus petits compte tenu de leurs capacités matérielles et personnelles limitées, n'auraient pratiquement pas pu garantir leur capacité d'adhérer et en particulier l'exécution des obligations qui découlaient de leur statut de membre.

3. L'adhésion au Conseil de l'Europe des très petits Etats examinés est fondée sur trois motifs principaux.

Il ressort des documents du Conseil de l'Europe, des procès-verbaux de négociation et surtout des entretiens avec les personnes concernées et les responsables de l'époque que les motifs à l'origine d'une adhésion peuvent être présentés comme suit:

— la volonté d'intégration européenne dominait au Luxembourg ;
— la documentation sur l'appartenance à l'Europe et concernant la volonté de collaborer avec l'Europe était déterminante dans les cas de l'Islande et de Malte ;
— la confirmation de leur souveraineté étatique était au premier plan dans les cas du Liechtenstein et de Saint-Marin.

4. Pour tous les très petits Etats, le Conseil de l'Europe assume une fonction importante de forum pour tisser des contacts à l'échelon du gouvernement, du Parlement, de l'administration et des spécialistes.

Le statut de membre du Conseil de l'Europe permet aux très petits Etats, malgré des ressources en personnel très limitées, d'entretenir des liens personnels dans tous les domaines avec tous les Etats-membres de l'organisation.

Cette fonction de forum du Conseil de l'Europe permet aux très petits Etats examinés de préserver et d'étendre leurs relations internationales. Ainsi, il est possible de répondre positivement à la question de leur capacité de négociation internationale.

5. Le Conseil de l'Europe constitue l'organisation idéale pour les très petits Etats.

Le principe de l'égalité entre Etats au sein du comité des ministres, ainsi que la considération accordée à celui de la surproportionalité lors de la fixation de la clef de répartition des voix à l'Assemblée parlementaire répond aux intérêts des très petits Etats. Le nombre des Etats-membres du Conseil de l'Europe est considérablement moins élevé que celui des Nations-Unies. Avec ses 1 200 fonctionnaires, son appareil administratif reste transparent. Ces deux éléments sont dans l'intérêt des très petits Etats qui doivent s'accommoder de ressources limitées.

6. L'image des très petits Etats et de leurs collaborateurs au Conseil de l'Europe dépend largement de la contribution apportée par la personnalité de leurs représentants à Strasbourg.

Cette base étroite en personnel au Conseil de l'Europe confère un poids particulier à chaque représentant de ces Etats, parce que chaque membre représente une partie comparativement plus importante de sa délégation nationale. En sorte que le comportement de chaque représentant des très petits Etats sera continuellement attribué à celui de l'Etat qu'il représente.

Cette constatation vaut également pour le comité des ministres. En particulier, le Luxembourg et le Liechtenstein ont de cette manière tiré profit des nombreuses et précieuses contributions de leurs représentants à Strasbourg.

7. Les très petits Etats examinés prennent part aux travaux et aux décisions du Conseil de l'Europe, non seulement formellement mais aussi du fait et à égalité avec leurs partenaires.

Le Liechtenstein, Saint-Marin, Malte et l'Islande adoptent volontiers une attitude réservée au Conseil des ministres, en ce qui concerne les débats budgétaire ou à des projets qui comportent des conséquences financières. L'usage voire la menace du droit de veto par ces pays est pratiquement exclu. Seul Malte, sous la présidence de M. Dom Mintoff en particulier, a mené une politique controversée au Conseil de l'Europe.

8. Leur statut de membre du Conseil de l'Europe a renforcé la position des très petits Etats dans le domaine de la politique étrangère - dans la mesure de leurs engagements.

La motivation première de l'adhésion du Liechtenstein et de Saint-Marin était la confirmation de leur souveraineté étatique et de leur indépendance. Tous deux ont atteint leur but.

Grâce à un engagement global et entrepris très tôt, dans et pour l'Europe (dans la Œ, l' OTAN, l' UEO et le Conseil de l'Europe) le Luxembourg a rapidement compté davantage comme «le plus petit des grands» que comme «le grand parmi les petits» — et ce également au Conseil de l'Europe.

L'engagement islandais au Conseil de l'Europe, certes, a toujours été modeste. Cela dit, son statut de membre a contribué à renforcer la position internationale de cette île: en plus de l'adhésion à l'OTAN motivée par les raisons de la politique de sécurité, ainsi que l'entrée aux Nations-Unies, c'est surtout le Conseil de l'Europe qui a constitué pour l'Islande la plateforme à partir de laquelle faire entendre ses requêtes et tisser des liens internationaux avec l'Europe.

Sous M. Mintoff, Malte a montré qu'elle savait épuiser toute la marge de manoeuvre au Conseil de l'Europe que les statuts de l'organisation octroie à ses membres. Parfois les choses ne s'arrêtaient pas là: nombre d'exigences souvent assorties d'ultimatums et de menaces, mais encore les oppositions contestées de M. Mintoff à Strasbourg ont placé ce petit pays et sa politique discutable sous les feux de la rampe. Ce n'est d'ailleurs pas sans l'aide active du Conseil de l'Europe qu'il a été possible de préserver ce pays d'un glissement vers un régime autoritaire dans les années quatre-vingt.

9. Les très petits Etats ne constituent pas un groupe d'intérêt homogène au sein du Conseil de l'Europe. Leurs interlocuteurs privilégiés sont leurs voisins.

D'une manière générale, en outre les divergences d'intérêts entre les très petits Etats sont considérablement plus grandes que leurs points communs, qu'il s'agisse de l'adhésion ou de la collaboration.

Le fait que les très petits Etats ne s'unissent qu'exceptionnellement en groupe d'intérêt a divers motifs. Les différentes dates d'adhésion à elles seules rendent très peu probable la formation d'un «Lobby des très petits Etats» à Strasbourg. Compte tenu de ses liens économiques étroits avec les Pays-Bas et spécialement avec la Belgique, le Luxembourg a trouvé dans ces Etats un partenaire important. En outre de bonnes relations existaient avec la France et la collaboration avec l'Allemagne s'est approfondie. La création de la Communauté européenne a intensifié les contacts avec ses membres.

Le Liechtenstein a lui aussi cherché à renforcer à Strasbourg ses liens amicaux avec la Suisse sur laquelle il s'appuyait de longue date. A part la Suisse, le Liechtenstein entretient, au sein du Conseil de l'Europe, des relations serrées avec son second voisin, l'Autriche.

Pour Saint-Marin, la question d'un partenaire important ne s'est jamais réellement posée: jusqu'aux années soixante-dix sa politique extérieure s'est structurée sur celle de son seul voisin: l'Italie.

Les relations de l'Islande avec le Danemark, au moment de son adhésion au Conseil de l'Europe, étaient encore étroites et multiples depuis son accession à l'indépendance en 1944. Les Islandais se sentent également liés avec les autres Etats scandinaves du Conseil de l'Europe, la Norvège et la Suède.

Malte entretenait au début des relations intenses avec la Grande-Bretagne, ancienne puissance coloniale. Sous la présidence de M. Dom Mintoff, Malte, engagée dans une politique de «confrontation», s'est largement isolée de l'Europe. Après une normalisation au cours des années quatre-vingt et à la recherche de soutien économique, Malte s'est récemment rapproché de l'Allemagne dans le cadre de ses efforts d'ouverture vers l'Union européenne.

Que les divergences entre ces cinq Etats dominent comparativement aux points communs, apparaît dès lors que l'on se souvient qu'ils ne forment pas un groupe homogène : leur situation géographique, leur développement horizontal, leur structure économique ou leur histoire ne leur permet pas d'être autrement. Les motifs qui les ont poussé vers l'adhésion au Conseil de l'Europe sont également significatifs. Ces contextes individuels différents ont précisément conduit ces très petits Etats à s'engager aussi au Conseil de l'Europe en faveur de domaines différents, ce n'est que rarement qu'ils se sont décidés à suivre une politique unanime d'un commun accord.

Cela dit une certaine parenté existe qui remonte à la qualité même des très petits Etats. Citons l'engagement en faveur des droits de l'homme, de l'Etat de droit, un intérêt pour la coopération culturelle ainsi que le souhait de coopérer dans le domaine de la législation. Tous les très petits Etats accordent une grande signification à la fonction de forum multilatéral avec les représentants des autres Etats-membres, qu'exerce le Conseil de l'Europe. Finalement, un intérêt commun lie les très petits Etats dans toutes les questions institutionnelles. Toute tentative à venir de remettre en question non pas accidentellement, mais sur le fond, le principe de l'égalité absolue de tous les Etats au comité des ministres, serait provoquer la résistance commune des très petits Etats.

10. La thèse de l'incapacité des très petits Etats à devenir membre à part entière d'une communauté internationale, thèse en cours dans la première moitié du XXe siècle, approximativement à l'occasion du rejet de la demande du Liechtenstein d'adhésion à la Société des Nations en 1920, n'est plus de mise aujourd'hui.

Une transformation dans la disposition de la communauté internationale à traiter les très petits Etats sur un pied d'égalité fondé sur ce principe d'indépendance souveraine, ne s'est accomplie qu'au cours de ce siècle. Une évolution comparable peut être observée dans le cas du Conseil de l'Europe. Après le rejet de Liechtenstein par la société des Nations en 1920, les derniers doutes sur la qualité d'Etat du Liechtenstein ont été levés peu après son admission au Conseil de l'Europe en 1978.

A Strasbourg, tous les très petits Etats jouissent des mêmes droits, mais aussi de la même considération que les grands pays.

D — CONCLUSION

Diverses circonstances et motifs ont ouvert la vie du Conseil de l'Europe aux très petits Etats. Mais tous ont de bonnes raisons de considérer leur participation à l'organisation implantée à Strasbourg comme un succès.

La présence de ces États a aussi exercé une influence sur le Conseil de l'Europe qui ne les a pas exclus et les a traité en égaux des autres partenaires. Ce faisant, le Conseil de l'Europe apporte la preuve quotidienne qu'il applique pour son propre compte les principes qu'il diffuse à l'extérieur.

III

L'ADMISSION DES PAYS D'EUROPE CENTRALE

L'adhésion de la Hongrie au Conseil de l'Europe

par Mihály FÜLÖP
Institut hongrois de relations internationales — Budapest

INTRODUCTION

L'histoire de l'adhésion de la Hongrie au Conseil de l'Europe s'insère dans le cadre plus large de la réorientation vers l'Ouest de la politique étrangère des petits Etats situés entre l'Allemagne et l'URSS et de la transformation démocratique en Europe centrale et orientale entre 1988 et 1990. D'après l'interprétation la plus répandue en Hongrie, la stratégie d'accession faisait partie de la tentative de la diplomatie hongroise de trouver une marge de manoeuvre contre l'emprise soviétique et de se dégager progressivement de l'alliance avec l'URSS. Ces années étaient aussi une période de lutte pour le pouvoir entre les différentes tendances du parti unique en pleine décomposition. C'est en démontrant la différence en matière de politique étrangère par rapport aux fidèles alliés de Moscou que le courant réformateur du parti socialiste ouvrier hongrois fit comprendre à l'étranger et à l'intérieur du pays qu'il voulait un vrai tournant. L'adhésion au Conseil de l'Europe devint un instrument de la politique étrangère du pays axé sur la protection de ses minorités nationales vivant au dehors de ses frontières. Cette volonté de s'ouvrir à l'Europe occidentale coïncida avec l'ouverture du Conseil de l'Europe vers l'Europe centrale et orientale. La Hongrie devint le pays pionnier dans cette entreprise.

VERS L'ETAT DE DROIT ET LE MULTIPARTISME

Comme point de départ, deux données sont fondamentales pour comprendre la marche de la Hongrie vers la démocratie. Déjà dans l'ère soviétique, entre 1968 et 1985, la Hongrie se trouva isolée dans le camp socialiste car elle seule essaya de continuer sur la voie des réformes. Après l'intervention contre la Tchécoslovaquie, les réformes politiques furent exclues. De ce blocage politique résultèrent après 1972 deux mouvements antagoniques, tous deux opposés au régime Kádár. D'un côté, au sein du parti communiste, une critique ouvriériste s'appuyant sur Moscou se fit de plus en plus active. Elle réussit à bloquer les réformes économiques. De l'autre, l'opposition démocratique naquit de la répression culturelle de l'après 1968. Le courant dit «national» se manifesta aussi en prenant en charge la défense des intérêts des minorités hongroises des pays voisins. Le grand écrivain Gyula Illyés symbolisa ce mouvement. Ainsi, les principaux acteurs de la nouvelle démocratie hongroise étaient déjà entrés sur la scène.

A partir de 1985, la décomposition du régime prit forme et c'est à ce moment-là que la politique étrangère de la Hongrie devint plus active et que l'articulation et la défense des intérêts nationaux face à l'Union soviétique refirent surface. Les premières tentatives de rapprochement vers les grandes institutions européennes (Communauté européenne, Conseil de l'Europe) furent réalisées au cours de cette période. Kádár se mura dans un conservatisme de plus en plus marqué en essayant de bloquer la critique venant de la gauche de son parti que représentait Károly Grósz. Face à la montée irrésistible de la gauche, Kádár recula entre novembre 1986 et juillet 1987 pour finir par accepter Grósz comme premier ministre. En septembre 1987, une véritable course poursuite commença pour le pouvoir. D'une part, Pozsgay, représentant du mouvement profond dans le parti unique, était tombé d'accord avec Grósz pour éloigner Kádár. D'autre part, Gorbatchev avait définitivement abandonné l'idée de défendre Kádár qui jouait le vieux sage du camp socialiste. Au mois de mai 1988, lors de la conférence du Parti communiste, Grósz et Pozsgay réussirent à monter une révolution de palais en réservant à Kádár un poste honorifique de président. Grósz bénéficia d'un énorme pouvoir en tant que premier ministre et premier secrétaire du parti socialiste ouvrier hongrois. Ce fut donc une implosion des forces totalement opposées au sein du parti unique qui mit fin au règne de Kádár.

La base de l'unité du parti dont Kádár avait été jusque là le ciment fut donc détruite. A la place, on vit se développer une lutte sans merci entre tendances. L'opposition connut au même moment une mutation décisive. Le Forum Démocratique hongrois fut le fruit de la révolte de l'intelligentsia nationale. Il se basait essentiellement sur la sympathie de milieux intellectuels très divers politiquement mais réunis sur une plate-forme démocrate et nationale. Au printemps 1988, le Forum organisa des réunions sur la question des minorités nationales. Le Réseau des Libres Initiatives, ancêtre de l'actuelle Alliance des Démocrates Libres, fit également ses premiers pas à ce moment-là et voulut l'introduction de l'Etat de droit et le multipartisme sans le «rôle dirigeant» du Parti communiste. Au mois de novembre 1988, Grósz abandonna son poste de premier ministre à Miklos Németh qui, au mois d'avril 1989 en recomposant son gouvernement, choisit Gyula Horn comme ministre des Affaires étrangères. A partir du mois de janvier 1989, la Hongrie glissa subrepticement vers le pluralisme. L'opposition éclata en différents partis politiques. Le pouvoir recula pas à pas face à la montée de l'opposition qui réussit à imposer ses thèses à partir de ce moment-là. Le 15 mars 1989 eut lieu la première manifestation massive de l'opposition dans les rues de Budapest avec des slogans anti-communistes et anti-kádáriens. Sur cette lancée, une table ronde de l'opposition fut créée pour instaurer un pôle unifié face au pouvoir. Le 13 juin commencèrent les négociations trilatérales qui regroupaient le PSOH, la table ronde de l'opposition et les organisations sociales. Elles eurent deux fonctions: d'une part, elles permirent la transition en douceur vers le pluralisme politique, d'autre part, elles autorisèrent ses participants à rejeter toute éventuelle élection d'une constituante. Ainsi, on put constater la naissance d'un embryon de république des partis.

Le 16 juin 1989, les funérailles d'Imre Nagy, qui marquèrent le trente-et-unième anniversaire de son exécution, changèrent l'atmosphère politique. Grósz fut pratiquement relevé de ses fonctions. La direction effective du parti fut confiée à un directoire de quatre personnes où Grósz fut encadré par Imre Pozsgay, Miklós Németh et par le père de la réforme économique, Rezsó Nyers, qui devint le président du parti. L'opposition reprit le dessus et le régime Kádár fut enterré. Dès le 25 mai, Pozsgay déclara que les élections à venir seraient entièrement libres. Le 18 septembre, les négociations trilatérales aboutirent à un accord entre le PSOH et une partie de l'opposition sur les mesures politiques à prendre et les lois à adopter pour introduire l'Etat de droit dans les mois précédant les élections législatives. La scène politique qui caractérisait la démocratie hongroise se cristallisa à ce moment précis. Les deux principaux regroupements politiques à s'asseoir à la table ronde avec le PSOH étaient le Forum démocratique et l'Alliance des Démocrates Libres. Il était pratiquement acquis pour eux que les élections prévues seraient véritablement des élections libres. Entre le 6 et le 9 octobre, le quatorzième congrès du PSOH choisit une solution originale pour mettre fin à la crise d'un parti communiste au pouvoir: la dissolution du parti-Etat ou Etat-parti comme l'on voudra. La naissance du parti socialiste hongrois, la social-démocratisation du parti communiste rendit possible l'adoption de lois véritablement démocratiques, la proclamation de la république le 23 octobre 1989 (au lieu de la république populaire) et ainsi, la naissance d'un véritable Etat de droit des régimes multi-partites. Un référendum organisé le 26 novembre 1989 rendit irréversible cette marche vers la démocratie. Les premières élections libres furent organisées le 26 mars et le 8 avril 1990. Le Forum démocratique hongrois sortit vainqueur en formant un gouvernement de coalition de tendance chrétien démocrate.

LA NAISSANCE D'UNE POLITIQUE ÉTRANGÈRE INDÉPENDANTE

Parallèlement à l'évolution intérieure vers la démocratie, dans la phase finale du kádárisme, les tentatives répétées de réformes initiées par les acteurs de la politique intérieure hongroise aboutirent à une certaine ouverture de l'économie qui dut de plus en plus se conformer aux normes des échanges internationaux et devint de ce fait plus sensible aux soubresauts de l'économie mondiale. Ce n'est donc pas un hasard si les premières manifestations de dissension entre la politique extérieure hongroise et le cours soviétique se produisirent sur le terrain des relations économiques extérieures.

L'adhésion au Fonds monétaire international et à la Banque mondiale en 1982 marquèrent clairement une étape en terme de politique étrangère. Une fois entrée dans l'ère post-kádárienne, la diplomatie hongroise bénéficia des possibilités offertes par les changements liés au pouvoir gorbatchévien. Le secrétaire général du PCUS rechigna à intervenir dans les luttes de tendances du parti socialiste ouvrier hongrois et refusa de soutenir Károly Grósz dans sa ligne pro-soviétique. A partir du mois d'avril 1989, le gouvernement hongrois de Miklos Németh commença à jouer un rôle autonome par rapport à son propre parti. Gyula Horn devint, avec l'équipe des hauts-fonctionnaires et des diplomates du ministère des Affaires étrangères, un acteur important dans la politique intérieure. Utilisant cette marge de manoeuvre, il réussit à réorienter la politique étrangère de la Hongrie vers l'Ouest même avant le changement du régime. Il accéléra et approfondit l'abandon des fondements idéologiques (communiste) du cours précédent tout en développant une action de plus en plus fondée sur l'articulation des intérêts nationaux en rompant avec le rôle d'Etat satellite que jouait la Hongrie. La réaction soviétique à cette velléité d'indépendance hongroise fut à double tranchant. D'une part, comme nous allons le voir, l'Union soviétique ne s'opposa pas à des initiatives hongroises de moindre envergure notamment en ce qui concerne son rapprochement vers le Conseil de l'Europe. Gorbatchev lui-même fit un discours devant l'Assemblée parlementaire du Conseil de l'Europe le 6 juillet 1989. D'autre part, Edouard Chevarnadze, ministre des Affaires étrangères soviétique, notifia clairement à ses partenaires hongrois son opposition à suivre une voie séparée vers la Communauté européenne et l'OTAN. Dans ces conditions, l'ouverture de la frontière hongroise devant des dizaines de milliers de réfugiés Est-Allemands au mois de septembre 1989 se fit sans l'accord des Soviétiques. Cette audace hongroise ébranla profondément l'alliance soviétique, déstabilisa l'Allemagne de l'Est et contribua grandement au succès de la réunification allemande. La diplomatie hongroise, à partir du mois d'octobre 1989 jusqu'à avril 1990, devint le seul véritable terrain de succès du gouvernement Németh qui, dans un contexte international profondément bouleversé, essaya de sauver ce qui restait de l'influence du parti socialiste hongrois avant l'organisation des élections libres. C'est ainsi que les ouvertures entre autres vers le Conseil de l'Europe eurent un rôle important dans la démonstration à l'Ouest du caractère démocratique de la nouvelle république hongroise. Cette évolution suivit le travail législatif effervescent de la dernière assemblée nationale dominée par les ex-communistes qui souhaitaient introduire l'Etat de droit.

LA NOUVELLE POLITIQUE DE L'EST DU CONSEIL DE L'EUROPE ET LA HONGRIE

Jusqu'à 1988-1989, l'Assemblée parlementaire et le comité des ministres du Conseil de l'Europe établirent des contacts avec les représentants des pays d'Europe centrale et orientale mais il était impensable, selon les critères inscrits dans le statut, d'engager une réflexion sur l'adhésion de ces Etats au Conseil de l'Europe. Pourtant, le Conseil de l'Europe essaya de revigorer sa politique vers l'Est par une série de résolutions adoptées entre 1984 et 1989. En tenant compte des changements démocratiques intervenus dans cette partie de l'Europe, et le rapprochement de certains Etats vers le Conseil, l'Assemblée parlementaire trouva une solution originale pour associer les pays Européens non membres aux travaux du Conseil. La création d'un statut spécial pour les assemblées nationales des pays d'Europe centrale et orientale avait comme base l'acceptation de l'acte final d'Helsinki du ler août 1975 et les pactes internationaux de l'ONU du 16 décembre 1966 relatifs aux droits civils, politiques, économiques, sociaux et culturels. Le Conseil de l'Europe adopta donc une approche pragmatique et sélective avec cette création de statut d'invité spécial. La Hongrie, la Pologne et la Yougoslavie entrèrent dans cette «antichambre» du Conseil au mois de juin 1989. En effet, le 8 juin 1989, le Secrétariat de l'Assemblée parlementaire du Conseil de l'Europe convia six députés hongrois à participer à ses sessions avec un statut d'invité spécial et ceux-ci se joignirent pour la première fois aux travaux de l'Assemblée au mois de juillet 1989 (5 -7 juillet 1989).

L'adhésion au Conseil de l'Europe dans les années 80 n'était pas inscrite dans le programme de la diplomatie hongroise. Certes, quelques contacts préliminaires avaient été établis dès mai 1984. Mais avant le tournant démocratique du mois de janvier 1989, on ne peut pas parler d'une démarche cohérente de la part de la Hongrie. Toutefois la question des minorités nationales refit surface dans le débat de politique intérieure et, parallèlement avec la marche vers l'Etat de droit et le détachement de l'orbite soviétique, cette question servit de catalyseur du rapprochement vers le Conseil de l'Europe. Le calcul hongrois découlait de la vision qu'avaient les forces politiques présentes du règlement de la question des minorités en Europe centrale et orientale: la plupart des acteurs politiques hongrois jugeaient l'introduction du système de la protection des minorités nationales comme une solution à ce problème. C'est pourquoi le ministère des Affaires étrangères commença à travailler sur un projet d'accord international sur la protection des minorités nationales à faire adopter par les institutions européennes. Cette idée avait surgi immédiatement après la Seconde Guerre mondiale quand les grandes puissances établirent les frontières actuelles de la Hongrie dans le Traité de paix de Paris signé le 10 février 1947 en laissant d'importantes minorités hongroises dans les pays voisins. (Environ 1,7 millions de Hongrois en Roumanie, 600 000 en Slovaquie, 400 000 en Serbie, 200 000 en Ukraine et plusieurs dizaines de milliers répartis entre la Slovénie, la Croatie et l'Autriche). Ce traité de paix ne comportant pas de clause de protection des minorités, la diplomatie hongroise commença à chercher, en 1989, à insérer de pareilles clauses dans les traités de base à conclure avec les pays voisins avec des références aux textes internationalement reconnus. La Hongrie considérait le concept de la protection des droits de l'homme du statut du Conseil de l'Europe comme la solution au problème des minorités. Ce furent finalement trois facteurs qui jouèrent dans le rapprochement: la volonté de la tendance réformatrice du parti unique et du ministère des Affaires étrangères de s'ouvrir vers les institutions européennes et de trouver une caution démocratique et occidentale à leur politique; l'étonnante tolérance de l'Union soviétique envers les initiatives de la diplomatie hongroise et le jeu de politique intérieure qui donnait une importance prépondérante à l'introduction de l'Etat de droit, le respect des droits de l'homme et éventuellement la protection des minorités nationales.

Les contacts devinrent réguliers dès 1988: invité par Istvan Stadinger, Louis Jung, président de l'Assemblée parlementaire du Conseil de l'Europe, se rendit en Hongrie du 22 au 25 novembre 1988. Matyas Szúrös, président du Parlement hongrois, répondit à la visite de M. Jung en assistant, à la tête de la mission hongroise, au quarantième anniversaire de la fondation du Conseil de l'Europe (5-7 mai 1989). Ensuite, le 7 mai 1989, le Comité des ministres du Conseil de l'Europe invita la Hongrie par décision unanime à la Convention culturelle européenne.

Entre l'obtention du statut d'invité spécial (juin 1989) et de celui de membre de plein droit (novembre 1990), les étapes de l'adhésion correspondirent aux tournants de la politique intérieure du pays. Le 20 juin 1989, Kálmán Kulcsár, ministre hongrois de la Justice, participa à La Haye à la conférence des ministres de la Justice des pays membres du Conseil de l'Europe où il fit un rapport sur les négociations trilatérales ayant comme but l'introduction d'un ordre constitutionnel démocratique. A l'initiative du Parlement hongrois, la Commission des Migrations et de la Démographie de l'Assemblée parlementaire du Conseil de l'Europe tint sa session à Budapest du 30 octobre au ler novembre 1989. Invité par Matyas Szúrös, Anders Bjorck, président de l'Assemblée parlementaire du Conseil de l'Europe, se rendit en visite en Hongrie au mois de novembre 1989 (4-5 novembre). Le 16 novembre 1989, lors de la session du Comité des ministres des Affaires étrangères du Conseil de l'Europe à Strasbourg, Gyula Horn, alors ministre des Affaires étrangères de la Hongrie, annonça officiellement la demande d'adhésion de plein droit du gouvernement hongrois en s'engageant à respecter les principes énoncés à l'article 3 du statut, notamment en ce qui concerne l'acceptation du principe de la prééminence du droit, du respect des droits de l'homme et des libertés fondamentales. (Il déposa ce jour-là également les actes de ratification de l'adhésion de la Hongrie, entre autres, à la Convention culturelle européenne et à la Convention du Conseil de l'Europe relative à la Vie sauvage et au Milieu naturel en Europe).

Le 5 décembre 1989, la Commission du Conseil de l'Europe décida d'inviter la Hongrie à plusieurs conventions dont à l'accord sur l'équivalence des diplômes nécessaires à l'entrée à l'université, à l'accord européen relatif à l'échange de substances thérapeutiques d'origine humaine, à l'accord relatif à la pharmacopée européenne et à l'accord sur la protection du patrimoine architectural européen. Le 5 décembre 1989, le Comité des ministres du Conseil de l'Europe décida également que la Hongrie pouvait participer en tant qu'observateur à toutes les sessions des experts et des gouvernements des pays membres du Conseil de l'Europe. Le 29 janvier 1990, Miklos Németh, le premier ministre de l'époque, se rendit à Strasbourg et s'adressa à l'Assemblée parlementaire du Conseil de l'Europe. Il y déposa la demande d'adhésion du gouvernement hongrois à la fondation Eurimage et signa la convention sur le dopage dans le sport et sur la télévision transfrontalière. Il y annonça également la volonté de la Hongrie d'adhérer à l'accord-cadre européen sur la coopération transfrontalière des communautés territoriales et des pouvoirs locaux. Les 5 et 7 février 1990, Catherine Lalumière, secrétaire général du Conseil de l'Europe, mena des négociations préliminaires en Hongrie avec Gyula Horn, ministre des Affaires étrangères de l'époque. Les 20 et 21 février 1990, la Commission de l'Assemblée parlementaire du Conseil de l'Europe des Relations parlementaires et publiques tint sa session à Budapest. Les 5 et 6 mars 1990, Joao Pinheiro, président du Comité des ministres du Conseil de l'Europe, et Catherine Lalumière, secrétaire général, furent invités à Budapest. Le 24 mars 1990, Gyula Horn participa à Lisbonne à la réunion extraordinaire du Comité des ministres du Conseil de l'Europe.

Le 26 mars 1990, Istvan Fodor, vice-président du Parlement hongrois, adressa une lettre à Anders Bjorck sur la question de la violation des droits collectifs et individuels des Hongrois de Roumanie. Le 6 avril 1990, c'est Gyula Horn qui écrivit à M. Pinheiro et à Mme Lalumière à ce sujet. Antal Réger, chef du groupe des députés hongrois de l'Assemblée parlementaire du Conseil de l'Europe, rédigea ce jour-là aussi une lettre à Ludwig Steiner, président de la Commission politique du Conseil de l'Europe. A partir de ce moment, les députés hongrois qui participaient aux travaux de l'Assemblée parlementaire du Conseil de l'Europe ne cessèrent de militer pour l'adoption de recommandations pour la protection des minorités nationales (leurs efforts aboutirent en 1993 avec la recommandation 1201 de l'Assemblée parlementaire sur les minorités nationales).

L'organisation d'élections libres devint un critère d'admission important au Conseil de l'Europe. Le 30 avril 1990, le Parlement hongrois démocratiquement élu désigna six nouveaux députés hongrois représentant les six partis parlementaires pour participer comme invités spéciaux à l'Assemblée parlementaire du Conseil de l'Europe. Le gouvernement qui s'installa en mai 1990 se fixa quelques objectifs fondamentaux en matière de politique étrangère: le rétablissement de la souveraineté totale du pays, l'élaboration d'une politique étrangère indépendante fondée sur les intérêts nationaux, la poursuite de la réorientation globale des relations extérieures du pays, de l'est vers l'ouest. Le programme du gouvernement précisait les trois grands axes des relations extérieures: la politique étrangère stricto sensu, la politique de sécurité, et les dimensions diplomatiques de l'action à l'égard des minorités (A Nemzeti Megújhódas Programja, programme de la rénovation nationale, Budapest, septembre 1990, pp. 177-185). Deux priorités étaient fixées concernant la politique étrangère proprement dite : prendre place dans les structures permettant l'intégration dans l'espace européen et nord-atlantique, et élargir la coopération au niveau régional en établissant des relations de bon voisinage notamment avec les anciens piliers de la Petite Entente. La politique de sécurité se devait avant tout de confirmer les bases du tournant diplomatique en cours, en assurant la rupture avec le pacte de Varsovie et, tant que celle-ci ne serait pas effective, en modifiant la nature même des activités de l'organisation cependant que, dans le cadre des relations bilatérales, la Hongrie s'assurerait du départ des troupes soviétiques dans les délais initialement fixés. Le programme gouvernemental n'indiquait aucune volonté d'adhésion à l'OTAN. La sécurité du pays devait être garantie par un réseau d'accords bilatéraux, régionaux et paneuropéens (CSCE, etc). Le troisième volet du triptyque des relations extérieures dispose d'un statut particulier. En effet, la défense des minorités hongroises est définie à part, en tant que problème relevant d'une logique propre, et il est dit des dimensions internationales de cette question que «la responsabilité du gouvernement hongrois (y) est donc tout particulièrement engagée» (A Nemzeti Megújhódás Programja, programme de la rénovation nationale, Budapest, septembre 1990, p. 184). Une des priorités est devenue l'intégration dans des institutions européennes. Le Conseil de l'Europe ayant accepté la demande d'adhésion déposée par la Hongrie, ce pays fut le premier des anciens membres du bloc soviétique à intégrer de plein droit le Conseil et en devint le vingt-quatrième membre le 6 novembre 1990.

CONCLUSION

Parmi les pays d'Europe centrale et orientale, c'est donc la Hongrie qui commença à partir de 1982 une politique d'ouverture vers l'Ouest. Tout en restant une alliée de l'Union soviétique, elle entama des réformes économiques, ce qui restait un phénomène isolé dans le «camp socialiste», et devint un précurseur des changements qui ébranlèrent cette partie de l'Europe. La Hongrie commença à faire des pas concrets vers le Conseil de l'Europe en mai 1984, année où le pays se singularisa par rapport aux autres pays du Pacte de Varsovie et du Comecon. En effet, les autres pays entrèrent dans des difficultés économiques inextricables (la Pologne, la Roumanie et la Yougoslavie demandèrent le rééchelonnement de leur dette) et l'Union soviétique, suite à l'invasion de l'Afghanistan et à la mort successive des Secrétaires généraux, devint de plus en plus isolée sur la scène internationale.

Le Conseil de l'Europe chercha à trouver un nouveau rôle en soutenant la naissance des démocraties nouvelles qui voulaient instaurer des Etats de droit et faire régner le respect des droits de l'homme dans la partie Est de l'Europe. En 1990, les parlements nationaux des pays d'Europe centrale et orientale réussirent à transformer la nature même du système soviétique en adoptant de nouvelles constitutions et des lois démocratiques comme nous l'avons dit précédemment. Tout cela rehaussa le prestige des principes énoncés dans le statut du Conseil de l'Europe et cette institution devint ainsi un symbole de la transformation démocratique des Etats d'Europe centrale et orientale. Le Conseil de l'Europe essaya de sensibiliser les opinions de ces pays pour les grands principes de la démocratie et des droits de l'homme et mit sur pied un programme d'assistance aux réformes constitutionnelles et administratives (le programme Démosthène) et le programme «For EAST», destiné à la formation des chercheurs dans quelques domaines des sciences et techniques.

La politique de Gorbatchev facilita grandement la prise de contact entre le Conseil de l'Europe et les petits Etats situés entre l'Allemagne et l'URSS. Le discours historique de Gorbatchev devant l'Assemblée parlementaire signifia la découverte par la diplomatie soviétique de cette «terra incognita» qu'était le Conseil de l'Europe. Le Comité des ministres établit une politique sélective de l'Est qui discriminait les Etats balkaniques non respectueux des droits des minorités. La Bulgarie fut le seul Etat de l'Est dont la demande d'adhésion fut rejetée à cause de la répression contre la minorité turque de Bulgarie, par ailleurs, la Roumanie ne fut pas invitée à la session spéciale du Comité des ministres de Lisbonne des 23 et 24 mars 1990 pour sa politique envers les minorités vivant sur son territoire. Les ministres des Affaires étrangères hongrois, polonais et yougoslave furent entendus lors d'une réunion commune de la commission des questions politiques et de la commission des relations avec les pays européens non membres et par le Comité des ministres. Le Conseil de l'Europe envoya des missions d'observation pour surveiller les élections organisées dans les pays d'Europe centrale, notamment en mars — avril 1990 pour observer les élections hongroises. Jozsef Antal, premier ministre de la Hongrie, et Vaclav Havel, président de la République tchécoslovaque, se rendirent au Conseil de l'Europe immédiatement après leur élection. A partir de 1993, la diplomatie hongroise réussit à utiliser en sa faveur la recommandation n° 1201 de l'Assemblée parlementaire du Conseil de l'Europe sur les minorités nationales pour inclure ladite recommandation dans le «traité de base» conclu avec la Slovaquie le 21 mars 1995 à Paris dans le cadre du pacte de stabilité en Europe préconisé par M. Balladur.

Ainsi, l'adhésion de la Hongrie au Conseil de l'Europe est issue de la rencontre de deux volontés d'ouverture convergentes: d'une part, celle de la Hongrie qui voulait intégrer les institutions européennes et, d'autre part, celle du Conseil de l'Europe qui voulait établir une grande politique à l'Est.

Le rapprochement progressif de la Hongrie vers cette institution symbolisait aussi le degré de transformation démocratique en cours. La diplomatie hongroise a réussi à intérioriser et à instrumentaliser l'acquisition du statut d'invité spécial et ensuite celui de membre de plein droit dans sa lutte pour les réformes à l'intérieur du pays et pour la protection des minorités hongroises vivant dans les pays voisins. Le Conseil de l'Europe est devenu un passage obligatoire de respectabilité démocratique des Etats d'Europe centrale et orientale dans la voie de l'intégration à l'Union européenne.

L'adhésion de la Roumanie au Conseil de l'Europe

par Vlad CONSTANTINESCO
Université Robert Schuman — Strasbourg

«Le Conseil de l'Europe est, pour les pays d'Europe centrale et orientale, la porte d'entrée dans le camp des démocraties ainsi que l'accès le plus immédiat aux mécanismes de la coopération européenne».
Catherine LALUMIERE (1990).

C'est un trait permanent de l'histoire de la Roumanie d'avoir toujours présenté quelques singularités par rapport aux nations qui l'entourent: la même observation peut être faite en ce qui concerne le processus qui a conduit la Roumanie a devenir, le 7 octobre 1993 le 32ème État membre du Conseil de l'Europe [1]. En effet, de tous les pays d'Europe centrale et orientale, la Roumanie est le dernier État à avoir sollicité son admission au Conseil de l'Europe, le 19 décembre 1991, soit deux ans après les événements de décembre 1989. C'est aussi le dernier de tous ces Etats à avoir été admis dans l'organisation qui symbolise l'attachement des nations européennes à la démocratie et aux droits de l'homme. La tardiveté de la demande d'adhésion roumaine, comme la relative lenteur du processus qui y a conduit, invitent à proposer quelques explications.

En premier lieu, il faut certainement retenir que la Roumanie est le dernier des Etats d'Europe centrale et orientale à s'être défait (mais jusqu'à quel point?) des anciennes structures de pouvoir par un processus violent, de caractère insurrectionnel, auquel on a très vite (trop vite peut être?) attaché le mot de révolution, en cette année 1989, pendant laquelle s'est célébré le bicentenaire de la Révolution française. Maintenue dans l'isole-

---

[1] Il nous faut apporter d'emblée quelques précisions d'ordre méthodologique. Le sujet a été traité grâce au dépouillement des seules sources occidentales et tout particulièrement des éléments que M. Klebes, Greffier de l'Assemblée parlementaire a bien voulu mettre à notre disposition avec beaucoup d'amabilité: qu'il en soit ici remercié. Les discussions qui se sont déroulées en Roumanie même, et notamment les débats parlementaires et les réactions des formations politiques roumaines n'ont pas pu être exploitées, faute d'une enquête sur place. La vision qui sera donnée du sujet repose donc sur une documentation incomplète et certaines de ses conclusions devraient être confrontées aux sources roumaines.

ment international que l'on sait, soumise à des privations de toutes sortes et à une répression féroce, la population roumaine, la «société civile», ne pouvait avoir, pendant de longues années, que des priorités élémentaires de survie: avant de pouvoir même penser aux droits de l'homme, il fallait penser d'abord à l'homme ! De ce fait, la société roumaine manquait nécessairement de multiplicateurs d'opinion capables de diffuser les valeurs auxquelles l'existence du Conseil de l'Europe est attachée depuis près d'un demi-siècle. Près d'un demi-siècle s'était aussi écoulé depuis que la Roumanie, sans consultation démocratique de sa population, avait été abandonnée par les puissances alliées à la zone d'influence communiste.

En deuxième lieu, les observateurs de l'évolution de la Roumanie en transition ont souvent observé que les hommes même qui conduisaient cette transition — les interlocuteurs du Conseil de l'Europe — avaient, pour la plupart d'entre eux, été nourris dans le sérail ancien: aurait-il pu d'ailleurs en être autrement, à partir du moment où l'exil et la lutte des classes (qu'il faut entendre ici dans son sens le plus concret...) avaient proscrit (sauf dans des cercles limités et clandestins) toute pensée politique non conforme à l'idéologie officielle. De là une question essentielle et délicate : les convictions démocratiques, la foi envers les droits de l'homme, affichées et proclamées par les responsables politiques, étaient-elles sincères et authentiques? Ou n'était-ce qu'une nouvelle langue de bois, permettant au personnel politique ancien de survivre en obtenant une reconnaissance et un appui des puissances occidentales? Le doute, et par conséquent le soupçon, était permis. Il était même encouragé et alimenté par certains événements: voyages organisés et visites guidées des mineurs de la Vallée du Jiu dans la capitale, émeutes de caractères inter culturel et inter ethnique dans certaines localités, etc ...

Ce doute, ce soupçon [2], peuvent aussi expliquer le temps mis à examiner la candidature roumaine. De l'avis du président de la Commission politique de l'Assemblée parlementaire du Conseil de l'Europe, aucun État candidat à l'admission n'aurait fait l'objet d'enquêtes aussi serrées et approfondies que la Roumanie. Preuve, s'il en était besoin, de l'opacité des institutions et des personnes, preuve aussi du risque pris par l'organisation en invitant

---

[2] Les alliances récentes souscrites par la majorité gouvernementale avec des formations nationalistes et le parti se réclamant de l'héritage du PCR autorisent M. Y.-M. RIOLS à écrire dans *Le Monde* du 24 juin 1995, p1: "Cette réhabilitation sournoise ne fait que renforcer le soupçon qui a toujours entouré le pouvoir roumain depuis la révolution de décembre 1989. Comment ne pas s'inquiéter de voir le ministre de la santé confié à l'instigateur du 'programme d'alimentation scientifique' de sinistre mémoire sous Ceaucescu? Idem pour le ministère de la Culture dirigé par le Vice-Président de l'ancienne et très servile Union des artistes? A Bucarest l'ambiguïté et le double discours sont plus que jamais de mise."

finalement la Roumanie à devenir membre du Conseil de l'Europe, par la résolution (93) 37 adoptée par le Comité des ministres, le 4 octobre 1993, sur avis favorable de l'Assemblée parlementaire.

La candidature de la Roumanie, comme celle d'autres Etats d'Europe centrale et orientale, a confronté le Conseil de l'Europe [3] à un dilemme difficile: certains de ces Etats ne remplissaient peut-être pas toutes les conditions exigées par l'octroi de la qualité de membre de l'organisation, mais, par ailleurs, un refus de les admettre n'était peut-être pas le meilleur moyen de favoriser leur évolution vers la démocratie et la protection des droits de l'homme. On a donc pu réfléchir à la création d'un statut intermédiaire entre celui de membre et de tiers, ou à la formule d'une adhésion provisoire, sous réserve, mettant en place une période provisoire de probation pendant laquelle l'État candidat pourrait progressivement remplir certaines de ses obligations de membre, en attendant d'être autorisé à en assumer l'intégralité, sous réserve d'un contrôle et d'un suivi de la part de l'organisation. On a pu également songer à un statut d'*associé*, prévu d'ailleurs par l'article 5 du statut du Conseil de l'Europe. Si de tels statuts ne se sont finalement pas concrétisés, c'est sans doute parce qu'il est apparu délicat de soumettre les pays d'Europe centrale et orientale à un régime de période d'essai, ou de géométrie variable dans le temps, aboutissant à créer des membres de deuxième catégorie au sein d'une même organisation en instaurant un régime discriminatoire contraire au principe d'égalité souveraine entre Etats.

S'agissant d'apprécier l'entrée de la Roumanie au sein du Conseil de l'Europe, il convient, en distinguant de façon chronologique entre le processus de l'admission et son résultat, l'adhésion, de s'interroger d'abord sur la signification qu'a pu revêtir la procédure d'admission de la Roumanie (I), avant d'étudier quelles implications on peut attendre de l'adhésion de la Roumanie au Conseil de l'Europe (II).

— La signification de l'admission de la Roumanie (I)
— Les implications de l'adhésion de la Roumanie (II)

---

[3] Voir, pour une appréciation d'ensemble, déjà ancienne, les remarques d'H. SURREL, "L'ouverture à l'Est du Conseil de l'Europe", in *Le Trimestre du Monde*, 1991, p.113. Voir aussi les articles précurseurs de D. SIMON, "L'Est et les Vingt et un: la 'Maison commune' de Gorbatchev et l'Ostpolitik du Conseil de l'Europe", in *Le Trimestre du Monde* , 1988, p. 111, et, du même auteur, "Le Conseil de l'Europe, matrice de la coopération pan-européenne", in J.-C. GAUTRON (sous la direction de), *Les relations Communauté européenne — Europe de l'Est*, Paris, Economica, 1991, p. 683.

I - LA SIGNIFICATION DE L'ADMISSION DE LA ROUMANIE AU CONSEIL DE L'EUROPE

L'art. 4 du statut du Conseil de l'Europe fait de cette organisation une organisation ouverte, dont l'accès demeure toutefois conditionné et contrôlé. Cet article dispose en effet:

> Tout État européen considéré comme capable de se conformer aux dispositions de l'article 3 et comme en ayant la volonté peut être invité par le Comité des ministres à devenir membre du Conseil de l'Europe. Tout État ainsi invité aura la qualité de membre dès qu'un instrument d'adhésion au présent statut aura été remis en son nom au Secrétaire Général.

Il appartient ainsi à l'organisation, avant de se prononcer sur l'invitation à devenir membre, de vérifier si les conditions objectives (la capacité de se conformer aux dispositions d de l'article 3 et subjectives (la volonté de s'y conformer) de l'adhésion sont réunies. La procédure d'admission fait évidemment intervenir au premier chef le Comité des ministres, institution compétente pour se prononcer sur le sort de la demande présentée par le gouvernement de l'État candidat. Mais elle fait aussi intervenir, en vertu de la Résolution statutaire 51 (30) A, une consultation de l'Assemblée parlementaire. Celle-ci est évidemment de la plus haute importance car l'Avis rendu par l'Assemblée est appuyé non seulement sur des débats publics très riches, mais aussi sur les rapports et rapports pour avis émanant des différentes commissions parlementaires compétentes. C'est donc un véritable travail d'instruction de la demande qui s'engage au sein de l'Assemblée, instruction contradictoire et publique à la fois.

Pour ce qui est de la demande du gouvernement roumain, on peut dire que la procédure d'admission a joué à la fois un rôle d'information, d'éducation et d'apprentissage (1), mais aussi un rôle de moyen de pression afin de faciliter les transformations internes attendues de la part de la Roumanie (2).

1. Un rôle d'information et d'éducation

Faisant usage des possibilités offertes par la Résolution 920(89) complétant le règlement de l'Assemblée en instituant un nouvel article 55 bis, l'Assemblée octroya le 1er février 1991 le statut d'«invité spécial» à la Roumanie, considérée de ce fait comme un État européen appliquant et mettent en oeuvre l'Acte final d'Helsinki, les instruments adoptés au cours de conférences de la CSCE et les deux Pactes des Nations-Unies relatifs aux droits civils et politiques et aux droits économiques et sociaux.

Depuis cette date, des députés et sénateurs roumains ont pu concrètement s'initier au fonctionnement d'une enceinte parlementaire plurinationale, et faire l'apprentissage pratique de la démocratie parlementaire. Au-delà des aspects techniques de cette expérience, on peut penser que les parlementaires de la délégation roumaine auront pu être également sensibles aux valeurs de pluralisme, de tolérance et de respect mutuel qui inspirent le fonctionnement des différentes instances du Conseil de l'Europe.

La longue maturation de la demande roumaine a aussi donné lieu à un échange d'informations qui a permis aux membres de l'Assemblée de se faire une idée plus exacte de l'état du système juridique roumain [4], de ses lacunes et de ses insuffisances au regard des exigences du Conseil de l'Europe. Certains de ces rapports reposent sur une courte visite en Roumanie même, dont la brièveté et le caractère officiel n'ont pas porté atteinte aux facultés de perception et à la lucidité des rapporteurs.

A cet égard il faut citer les rapports détaillés de *MM. Spielman et Frowein*, respectivement membres de la Cour et de la Commission européenne des droits de l'homme [5] dont il est possible de citer quelques extraits [6] concernant la Constitution roumaine. Ainsi, M. Spielmann pouvait-il écrire:

> En ce qui concerne les droits fondamentaux, la situation en Roumanie à l'heure actuelle semble ambiguë. La législation en vigueur, surtout la Constitution, donne une protection très large et en général en conformité avec la Convention européenne des droits de l'homme. Néanmoins, à cause des développements mentionnés antérieurement, surtout l'existence d'une bureaucratie qui est fréquemment identique à celle de l'ancien régime, la

---

[4] Avant l'examen de la demande d'adhésion de la Roumanie, les Rapports de M. Jeambrun sur les élections parlementaires en Roumanie (21 septembre 1991) et de M. Worms sur les élections en Roumanie (27 septembre 1992), avaient déjà permis à l'Assemblée d'obtenir des informations sur les premières élections roumaines disputées, dont il était constaté qu'elles s'étaient déroulées "dans des conditions globalement acceptables de normalité et de régularité". Au moment de l'examen de la candidature roumaine, la Commission des relations avec les pays non membres a été aussi consultée pour avis. Voir le Rapport de M. Pangalos du 16 septembre 1993 (Doc. 6914).

[5] Le Bureau de l'Assemblée a décidé le 23 avril 1992 que la conformité de l'ordre juridique roumain avec les normes du Conseil de l'Europe devait être examinée par les membres de la Commission et de la Cour, conformément à la pratique suivie pour l'Estonie la Lettonie et la Lituanie, la même méthode devant être suivie dorénavant.

[6] Le texte intégral de ces deux rapports peut être consulté à la RUDH, 1994, p. 247 s.

population hésite à utiliser ses droits et, par exemple, à porter plainte contre les autorités dans certaines situations.

Tandis que M. Frowein indiquait:

D'après les informations qui m'ont été fournies pendant ma visite, il ne semble pas du tout exclu que, pour l'instant, une sorte de double stratégie soit employée par certaines autorités de l'État. D'un côté, on se fonde, au moins formellement, sur la Constitution qui est clairement pluraliste et démocratique. De l'autre côté, on maintient des structures qui appartiennent à l'ancien système et où se sont rassemblés des fonctionnaires de la période de dictature.

Le *Rapport König*, présenté le 19 juillet 1993 [7] au nom de la Commission des questions politiques insiste sur plusieurs éléments du système roumain qui ne seraient pas en harmonie avec certaines des exigences de l'appartenance au Conseil de l'Europe:

— la conception du Ministère Public et de la Justice,
— le caractère militarisé de la police,
— le contrôle du Service roumain d'information (SRI), qui a succédé à l'ancienne «Securitate»,
— les restrictions à la liberté d'aller et de venir et au respect de la vie privée,
— le statut des minorités.

De même, le substantiel *Rapport Jansson* [8], présenté au nom de la Commission des questions juridiques et des droits de l'homme, le 20 septembre 1993 évoque-t-il, après avoir appréhendé divers domaines de l'ordre juridique roumain qui poseraient problème (comme la Justice, la répression de l'homosexualité, les allégations de torture et de mauvais traitements), et après avoir relevé que «beaucoup de responsables occupaient déjà des postes élevés sous les communistes», pose une question fondamentale:

On peut se demander s'il y a la moindre garantie que la Roumanie respectera les textes juridiques fondamentaux du Conseil de l'Europe lorsqu'elle sera devenue membre de l'organisation.

Ce scepticisme, ces hésitations domineront aussi largement les débats au sein de l'Assemblée parlementaire, le 28 septembre 1993 [9]. Ces scrupules

---

[7] Ass. Parl. Doc. 6901.

[8] Ass. Parl. Doc. 6918.

[9] Voir le Compte-rendu officiel, p. 1379 et s. On notera que sont intervenus dans ce débat non seulement des membres de l'Assemblée parlementaire mais aussi divers invités

se manifesteront d'ailleurs aussi bien chez ceux des parlementaires qui seront d'avis que la transformation démocratique de la Roumanie serait plus facilement atteinte si elle faisait partie du Conseil de l'Europe, que chez ceux — minoritaires — qui estimeront qu'en «acceptant l'admission, on laisserait croire qu'à l'intérieur du pays M. Iliescu respecte les droits de l'homme et que tout est en ordre», ce qui conduirait à «une altération dommageable des normes et de l'autorité morale du Conseil de l'Europe en matière de droits de l'homme» [10].

L'Avis finalement favorable adopté par l'Assemblée le 28 septembre 1993 [11] porte à l'évidence la trace de ces doutes.

2. La procédure d'admission en tant que moyen de pression sur l'État candidat

On doit aussi considérer, grâce à l'exemple de la candidature de la Roumanie, que la procédure d'admission a certainement constitué un moyen de pression tendant à faire évoluer positivement les différentes institutions roumaines qui, au delà du seul gouvernement, seront impliquées par l'adhésion de cet État au Conseil de l'Europe.

Cette «pression démocratique» peut s'analyser d'abord comme une volonté d'efficacité de la part des institutions du Conseil de l'Europe, soucieuses d'inscrire non seulement dans les textes mais surtout dans les réalités roumaines, les transformations appelées par l'admission de ce pays au Conseil de l'Europe.

Mais la «pression démocratique» peut aussi se comprendre comme la volonté de profiter de la demande roumaine, donc d'une «fenêtre de vulnérabilité», pour obtenir des engagements précis de la part du gouvernement roumain. Celui-ci, appuyé par la quasi-totalité de l'opinion publique et par la plupart des formations politiques, recherche l'entrée au Conseil de l'Europe en effet l'obtention d'un véritable «brevet de démocratie», d'un authentique «certificat de conformité démocratique» permettant de siéger à égalité avec les autres parmi les membres de ce «club» de nations démocratiques européennes. Une telle reconnaissance est en effet, susceptible de

---

spéciaux de la Roumanie, comme MM. Radulescu Botica et Severin, sans compter M. A. Nastase, président de la Chambre des députés de Roumanie.

[10] Cf. l'intervention de M. Van Velzen, loc. cit., p. 1407, plaidant pour un renvoi en Commission.

[11] N° 176 (1993).

rassurer les investisseurs étrangers, plutôt frileux encore, et au premier chef, les grandes puissances commerciales que sont les États-Unis, le Japon, l'Allemagne. De même, une telle reconnaissance améliorerait les relations entre la Roumanie et les institutions financières internationales, comme le FMI ou la BERD. S'appuyer sur les attentes roumaines pour obtenir du gouvernement de ce pays des engagements précis, telle semble être la stratégie suivie par l'Assemblée parlementaire.

Le succès de cette stratégie peut-il être évalué? On notera un premier élément de réponse, d'ordre psychologique: les autorités roumaines seront interpellées et questionnées à l'occasion des visites des rapporteurs, et leurs réponses seront publiées en annexe aux rapports. Leur coopération avec les institutions du Conseil de l'Europe les placent ainsi désormais sous le regard de l'opinion internationale. Les autorités roumaines prennent peu à peu conscience que tous leurs actes sont connus à l'étranger et qu'ils pourront être, selon les cas, diversement appréciés par l'opinion publique.

Le succès de cette pression se mesurera aussi à la lecture de l'Avis de l'Assemblée parlementaire, que précède, le 22 juin 1993, la lettre que le Ministre des Affaires étrangères du gouvernement roumain, M. T. Melescanu, adresse au président de l'Assemblée parlementaire. Dans ce texte, figurent une série d'engagements précis que la Roumanie entend honorer, après avoir obtenu son admission au Conseil de l'Europe. Parmi ces engagements, on peut signaler:

— l'acceptation de la Convention européenne des droits de l'homme et des Protocoles additionnels dans leur intégralité, avec le droit de recours individuel et la juridiction obligatoire de la Cour;
— l'engagement des autorités roumaines de fonder leur politique en matière de minorités sur la recommandation 1201(1993) [12];
— l'amélioration des conditions de détention.

L'acceptation de ces engagements doit être mis en perspective avec un certain nombre de demandes complémentaires formulées par l'Assemblée dans son Avis:
— modification de la loi sur l'organisation judiciaire, de façon à rendre la Justice indépendante du pouvoir exécutif;

---

[12] On notera que c'est en s'appuyant sur ce texte que l'Alliance démocratique des Magyars de Roumanie a récusé le projet de loi et la loi sur l'éducation votée par le Parlement roumain. Cf. A. CRAIUTU, "A Dilemma of Dual Identity: the Democratic Alliance of Hungarians in Romania", in *East European Constitutional Review*, Vol. 4, n° 2, 1995, p. 47. Sur la problématique générale des minorités et sur l'état actuel de la question, on pourra consulter, parmi une bibliographie déjà abondante, la mise au point claire de Fl. Benoît ROHMER et H. HARDEMAN, *The Minority Question in Europe (Towards the Creation of a Coherent European regime)*, Brussels, Center for European Policy Studies Paper, n° 55, 1994. Dans une perspective plus théorique, on lira avec intérêt les développements de St. PIERRÉ-CAPS, La Multination: l'avenir des minorités en Europe centrale et orientale, Paris, O. Jacob, 1995.

— révision du Code Pénal et notamment de la disposition qui considère comme un délit les relations homosexuelles en privé et entre adultes consentants;
— restitution des biens aux Églises;
— demande faite à la Roumanie de signer la Charte européenne des langues régionales ou minoritaires.

On constate donc que cette longue période d'admission a été à la fois riche et utile. Elle a d'abord permis de mettre en relief le rôle essentiel de l'Assemblée parlementaire, véritable levier et verrou à la fois de la procédure d'admission. Elle a aussi permis de montrer que des doutes importants subsistent encore et n'ont pas été totalement levés pour tous. Ces doutes portent à la fois sur la capacité et sur la volonté du gouvernement et des autres institutions de la Roumanie de remplir de manière sincère l'ensemble des obligations attachées à sa qualité de membre du Conseil de l'Europe.

Dès lors, l'admission ne doit-elle pas surtout être considérée comme une «avance de confiance», comme un pari qui encourt un double risque : celui d'abaisser les standards du Conseil de l'Europe et celui de servir de précédent dans la stratégie globale du Conseil de l'Europe en matière d'extension de son champ géographique [13]?

II - LES IMPLICATIONS DE L'ADHÉSION DE LA ROUMANIE AU CONSEIL DE L'EUROPE

Si jusqu'à présent on a pu se risquer à adopter une position d'historien (sans en posséder la qualification), en évoquant des faits qui appartiennent à un passé somme toute récent, les développements qui vont suivre relèveront plutôt de la prospective ou de la prophétie, encore que la marge soit ténue entre le prophète et l'historien: après tout, comme le disait Schlegel «l'historien est un prophète du passé»!

Deux grands types d'implications de l'adhésion sur la Roumanie peuvent être mis en évidence:
— en premier lieu, et dans une perspective essentiellement juridique, on constatera que la Roumanie a exécuté quelques uns des engagements qui lui furent demandés avant son adhésion. Après celle-ci, on constatera à nouveau le rôle primordial de l'Assemblée parlementaire dans le contrôle de leur exécution (1).
— le second type d'implication qui peut être signalé est d'ordre politique ou 'sociétal' et se situe dans le long terme: l'admission de la Roumanie au Conseil de l'Europe devrait

[13] On songe évidemment à la Russie. L'Assemblée parlementaire a approuvé le 22 avril 1992 les conclusions du Bureau concernant l'élargissement du Conseil de l'Europe. Voir ce texte in RUDH, 1992, p. 181.

être en mesure de favoriser une évolution d'ensemble de la société roumaine, en modifiant les mentalités et les comportements hérités d'un demi-siècle de totalitarisme. Seul un changement aussi profond serait, en effet, garant de l'irréversibilité de l'option prise en faveur de la démocratie et des droits de l'homme (2).

1. Le contrôle sur les engagements du gouvernement roumain

Il convient de mentionner ici la Directive 488 (1993) adoptée par l'Assemblée parlementaire le 29 juin 1993, soit quelques semaines seulement avant de rendre son Avis favorable à l'admission de la Roumanie. Ce texte, complété par la Résolution 1031 (1994) lui donne les moyens d'assurer un contrôle de l'exécution des engagements assumés par les Etats candidats après que leur statut se soit transformé et qu'ils soient devenus membres à part entière de l'organisation. Plus exactement, il revient à la Commission des affaires politiques et à celle des questions juridiques et des droits de l'homme de faire à intervalles réguliers de 6 mois, des rapports au Bureau de l'Assemblée et ceci «jusqu'à ce que tous les engagements aient été respectés». Ainsi est organisé un système de suivi, qui par sa régularité et sa publicité, devrait garantir l'effectivité des réformes demandées, promises et attendues, et servir de levier aux forces qui, dans le pays en question, souhaitent aller vers un véritable changement démocratique.

En ce qui concerne la Roumanie, on doit signaler que certains des engagements acceptés par le gouvernement ont été assez rapidement exécutés. Ainsi, la Roumanie a pu déposer le 20 juin 1994 les instruments de ratification de la Convention européenne des droits de l'homme et de tous ses Protocoles additionnels. Le même jour, elle a aussi reconnu le droit de recours individuel et la juridiction obligatoire de la Cour. A noter qu'une réserve a été formulée à propos de l'article 5 de la Convention, en ce qui concerne les sanctions disciplinaires militaires et qu'une Déclaration à propos de l'article 1er du 1er Protocole additionnel a été déposée [14].

Pour ce qui est des autres engagements, ils ont fait l'objet de rapports des deux commissions précitées. C'est ainsi que M. Jansson et M. König ont

---

[14] Selon la réserve, les garanties prévues par l'art. 5 de la Convention ne pourront pas empêcher l'application de sanctions disciplinaires prévues par l'art. 1er du décret n°. 976/1968. Selon la déclaration, les dispositions de l'art. 2 du Premier Protocole additionnel seront interprétées en ce sens qu'elles n'imposeront pas à la Roumanie des obligations supplémentaires concernant les institutions d'enseignement privé, autres que celles prévues par la loi interne, soit celles qui découlent de l'art. 4 de la loi n°. 30/1994. Ces renseignements sont contenus dans l'article de Valeriu et Irinel STOICA, cité infra note 17.

présenté à l'Assemblée parlementaire, le 3 mai 1994, le premier *Mémorandum sur le respect des engagements pris par la Roumanie lors de son adhésion au Conseil de l'Europe* [15]. La tonalité de ce document est plutôt critique et réservée. Sans doute, le *Mémorandum* commence-t-il par se féliciter de la rapidité avec laquelle le gouvernement a déposé les instruments de ratification de la Convention et des Protocoles, mais à côté de ces louanges, certainement méritées, on percevra aussi quelques réserves s'agissant notamment du sort des minorités d'origine hongroise, de l'organisation du système judiciaire, de l'organisation de la police et du service des renseignements, de la question de la restitution des biens, de la répression de l'homosexualité [16], de la législation sur les médias, sur la liberté de religion et les Églises, sur les syndicats, etc. Sur tous ces points, le rapport montre une discordance entre la volonté affichée et réitérée des responsables politiques et la majorité parlementaire qui «freine la mise en oeuvre des réformes», peut être parce qu'il est «surchargé et qu'il doit donner la priorité aux projets de loi sur les questions économiques». (point 27 du rapport précité) Le rapport signale aussi un certain nombre de «tentatives de remise en cause de l'évolution», jugées «préoccupantes» (eod. loc. point 28). On retiendra à titre d'exemple cette constatation générale, plutôt inquiétante:

> Cependant, il faut aussi noter que parmi les nombreux engagements pris par les autorités roumaines au moment de l'adhésion de leur pays au Conseil de l'Europe, peu, jusqu'ici, ont été honorés (point 35 du rapport précité).

On prend ainsi conscience que l'adhésion n'est que l'une des premières étapes, certes décisive, dans l'évolution de la Roumanie vers la démocratie et la protection des droits de l'homme: elle ne représente pas tant la ratification d'une transformation politique et sociale antérieure, que l'aiguillon qui doit inciter tous les responsables politiques, à quelqu'échelon que ce

---

[15] AS/Jur (1994/23 et AS/Pol (1994) 18.

[16] A noter les arrêts rendus le 15 juillet (décision nr. 81) et le 7 décembre 1994 (décision n° 136) par la Cour Constitutionnelle roumaine qui après avoir analysé l'art. 200 §1 du Code Pénal roumain (prévoyant une peine de 1 à 5 ans de prison pour les auteurs d'une relation sexuelle entre personnes de même sexe), qui admettent l'inconstitutionnalité de cette disposition au regard de la Constitution, mais aussi des dispositions de la Convention européenne des droits de l'homme et de la jurisprudence des organes de Strasbourg. La première de ces deux décisions de la Cour constitutionnelle fait état d'un large débat sur cette question et signale les avis et opinions concernant cette question qu'elle a pu recueillir des différentes parties de l'opinion publique, et, notamment, des milieux juridiques. Cf. *Monitorul Oficial al Romaniei*, 1994 Partea I, n° 14, pp. 3 et 6.

soit, à entreprendre ce profond travail de réforme législative, judiciaire et administrative sans lequel la participation de la Roumanie au Conseil de l'Europe ne serait que poudre aux yeux.

2. Les implications de l'adhésion à plus long terme sont évidemment difficiles à prédire

On se contentera ici de tracer quelques unes des pistes que pourrait suivre l'évolution de la Roumanie, à partir de son adhésion au Conseil de l'Europe, ceci dans une perspective optimiste, mais sans méconnaître la longueur et la difficulté du chemin qui est encore à parcourir: il aura peut-être une durée égale à ce presque demi-siècle de totalitarisme ...

On peut penser que l'adhésion de la Roumanie au Conseil de l'Europe devrait entraîner une adaptation et une modernisation de son système juridique, entreprise facilitée par l'exigence de conformité de la législation roumaine au système de la Convention. Les instances du Conseil de l'Europe pourront jouer ici un rôle d'expertise et de conseil. Plus généralement, l'adhésion de la Roumanie au Conseil de l'Europe devrait entraîner aussi un effet mobilisateur sur les professions juridiques [17]: le droit issu de la Convention, la jurisprudence des organes de Strasbourg, vont constituer autant de règles de droit positif qu'il conviendra de connaître pour pouvoir les invoquer devant les juridictions ou pour les appliquer. De là, un effet sur la formation des juristes et sur les universités: l'enseignement du droit devrait être repensé pour tenir compte du retour de la Roumanie dans sa famille juridique d'origine. De même, la participation d'experts et de délégués roumains aux diverses structures de travail du Conseil de l'Europe. Tous ces efforts de mise à niveau ne feront d'ailleurs que préparer ceux qui devront être faits dans la perspective d'une autre adhésion, celle qui verra la Roumanie devenir un jour membre de l'Union européenne.

L'examen de ce cas particulier autorise, en guise de conclusion, la présentation de quelques remarques générales. En premier lieu, on doit relever le sérieux et la minutie de l'examen auquel se sont livrés l'Assemblée par-

---

[17] Voir par exemple en ce sens : Valeriu et Irinel STOICA, "Conventia europeanâ si impactul acesteia asupra sistemul juridic român", *Dreptul*, Anul V; Seria III-a, n° 10-11/1994 p. 3, spéc. p. 7. On doit signaler également la parution de revues spécialisées, comme par exemple la *Revista romana de Drepturile Omului* (= Revue roumaine des droits de l'homme), publiée par le Centrul pentru Drepturile Omului (= Centre pour les droits de l'homme) qui fonctionne dans le cadre de l'Association pour la défense des droits de l'homme-Comité Helsinki, Calea Victoriei, n°. 120, Bucarest, tél. et fax: (40) 1 312 45 28.

lementaire et ses divers rapporteurs quant aux multiples aspects de la candidature de la Roumanie. De ce point de vue, on doit souligner que la candidature roumaine est exemplaire de la manière dont les instances compétentes de l'Assemblée ont su mettre au point un dispositif destiné à être prolongé après la date même de l'adhésion. Ainsi, loin de se limiter à un seul moment, l'admission engage-t-elle un processus continu qui se marque par un dialogue serré entre responsables politiques roumains et membres (politiques ou administratifs) des instances du Conseil de l'Europe. Ce dialogue, appelé à se poursuivre montre aussi que la Roumanie, comme les autres nouveaux membres du Conseil de l'Europe a accepté, en quelque sorte, de se placer désormais sous un contrôle démocratique international.

Par l'adhésion de la Roumanie se confirme aussi, et c'est la deuxième observation finale que l'on voudrait proposer, la *fonction de forum* du Conseil de l'Europe: désormais l'ensemble des nations jadis liées à l'Union soviétique se voit offrir non seulement un ancrage démocratique et une tribune d'expression, mais aussi des modalités accrues de contacts bilatéraux. Cette nouvelle donne du jeu diplomatique devrait favoriser la prise de conscience, par ces nations, d'un «destin désormais partagé» [18].

Pour la Roumanie elle-même, l'adhésion au Conseil de l'Europe marque un retour dans sa famille européenne dont seules les circonstances et la géographie — mais non la volonté librement exprimée de son peuple — l'ont tenue éloignée. Cette adhésion permettra aussi au peuple roumain, si l'on peut ici se permettre de formuler un voeu, de «donner un sens plus pur aux mots de la tribu» [19], après le travail de deuil nécessaire, évoqué le 30 décembre 1989 par le philosophe Gabriel Liiceanu: «Laissez les mots dire ce qu'ils disent; n'utilisez plus, pendant un temps, les mots de 'dignité', 'liberté', 'conscience', 'vérité', 'peuple'. N'assassinez pas ces mots là [20]».

---

[18] Selon la formule du Préambule du traité de la CECA (18 avril 1951).

[19] St. MALLARMÉ, *Tombeau d'Edgar Poë* (1876).

[20] G. LIICEANU, *Apel catre lichele* (= Appel aux canailles), Ed. Humanitas Bucarest 1992, p. 6: "Lâsati cuvintele sâ spuna ceeace spun; nu mai folositi o vreme vorbele 'demnitate', 'libertate', 'constiinta', 'dreptate', 'popor'. Nu asasinati aceste cuvinte". La traduction est de nous.

IV
Les relations extérieures du Conseil de l'Europe

L'URSS, la Russie et le Conseil de l'Europe: une relation complexe

par Jean-Christophe ROMER
Université Robert Schuman — Strasbourg

En août 1915, Lénine rédige un article pour la revue le *Social-Démocrate*, intitulé «Du mot d'ordre des Etats unis d'Europe». Il y affirme entre autre que «Les Etats unis d'Europe sous le capitalisme sont soit impossibles soit réactionnaires» [1]. Cette formule a largement déterminé toutes les analyses effectuées par les Soviétiques sur le phénomène de la construction européenne depuis la fin de la seconde guerre mondiale jusque, au moins, le début des années soixante-dix [2]. L'approche soviétique du Conseil de l'Europe n'échappe pas à cette règle.

Or, depuis 1989, la situation internationale a radicalement changé. Mais, même avant l'accession au pouvoir du dernier secrétaire général du PCUS, en 1985, l'attitude de l'URSS à l'égard du Conseil avait évolué, dictée par l'évolution réelle du Conseil mais aussi et surtout par l'environnement international. De la guerre froide aux premiers signes de détente dans les années soixante, la conception de Moscou a changé. Mais la véritable rupture se situe au printemps 1989, après les premières annonces de la fin de la confrontation entre les deux systèmes. Le Conseil de l'Europe devient alors un instrument de l'intégration de la fédération russe à la communauté internationale.

---

[1] V. LENINE, "Du mot d'ordre des Etats unis d'Europe", *Le Social Démocrate*, n° 44, 23 août 1915, in *Polnoe Sobranie Sotchinenija* (Oeuvres complètes), Moscou, Politizdat, 1973, t. 26, p. 352.

[2] Le 20 mars 1972, dans son discours au Congrès des Syndicats soviétiques, L. Brejnev émet, pour la première fois en URSS un jugement non négatif sur la CEE.

DE STALINE À GORBATCHEV: DE LA «MACHINE DE GUERRE FROIDE» AU «MACHIN»

Outre le mot d'ordre de Lénine, le Conseil de l'Europe a été marqué, selon les Soviétiques, par ce que l'on pourrait qualifier de tare initiale: la date de sa création et le climat général dans lequel cet organisme est apparu. Né un mois après la signature du traité de Washington, au moment où le blocus de Berlin s'achevait, Moscou a immédiatement opéré un amalgame — dont elle était coutumière — entre l'assemblée de Strasbourg et l'Alliance militaire qui venait d'être signée. Jusqu'au début des années soixante, les Soviétiques observaient avec un oeil très critique cette organisation, enfantée en pleine guerre froide. Encore que, obnubilée par la "menace revanchiste" allemande et la «remilitarisation» de la RFA ses cibles privilégiées étaient plutôt des organisations telles que la CED puis l'UEO et la CEE, sans même parler de l'OTAN. En d'autres termes, toute organisation qui, d'une manière ou d'une autre, permettait de consolider l'intégration de l'Allemagne dans une communauté transatlantique, occidentale et/ou européenne.

En réalité, les Soviétiques parlent peu du Conseil. Celui-ci n'est après tout qu'une «assemblée» sans grand pouvoir et à l'égard de ce type d'institution les Soviétiques ne portent que peu d'intérêt. L'un des rares instrument de mesure de leur conception à son égard peut être constitué par une lecture comparée de différentes éditions du *Dictionnaire Diplomatique* publiées à trois moments clé de l'évolution des relations internationales: 1960, 1971 et 1986. Car, pour ce qui concerne les différents manuels de référence en matière d'histoire des relations internationales ou d'histoire diplomatique, le Conseil n'est jamais mentionné, quelqu'épais que soient ces manuels [3]!

C'est donc essentiellement à partir de la comparaison des trois éditions de ce dictionnaire diplomatique que l'on peut apprécier l'évolution de l'attitude soviétique à l'égard du Conseil, tout au moins pour ce qui concerne la période antérieure à l'introduction de la perestroika dans la politique extérieure soviétique, c'est-à-dire 1987.

[3] Voir notamment *Istorija Diplomatii* (Histoire diplomatique), Moscou, 1974, 750 p., t. 5, vol. 1 (qui porte sur la période de 1945 à 1960) ou *Istorija Vnechnej Politiki SSSR* (Histoire de la politique étrangère de l'URSS), Moscou, 1986, 692 p., t. 2 (1945-85). Ces deux manuels sont rédigés sous la direction de A. GROMYKO.

Dans la première édition de ce dictionnaire, datée de 1960, l'article consacré au «Conseil européen» [4] (sic) reste très fortement marqué par les années de guerre froide. Il y est qualifié de: «Organisation intergouvernementale des pays ouest-européens ayant pour objectif la consolidation des forces capitalistes d'Europe dans leur lutte contre la démocratie et le socialisme». Plus loin, après avoir cité des extraits de l'article 1 des statuts du Conseil, il est précisé que: «en fait, il a un caractère propagandiste orienté vers un soutien à la politique de guerre froide et au cours agressif de l'OTAN. Il a favorisé la création de projets de type CED ou CEE, liés au bloc militaire agressif de l'OTAN».

Le Conseil est également considéré comme l'une des sources de la rupture «des liens économiques et culturels traditionnels» entre les deux parties de l'Europe. Les choses étaient on ne peut plus clairement dites et correspondaient bien à l'esprit des quelques quinze années qui ont suivi la fin de la guerre. Rappelant également que si l'Assemblée consultative comprenait des représentants des majorités mais aussi des oppositions parlementaires des pays membres, les partis communistes en étaient écartés [5]. En d'autres termes, le Conseil, c'est l'ennemi idéologique.

Une dizaine d'années plus tard, dans l'édition suivante du Dictionnaire le ton était à la fois similaire et autre [6]. Il est vrai qu'en 1971, le processus de détente s'amorçait, l'idée de la tenue d'une conférence paneuropéenne se précisait, l'époque était au dialogue, à la normalisation, au statu quo. Certes, les thèmes de la division de l'Europe, de la guerre froide sont toujours présents mais ils sont présentés d'une manière adoucie puisqu'ils ne concernent l'activité du Conseil que «jusqu'à la fin des années cinquante... Ensuite, avec la politique de détente et l'échec de la guerre froide puis avec la scission de l'Europe en groupes économiques fermés — CEE, AELE — le Conseil de l'Europe a perdu beaucoup de sa signification». L'absence des PC y était néanmoins toujours mentionnée.

On peut toutefois relever, dans ces deux éditions, une constante qui s'inscrit dans la ligne traditionnelle de la politique extérieure de l'URSS et

[4] *Diplomatitcheskij Slovar'* (Dictionnaire Diplomatique), Moscou, Gospolitizdat, 1960, t. 1, pp. 488-89

[5] Ce qui était vrai jusqu'au milieu des années soixante-dix. Mais cette absence des PC était le fait d'un choix de ces partis qui refusaient de siéger au Conseil. Un choix qui ne pouvait être fait qu'avec "l'assentiment "de Moscou, montrant combien l'URSS portait peu d'intérêt au Conseil.

[6] *Ibid.*, Moscou, Politizdat, 1971, t. 1, pp. 515-16.

qui vise à insister sur tout ce qui peut briser l'unité ou conduire à des malentendus à l'intérieur du bloc occidental. En ce qui concerne le Conseil, les deux éditions du Dictionnaire, montrent que, même dans une institution qualifiée de capitaliste et réactionnaire, il existe des éléments positifs, c'est à dire générateurs de division voire de rupture. Cette fonction est, de l'avis de Moscou, assurée par les pays neutres et notamment la Suède.

Ainsi, dans l'édition de 1960, est-il écrit que «les Etats neutres (la Suède par exemple) ont à plusieurs reprises refusé de prendre part aux travaux des organes du Conseil» justement pour ne pas cautionner ou soutenir des «projets agressifs de l'OTAN», montrant bien la complicité entre le Conseil et l'alliance militaire occidentale. On retrouve ce rôle «positif» — du point de vue soviétique — joué par les neutres dans l'édition de 1971. Il concerne la Grèce des colonels dont la politique «contredit la Convention des droits de l'Homme et le statut du Conseil». Le Dictionnaire insiste alors sur le fait que ce sont les pays scandinaves qui ont pris l'initiative de «débattre de la question de l'exclusion de la Grèce».

Ainsi, qu'il s'agisse de l'édition de 1960 ou celle de 1971, le Dictionnaire Diplomatique reflète bien la conception strictement idéologique que les Soviétiques se font du Conseil, tout en montrant néanmoins le peu d'importance qu'ils lui accordent. La perception soviétique sera radicalement différente dans la troisième édition.

En effet, quinze ans plus tard, la «machine de guerre idéologique» est devenu «machin». Dans l'édition de 1986, le *Dictionnaire Diplomatique* se contente de décrire le fonctionnement du Conseil précisant seulement qu'il a été «actif jusqu'à la fin des années cinquante. Puis il a perdu sa raison d'être initiale», sans même préciser quelle était cette raison d'être ni son activité. Et l'article ajoute, mais sans grande conviction: «Au début des années quatre-vingt les membres du Conseil ont tenté de réactiver son rôle» [7].

En d'autres termes, le Conseil de l'Europe ne fait plus peur, ne peut plus être utilisé à des fins de propagande, mais dans le même temps, il n'intéresse plus grand monde. Trois ans plus tard, l'attitude de Moscou allait radicalement changer.

---

[7] *Ibid.*, Moscou, Nauka, 1986, t. 3, p. 46. On peut relever d'une part que cette fois le Conseil est classé au terme 'Conseil de l'Europe' et non plus 'conseil européen'; d'autre part que le dictionnaire n'est plus publié par les éditions politiques ((Gos)Politizdat), mais par les éditions de l'Académie des Sciences (Nauka).

UN OUTIL D'INTÉGRATION

Avec l'accession au pouvoir de M. Gorbatchev, en 1985, le Conseil de l'Europe ne fera pas partie des préoccupations immédiates des Soviétiques. Dans ses discours développant le thème de la «maison commune européenne», testé à Paris en octobre 1985 et développé surtout à partir de 1987, le Conseil n'est guère mentionné. Ni dans ses différents discours, ni dans son ouvrage *Perestroika*, le nouveau secrétaire général ne mentionne son existence [8]. Il faut attendre le mois de juillet 1989 et le discours de M. Gorbatchev au Palais de l'Europe à Strasbourg pour que celui-ci le mentionne. C'était la moindre des choses, mais c'était aussi le résultat des profonds changements qui se produisaient dans les relations est-ouest dont on annonçait, depuis au moins le début de cette même année, la fin de l'affrontement. Il restait bien deux systèmes différents mais ils n'étaient plus antagonistes.

Dans son discours à Strasbourg, le 6 juillet 1989, M. Gorbatchev se félicite ainsi de «la décision de l'Assemblée du Conseil d'accorder à l'URSS le statut d'invité spécial. Nous sommes prêts à coopérer. Mais nous pensons qu'il est possible d'aller plus loin encore. Nous pourrions adhérer à certaines conventions qui sont ouvertes aux autres Etats, sur l'écologie, la culture, l'éducation, la télévision...» Et, plus tard dans la journée, lors du dîner offert en son honneur par le Conseil, il affirme que «les problèmes dont s'occupe le Conseil de l'Europe ne connaissent pas de frontières» [9].

Discours fort diplomatique mais qui ne restera pas sans suite puisque l'on retrouve des considérations pratiquement identiques dans le document-bilan que le ministère soviétique des affaires étrangères présente au vote des députés du Soviet Suprême le 23 octobre 1989 [10]. Rappelant la visite de M. Gorbatchev à Strasbourg, ce document affirme notamment que le «Comité des Ministres du Conseil de l'Europe a fortement impulsé nos relations avec cette OIG ouest-européenne la plus représentative et la plus ancienne du continent». Et le document ajoute: «Il est question de l'adhésion de l'URSS à une série de conventions du Conseil de l'Europe que le Soviet Suprême aura considéré comme répondant aux intérêts de notre

---

[8] M. GORBATCHEV, *Perestrojka i Novoe Mychlenie* (La restructuration et la nouvelle pensée), Moscou, Politizdat, 1987, 271 p.

[9] *Visite de Mikhail Gorbatchev en France, Documents et Matériaux*, Moscou, Novosti, 1989, pp. 81 et 91.

[10] Ce document "Politique extérieure et diplomatie de l'URSS, avril 1985-octobre 1989" a été intégralement reproduit dans la revue *Vie Internationale*, n°1, 1990, pp. 5-119.

pays. Un groupe de travail bilatéral pour le développement des contacts et de la coopération au niveau intergouvernemental a été créé et travaille activement» [11].

On peut ainsi considérer que les relations de l'URSS avec le Conseil s'engagent parallèlement aux profondes mutations, préparées depuis le début de la décennie, que l'on observe dès le début de l'année 1989 en Pologne et en Hongrie, plusieurs mois avant la chute du Mur de Berlin. Mais il n'est alors pas question d'une adhésion au Conseil. La politique suivie par l'URSS est celle d'une normalisation de ses relations avec les principales instances internationales dont elle était exclue pour cause d'affrontement idéologique. L'URSS de Gorbatchev entend se présenter désormais comme un Etat comme les autres. Engager le dialogue entre Etats démocratiquement adultes, signer des accords d'association avec des institutions qui fonctionnent — Conseil, Communauté européenne, OTAN — telles sont les principales préoccupations de Moscou tout en réaffirmant sa volonté de rester superpuissance.

Face à l'architecture européenne qui se redessine, l'URSS entend bien ne pas rester isolée par un nouveau cordon sanitaire qui la séparerait de l'Europe qui «marche». Héritière de cette volonté réelle d'intégration dans les structures occidentales, le nouveau pouvoir à Moscou, désormais capitale de la seule Fédération de Russie, cherche à aller plus loin. Mais, on observe aussi dans la politique russe une tendance à instrumentaliser, à des fins de politique intérieure et de politique extérieure, sa candidature à un Conseil de l'Europe qui connaît une nouvelle jeunesse.

LES CONSIDÉRATIONS DE POLITIQUE INTÉRIEURE

L'adhésion des pays de l'ex-pacte de Varsovie, Hongrie, Pologne, Tchécoslovaquie et même Bulgarie suscite des réactions d'autant moins négatives de la part de Moscou qu'elle sert ses intérêts. Ces adhésions servent en effet de justifier le bien fondé de sa politique de «thérapie de choc», montrant d'une part que le succès d'une telle politique est possible et, d'autre part, qu'elle était un moyen d'intégration dans la communauté des Etats démocratiques.

Ainsi, au lendemain de la session de l'Assemblée parlementaire du Conseil qui se tient à Budapest, en juillet 1992, les Russes sont-ils convaincus qu'après l'adhésion des pays du «Triangle de Visegrad»,

---

[11] *Ibid.*, p. 52.

viendra leur tour. «Invitée spéciale» depuis janvier 1992, M. Kozyrev présente la demande officielle d'adhésion de la Russie le 7 mai 1992. Selon le chef de la délégation russe à Budapest, cette adhésion pourrait alors avoir lieu dans les douze à dix-huit mois car «la Russie remplit toutes les conditions d'adhésion, ce qui n'est pas le cas des républiques baltes ni de la Moldavie» [12]. Sur ce dernier point, les représentants lettons à la conférence ne se font guère d'illusion affirmant que «les Baltes n'adhéreront pas à très bref délai au Conseil» [13].

Mais ce ton conciliant de la Russie ne durera pas. Dès le début de 1993, parallèlement à l'aggravation de la situation politique intérieure opposant les pouvoirs législatif et exécutif, Moscou adopte une attitude nettement plus agressive. Et ce d'autant que, à côté des retards pris dans le processus de son adhésion, se profile l'éventualité de l'adhésion de républiques ex-soviétiques, hypothèse difficilement supportable par Moscou. Le ton se durcira d'ailleurs encore en juillet lors de l'adhésion de l'Estonie (voir plus loin).

En février 1993, le président de la commission des affaires étrangères, E. Ambartsoumov critiquait ainsi le Conseil qui «joue un jeu dangereux avec la question de l'adhésion de la Russie» alors que celle-ci a déjà «ratifié un certain nombre de ses conventions qui sont déjà entrées en vigueur» [14].

Il s'agit en effet, pour la Russie de restaurer une dignité quelque peu perdue en adhérant au Conseil qualifié pour lors de «critère d'appartenance aux Etats civilisés d'Europe». Il est vrai que Moscou reconnaît avoir encore quelques efforts à faire en ce début de 1993 dans les trois domaines de références : la démocratie parlementaire, les droits de l'homme et la création d'un Etat de droit. Mais avec la préparation d'élections législatives anticipées — voulues par le président mais refusées par le Soviet Suprême — la disparition du Goulag et la préparation d'une nouvelle constitution, la Russie est sur la bonne voie [15].

C'est également au cours de l'automne 1993 que se produisent une série d'événements qui montrent à la fois la véritable nature de la «démocratie russe» et l'incohérence de l'attitude du Conseil. Quatre jours à peine après

---

[12] *Izvestia*, 2 juillet 1992. La délégation russe à Budapest est conduite par M. E. Ambartsoumov, président de la commission des affaires étrangères du Soviet Suprême.

[13] *Izvestia*, 6 juillet 1992.

[14] *Izvestia*, 6 février 1993.

[15] *Izvestia*, 13 janvier 1993.

que Boris Eltsine a fait écraser dans le sang son Parlement récalcitrant, le Conseil adopte, à l'issue de son sommet qui se réunit à Vienne les 8 et 9 octobre 1993, un communiqué spécial soutenant le président russe et sa politique de réformes. Il était logique, dans ces conditions, que, dans les comptes rendus de ce sommet de Vienne, la presse russe insiste sur le soutien au président Eltsine et sur le brevet de démocratie qui venait de lui être décerné et fasse cesser toute critique à l'égard du Conseil.

En fait, ce que cherche en priorité Moscou auprès du Conseil est bien ce brevet d'honorabilité dont elle a tant besoin tant à l'intérieur qu'à l'extérieur, utilisant à loisir un procédé dont elle est coutumière: le syllogisme. Le Conseil de l'Europe a une fonction d'ancrage politique, d'observateur du respect des droits de l'homme, de juge de la démocratie, or la Russie est officiellement candidate, donc elle peut prétendre être une démocrate ou tout au moins s'en rapprocher.

Les élections législatives et le référendum sur la nouvelle Constitution russe qui se déroulent le 12 décembre vont ainsi conduire la presse russe à multiplier des discours d'autosatisfaction. On peut penser qu'une partie d'entre elles s'adressent au moins indirectement au Conseil. Par exemple, le consul général de Russie à Strasbourg publiait un article dans lequel il affirmait que la Russie remplissait désormais, après les élections législatives et le référendum sur la nouvelle Constitution de décembre 1993, toutes «les conditions objectives pour adhérer au Conseil de l'Europe»... Et que cette adhésion pourrait se faire d'autant plus rapidement que «émergeront des tendances saines d'un passage de la confrontation politique et de la lutte pour le pouvoir à une entente nationale et un travail créateur» [16]. Deux semaines plus tard, Boris Eltsine proposait un pacte d'entente civile entre les partis représentés à la Douma. Mais dans le même temps, les *Izvestia* confirmaient ce dont on se doutait déjà: les résultats du référendum sur la Constitution ont été falsifiés.

Aussi, de brevets de satisfaction en brevets d'autosatisfaction, les Russes ont-ils eu du mal à comprendre les réactions du Conseil après l'intervention contre la république sécessionniste de Tchétchénie. La suspension de la procédure d'adhésion de la Russie par le Conseil a conduit Moscou à protester sans comprendre ou en faisant semblant de ne pas vouloir comprendre: «le Conseil ne nie pas l'appartenance de la Tchétchénie à la fédération de Russie mais il a adopté une attitude subjective et unilatérale de la situation dans la région. Il est vrai que Sergeï Kovalev est passé par

---

[16] *Nezavisimaja Gazeta*, 23 mars 1994.

là» [17]. Commentaire à usage interne tout autant qu'externe. Mais il est tout aussi vrai que le contraste est saisissant entre la décision — justifiée — de décembre 1994 et celle d'octobre 1993, à Vienne: il serait démocratique d'écraser son parlement et anti-démocratique de mener une opération de maintien de l'ordre interne!

Puisse cette incohérence avoir un effet bénéfique sur les analyses menées par les fonctionnaires des organisations internationales dont le Conseil de l'Europe. Peut-être la crise tchétchène conduira-t-elle à s'interroger sur la nécessité de soutenir une alternative démocratique à Boris Eltsine. Mais il ne faut pas perdre de vue que l'adhésion au Conseil remplit aussi, pour Moscou, une fonction de politique étrangère.

DES CONSIDÉRATIONS DE POLITIQUE ÉTRANGÈRE

Moscou a besoin du Conseil, on vient de le voir, pour lui décerner ce brevet d'honorabilité démocratique dont elle a tant besoin. Mais tout en reconnaissant ce fait, les Russes, considèrent aussi et, c'est une autre constante de leur discours, que le Conseil a besoin de la présence de la Russie pour être représentatif.

Une telle considération est en fait le reflet d'une crainte séculaire de la Russie: celle d'être mise à l'écart du continent, d'être rejetée vers ses espaces eurasiatiques et asiatiques, entourée de puissances potentiellement hostiles. Théorisée par Staline sous le nom de «encerclement capitaliste» il s'agit en réalité d'un syndrome bien plus ancien et qui survit à la chute du communisme. Ce discours sur l'encerclement, sur la reconstitution d'un cordon sanitaire se développe parallèlement aux réticences, aux hésitations, aux retards à l'entrée de la Russie dans les différents organismes internationaux et notamment au Conseil. Ainsi, le consul général de Russie à Strasbourg pouvait-il affirmer en mars 1994: «le Conseil veut devenir une organisation paneuropéenne et unir l'ouest à l'est post-totalitaire. Or ceci ne peut se faire sans la Russie» [18]. Une telle appréciation n'est guère isolée, montrant bien la constance de cette hantise de se retrouver séparée de «l'Europe qui marche» par un cordon sanitaire. Avec des variations de ton selon les périodes, le fond du discours reste le même: la Russie veut

---

[17] *Krasnaja Zvezda*, 31 janvier 1995. Il s'agit du quotidien de l'armée qui a notamment mené une campagne très virulente contre S. Kovalev, conseiller du président russe pour les droits de l'homme.

[18] *Nezavisimaja Gazeta*, 23 mars 1994.

pouvoir «se compter parmi les nombreux membres de la famille européenne démocratique» [19]; avertissant en des temps plus tendus que «il serait temps de comprendre qu'il ne peut y avoir d'Europe sans Russie» [20].

Cette impression d'isolement se renforce également à mesure que d'autres Etats nouvellement indépendants sont admis à l'assemblée de Strasbourg, et plus particulièrement les Etats baltes.

LE FACTEUR BALTE

L'adhésion des pays baltes au Conseil et les relations de ces pays avec la Russie doivent être corrélées au concept «d'étranger proche» développé par les diplomates russes dès le printemps 1992. Les relations avec cet «étranger proche» constituent en effet la priorité de la diplomatie soviétique, même si la détermination des pays qui en font partie reste ambiguë.

L'objectif de Moscou est de démontrer qu'en matière de respect des droits de l'homme, il existe une incohérence dans la politique menée par le Conseil et une discrimination à son encontre. Les Russes ont ainsi protesté avec force contre l'adhésion de la Lituanie et, plus encore de l'Estonie au Conseil en mai 1993 [21]. Cette adhésion a constitué, selon Moscou, un «scandale» compte tenu des témoignages sur la «violation flagrante des droits de la minorité russophone de cette république». Or, l'Estonie est acceptée au Conseil sous la pression du «lobby scandinave» désigné cette fois comme le perturbateur [22].

Moscou a aussi réussi à retarder l'adhésion de la Lettonie pour non-respect des droits de la minorité russophone, conduite d'une politique «d'apartheid» ou «d'épuration ethnique douce» (sic). Il est vrai que la Lettonie notamment a tardé à voter une loi sur la citoyenneté, ce sur quoi Moscou a amplement joué auprès des instances du Conseil de l'Europe, mais aussi de la CSCE. Ce retard à voter une loi acceptable à la fois par les organismes occidentaux et par Moscou s'explique avant tout par la crainte

---

19 *Nezavisimaja Gazeta*, 4 août 1993.

20 *Krasnaja Zvezda*, 31 janvier 1995.

21 Cette différence d'appréciation entre la Lituanie et l'Estonie s'explique par le nombre de ressortissants russes résidant dans l'une et l'autre république: quelque 10% dans la première, plus de 30% dans la seconde.

22 *Nezavisimaja Gazeta*, 6 juillet 1993.

de cette petite république de voir les Russes prendre une part trop importante dans la vie politique lettone. Or, les résidents russes-ex-soviétiques préfèrent vivre dans cette république relativement prospère plutôt que de retourner dans une Russie incertaine, sans même parler des officiers, retraités à 40 ou 45 ans et dont les autorités lettones ou estoniennes soupçonnent d'avoir des activités autres que celles de retraité!

Il y a donc à Moscou un argument en négatif justifiant, au moins jusqu'à la crise tchétchène, ses protestations contre sa mise à l'écart du Conseil. Pourquoi des pays peu soucieux des droits de l'homme sont-ils membres et pas la Russie qui a fait des progrès considérables dans ce domaine alors que le Conseil lui-même a reconnu ces deux faits. Associant la situation en Estonie à celle de la Turquie, Moscou a par exemple avancé, en août 1993, l'argument selon lequel «ses citoyens pourraient s'adresser à la cour européenne des droits de l'homme». En d'autres termes: avantages pour le Conseil, avantage pour le gouvernement russe, avantage pour tous les citoyens qui disposeraient ainsi d'un recours supplémentaire en cas de violation des règles de la démocratie.

Mais il est aussi intéressant de constater que la presse russe n'a guère réagi, ni même utilisé, l'adhésion de la Roumanie en septembre 1993 alors qu'elle a suscité des protestations de la part d'anciens pays du Pacte. Il semblerait que, dans ce domaine, Moscou préfère utiliser l'argument des républiques baltes, ex-soviétiques, que celui d'un pays dont elle reconnaît l'entière souveraineté.

En conclusion, on peut constater que, après des années de critiques puis d'indifférence, le gouvernement russe a instrumentalisé le Conseil de l'Europe à la fois pour des raisons de politique intérieure et extérieure. Ce qui paraît attirer Moscou vers le Conseil de l'Europe n'est pas tant de faire partie de cette organisation pour laquelle il n'est pas certain qu'elle éprouve beaucoup de respect. Ce que souhaite la Russie — et en particulier son actuel président — est bien plutôt de se voir décerner un brevet d'honorabilité internationale dont elle a tant besoin à l'intérieur comme vis à vis du monde extérieur.

Les relations entre le Conseil de l'Europe et l'Union de l'Europe occidentale (UEO), des temps de guerre froide aux perspectives contemporaines

par Elisabeth du RÉAU
Université de Paris III

En avril 1948, la naissance de l'Union Occidentale, créée par le Pacte de Bruxelles, coïncide avec l'entrée en guerre froide. Un an plus tard, en mai 1949, une autre institution voit le jour: le Conseil de l'Europe qui siège à Strasbourg où se réunit pour la première fois une Assemblée européenne. Quels sont les liens initiaux entre les deux organisations? Comment évoluèrent les relations entre l'Union de l'Europe occidentale, successeur de l'organisme de Bruxelles, et l'institution strasbourgeoise? A la lumière des fonds importants conservés au sein des deux institutions et accessibles jusqu'au début des années soixante, il est désormais possible de répondre à ces deux questions. Nous tenterons cependant d'élargir le sujet en prolongeant la réflexion jusqu'à nos jours, à l'heure où les deux organismes connaissent un certain renouveau.

I — L'UNION OCCIDENTALE ET LA NAISSANCE DU CONSEIL DE L'EUROPE (1948-1949)

En signant, le 17 mars 1948, le texte du Pacte de Bruxelles, la France, la Grande-Bretagne et les trois Etats du Bénélux annonçaient leur intention de créer une *Union occidentale* et précisaient leurs objectifs en ces termes: ils s'engageaient non seulement à assurer la paix et leur sécurité, ils étaient résolus, disait le préambule à «exprimer leur foi dans la dignité de la personne humaine ainsi que dans les autres principes proclamés par la Charte des Nations Unies». Ils précisaient leur «volonté de défendre les principes démocratiques, les libertés civiques et individuelles, les traditions constitutionnelles, le respect de la loi qui forment leur patrimoine commun» [1].

1. L'initiative de Georges Bidault

Quelques mois plus tard, en mai 1948, un congrès réuni à La Haye avait rassemblé les délégués des divers mouvements qui oeuvraient en faveur de l'Europe unie. A l'issue de cette importante manifestation, les congressistes créaient un «Mouvement européen» dont la première tâche était d'élaborer un *Mémorandum*, incitant les gouvernements à créer des institutions aptes à promouvoir l'unification de l'Europe [2]. C'est ce texte qui devait inspirer l'initiative de Georges Bidault, ministre français des Affaires étrangères. Le 19 juillet 1948, il exposait ses projets devant ses quatre partenaires, membres du Pacte de Bruxelles. C'est donc *au sein de l'Union occidentale*, à l'occasion de la réunion de son Conseil consultatif, organisme intergouvernemental, à La Haye, qu'était proposée pour la première fois la création d'une «Assemblée européenne».

> Je considère, précisait Georges Bidault, qu'il est de notre responsabilité gouvernementale, en tant que Conseil directeur d'une partie essentielle de l'Europe, la première à avoir pu s'organiser, de donner appui à cette thèse et à cette aspiration [3].

La démarche de Bidault intervient dans un contexte diplomatique bien circonscrit, au moment où le Blocus de Berlin crée une vive tension internationale. Dans l'esprit du Pacte de Bruxelles, il importe de resserrer les liens entre les nations démocratiques de l'Europe, la proposition de Bidault permettant d'étudier, dans une enceinte «européenne», la question allemande. «Il n'y a pas lieu de dissimuler, rappelle Bidault, que le problème essentiel de l'Allemagne n'est pas susceptible d'un règlement

---

[1] Public Record Office (Londres), désormais "PRO". Préambule du Traité de collaboration en matière économique, sociale, culturelle et de légitime défense collective, signé à Bruxelles le 17 mars 1948, version française.

[2] Archives historiques des Communautés européennes, désormais "AHCE", Florence. Fonds Mouvement Européen, année 1948. Voir aussi Olivier PHILIP, *Le Problème de l'Union européenne*, Paris, Editions de la Baconnière, 1950, p. 202.

[3] PRO, DG1, Réunion du CC du 19 juillet 1948. Voir aussi Archives du Ministère des Affaires étrangères, France, désormais "MAE". Europe 1944-49, Généralités, vol. X, Paris, Comité consultatif de l'Union occidentale, 19 juillet 1948.

pacifique et durable en dehors du cadre européen» [4]. Cette initiative créait un effet de surprise et n'entraînait pas d'emblée l'adhésion des interlocuteurs de Georges Bidault, on sait même par les sources britanniques, que le Secrétaire d'Etat au Foreign Office, Ernst Bevin, estimait la proposition française peu opportune [5].

2. Les débats préliminaires au sein de l'Union occidentale

De juillet 1948 à janvier 1949, c'est au sein du Conseil consultatif de l'Union occidentale (UO) qu'étaient débattus les projets qui devaient plus tard être mis en oeuvre à la Conférence préparatoire de Londres, élargie alors à dix Etats candidats. Au cours de l'été 1948, Paul Henri Spaak, le ministre belge, s'efforçait de trouver un terrain d'entente permettant de faire progresser le projet. Dès le début de l'automne, un véritable «bras de fer» franco-anglais s'engageait. La représentation britannique, au sein de l'Union occidentale, refusait délibérément d'examiner le processus de création d'une Assemblée et proposait la création d'un Conseil de l'Europe, simple organisme intergouvernemental, proche de la structure du Conseil consultatif de l'UEO ou du Comité des ministres de l'OECE. En revanche, Robert Schuman, qui avait succédé à Georges Bidault dans un gouvernement remanié, défendait le projet de son prédécesseur et plaidait en faveur de l'institution d'une *Assemblée*, dont les attributions et la composition pouvaient être discutés. A l'issue du débat, difficile, lors d'une session restreinte à Londres, le 25 octobre 1948, les Cinq acceptaient de constituer un Comité d'études formé de représentants nommés par les cinq gouvernements afin de trouver une issue à la crise ouverte au sein de l'Union.

Dès le mois de novembre 1948, le Comité présidé par Edouard Herriot suggérait de proposer à d'autres partenaires, futurs candidats, de se joindre aux cinq membres du Pactes de Bruxelles [6]. Dès lors, à partir de janvier 1949, le débat quittait le cadre strict de l'Union occidentale. Le Danemark,

---

[4] *Ibid.*

[5] John YOUNG, *Britain, France and the Unity of Europe, 1945-51*, Leicester, University Press, 1984, pp. 108-117, et communication de Geoffrey WARNER, au Colloque de Luxembourg, "Naissance des institutions européennes" (novembre 1992)., actes réunis par Gilbert TRAUSCH, 1995.

[6] Elisabeth du RÉAU, "Le MRP et la naissance du Conseil de l'Europe", in *Le MRP et la construction européenne, 1944-1966*, Paris, Editions Complexe, 1993, pp. 67-87.

l'Irlande, l'Italie, la Norvège et la Suède devaient participer à la Conférence préparatoire de Londres où se négociait le futur statut du *Conseil de l'Europe*. Le 5 mai 1949, le *Traité de Londres* instituait un Conseil de l'Europe, formé initialement de dix membres.

3. La comparaison entre les finalités des deux Traités et les statuts des deux institutions fait apparaître des convergences et des divergences

— Les objectifs

La plupart des finalités qui avaient été proposés dans le texte du préambule du Pacte de Bruxelles apparaissent aussi dans l'article I du Traité instituant le Conseil de l'Europe. Cet article précise: «Le but du Conseil de l'Europe est de réaliser une *Union plus étroite* entre membres afin de promouvoir les idéaux et les principes qui sont leur patrimoine commun». Il mentionne tout particulièrement «la sauvegarde et le développement des droits de l'homme et des libertés fondamentales». En revanche, l'article I spécifie dans son dernier paragraphe: «Les questions relatives à la défense nationale ne sont pas de la compétence du Conseil de l'Europe». On doit noter aussi que le texte du Pacte de Bruxelles mentionne, en évoquant les menaces pour la paix, une possible agression de l'Allemagne. Cette méfiance a disparu en 1949 puisque la future entrée de l'Allemagne est même envisagée dès les lendemains du Traité de Londres après la création de la République fédérale d'Allemagne.

— Les deux institutions n'avaient pas la même structure

Rappelons que l'Union occidentale comprenait, outre le Conseil consultatif assisté de la Commission permanente siégeant à Londres, un Comité de défense assisté d'un Comité militaire (dont dépendra un Etat-major situé à Fontainebleau); il existait donc une structure militaire mais on notera que l'institution ne comportait pas d'Assemblée. En revanche, le Conseil de l'Europe disposait d'un Comité des ministres d'une Assemblée consultative et d'un Secrétariat du Conseil. La principale innovation était la création de l'Assemblée, formée de représentants de chaque Etat membre, désignés selon la procédure choisie par chaque gouvernement [7]. Cette instance n'était pas un véritable Parlement, les dispositions adoptées constituaient un compromis entre les vues de Paris et celles de Londres. L'Assemblée disposait initialement de pouvoirs limités mais elle s'efforcera dans la pratique, on l'a vu, de s'émanciper et d'acquérir plus d'autonomie. Cette expérience sera d'ailleurs mise à profit plus tard par les promoteurs du projet d'assemblée de l'Union de l'Europe occidentale, successeur de l'UO.

II — CONSEIL DE L'EUROPE, UNION DE L'EUROPE OCCIDENTALE (UEO) ET COOPÉRATION EN EUROPE (1954-1972)

1. La naissance de l'UEO et les visées politiques de l'Union

Entre 1949 et 1954, de nouvelles données stratégiques, notamment la maîtrise par l'URSS de l'arme atomique (bombe A, puis bombe H) et la prise du pouvoir par Mao Tse Toung en Chine incitent les Occidentaux à resserrer leurs liens. Après la signature, à Washington, du Pacte atlantique (en avril 1949), c'est la naissance en 1950 de l'organisation intégrée de l'OTAN. C'est un tournant pour l'Union occidentale qui, ce 20 décembre 1950, transfère à l'OTAN les modalités de l'exercice de ses responsabilités dans le domaine militaire. Quatre ans après «la mise en sommeil» des activités militaires de l'Union occidentale, diverses circonstances contribuent à la création de l'Union de l'Europe occidentale.

— Les Accords de Paris (19-23 octobre 1954) créent l'Union de l'Europe occidentale

Après l'échec de la CED et le dénouement «tragique» de la crise franco-française, par un vote négatif de l'Assemblée nationale, le 30 août 1954, une solution alternative est mise en perspective. La Conférence de Paris consacre l'aboutissement de délicates négociations amorcées à Londres dès

---

[7] Les trois grands Etats disposaient de dix-huit voix, la Belgique, les Pays-Bas, la Suède disposaient de six représentants, l'Irlande, la Norvège, le Danemark disposaient de quatre voix, enfin le Luxembourg avait trois représentants.

les premières semaines de septembre [8]. Au terme de réunions auxquelles participent les délégués des Cinq, des représentants de l'OTAN (notamment des experts américains) et deux délégations d'Allemagne fédérale et d'Italie, un accord intervient sur le principe d'un élargissement du Pacte de Bruxelles. L'Union de l'Europe occidentale comptera donc sept membres: les cinq membres de l'Union occidentale auxquels se joignent l'Allemagne fédérale et l'Italie. La Conférence de Paris institue un nouveau système de sécurité qui prend en compte certaines des exigences françaises, le maintien d'un pôle européen de défense et le renforcement des structures de l'Union, mais Londres, en plein accord avec Washington, avait exercé une pression en faveur d'une étroite tutelle de l'OTAN [9].

— Les visées politiques et les institutions de la nouvelle organisation Des liens évidents avec le Conseil de l'Europe (octobre 1954-mai 1955)

Le préambule du Pacte de Bruxelles modifié par les Accords de Paris se référait toujours aux objectifs définis en mars 1948 et évoqués précédemment. Cependant, la mention concernant la menace allemande avait bien sûr disparu. En revanche, une nouvelle mention figurait dans le texte paraphé par les Sept en octobre 1954. Les sept Etats étaient résolus à prendre les mesures nécessaires afin de promouvoir l'unité et d'«encourager l'intégration progressive de l'Europe»... [10] Cette formulation n'était pas une simple clause de style, elle avait été longuement analysée et mûrie. Son insertion dans le texte du préambule constituait une concession aux partisans de l'ancienne formule de Communauté européenne de Défense. Elle devait rendre plus aisée la ratification en France et rallier si possible la fraction «cédiste» de l'Assemblée.

Au printemps 1955, au terme de longs débats parlementaires en France, mais aussi à l'étranger, l'Union de l'Europe occidentale était définitivement constituée. Le *6 mai 1955*, le Traité de Bruxelles modifié entrait en vigueur

[8] René GIRAULT (sous la direction de), *Pierre Mendès France et le rôle de la France dans le monde*, Grenoble, Presses Universitaires (Colloque Paris 1991), 1991. Voir notamment contributions d'Elisabeth du RÉAU sur l'UEO et de M. VAÏSSE sur les problèmes de Défense.

[9] *Ibid*, Elisabeth du RÉAU, "Pierre Mendès France, la création de l'UEO et son devenir", pp. 25-38.

[10] *Traité de Bruxelles. Union de l'Europe occidentale*, Londres, Publications du Secrétariat général de l'UEO, 1969. Préambule, p. 2 et article VIII/2, § 1, p. 6.

et les institutions prévues par les Accords de Paris se mettaient en place après un examen des travaux d'experts et la prise en compte des observations de certains parlementaires membres de l'Assemblée du Conseil de l'Europe. Quatre rouages constitutionnels donnaient à l'UEO une structure cohérente. Le nouveau traité créait le *Conseil* de l'Union de l'Europe occidentale, qui prenait le relais du Conseil consultatif avec une compétence étendue. L'*Assemblée*, nouveau rouage au sein de l'Union, était constituée de parlementaires du Conseil de l'Europe, sa mission était de maintenir le dialogue avec les opinions nationales. L'*Agence de Contrôle des Armements* (ACA) était également une création. Elle avait un pouvoir de contrôle sur tous les armements des pays membres, instituant un système de mesures de confiance et de transparence sans précédent entre Etats indépendants. Enfin, sur proposition française, un second organe technique devait être créé: le *Comité permanent des Armements* (CPA).

Cet embryon d'organisation européenne restait ambigu car il n'y avait pas réellement égalité de statut entre les pays membres. Les pouvoirs de l'Agence pour le Contrôle des Armements restaient fortement inspirés des clauses discriminatoires prévues par le texte initial instituant la CED. Cependant, ces organismes techniques ne devaient pas jouer réellement leur rôle; en revanche, la création d'une Assemblée dont le siège était fixé à Paris devait avoir une portée plus notable, quelles que fussent les contraintes qui bridaient son action [11].

2. Des relations organiques entre le Conseil de l'Europe et l'UEO, la composition et le rôle des Assemblées

L'article 5 du *Protocole de Paris* avait prévu la création d'une *Assemblée* mais de manière très laconique. Il était précisé:

> Le Conseil de l'Union de l'Europe occidentale présentera à une Assemblée composée des représentants des puissances du Traité de Bruxelles à l'Assemblée consultative du Conseil de l'Europe un rapport annuel sur ses activités, notamment dans le domaine du contrôle des armements.

Donc la création de l'Assemblée était présentée de façon incidente. Réunie en première session en juillet 1955, elle recevait un message du Conseil. L'allocution du Président du Conseil en exercice, Paul Henri Spaak, précisait que le Conseil entendait laisser à l'Assemblée la liberté la

---

[11] Henri BURGELIN, important article de l'actuel greffier, secrétaire général de l'Assemblée de l'UEO à Paris, in *Relations Internationales*, n° 36, pp. 415-423.

plus complète. «Confiant, disait-il aux membres de l'Assemblée parlementaire du Conseil de l'Europe, dans votre expérience et votre sagesse». Forte de ces encouragements, l'Assemblée décidait lors de sa deuxième session en octobre 1955 d'adopter sa charte constitutive, «véritable coup de force institutionnel», écrit le professeur Imbert, non seulement elle adoptait sa propre charte mais elle s'attribuait des pouvoirs que la charte originelle était loin de supposer» [12]. Aux termes de l'article I de la Charte, l'Assemblée de l'UEO exerce la fonction parlementaire découlant de l'application du Pacte de Bruxelles. Elle peut délibérer sur toute question relevant du Traité de Bruxelles et sur toutes les questions soumises par le Conseil. Elle n'entend pas se contenter du caractère consultatif assigné aux délibérations du Conseil de l'Europe. Elle s'intéresse au large champ de compétences du Conseil et peut s'occuper notamment des mesures visant à encourager l'intégration progressive de l'Europe. Cette Assemblée dispose d'une arme vis-à-vis du Conseil puisqu'elle peut émettre une motion de désapprobation (instrument dont ne dispose pas l'Assemblée de Strasbourg).

Ainsi, on peut estimer que les parlementaires membres de la première Assemblée créée en 1949 ont mis à profit leur expérience et obtenu pour la seconde celle de l'UEO des prérogatives plus étendues que celles de l'Assemblée consultative de Strasbourg [13].

3. Le Conseil de l'Europe et l'UEO devant la question de la coopération européenne. Convergences et divergences

L'examen des délibérations des deux Conseils fait apparaître certaines préoccupations convergentes des deux organisations.

---

[12] Publications de l'UEO, *Charte de l'Assemblée*, et Commentaires du Professeur Imbert. Dossier consulté au siège de l'UEO, à Paris, avec l'aimable autorisation de M. Henri Burgelin, Armand IMBERT, *L'Union de l'Europe occidentale*, Paris, Pichon et Durand, 1968, pp. 54-62.

[13] *Ibid.* Voir aussi l'article de Henri BURGELIN, déjà cité.

— Deux questions importantes ont retenu l'attention des membres des deux organisations pendant la période charnière 1955-1958

Le problème allemand

Une des missions particulières à laquelle va s'attacher le Conseil de l'UEO est le règlement du dossier sarrois, objet de laborieuses discussions bilatérales et multilatérales. Lors d'une réunion du Conseil de l'Union, le 4 juillet 1955, le président Spaak décide la création d'une Commission européenne pour le référendum en Sarre. Des débats ont également lieu sur ce sujet au sein du Conseil de l'Europe en mai 1955 [14].

Un autre dossier important est celui de la *coopération économique en Europe*. Lors d'une séance du Conseil de l'UEO à Paris en décembre 1955, le débat est ouvert par le président Spaak qui s'étonne de voir au sein de l'Union se développer une vive controverse entre la Grande-Bretagne favorable au développement d'une grande zone de libre-échange et les autres partenaires, membres de la CECA. A l'occasion de ce débat, Mac Millan pose la question des compétences de l'UEO en ces termes: «Ce rôle d'organisme coordinateur de la politique économique, sociale et culturelle des Etats membres pourra-t-il être rempli dans l'avenir par l'UEO? [15]» C'est l'occasion pour le Conseil de l'Europe de se saisir du dossier et d'évoquer la nécessité de «rationaliser» les activités des organisations européennes [16].

Si le Traité de Bruxelles modifié donnait à l'Union de l'Europe occidentale des compétences extrêmement vastes, il manifestait aussi le souci des signataires que l'organisme de Bruxelles ne fasse pas double emploi avec d'autres organisations internationales.

---

14 Archives de l'UEO, PRO, Londres, WEU, DG50. Archives du Conseil de l'Europe à Strasbourg, désormais "ACE", consultées avec l'aimable autorisation du conservateur, M. Bishop.

15 Archives UEO, PRO, Londres, WEU, DG, Conseil de l'UEO, décembre 1955.

16 Voir la communication d'Anne de Smedt sur ce sujet au cours du présent colloque.

— Les problèmes de concurrence et le déclin progressif du rôle de l'UEO au profit du Conseil de l'Europe et de la Communauté (1958-1973)

Des divergences paraissent s'accuser et, au cours de la période 1958-1960, une certaine tension se manifeste dans les relations entre les deux institutions. L'objet de la discussion concerne l'exercice des compétences d'ordre social et culturel de l'UEO. Les commentaires officiels consignés dans les rapports du Conseil de l'UEO et du Comité des Ministres du Conseil de l'Europe font apparaître une solution consensuelle ainsi énoncée:

> Le souci d'éviter tout double emploi a conduit le Comité des Ministres du Conseil de l'Europe, approuvé par le Conseil de l'UEO (Recommandations 43 et 50) à transférer en 1960 l'exercice des compétences d'ordre social et culturel données à l'UEO par les articles II et III du Traité de Bruxelles modifié au Conseil de l'Europe [17].

Mais le Conseil de l'UEO avait tenu à préciser, dans son rapport annuel à l'Assemblée sur ses activités, en 1959, que cette mesure touche à «l'activité» du Conseil, non à sa compétence. Le 6 août 1959, une note du Secrétariat de la Commission culturelle au sein de l'Assemblée consultative de Strasbourg fait état des réserves de l'Assemblée de l'UEO: «l'Assemblé de l'UEO, lors de sa cinquième session en juin 1959, a longuement discuté du 'transfert' et s'est révélée extrêmement réservée quant au principe même de l'opération envisagée. Cette réticence inattendue présente un fait nouveau» [18].

Cette question était évoquée plus tard par le Comité des Ministres du Conseil de l'Europe qui s'efforçait de trouver un «Arrangement» après avoir accepté quelques amendements au projet initial. Il faut rappeler que, parmi les tâches confiées à l'Union, l'organisation d'une *Conférence des recteurs* des Universités européennes avait été l'une des activités les plus fécondes [19]. Il était donc précisé, au terme de l'arrangement du 29 octobre 1959: «Le Comité des Ministres du Conseil de l'Europe autorisera les Etats

---

[17] Archives du Conseil de l'Europe, ACE. Dossier 2497. Accord entre le Secrétariat général du Conseil de l'Europe et le Secrétariat général de l'Organisation de Bruxelles, 1959.

[18] ACE, Dossier 2491-1.

[19] ACE, Conférence des Recteurs des Universités européennes. Conférence de Cambridge, 20-27 juillet 1955. Les archives de cette conférence qui étaient détenues par l'UEO ont été transférées au Conseil de l'Europe. Voir Fonds ACE 18.735, vol. 1.

membres de l'UEO à continuer, dans le cadre du Conseil de l'Europe, dans la mesure où ils l'estiment nécessaire, les activités qui ont fait l'objet de leur transfert». Ainsi, dans le domaine de la coopération inter-universitaire, les Sept pouvaient continuer à suivre des dossiers qui avaient été traités antérieurement au sein de l'UEO [20]. C'est seulement en mai 1960, qu'avait lieu le transfert officiel des activités culturelles de l'UEO en application de l'accord partiel évoqué. Désormais, pouvait se mettre en place, au sein du *Conseil de l'Europe, le Conseil de la Coopération culturelle* (CDCC), qui disposait lui-même de quatre comités et définissait un cadre pour agir: la Convention culturelle européenne [21].

Ainsi, l'Union de l'Europe occidentale avait dû limiter de fait son champ d'action. Dans le domaine politique, le Conseil et l'Assemblée jouaient cependant, au cours des années soixante, un rôle de forum de consultation. En effet, la Communauté économique européenne créée en mars 1957 était encore réduite à six membres. La candidature de la Grande-Bretagne ayant échoué à deux reprises, le Conseil de l'UEO restait une enceinte propice à certains échanges entre les Sept. Des réunions de ce Conseil avaient souvent lieu à la veille des sessions de nombreuses organisations internationales, notamment celles de l'Assemblée générale de l'ONU.

Cependant, après l'élargissement à neuf de la Communauté, à la suite de la signature puis de la ratification du Traité de Bruxelles (janvier 1972 - janvier 1973), cette fonction politique et diplomatique n'avait plus son objet.

III — DE LA RÉACTIVATION DES DEUX INSTITUTIONS AUX PERSPECTIVES RÉCENTES

1. La réactivation de l'UEO intervient précocement dès le milieu des années quatre-vingts

Le déclin du rôle de l'UEO était-il irréversible? L'évolution de la conjoncture internationale suscitait, dès les années 1984-87, un renouveau au sein de l'organisation. Nous avons évoqué ailleurs les circonstances favorables à cette réactivation et mentionnons seulement ici l'importante «plate-forme sur les intérêts européens en matière de sécurité», élaborée à

---

20 ACE, Dossier 2497-1.

21 ACE, 0402/ 92/ 3052.

l'occasion du Conseil de La Haye en octobre 1987. «Les Etats membres, précisait ce texte, déclarent leur conviction qu'une Europe plus «une» apportera une contribution plus forte à l'Alliance au bénéfice de la sécurité occidentale dans son ensemble...» [22].

A l'heure où l'UEO envisageait l'élargissement à l'Espagne et au Portugal (protocole signé en novembre 1988), elle affirmait son ambition de développer une *identité européenne de défense*. Pendant cette phase de mutation, l'Assemblée jouait un rôle essentiel. Avant les événements de l'automne 1989, en mars de cette année, le Comité des Présidents de l'Assemblée proposait de créer, au siège de l'Assemblée, un *Institut Européen des Hautes Etudes de Sécurité*. Quelques jours après la chute du Mur de Berlin, le 13 novembre 1989, cette instance était créée à Paris. Or, cet organisme allait jouer un rôle important en faveur d'un dialogue avec les Etats de l'Est européen dont la situation politique et stratégique évoluait rapidement, notamment à partir du processus de dislocation de l'URSS (en 1991). Ces événements devaient également susciter de nombreuses initiatives au sein du Conseil de l'Europe.

2. Les relations des deux institutions avec l'Est européen: vers la Grande Europe?

Le *Conseil* de l'Europe a joué un *rôle pionnier* qui ne sera pas examiné puisqu'il a été évoqué au cours de ce colloque par d'autres communications. On mentionnera seulement ici le rôle essentiel de la *Cour européenne des droits de l'Homme de Strasbourg*, dont la Commission des droits de l'Homme constitue un pivot. Elle a pu à maintes reprises attirer l'attention sur la violation de ces droits dans l'espace européen [23].

Dès 1990, un Etat de l'Est européen, la Hongrie, avait adhéré à part entière au Conseil de l'Europe, au terme d'une longue procédure. La Pologne, en 1991, la Bulgarie en 1992, puis les Etats baltes (Estonie, Lettonie), la Slovénie, la Slovaquie, la République tchèque, la Roumanie

[22] Publications de l'UEO. Plate-forme de La Haye, octobre 1987. Nous avons analysé cette évolution dans une étude publiée à l'occasion de la parution d'un volume de Mélanges offerts à Guy PEDRONCINI: *Des étoiles et des croix*, Paris, Economica, 1995. Elisabeth du RÉAU, "La France et la politique européenne de défense. L'UEO, naissance, repli et redéploiement. 1954-1991", pp. 451-465.

[23] Publications du Conseil de l'Europe. Strasbourg:
— *Bilan de la Convention européenne des droits de l'Homme*, 1954-1988.
— *Le Conseil de l'Europe et les droits de l'Homme*, 1991.

suivaient en 1993. L'Assemblée a joué un rôle essentiel dans ce processus ; elle a constitué un vaste laboratoire d'idées puis une tribune où ont pu s'exprimer les membres associés puis les nouveaux adhérents suscitant une émulation auprès de leurs partenaires [24].

— La question de l'élargissement à l'Est se pose aussi pour l'Union de l'Europe occidentale

Après une réunion du Conseil des ministres de l'UEO, en juin 1992, à Bonn s'est tenue, une réunion extraordinaire avec des collègues de huit pays d'Europe centrale et orientale, Bulgarie, Hongrie, Pologne, Roumanie, Tchécoslovaquie, Estonie, Lituanie, Lettonie. Les ministres ont décidé de créer un *Forum de consultation* entre le Conseil permanent de l'UEO et les ambassadeurs des pays concernés afin de traiter de l'architecture de sécurité et de stabilité en Europe en liaison avec la CSCE. La première réunion de ce Forum a eu lieu en octobre 1992.

En mai 1994 à Luxembourg, les ministres de l'UEO réunis au Kirchberg ont rendu publique une déclaration importante. Ils ont annoncé qu'ils prenaient la décision de s'élargir aux neuf démocraties d'Europe centrale et orientale faisant partie du Forum de consultation. Ces Etats reçoivent le statut de *membres partenaires* qui leur permet de prendre part aux réunions sans pouvoir bloquer les décisions, et d'établir une liaison avec les organismes subsidiaires de l'UEO.

Ainsi, ils participent à l'élaboration du Programme Themis qui vise à développer une coopération juridique entre les Etats occidentaux et ceux de l'Est européen [25].

Enracinées dans le terreau de la guerre froide, les deux organisations nées à la fin des années quarante, l'Union occidentale devenue l'UEO et le Conseil de l'Europe, après avoir connu un relatif déclin, connaissent depuis la fin des années quatre-vingts une «réactivation». Les mutations de l'Est européen ont conduit les deux institutions à envisager une possibilité

---

[24] *Rapports de l'Assemblée consultative*, 1990 à 1994. Publications du Conseil de l'Europe à Strasbourg. Voir aussi la petite brochure de synthèse: *Le Conseil de l'Europe: activités et réalisations*. Direction de la Communication, juillet 1995. Le Conseil de l'Europe est désormais composé de trente-six Etats. La Lettonie, l'Albanie et la Moldava ont rejoint l'organisation en 1995. En revanche, le processus d'adhésion de la Russie est interrompu.

[25] Publications de l'UEO. Dossiers de l'Institut européen de Sécurité consultés avec l'aimable autorisation de Nicole Gnesotto.

d'élargissement. Elles ont élaboré divers types de statut, bousculant leurs propres règlements. Le Conseil de l'Europe a d'ores et déjà admis de nouveaux membres issus de «l'autre Europe», tandis que l'UEO leur a accordé un statut de «membres partenaires». Mais, la Conférence intergouvernementale de 1996 qui examinera les relations Union européenne, UEO et OTAN devra apporter des précisions sur l'évolution de ce statut.

Quelles que soient les décisions de principe qui seront adoptées, une question reste posée aux deux organisations. N'est-il pas opportun de doter les deux organismes de moyens plus adaptés à leur mission paneuropéenne? Ne serait-il pas opportun d'opérer une rationalisation attendue depuis longtemps? C'est une question qui sera également évoquée au cours de ce colloque.

Le Conseil de l'Europe et la rationalisation des activités parlementaires européennes (1956-1957) [1]

par Anne DE SMEDT
Université de Liège

En 1956, les négociations de Bruxelles sur le Marché commun et l'Euratom ainsi que les pourparlers menés à Paris en vue de la création d'une Zone de libre échange et d'une Agence européenne de l'énergie atomique ouvrent en Europe de nouvelles perpectives économiques et institutionnelles dont l'importance n'échappe pas aux membres du Conseil de l'Europe. Conscient des répercussions que le renforcement de l'Europe des Six et l'extension des activités de l'OECE peuvent avoir sur son propre développement et sur son avenir, le Conseil de l'Europe s'intéresse particulièrement aux aspects de la construction européenne qui le concernent au premier chef. Ainsi, dans le domaine institutionnel, le contrôle parlementaire — ce mot étant entendu au sens large — des nouvelles activités européennes va immédiatement faire l'objet d'un examen particulier de la part des membres de l'Assemblée consultative. Ceux-ci poursuivent en la matière deux objectifs: d'une part, assurer que chaque institution européenne dotée de pouvoirs réels soit soumise à un contrôle démocratique efficace [2] et, d'autre part, procéder à une rationalisation générale des activités parlementaires européennes. C'est ce deuxième point que nous nous proposons d'étudier dans le cadre de cet exposé.

Avant d'aller plus loin, il convient de rappeler qu'en 1956 l'Europe compte déjà trois organes parlementaires distincts et spécialisés:

---

[1] Cette recherche a bénéficié du soutien du Pôle d'Attraction Interuniversitaire (n° 26, Intégration européenne) mis en oeuvre à l'initiative de l'Etat belge, Services du Premier Ministre, programmation scientifique.

[2] Recommandation 101 adoptée le 23 octobre 1956 par l'Assemblée consultative du Conseil de l'Europe (cité ci-après Ass. c. Cons. Eur.). Archives du Conseil de l'Europe, dossier 226, farde 1 (cité ci-après ACE, dos. 226/1). Voir aussi le "Rapport sur l'intégration européenne et les organes parlementaires" présenté par la Commission des Affaires Générales lors de la huitième session ordinaire de l'Ass. c. Cons. Eur., doc. 568, le 19 octobre 1956. ACE, dos. 226/1.

— l'Assemblée consultative du Conseil de l'Europe («l'Assemblée des Quinze») créée en 1949 et qui se présente volontiers comme «l'Assemblée mère»;

— l'Assemblée commune de la CECA («l'Assemblée des Six») mise en place en 1952;

— l'Assemblée de l'UEO («l'Assemblée des Sept») créée par les Accords de Paris en octobre 1954 et dont les membres ont été choisis parmi les représentants que les sept pays associés au sein de l'UEO envoient à l'Assemblée du Conseil de l'Europe [3].

A ces organes, s'ajoutent encore la Conférence non officielle des parlementaires de l'OTAN, le Conseil interparlementaire consultatif du Benelux (fondé par la Convention du 5 novembre 1955) et le Conseil nordique (constitué en 1952 par le Danemark, la Suède, la Norvège et Islande et, à partir de 1956, par la Finlande). Ces deux dernières instances ne sont cependant pas prises en considération dans l'effort de rationalisation du Conseil de l'Europe. Nous ne les évoquerons donc pas davantage.

La perspective de voir se créer de nouveaux organes parlementaires dans le cadre des projets élaborés à Bruxelles et à Paris inquiète les membres de l'Assemblée de Strasbourg qui dénoncent les risques qu'une telle prolifération d'institutions fait courir à l'Europe. L'éparpillement des efforts, le manque de coordination, les risques de chevauchements et de doubles emplois, l'augmentation des dépenses, le manque de retentissement des débats et des résolutions, le désintérêt de l'opinion publique incapable de comprendre ce puzzle institutionnel, la masse considérable de travail qui risque d'engendrer surmenage et absentéisme constituent aux yeux des députés de Strasbourg autant de raisons qui justifient une rationalisation des assemblées européennes. Pour atteindre son objectif, l'Assemblée consultative va être amenée à agir simultanément sur trois fronts:

— l'Europe des Six, dans le but d'empêcher la création d'une nouvelle assemblée,

— l'Europe des Dix-sept, afin d'obtenir la responsabilité du contrôle parlementaire des nouvelles activités développées au sein de l'OECE et,

— l'Europe dans toutes ses composantes parlementaires pour regrouper l'ensemble des organes délibérants au sein d'une Assemblée unique.

---

[3] Henri MANZANARES, *Les Assemblées du Conseil de l'Europe et de l'Union de l'Europe Occidentale*, Paris, 1969.

A — LE CONSEIL DE L'EUROPE ET L'ORGANISATION DU CONTRÔLE PARLEMENTAIRE DES NOUVELLES COMMUNAUTÉS EUROPÉENNES (MARCHÉ COMMUN ET EURATOM)

1. Le refus d'une quatrième assemblée européenne

A la fin de l'année 1956, les négociateurs des futurs Traités de Rome envisagent de confier le contrôle des activités des Commissions du Marché commun et de l'Euratom à de nouvelles assemblées européennes, distinctes et autonomes. Cette solution correspond aux voeux de la France ou plutôt aux exigences d'une fraction de l'Assemblée nationale française qui, en juillet 1956, a refusé que les organes parlementaires des nouvelles communautés soient liés à l'Assemblée supranationale de la CECA. La France craint en effet que l'Assemblée commune ne devienne trop puissante si son pouvoir de contrôle s'exerce également sur les activités du Marché commun et de l'Euratom [4].

Déterminés à empêcher la multiplication inutile des institutions européennes, les membres de l'Assemblée consultative se prononcent, en octobre 1956, contre l'instauration d'un quatrième organe parlementaire à l'échelle européenne [5]. Ils chargent leur Commission des Affaires Générales d'élaborer, en coordination avec les autres assemblées, une solution qui permettrait «d'économiser» la création de nouvelles instances démocratiques [6].

L'augmentation continuelle du nombre d'institutions internationales ne préoccupe pas uniquement le Conseil de l'Europe. Les Assemblées de la Communauté charbon-acier [7] et de l'UEO s'inquiètent, elles aussi, de la

---

[4] Ass. c. Cons. Eur., Bureau de l'Ass. , "Procès-verbal de la réunion tenue le 1er février 1957 au Sénat belge à Bruxelles" (Déclaration de Chaban-Delmas), AS/B(8)PV17, Strasbourg, le 4 février 1957. ACE, dos. 226/3. La presse et les parlementaires européens considèrent dans leur ensemble que cette difficulté correspond non pas à une "réalité très consistante, mais plutôt à une attitude sentimentale", *ibidem.*

[5] Recommandation 101, adoptée par l'Ass. c. Cons. Eur. lors de sa 23ème séance, le 23 octobre. ACE, dos. 226/1.

[6] Directive 98, adoptée par l'Ass.c. lors de sa huitième session ordinaire (23ème séance), le 23 octobre 1957. La Commission des Affaires Générales constituera elle-même un groupe de travail composé de Karl Mommer (Président), de Lord Chesham et de de la Vallée Poussin.

[7] "Mémorandum du Groupe de travail de l'Assemblée commune sur la relance européenne", Strasbourg, le 7 janvier 1957. ACE, dos. 226/4.

prolifération intempestive des instances parlementaires européennes et condamnent cette surenchère institutionnelle. Le 15 décembre 1956, la Commission des Affaires Générales de l'Assemblée UEO présente un rapport sur la question [8]. Elle propose de résoudre le problème en élargissant les compétences de l'Assemblée commune de la CECA de sorte que celle-ci puisse exercer un contrôle sur les activités de l'Euratom et du Marché commun. Quelques modifications permettraient à l'Assemblée des Six d'assumer ses nouvelles fonctions dans de bonnes conditions. Le rapport recommande par exemple d'augmenter le nombre de délégués, de changer la dénomination de l'organe (le nom «Assemblée économique européenne» est prononcé), d'adopter le système de suppléance et de prévoir que la moitié au moins de chaque représentation nationale soit composée de délégués siégeant au sein de l'UEO [9].

Ces propositions, jugées constructives, sont reprises presque mot à mot dans le rapport de la Commission des Affaires Générales de l'Assemblée consultative [10]. L'UEO et le Conseil de l'Europe apportent donc la même réponse au problème du contrôle démocratique du Marché commun et de l'Euratom: refus d'une nouvelle assemblée et organisation de ce contrôle dans le cadre de l'Assemblée CECA, élargie et dotée de suppléants. Le 9 janvier 1957, les membres de l'Assemblée du Conseil de l'Europe discutent le problème et adoptent, à l'unanimité moins 11 abstentions, une recommandation reprenant les principes énoncés ci-dessus [11].

Convaincus d'avoir un «rôle essentiel à jouer dans cette aventure» [12], les députés de Strasbourg passent rapidement à l'action [13]. Le 19 janvier 1957,

---

[8] Cette étude est en fait réalisée par un groupe de travail de la Commission composé de Struye (Président et rapporteur), Bichet, Mommer, Montini et Nicholson.

[9] Ass. UEO, "Création d'une quatrième Assemblée Européenne. Rapport présenté par la Commission des Affaires Générales", doc. 34, le 15 décembre 1956. ACE, dos. 226/2.

[10] Ass.c. Cons.Eur., Commission des Affaires Générales, "Rapport sur la rationalisation des activités parlementaires européennes (Rapporteur: M. Mommer)", doc. 597, le 7 janvier 1957.

[11] Recommandation 117 relative à la rationalisation des activités parlementaires européennes, adoptée le 9 janvier 1957 par l'Ass. c. Cons. Eur. Voir aussi le compte-rendu de la 8ème session ordinaire de Ass. c. Cons. Eur. Cons.Eur.(32ème séance), le 9 janvier 1957, pp. 1014-1025.

[12] Compte-rendu de la 8ème session ordinaire de l'Ass. c. Cons.Eur. (32ème séance), le 9 janvier 1957, intervention de Struye, pp. 1018-1019.

[13] La directive 103, adoptée le 9 janvier, invite en effet le "Bureau à demander aux gouvernements représentés à la Conférence de Bruxelles de recevoir de toute urgence une

une délégation menée par Fernand Dehousse, président de l'Assemblée consultative, est reçue à Val Duchesse. La réunion n'est «guère concluante», les membres de la Conférence intergouvernementale se contentant d'expliquer que la création d'une quatrième assemblée a été proposée «en vue d'assurer la ratification des Traités Euratom et Marché commun» [14]. Une évolution vers une solution de compromis s'amorce néanmoins. Le 26 janvier, par une sorte de tour de passe-passe, les Ministres des Affaires étrangères des Six parviennent à satisfaire les exigences des députés français tout en évitant la multiplication des organes parlementaires en Europe. Ils décident en effet de créer une nouvelle assemblée pour le Marché commun et l'Euratom mais précisent que cette nouvelle instance démocratique absorbera *ultérieurement* l'Assemblée de la CECA [15]. Les membres du Bureau de l'Assemblée consultative restent toutefois insatisfaits. Dans les derniers jours de janvier, la pression s'accentue sur la Conférence intergouvernementale. Relayée par la presse, l'opinion publique s'émeut de la prolifération des organes européens. Les sénateurs belges votent à l'unanimité une résolution contre la création d'une nouvelle instance de contrôle à l'échelle européenne. La Chambre des députés luxembourgeoise adopte la même position. Le 2 février, les membres des Bureaux des trois Assemblées se réunissent pour coordonner leur action [16] et le surlendemain, les trois présidents (Dehousse, Furler et Bohy en lieu et place de Pezet) assistés de leurs rapporteurs (Struye, Mommer et Motz) rencontrent Spaak et ses homologues à Bruxelles. Ils réitèrent leur proposition de confier à l'Assemblée commune le contrôle démocratique des nouvelles communautés. Toutefois, si des «objections insurmontables» s'élevaient contre cette formule, ils seraient prêts à accepter

---

délégation de l'Assemblée consultative qui exposerait aux négociateurs des traités du Marché commun et de l'Euratom les très graves objections qu'elle oppose à la création d'une quatrième assemblée européenne".

[14] Ass. c. Cons. Eur., Bureau de l'Ass., "Procès-verbal de la réunion tenue le 1er février 1957 au Sénat belge à Bruxelles", AS/B(8)PV17, Strasbourg, le 4 février 1957. ACE, dos. 226/3.

[15] Ambassade du Luxembourg en Belgique, "Note concernant la création d'une quatrième assemblée", sd. Archives de l'Etat luxembourgeois/Affaires Etrangères (cité ci-après AEL/AE), dos. 7697.

[16] "Procès-verbal de la réunion commune des Bureaux de l'Assemblée commune de la Communauté Européenne du Charbon et de l'Acier, de l'Assemblée consultative du Conseil de l'Europe et de l'Assemblée de l'Union de l'Europe Occidentale, à Bruxelles, le 2 février 1957", AS/3B(57)1, Strasbourg, le 6 février 1957. ACE, dos. 226/3.

la création d'une nouvelle assemblée, compétente à la fois pour l'Euratom, le Marché commun et le pool charbon-acier mais ils insistent pour qu'il y ait simultanéité entre la naissance du nouvel organe et la disparition de l'Assemblée commune. Les six ministres se rallient à cette solution et invitent leurs interlocuteurs à rédiger un mémorandum précisant les principes généraux qui devront régir la fusion des deux assemblées [17].

Fernand Dehousse se déclare «satisfait» des décisions prises à Bruxelles. Il estime que l'action énergique de l'Assemblée consultative a été couronnée de succès puisqu'elle a permis d'éviter la création d'une quatrième assemblée européenne [18].

2. L'établissement de liens organiques entre l'Assemblée consultative et l'Assemblée de l'Europe des Six

Afin d'assurer un minimum de coordination et de cohésion entre les activités parlementaires des Six et celles des Quinze et de permettre ainsi le développement harmonieux de la petite et de la grande Europe, les membres de l'Assemblée consultative cherchent à établir des liens organiques avec la nouvelle Assemblée. Dès janvier 1957, ils demandent qu'un protocole, semblable à celui qui régit les relations du Conseil de l'Europe et de la CECA, soit conclu avec les deux nouvelles Communautés [19]. Une des clauses de ce protocole, signé le 18 avril 1951 et annexé au Traité de Paris, invite en effet les gouvernements à recommander à leurs parlements respectifs de choisir les membres de l'Assemblée commune de préférence parmi les représentants de

[17] "Procès-verbal de l'audience accordée à la délégation des Bureaux des trois Assemblées européennes par les six Ministres réunis en Conférence le 4 février 1957, au Val Duchesse à Bruxelles", AS/3B(57)3, Strasbourg, le 11 février 1857. ACE, dos. 226/3.

[18] *Le Soir*, "La relance européenne. M. Dehousse se félicite des décisions prises à Bruxelles", le 6 février 1957.

[19] Recommandation 117 relative à la rationalisation des activités parlementaires européennes, adoptée le 9 janvier 1957 par l'Ass.c. Emise dès le mois de janvier 1957 cette revendication est soumise par la délégation des Bureaux des trois assemblées aux Ministres des Affaires étrangères des Six le 4 février 1957. Elle sera à nouveau formulée dans une résolution adoptée le 18 mars et adressée au Comité des Ministres. Au début du mois de mai, les membres de l'Assemblée consultative réunis à Strasbourg pour leur neuvième session ordinaire adoptent à la quasi unanimité une nouvelle résolution en faveur de l'identité au moins partielle des parlementaires siégeant dans les trois assemblées européennes.

«l'Assemblée consultative» [20]. Bien que ce souhait n'ait été respecté que dans une très faible mesure — seule une vingtaine de représentants siègent dans les deux assemblées — les membres du Conseil de l'Europe considèrent que l'union personnelle entre l'Assemblée des Six et celle des Quinze constitue la meilleure formule pour forger des liens étroits entre ces deux instances. Ils demandent donc aux gouvernements des Six de prendre les mesures nécessaires pour assurer l'identité, au moins partielle, des parlementaires siégeant dans les assemblées européennes.

Les membres de l'Assemblée CECA se prononcent en faveur de ce système «d'union personnelle» mais ils préfèrent toutefois ne pas ériger ce principe en une règle absolue et rigide. Ils proposent donc que seulement un tiers ou, à la rigueur, la moitié des délégués de chaque nationalité soit commun pour les trois organes parlementaires européens.

Cette solution, considérée par la majorité des représentants comme «la mesure la plus importante qui puisse être prise pour assurer des relations étroites entre les Six et les Quinze à l'échelon parlementaire», est néanmoins contestée par certains qui soulignent les limites pratiques de cette disposition. Ainsi, Motz, sénateur belge et membre des trois assemblées européennes, estime que la charge de travail exigée par ces mandats représente un poids extrêmement lourd pour un seul homme [21]. L'ajout de nouvelles fonctions risquerait d'avoir des conséquences néfastes — telles que le surmenage et l'absentéisme — sur la qualité du travail des parlementaires, ce qui risquerait de compromettre l'avenir même des institutions européennes ou de rendre l'exercice d'un mandat national difficile. Convaincu de l'impossibilité matérielle de cumuler trois mandats européens, Motz refuse donc que le principe de l'union personnelle soit poussé trop loin. Son avis est notamment partagé par le représentant français, Bonnefous [22].

Pour pallier à cette difficulté d'ordre pratique, il est proposé que, à l'instar du système en vigueur à l'Assemblée consultative, des suppléants soient désignés à l'Assemblée des Six. Cette formule permettrait à chaque délégué de se faire représenter, ce qui allégerait considérablement

---

20 Cité dans le "Rapport sur l'intégration européenne et les organes parlementaires" présenté par la Commission des Affaires Générales lors de la huitième session ordinaire de l'Ass. c. Cons. Eur., doc. 568, le 19 octobre 1956. ACE, dos. 226/1.

21 Motz calcule qu'un représentant, membre des trois assemblées européennes, doit consacrer environ 70 jours par an aux travaux de ces institutions.

22 Ass. c. Cons. Eur., Compte rendu officiel de la 9ème session ordinaire, 8ème séance, le 3 mai 1957, pp. 228-231.

l'ampleur de ses tâches. Cette solution est toutefois très controversée dans les différents milieux parlementaires européens: admise par le Conseil de l'Europe et par l'UEO, elle rencontre l'opposition des membres de l'Assemblée commune et des gouvernements nationaux. Ses adversaires estiment que la désignation de suppléants favoriserait l'absentéisme des représentants permanents et déforcerait le caractère parlementaire de l'Assemblée. Ils la jugent en outre contraire à l'esprit démocratique [23].

En juin 1957, les parlementaires européens obtiennent satisfaction. Les six Etats signataires des Traités de Rome:

> s'engagent à soumettre aux Parlements nationaux, au moment jugé opportun, la proposition de prendre les mesures propres à assurer qu'en principe la moitié des représentants de chaque Parlement à l'Assemblée des Communautés européennes soient membres titulaires de l'Assemblée consultative du Conseil de l'Europe et de l'Assemblée de l'Union d'Europe Occidentale. En ce qui concerne toutefois la représentation des Parlements belge, luxembourgeois et néerlandais, qui disposent dans les Assemblées précitées d'un nombre moins élevé de représentants, ce qui rend plus difficile la participation de ceux-ci à tous les travaux des Assemblées et de leurs commissions, il est entendu que l'identité pourra se limiter à un tiers des représentants [24].

D'autres mesures sont par ailleurs préconisées pour assurer l'établissement de relations harmonieuses entre les différentes assemblées européennes. Relevons brièvement l'organisation de réunions communes régulières destinées à permettre une discussion approfondie des questions d'intérêt commun, l'échange des rapports d'activités, les rencontres périodiques des membres des bureaux des Assemblées ou encore le choix d'un siège commun.

Les relations entre l'Assemblée des Quinze et celle des Six s'organiseront progressivement durant l'année 1958, sur des bases analogues à celles qui avaient régi les rapports du Conseil de l'Europe et de la Communauté charbon-acier mais sans qu'elles ne soient consignées dans un Protocole analogue à celui signé en avril 1951.

---

[23] "Mémorandum établi par le Bureau et les Présidents des Groupes politiques de l'Assemblée commune à l'intention du Comité intérimaire sur l'institution de liens organiques entre les assemblées européennes et sur certains problèmes relatifs à l'intégration de l'Assemblée commune dans la nouvelle Assemblée", Bruxelles, le 7 mai 1957. Archives du Quai d'Orsay, Série DE-CE, dos. 530. Voir aussi "Communications du Président de l'Assemblée commune, M. Furler faites à l'occasion de l'ouverture de la session ordinaire de l'Assemblée, le 14 mai 1957". ACE, dos. 226/4.

[24] Comité intérimaire pour le Marché commun et l'Euratom, "Résolution concernant la désignation des représentants des Etats membres à l'Assemblée des Communautés européennes", MAE 1027f/57, Bruxelles, le 28 juin 1957. ACE, dos. 226/2.

B — L'ORGANISATION DU CONTRÔLE PARLEMENTAIRE DES ACTIVITÉS DE L'OECE

La deuxième action menée par le Conseil de l'Europe en vue de la rationalisation des activités parlementaires européennes concerne l'OECE.

En fait, dans la pratique, l'Assemblée consultative exerce déjà un «droit de regard» sur les activités de l'OECE. En effet, chaque année, elle reçoit, discute et apprécie les rapports d'activités de cette organisation intergouvernementale. Les délégués parlementaires réunis à Strasbourg souhaitent toutefois profiter de l'occasion fournie par la création d'une Zone de libre échange et d'une Agence européenne de l'énergie atomique pour donner des assises plus formelles à cette pratique. Se considérant comme l'instance la mieux à même d'assurer le contrôle parlementaire de ces nouvelles activités européennes, l'Assemblée des Quinze demande que tout ce qui concerne la Zone de libre échange fasse l'objet d'une discussion publique en son sein [25]. Pour appuyer ses revendications, elle souligne le fait que cette formule permettrait une coordination sur le plan parlementaire de la politique économique des Six et de celle des Dix-sept, étant donné la double appartenance d'un certain nombre de représentants à l'Assemblée des Six et à l'Assemblée consultative [26]. Pour résoudre la difficulté pratique que pose la non appartenance au Conseil de l'Europe de deux pays membres de l'OECE (la Suisse et le Portugal), on reprend une solution précédemment envisagée, à savoir l'organisation de sessions spéciales, en dehors du statut du Conseil de l'Europe, auxquelles participeraient des parlementaires suisses et portugais [27].

Pour donner suite à la recommandation adoptée à l'Assemblée consultative le 9 janvier 1957 [28], le Comité des Ministres charge le Secrétaire général du Conseil de l'Europe (Curtis) de prendre contact avec son homologue de l'OECE (Sergent) et de procéder à une enquête

---

[25] "Rapport établi par Mlle Klompé", Doc. 568, le 19 octobre 1956. ACE, dos. 226/1. Voir aussi Ass. c. Cons. Eur., Commission des Affaires Générales, "Rapport sur la rationalisation des activités parlementaires européennes (Rapporteur: M. Mommer)", doc. 597, le 7 janvier 1957.

[26] Ass. c. Cons. Eur., Commission des Affaires Générales, "Rapport sur la rationalisation des activités parlementaires européennes (Rapporteur: M. Mommer)", doc. 597, le 7 janvier 1957.

[27] "Rapport établi par Mlle Klompé", Doc. 568, le 19 octobre 1956. ACE, dos. 226/1.

[28] Recommandation 117 adoptée par l'Ass.c. le 9 janvier 1957. ACE, dos. 101.

préliminaire sur les relations entre les deux organisations [29]. Le rapport Curtis est discuté au sein du Comité des Ministres le 29 avril 1957 puis transmis pour avis à l'Assemblée consultative [30]. La question est laissée en suspens durant l'été 1957. On assiste en fait à un glissement du débat : plutôt que d'examiner la possibilité de confier à l'Assemblée consultative le contrôle parlementaire des activités de l'OECE, Curtis envisage la fusion des organes ministériels des deux organisations [31]. Finalement, en décembre 1957, le Comité des Ministres décide que «la proposition de fusion du Conseil de l'Europe et de l'OECE est ajournée jusqu'à ce que les négociations en cours sur la création d'une Zone de libre-échange ait atteint le stade de l'étude des institutions» [32].

C — LA VOLONTÉ DE CONSTITUER UNE ASSEMBLÉE EUROPÉENNE UNIQUE

Parallèlement aux mesures de rationalisation que nous venons d'évoquer, germe un projet plus ambitieux visant à une réorganisation complète des structures parlementaires européennes qui, depuis 1949, se sont développées d'une manière empirique au gré des progrès de l'unification de l'Europe. Certes, l'idée n'est pas fondamentalement neuve. Le Plan Eden, proposé par les Britanniques en mars 1952, constitue probablement le meilleur exemple des tentatives de restructuration envisagées au sein du Conseil de l'Europe. Cependant, en 1957, on assiste à un regain d'intérêt pour cette idée et, dans la foulée de la relance amorcée en 1955 et des modifications institutionnelles qui se profilent, il apparaît vite indispensable de remettre un peu d'ordre dans les organes délibérants.

Si le principe d'une assemblée unique paraît «sage et logique» [33] à tous, la manière dont le regroupement — voire la fusion — des organes

---

[29] Rapport du Représentant permanent de la Belgique au Conseil de l'Europe (J.C. Salmon) à Spaak, Strasbourg, le 15 février 1957. AEL/AE, dos. 10655.

[30] Document SG(57)4.

[31] Ass. c. Cons. Eur., Commission politique, Sous-commission n° 1 (Rationalisation des institutions européennes), "Procès-verbal de la réunion tenue le lundi 27 mai 1957 au Sénat belge à Bruxelles", AS/PolI(9)PV1, Strasbourg, le 16 juin 1957. ACE, dos. 226/3.

[32] Résolution (57)27 adoptée le 13 décembre 1957 par le Comité des Ministres du Cons.Eur. AEL/AE, dos. 10656.

[33] Discours de Ormsby-Gore, le 8 février 1957.

parlementaires doit s'opérer est loin de rallier l'unanimité des avis. Deux solutions sont envisagées durant l'année 1957.

— La première initiative est lancée au Conseil de l'OTAN par le Ministre des Affaires étrangères britannique. Le 12 décembre 1956, en effet, Selwyn Lloyd évoque un projet aux contours encore mal définis mais affublé d'un nom assez prétentieux: le «Grand Design» ou, en français, le «Grand Dessein» [34]. Les Britanniques proposent la constitution d'une «Assemblée Générale de l'Europe», qui se substituerait aux organes délibérants du Conseil de l'Europe, de l'UEO et de l'OTAN. Seule l'Assemblée des Six subsisterait. A l'instar de l'Assemblée générale de l'ONU, l'Assemblée unique européenne comporterait cinq commissions semi-autonomes à fonctions spécifiques (politique, économique, sociale et culturelle, juridique et administrative, et de défense), la coordination étant assurée par un comité permanent composé des présidents de ces cinq sections. Chaque Etat pourrait participer à certaines de ces commissions et ne pas être représenté dans d'autres. L'Assemblée unique siégerait une fois par an en une séance plénière consacrée à l'étude de «grands débats» politiques et économiques [35]. Aucun organe exécutif européen ne serait directement responsable devant cette Assemblée qui, en réalité, constituerait une simple tribune d'opinion, un «laboratoire d'idées». Il s'agirait donc d'une assemblée délibérante responsable mais qui n'exercerait pas de véritable contrôle parlementaire.

— Personnellement très intéressé par la question et inquiet de voir l'avenir des institutions parlementaires européennes se jouer sans que l'Assemblée consultative n'ait son mot à dire, Fernand Dehousse fait rédiger un mémorandum qu'il rend public le 31 janvier 1957 [36]. Son idée est de créer une seule Assemblée européenne qui coifferait les assemblées spécialisées. Celles-ci continueraient à exister mais deviendraient des

---

[34] Miriam CAMPS, *Britain and the European Community*, Princeton, 1964, pp. 119-121. Il est à noter qu'initialement le "Grand Dessein" ne se limitait pas à l'unification des assemblées européennes; il proposait une vaste réforme de l'ensemble des organisations internationales occidentales. Il sera rapidement revu à la baisse.

[35] Pour une présentation détaillée du "Grand Dessein", voir notamment la note présentée à la Commission des Affaires Générales de l'Ass. c. Cons. Eur. par Ramsden, "Le Grand Dessein sur le plan parlementaire", AS/AG (8)75, Strasbourg, le 25 avril 1957.

[36] Pour le texte complet de ce mémorandum voir "Comment M. Dehousse conçoit le regroupement des Institutions et des Assemblées européennes", le 31 janvier 1957. ACE, dos. 226/3. Le texte de ce mémorandum a été préparé par G. Schlösser (Voir "Mémorandum à l'attention des membres du Bureau présenté par le Greffe de l'Assemblée", le 25 janvier 1957. ACE, dos. 226/2).

«divisions autonomes [37]» ou des «chambres» [38]. Il y aurait donc la Chambre du Conseil de l'Europe, la Chambre de l'UEO, la Chambre de la CECA, la Chambre du Marché commun et de l'Euratom, la Chambre de l'OECE et de la Zone de libre échange et éventuellement la Chambre atlantique. L'Assemblée européenne tiendrait une réunion plénière annuelle «qui aurait pour but de dégager des idées communes sur la poursuite de l'unification européenne et la coordination des activités spécialisées» [39]. «En dehors de cette réunion plénière, les assemblées spécialisées continueraient dans leur composition respective (à six pour les activités du Marché commun, de l'Euratom, et de la CECA, à sept pour les activités de l'UEO, à quinze pour les activités du Conseil de l'Europe, à dix-sept pour les activités de l'OECE) leurs activités propres, sans qu'il soit aucunement porté atteinte à leur autonomie. Chacune d'entre elles serait régie par les dispositions du traité qui l'a instituée et qui a défini sa compétence; chacune continuerait à entretenir des rapports directs avec l'organe intergouvernemental ou supranational qui est prévu dans ce traité». [40] Cette formule, légèrement modifiée, sera reprise en avril par la délégation italienne [41].

Assez ironiquement, l'étude de ces projets de rationalisation proposés pour résoudre les problèmes de double emploi et de chevauchement d'activités, va être menée à la fois à Bruxelles par les Six, à Londres et Paris par les Sept et à Strasbourg par les Quinze. Le débat semble d'abord échapper quelque peu au Conseil de l'Europe. En effet, le 26 février 1957, le Conseil permanent de l'UEO (composé des ambassadeurs des Etats membres) est chargé, par son Conseil des Ministres, d'entreprendre une étude approfondie sur la question. [42]. Les membres de l'UEO se défendent de rechercher une «certaine exclusivité» mais, expliquent-ils, «la

---

[37] "Mémorandum à l'attention des membres du Bureau présenté par le Greffe de l'Assemblée", le 25 janvier 1957. ACE, dos. 226/2.

[38] "Mémorandum complémentaire à l'attention des membres du Bureau présenté par le Greffe de l'Assemblée", le 29 janvier 1957. ACE, dos. 226/2.

[39] *Ibid.*

[40] "Mémorandum à l'attention des membres du Bureau présenté par le Greffe de l'Assemblée", le 25 janvier 1957. ACE, dos. 226/2.

[41] Note du secrétaire général de l'UEO, "Unification des assemblées européennes", C(57)82, le 23 avril 1957. ACE, dos226/2.

[42] Conclusions de la 46ème réunion des Délégués des Ministres réunis du 7 au 13 mars 1957, Concl. (57)46. ACE, AP dos. 101.

complexité du problème rendait utile un certain déblaiement du terrain dans un groupe de travail plutôt restreint» [43]. L'Assemblée consultative reçoit cependant l'assurance des Ministres qu'aucune décision relative à la rationalisation des institutions parlementaires européennes ne sera prise sans qu'elle n'ait été préalablement consultée [44]. Le 29 avril, le président en exercice du Comité des Ministres, le Néerlandais Luns, informe ses collègues des premiers résultats des travaux préparatoires entrepris par l'UEO. Il rapporte que les membres du Conseil permanent chargé de l'étude de cette question n'ont pas pu «dégager un point de vue commun ou des conclusions définitives» [45]. Après discussion, les quinze Ministres des Affaires étrangères décident que «la question devrait être rediscutée au sein du Conseil de l'Europe, cadre général de la politique européenne» [46].

Le problème passe donc entre les mains de l'organisme strasbourgeois qui, du reste, ne s'en était pas complètement désintéressé puisque la Commission des Affaires Politiques de l'Assemblée consultative avait mené sa propre étude du dossier [47]. En mai 1957, la question de la rationalisation des activités parlementaires européennes est inscrite à l'ordre du jour de la neuvième session ordinaire de l'Assemblée consultative. Le plan britannique ainsi qu'un projet italien sont présentés et discutés pour être finalement renvoyés à la Commission des Affaires politiques pour un examen approfondi [48]. En adoptant cette attitude attentiste, les membres de l'Assemblée consultative évitent en fait de se prononcer sur des plans dont la portée politique n'échappe à personne [49].

---

[43] Compte-rendu de la réunion du Comité des Ministres du 29 avril 1957, CM (57) CR1déf. ACE, AP dos. 101.

[44] Comité des Ministres du Conseil de l'Europe "Rationalisation des institutions parlementaires européennes. Note du Secrétaire général", CM (57)50, Strasbourg, le 4 avril 1957. ACE, AP dos. 101.

[45] Compte-rendu de la réunion du Comité des Ministres du 29 avril 1957, CM (57) CR1déf. ACE, AP dos. 101.

[46] *Ibid.*

[47] Ass. c. Cons. Eur., Commission des Affaires Générales "Association plus étroite et unification éventuelle des Assemblées européennes. Etude préparée par le Greffe de l'Assemblée et présentée conformément aux instructions de M. Mommer, rapporteur", AS/AG(8)76, Strasbourg, le 25 avril 1957. ACE, dos. 226/2.

[48] Cette Commission créera une sous-commission (Sous-commission n° 1 - Rationalisation des institutions européennes - présidée par Mommer).

[49] Voir le compte-rendu des débats de la 9ème session ordinaire de l'Ass. c. Cons. Eur. (7ème et 8ème séances), le 3 mai 1957, pp. 211-235.

Lorsque le Conseil de l'Europe se saisit officiellement de l'étude du «Grand Dessein», le projet britannique a déjà perdu beaucoup de sa crédibilité. Accueilli avec réserve à Strasbourg, il est davantage considéré comme une manoeuvre de torpillage des projets d'intégration européenne que comme une véritable tentative de réorganisation institutionnelle. Les membres de l 'Assemblée consultative considèrent en outre que, puisque ce projet laissera de toute manière coexister en Europe deux assemblées (celle des Six et la nouvelle Assemblée unique), il serait aussi simple — sinon plus — de procéder à une harmonisation des activités parlementaires au sein même du Conseil de l'Europe [50].

Très vite — dès juillet 1957 — on s'accorde pour constater que l'application des projets britannique et italien «aurait des conséquences si radicales et d'une telle portée» qu'il ne semble ni souhaitable ni possible de «les mettre en oeuvre intégralement» [51]. L'idée de créer une seule et unique assemblée européenne est nettement en recul. En février 1958, la Commission des Affaires Générales présente à l'Assemblée de l'UEO son rapport sur la rationalisation des institutions parlementaires européennes. Estimant qu'il lui est impossible de prendre position sur ce problème du fait de la conjoncture politique, elle conclut que «la rationalisation des institutions européennes en est aujourd'hui au point mort [52]». L'idée de constituer une Assemblée européenne unique est définitivement abandonnée à la fin de l'année 1958. L'Assemblé consultative reste cependant à l'écoute des projets de rationalisation des institutions européennes; elle élargit son champ d'investigation pour s'intéresser à d'autres problèmes comme, par exemple, celui de la concentration des organes ministériels ou celui de la mise en commun de certains services de secrétariat. Des solutions plus modestes mais plus réalistes sont envisagées.

---

50 Etude préparée par le Greffe de l'Assemblée et présentée conformément aux instructions de M. Mommer, rapporteur", AS/AG(8)76, Strasbourg, le 25 avril 1957. ACE, dos. 226/2. Voir aussi le rapport sur la rationalisation des institutions parlementaires européennes, présenté par Struye au nom de la Commission des Affaires Générales lors de la 3ème session de l'Ass. UEO, A/UEO/GA(58)2, Paris, le 25 février 1958. ACE, dos. 226/2.

51 "Rapport intérimaire de la Sous-commission n° 1 (Rationalisation des institutions européennes)", AS/Pol(9)21, Paris, le 9 juillet 1957. ACE, dos. 226/1 et "Rapport sur la rationalisation des institutions européennes présenté par la Commission politique (Rapporteur: M. Mommer)", doc. 704, 1er octobre 1957. ACE, dos. 226/1.

52 D'après le rapport sur la rationalisation des institutions parlementaires européennes, présenté par Struye au nom de la Commission des Affaires Générales lors de la 3ème session de l'Assemblée de l'UEO, A/UEO/GA(58)2, Paris, le 25 février 1958. ACE, dos. 226/2.

On donne alors la priorité à l'étude des projets visant l'instauration de liens organiques entre les différentes assemblées, la fusion entre le Conseil de l'Europe et l'OECE ou l'organisation de relations étroites entre les Six et les Quinze.

Les multiples efforts de l'Assemblée consultative en vue de la rationalisation des activités parlementaires européennes ne connaissent en fin de compte qu'un succès très limité. La création d'une quatrième assemblée a certes pu être évitée mais aucune restructuration des organes de contrôle n'a été réalisée. Chaque assemblée entend garder sa spécificité et les projets de fusion envisagés à Strasbourg sont considérés avec réserve et prudence par la majorité des parlementaires européens.

V
Les forces politiques et le Conseil de l'Europe

L'impossible Europe des socialistes au Conseil de l'Europe (1948-1954)

par Gérard BOSSUAT
Université de Paris I — Panthéon — Sorbonne

INTRODUCTION

Le fonctionnement d'un groupe politique donne à l'historien matière à apprécier les réactions et les espoirs d'une société. Un groupe politique aussi représentatif que le groupe socialiste est forcément le reflet des préoccupations de la société et source d'impulsions qui la transforment. Dans le domaine de l'unité européenne contemporaine la SFIO offre la double image de l'Europe du possible et de l'Europe rêvée. La distorsion entre les deux images trahit le succès ou l'échec des projets d'unité européenne au lendemain de la Seconde Guerre mondiale. L'intérêt de cette étude est de voir quelle place le Conseil de l'Europe tient dans la stratégie européenne des socialistes entre 1949 et 1954. Le Conseil de l'Europe n'est qu'un des lieux où est proclamée la politique européenne des socialistes français et européens, il est aussi l'un de ceux que les socialistes ont le plus investi. Pourquoi?

Enfin il faut s'intéresser aux hommes même si le fonctionnement démocratique du parti relativise leur rôle. La plus grande place est tenue par le secrétaire général de la SFIO, Guy Mollet, dont le parcours européen a laissé indifférent bien des censeurs. Or Guy Mollet a joué un très grand rôle au Conseil de l'Europe. D'autres socialistes ont eu du poids dans le domaine européen, comme André Philip, mais aucun ne pouvait autant engager le parti que lui.

«FAIRE L'EUROPE EN PENSANT AU MONDE» (LÉON BLUM)

La politique européenne des socialistes s'inscrit dans la réflexion sur l'Europe, menée par les gouvernements et les organisations politiques après la Seconde Guerre mondiale [1].

Le souhait d'un arbitrage européen en 1947-48

Les socialistes doivent beaucoup aux réflexions théoriques de Léon Blum [2]. Ces réflexions portaient sur la place de l'Allemagne en Europe. Vincent Auriol, dans *Hier et demain*, évoque explicitement une Fédération européenne et une Fédération intercontinentale [3]. Mais l'unité de l'Europe n'est pas la préoccupation première des socialistes en 1945 [4]. Ils s'intéressent d'abord à l'ONU et au relèvement de l'Europe. Les socialistes dévoués au fédéralisme européen sont des marginaux dans la SFIO en 1945 (Claude Bourdet, directeur de *Combat*, Henri Frenay, Marceau Pivert). Leur influence augmente avec la création, en novembre 1948, du Mouvement socialiste pour les Etats-Unis d'Europe. Des socialistes (Ramadier) participent au Conseil français pour l'Europe unie sous le patronage d'Edouard Herriot [5].

---

[1] Je remercie Denis Lefebvre (auteur de *Guy Mollet, le mal aimé*, Plon, 1992, 562 p.) d'avoir bien voulu relire cet article et d'avoir apporté des remarques très utiles.

Sources d'archives. Archives du Ministère des Affaires étrangères: Z Europe 1944-1960; CE; Archives nationales, fonds privés: 74 AP, Reynaud; 457 AP, archives Georges Bidault; Archives de l'OURS, 86 rue de Lille, Paris 75007, AGM, archives Guy Mollet; Archives de la Fondation nationale des Sciences politique/Archives nationales: 4 AU, Fonds Auriol, Bibliographie sur les socialistes et l'Europe, ou sur les socialistes et les questions internationales, voir René GIRAULT, Gilbert ZIEBURA (sous la dir.), *Léon Blum, socialiste européen*, Bruxelles, ed. Complexe, 1995, 224 p.; voir aussi G. BOSSUAT, *Histoire des constructions européennes au XXe siècle, bibliographie thématique commentée des travaux français*, Euroclio - références, Peter Lang, 1994, 106 p.

[2] Denis LEFEBVRE, "Les socialistes et l'Europe", in Michel DUMOULIN (sous la dir.), *Plans des temps de guerre pour l'Europe d'après-guerre, 1940-1947*, Bruylant-Bruxelles, 1995, p. 235. Voir *Léon BLUM, socialiste européen.*

[3] Publié par Charlot, Paris, 1945.

[4] G. BOSSUAT, "Léon Blum et l'unité européenne, 1945-1950, ou l'internationalisme du possible", *Cahiers Léon Blum*, 28-29, décembre 1990 - février 1991, pp. 62-82.

[5] 74 AP 49, documentation sur le Conseil Français pour l'Europe unie. Voir aussi Gérard BOSSUAT, *Les fondateurs de l'Europe*, Belin, 1994; in Michel DUMOULIN (ed.), *Plans des temps de guerre pour l'Europe d'après-guerre, 1940-1947*, op. cit. Sur le sujet, article de

Un dépouillement du *Bulletin intérieur* du PS-SFIO confirme que le thème de l'unité européenne apparaît tardivement. En août 1946 la motion Guy Mollet pour le Congrès invite le gouvernement à réaliser une coopération économique entre les peuples d'Europe non assujettis à des blocs [6]. Le plan Marshall enclenche le débat sur l'unité de l'Europe. Guy Mollet évoque alors une fédération européenne [7]. Léon Blum justifie un groupement régional le 21 novembre 1947: «...il faut se grouper, se fédérer, s'unir ou périr» [8]. Cette réflexion est menée en ordre dispersé chez les socialistes européens. Les socialistes français et italiens sont plutôt fédéralistes. Les socialistes allemands sont méfiants. Ceux du Bénélux sont déjà atlantistes ou partisans d'une troisième voie, l'Europe. Les travaillistes anglais distants ou absents [9].

Emile Noël, un proche de Guy Mollet, explique que le parti socialiste désirait alors un arbitrage européen à travers une autorité politique européenne. Il cherchait le soutien du Labour Party [10]. Il trouva seulement le soutien d'un groupe minoritaire fédéraliste animé par Ronald W. G. Mackay. Les travaillistes britanniques avaient réuni les socialistes européens en mars 1948 à Selsdon Park près de Londres pour leur dire que la Fédération européenne était irréaliste. Ils furent soutenus par les sociaux démocrates ou socialistes scandinaves, autrichiens et italiens. Pourtant Bevin voulait organiser «the middle of the planet» en troisième force, fondée sur le couple franco-anglais et sur l'Eurafrique. La Fédération était un excellent moyen de la réaliser. Bevin en fait rallia le camp américain [11]. Guy Mollet au contraire demanda aux socialistes européens d'avoir le courage de bâtir la Troisième Force internationale et de «créer d'abord la

---

Denis LEFEBVRE, "Les socialistes et l'Europe", p. 233; Sean GREENWOOD, "The Third Force Policy of Ernest Bevin", p. 419.

[6] *Bulletin intérieur* 15, 1 août 1946, n° spécial en vue du 38e congrès national, résolution sur le rapport moral: G. Mollet, Dechezelles, H. Barré, Boutbien, Rous, Rimbert.

[7] *Bulletin intérieur* 26, mai-juin 1947.

[8] Déclaration ministérielle du 21 novembre 1947, in *L'Oeuvre de Léon Blum,* VII, Albin Michel, 1963, p. 127.

[9] "Les socialistes et l'Europe", *Bulletin du centre Guy Mollet,* n° 16, juin 1990, p. 18.

[10] *Ibid.*, pp. 8-9.

[11] Sean GREENWOOD, "The third force policy of Ernest Bevin", in Michel DUMOULIN (ed.), *Plans des temps de guerre pour l'Europe d'après-guerre, 1940-1947,* op. cit., pp. 435-436.

souveraineté européenne et demain la souveraineté mondiale» [12]. Ce concept de Troisième Force doit beaucoup à Marceau Pivert. Il offrait une alternative à la coupure de l'Europe.

Un mois plus tard la réunion à Paris du Committee of international Socialist Conference (COMISCO), ancêtre de l'Internationale socialiste, les 24 et 25 avril 1948, parut renverser la situation. Léon Blum défendit brillamment les abandons de souveraineté [13]. Les socialistes déclarèrent que l'OECE était le noyau du pouvoir fédéral. On y «décida» la planification européenne, la poursuite du commerce Est-Ouest, l'unification des législations sociales, douanières, fiscales, médicales, agricoles [14].

Les raisons de l'évolution des socialistes vers l'unité européenne sont aisément perceptibles. L'ONU n'était pas devenue un gouvernement mondial. L'Europe se coupait en deux du fait de l'URSS [15]. Aussi était-il urgent de «créer les Etats-Unis de l'Europe libre» pour réussir la planification économique [16] ou s'entendre sur des coopérations concrètes.

L'enthousiasme des socialistes français pour l'unité européenne buta sur le Congrès de la Haye, de mai 1948, organisé par Churchill. Bevin ne voulut pas y participer. La SFIO s'aligna sur les travaillistes. On aurait tort de s'étonner du tropisme britannique des socialistes français. Certes, la communauté d'espérance politique était un puissant facteur d'alignement. Mais Robert Schuman, un MRP, attachait du prix à la présence des Britanniques.

---

[12] *Bulletin intérieur* 30, Mars 1948, supplément, art. de Guy Mollet.

[13] Cité par Guy Mollet dans *la Bataille socialiste*, n° 3, 1972, Léon Blum à la conférence socialiste internationale de Paris, avril 1948, publié par Denis LEFEBVRE, *Guy Mollet, Textes choisis sur l'Europe (1948-1955), Bulletin de la Fondation Guy Mollet*, n° 14, novembre 1988, pp. 76-78, annexe 1; 4 BL 6, dr 3, *La conférence des Seize et l'organisation de l'Europe*, n° 7, Documentation française, P-O Lapie, Conférence des PS européens, Paris, 24-25 avril 1948; 4 BL 6, dr 4, *Documents socialistes*, juillet 1948, "Les socialistes et les Etats-Unis d'Europe".

[14] *Bulletin intérieur* 33, mai 1948, résolution adoptées à Paris par le COMISCO, 24-25 avril 1948.

[15] *Populaire-Dimanche* du 12 décembre 1948, "Et d'abord, faire l'Europe!".

[16] JO, débats parlementaires, 13 juin 1948, cité par W. LOTH, "The French socialist party, 1947-1954", in Griffiths Richard T., E.J., *Socialist Parties and The questions of Europe in The 1950's,* Brill, Leiden, New-York, Köln, 1993.

L'espoir de Fédération européenne des socialistes français

La concrétisation des ambitions de La Haye prit tournure après l'appel de Georges Bidault le 19 juillet [17] et de Paul-Henri Spaak le 29 juillet 1948 devant le Sénat belge. Ils préconisèrent la création d'une Assemblée européenne Consultative et d'une Union économique et douanière. Le Conseil des ministres français saisit la Commission permanente du Traité de Bruxelles le 2 septembre 1948.

Les Britanniques accepteront-ils? Bevin parlait d'une association comme dans le Commonwealth. Il imaginait «une sorte d'assemblée» européenne [18]. Il était loin d'un Parlement européen [19]. Il voulait une troisième Force certes, mais aussi une forme d'unité européenne lui permettant d'amplifier la voix de l'Angleterre dans le monde [20]. Les Cinq pays du traité de Bruxelles décident de créer un Comité d'Etudes pour l'Union européenne (26 novembre 1948- 18 janvier 1949) composé de dix huit représentants des Etats [21]. Guy Mollet remplace Léon Blum au sein des dix huit.

Lors de la première séance du Comité d'études pour l'Union européenne le 26 novembre 1948, Edouard Herriot évoqua Briand et la Fédération européenne que la SDN avait instituée sur sa fin. «Mais elle n'a tenu qu'une séance» dit-il! Hugh Dalton rend hommage à Herriot qui avait parlé des

---

[17] Voir la position du MRP dans Elisabeth DU RÉAU, "Le MRP et la naissance du Conseil de l'Europe", p. 67 et sv., in Serge BERSTEIN, Jean-Marie MAYEUR, Pierre MILZA (sous la dir.), *Le MRP et la construction européenne*, Complexe, 1993; 457 AP 28, MAE, Info et presse, déclaration sur le problème du fédéralisme européen, G. BIDAULT, 19 juillet 1948, La Haye.

[18] Discours de M. Bevin secrétaire britannique aux Affaires étrangères, 15 septembre 1948, in *Documents et textes relatifs au projet de convocation d'une assemblée européenne*, série textes et documents, CCXLV, 26 février 1949, n° 1081, *Notes et Etudes documentaires*, Documentation Française.

[19] Z Europe 1944-1960, Généralités, 11, Direction Europe, s/d de l'Europe du Nord, 22 octobre 1948, note, JL, a/s projet d'assemblée européenne.

[20] John YOUNG, *Britain and European Unity, 1945-1992*, Macmillan, 1993, p. 19.

[21] Marie-Thérèse BITSCH, "Le rôle de la France dans la naissance du Conseil de l'Europe", in Raymond POIDEVIN (sous la dir.), *Histoire des débuts de la construction européenne, mars 1948- mai 1950*, Bruylant-Bruxelles, 1986, p. 165 et sv. Voir aussi le communiqué du Secrétariat général de la Commission permanente du traité de Bruxelles, Paris, 26 octobre 1948, publié in *Documents et textes relatifs au projet de convocation d'une assemblée européenne*, série textes et documents, CCXLV, 26 février 1949, n° 1081, *Notes et Etudes documentaires*, Documentation Française.

Etats-Unis d'Europe en 1924. Il rappelle que Bevin, alors secrétaire général des TUC, les avait évoqués en 1927. Il met la réunion en rapport avec le discours de Bevin du 21 janvier 1948 sur l'Union occidentale [22]. Mais le mémorandum anglais sur un Conseil de l'Europe décrit une organisation limitée à 5 ans, constituée de délégations ministérielles fonctionnant par consensus. L'organisation s'interdit de travailler dans les domaines de la défense et de l'économie. Il n'est pas question d'une Assemblée [23].

Au Quai d'Orsay les diplomates travaillent avec les représentants français au Comité. Le fameux mémorandum français de mai 1930, oeuvre d'Alexis Léger, est exhumé sans produire grand effet [24]. Les Français sont disposés à accueillir l'Allemagne. Ils sont disposés à limiter la souveraineté des Etats [25]. A leur avis une Fédération redonnerait une voix internationale à la France. Le gouvernement français souhaite que l'Assemblée exerce une «action stimulante sur les gouvernements», à côté d'un Conseil des gouvernements. Les Britanniques ont accepté ces discussions pour ne pas compromettre les négociations sur la défense européenne [26]. Devant le comité d'études, Guy Mollet plaide pour «une prise de position européenne commune» pour l'harmonisation, des accords économiques et un Parlement fédéral européen délibératif, une limitation des souverainetés nationales au nom de l'audace et de la sagesse [27]. A cela Hugh Dalton répond qu'il craint la présence des communistes [28].

---

[22] Z Europe 1944-1960, Généralités, 11, Comité d'études pour l'Union européenne, 26 novembre 1948, document de travail.

[23] Z Europe 1944-1960, Généralités, 11, Mémorandum britannique sur un Conseil de l'Europe, 26 novembre 1948.

[24] Z Europe 1944-1960, Généralités, 11, JL, Direction Europe, p.v. de séance, Seconde réunion de la délégation française du Comité d'Etudes pour l'Union européenne, 22 novembre 1948, bureau de Paris, Menthon, Corbin, Gros.

[25] Z Europe 1944-1960, Généralités, 11, Direction Europe, JL, 24 novembre 1948, note, programme de travail du comité d'études pour l'Union européenne.

[26] CE 79, ex A 30-2, Conseil de l'Europe et OECE, 1948-1952, ambassade de France à Londres, n° 4145, Massigli, 14 décembre 1948 (18h 30).

[27] Z Europe 1944-1960, Généralités, 11, Direction Europe, JL, 26 novembre 1948; comité d'études pour l'Union européenne, 27 novembre 1948.

[28] Z Europe 1944-1960, Généralités, 11, Comité d'Etudes pour l'union européenne, secret, 4e séance, 7 décembre 1948 (10h30).

Les notes et télégrammes du Quai d'Orsay laissent apparaître que Guy Mollet veut concilier les thèses franco-bénéluxienne et anglaise [29]. Il s'appuie sur le désir de Bevin de créer au moins une Troisième Force économique [30]. Mais il est vite en désaccord avec les Britanniques qui veulent que l'Assemblée se nomme Conférence et le Conseil des ministres, Comité des ministres [31]. Mollet s'y opposent vigoureusement [32]. Guy Mollet, mais aussi Paul Reynaud ou Robert Schuman, cherchaient à créer «une âme de l'Europe» [33]. Cette âme ne pouvait s'exprimer que dans une Fédération européenne, avec les Anglais. Or Bevin explique que ce Conseil de l'Europe est une boite de Pandore [34].

Pourtant, en janvier 1949, Guy Mollet annonce avec fierté le succès du concept d'Etats-Unis d'Europe. Les travaillistes viennent en effet d'accepter une Assemblée européenne. Le 27 janvier 1949, réunis à Londres, les cinq ministres du Pacte de Bruxelles décident la création d'un Comité ministériel européen et d'un Corps consultatif [35]. Vincent Auriol, président de la République, en devient extravagant. «La France, ainsi, grâce à son initiative, reprend la haute direction humaine des nations européennes dans le sens de son idéal» [36]. Auriol cite Victor Hugo au Congrès national pour la Paix du 21-24 août 1849: «deux groupes

---

[29] Z Europe 1944-1960, Généralités, 12, CE pour l'Union européenne, 15 décembre 1948 (15h00).

[30] Z Europe 1944-1960, Généralités, 11, Direction Europe, s/d Europe du Nord, JL, 18 novembre 1948, note a/s L'Union européenne et les travaux du Comité d'études.

[31] Déclaration de Guy Mollet devant les responsables du parti socialiste, 29 et 30 janvier 1949, cité par Denis LEFEBVRE, *Guy Mollet*, *Textes choisis sur l'Europe (1948-1955)*, *op. cit.* note 13, pp. 15-16; Z Europe 1944-60, Généralités, 12, CE pour l'Union européenne, 5e séance plénière, 18 janvier 1949.

[32] Z Europe 1944-1960, Généralités, 12, Comité d'études pour l'union européenne, 20 janvier 1949 (9h30 - secret).

[33] *Le Populaire-Dimanche*, 2 janvier 1949, "Fédération ou alliance?".

[34] René MASSIGLI, *Une comédie des erreurs, 1943-1956*, Plon, 1978, p. 165.

[35] Z Europe 1944-1960, Généralités, 12, Pierre Henry, 3 février 1949, Dir. Europe, note a/s L'Union européenne après la réunion du Conseil consultatif du 27 janvier 1949.

[36] Vincent AURIOL, *Journal du septennat*, t. III, 1949, Armand Colin, 1977, 29 janvier, p. 72.

immenses, les Etats-Unis d'Amérique, les Etats-Unis d'Europe, placés l'un en face de l'autre, se tendant la main par dessus les mers» [37].

Une conférence des cinq pays initiaux et de cinq autres pays invités (l'Irlande, le Danemark, l'Italie, la Norvège, la Suède) est organisée à partir du 28 mars 1949 à Londres. Elle aboutit à la rédaction d'un projet de Statut du Conseil de l'Europe, adopté le 5 mai 1949. Schuman présente cette oeuvre comme une oeuvre de coopération spirituelle d'où naîtra l'esprit européen, principe d'une vaste et durable union supranationale [38].

LE CONSEIL DES ETATS-UNIS D'EUROPE LIBRE

Au cours des trois premières années du Conseil de l'Europe (1949-1951), les socialistes français ont proposé aux parlementaires un projet d'unité européenne.

Le Conseil de l'Europe, pièce maîtresse de la sécurité de l'Europe

Les socialistes ont toujours vu dans le Conseil la réunion des peuples libres et démocratiques face à l'URSS stalinienne et au danger des résurgences fascistes. C'est pourquoi ils n'ont jamais cessé de plaider pour lier le Conseil aux autres organisations européennes, la CEE-Genève, l'OECE et la Commission permanente du traité de Bruxelles [39].

Guy Mollet, avec d'autres, voudrait que le Conseil de l'Europe coordonne les politiques étrangères des pays membres et organise la défense. A terme le Conseil de l'Europe devrait se transformer en autorité politique fédérale chargée des affaires militaires, des relations extérieures, des affaires économiques, des douanes, de la monnaie et des droits de l'homme [40]. La Fédération permettra de sauvegarder l'indépendance des pays européens, d'être un trait d'union entre les deux colosses des nouveaux mondes renchérit Guy Mollet [41].

---

37 *Ibid.*, p. 549.

38 Z Europe 1944-1960, Généralités, 16, Déclaration de Schuman du 5 mai 1949.

39 Z Europe 1944-1960, Conseil de l'Europe, 3, Direction Europe, Pierre Henry, 27 janvier 1950, note a/s prochaine réunion du Comité des ministres du conseil de l'Europe.

40 AGM 107, Déclaration du comité international du MSEUE, 15 février 1950.

41 Discours de Guy Mollet, 17 août 1949 devant l'Assemblée consultative.

Les partisans d'une Fédération européenne gagnent une manche. En effet le 5 septembre 1949, à une majorité des 2/3, une résolution de RWG. MacKay (minorité pro-européenne du parti travailliste) et d'A. Philip (SFIO) établit que «l'objectif du Conseil de l'Europe [est] de créer une autorité politique européenne dotée de fonctions limitées mais de pouvoirs réels». Les Etats-Unis d'Europe libre dont Mollet avait parlé le 17 août deviennent possibles [42]. Or le gouvernement britannique refuse de prendre en compte la résolution.

Guy Mollet n'a pas renoncé. Il pousse la SFIO vers une Autorité politique supranationale, "exprimant l'opinion des peuples et susceptible de prendre à la majorité des décisions s'imposant à tous". Ces choix sont acceptés par le 41e Congrès National du PS-SFIO, les 13 et 14 décembre 1949, dans *le Manifeste pour l'Europe* [43]. Le Conseil de l'Europe, doté de pouvoirs supranationaux dans des domaines d'action limités, était, aux yeux des socialistes, le coeur de l'Europe unie.

Une Troisième Force dans le monde

La notion d'un Conseil de l'Europe, troisième force internationale, est présente dans les propos de Bevin et de Mollet. L'Europe unie, d'après Guy Mollet, ne se limite pas à l'occident. La mission du Conseil de l'Europe est d'empêcher les deux blocs de se battre. Dans cette hypothèse, les pays du Pacte de Bruxelles ne doivent pas «entrer dans l'un des deux blocs». Quand on sait comment les Britanniques ont conçu le Pacte de Bruxelles, «sainte alliance» contre la Russie, on peut douter du réalisme d'une telle formule. Cette Troisième force européenne est rapidement une illusion.

Alors! A quoi sert l'Europe unie de Strasbourg? Elle doit servir à libérer la personne humaine du capitalisme, de la guerre, de la dictature. L'Europe unie a un modèle social, celui de l'Angleterre et des pays scandinaves. Elle ne peut se fondre dans une union politique atlantique. Elle doit organiser sa défense. L'unité économique suppose une autorité politique pour éviter le seul jeu du marché, une autorité politique pour intégrer l'Allemagne. Devant les faiblesses du Conseil de l'Europe la France doit promouvoir la

---

[42] Assemblée consultative du Conseil de l'Europe, 1949, 17 août 1949, Discours de Guy Mollet.

[43] AGM 53/54, 41e Congrès national, 1949; A7 63 MM, SFIO, secrétariat international, la SFIO et l'Europe, 1947-1967; voir aussi le *Bulletin intérieur* 44, novembre 1944, 41e Congrès Juillet 1949; ces choix sont précisés par le Congrès National des 25-26 février 1950, voir AGM 53/54.

Fédération européenne. Guy Mollet demande que la rencontre des ministres des affaires étrangères occidentaux du 10 mai 1950 à Londres soit consacrée à une avancée fédérale de l'Europe [44]. Guy Mollet est l'homme de la relance européenne en avril 1950!

Le choix par les socialistes de l'Alliance atlantique pouvait mettre à mal l'Europe troisième Force. En effet il y a une contradiction à l'approuver tout en réclamant la Troisième force. Mais Staline fait tellement peur! Guy Mollet salue le réarmement, le combat pour le monde libre des soldats français en Indochine, des soldats américains en Corée et des soldats britanniques en Malaisie [45]. Il juge que l'URSS n'est ni socialiste, ni communiste, mais russe, totalitaire, militariste, nationaliste. «La plus grande escroquerie intellectuelle du 20e siècle est d'avoir baptisé Union des Républiques Socialistes Soviétiques la terrible dictature impériale russe» [46]. Peu d'intellectuels français de l'époque l'ont entendu, alors que devenus compagnons de route du PCF, certains font mine aujourd'hui seulement de s'interroger sur le régime soviétique et sur leur propre cheminement. Les socialistes repoussent une Alliance atlantique fondée sur le trépied Etats-Unis, Grande-Bretagne et Europe continentale (ou à Six). L'Alliance atlantique repose sur deux pieds, les Etats-Unis et l'Europe unie [47]. L'Europe unie et libre, alliée des Etats-Unis, ne peut donc être neutre, comme le conçoivent les neutralistes européens [48].

L'Europe unie, troisième force alliée aux Etats-Unis, et non plus pont entre les blocs, a une dimension extra-européenne. Un parlementaire socialiste du Conseil de l'Europe, Ousman Diop Socé, propose en 1950 une confédération économique eurafricaine [49]. Le clivage avec le MRP est immédiatement perceptible. Bidault, via Falaize, son directeur de cabinet, répond: «Les TOM sont un des principaux atouts de la France. Les mettre à

---

44 *Le Populaire*, articles du 24, 25, 26, 27, 28 , 29-30 avril, 2, 3, 4 mai 1950 sur "l'heure de l'Europe".

45 Discours de Guy Mollet à Strasbourg le 22 novembre 1951, conférence interparlementaire Conseil de l'Europe, Congrès des Etats-Unis.

46 AGM 107, discours de Guy Mollet à l'Assemblée Consultative, 22 septembre 1953.

47 Guy MOLLET, "La communauté atlantique ne saurait être qu'une associations à deux", *Le Populaire*, 20-21 octobre 1951.

48 AGM 107, 19 septembre 1952, discours de Guy Mollet du 18 septembre devant l'Assemblée consultative.

49 Assemblée consultative du Conseil de l'Europe, 7-28 août 1950, seconde session, Ousman Diop Socé, 14 août 1950.

la disposition de l'Europe avant que celle-ci soit véritablement unifiée, n'aboutirait qu'à un abandon sans compensation» [50]. En revanche Gaston Defferre réclame qu'une APE comprenne les TOM pour tempérer les forces centrifuges, assurer le développement économique et renforcer la puissance mondiale de la France [51]. Guy Mollet approuve l'idée d'associer les pays d'Afrique autonomes aux travaux du Conseil de l'Europe pour fonder une communauté eurafricaine [52]. L'Europe unie a bien une vocation africaine.

L'Europe unie doit avoir une expression culturelle. Guy Mollet et André Philip déposèrent une proposition de recommandation en rapport avec les affaires culturelles [53]. L'idée était de mettre en valeur les richesses artistiques et archéologiques «patrimoine commun des peuples européens». Cette ambition est devenue réalité au Conseil de l'Europe et a été reprise par l'article 128 du traité d'Union européenne de février 1992. La réaction de Louis Joxe, à la tête de la direction des relations culturelles, fut réservée. Un Centre européen de la culture, dit-il, se transformerait en une UNESCO européenne, «ce qui ne serait pas sans danger pour l'institution de Paris où la France détient une position très favorable à sa langue et à sa culture» [54]. Plus globalement Guy Mollet a proposé des mesures communes concernant la sécurité sociale, les brevets, les droits de l'homme et une Cour de justice, l'unification des diplômes universitaires, des facilités de circulation [55]. L'idéal européen pour les socialistes, et sans aucun doute pour l'ensemble des parlementaires européens, passe par la reconnaissance d'une identité culturelle européenne faite de liberté [56]. L'Europe unie peut alors devenir

---

[50] 457 AP29, SG/P/ Emile Noël, aide-mémoire, 4 avril 1951, Paris, débat de politique générale à la commission des Affaires générales.

[51] OURS E4 51 MM, Gaston Defferre, Assemblée Nationale, 17 novembre 1953, JO, pp. 5210-5212.

[52] Allocution faite par Guy Mollet devant l'Assemblée Consultative, 5 juillet 1955.

[53] Z Europe 1944-60, Conseil de l'Europe, 34, 29 août 1949, Pierre Henry, secrétaire d'ambassade à Ministre des affaires étrangères, n° 12/ EU, délégation française au Conseil de l'Europe.

[54] Z Europe 1944-60, Conseil de l'Europe, 34, Joxe, DG des relations culturelles, services des échanges culturels, 25 octobre 1949, note pour la direction d'Europe.

[55] OURS, E6 4 DC, Assemblée consultative du Conseil de l'Europe, 1949, 12 août 1949, Discours de Guy Mollet.

[56] *Notre Europe*, n° 1, décembre 1950, article de Guy MOLLET sur "Les Européens de l'Est".

une force d'attraction pour les pays sous contrôle russe. Pour les socialistes, de Mollet à Blum ou Auriol, mais aussi pour De Gaulle, l'Europe va de l'Atlantique à l'Oural [57]. Cette perception d'une grande Europe, héritière d'une histoire millénaire, est à mettre au crédit du Conseil de l'Europe. En attendant la chute de l'empire soviétique, l'alliance avec les Etats-Unis et la Grande-Bretagne et l'intégration de l'Allemagne dans une organisation européenne sont indispensables [58].

Un esprit socialiste européen ou un parti des Européens?

Les socialistes français ont obtenu la création d'un intergroupe socialiste à l'Assemblée Consultative, présidé par Guy Mollet [59]. La SFIO espérait préparer les travaillistes britanniques et les socialistes scandinaves à l'idée fédérale européenne [60]. Il n'en a rien été. En témoigne une lettre de Konrad Knudsen, socialiste norvégien, qui défend une organisation d'Etats souverains, en raison, dit-il, d'une opinion norvégienne peu sûre [61]. Elle l'est restée! En témoigne encore la dévaluation de la livre sterling le 18 septembre 1949, sans aucune concertation européenne, ce qui scandalisa Léon Blum [62].

Un véritable parti des Européens mûrissait dans les travées de l'Assemblée de Strasbourg où socialistes et démocrates chrétiens, libéraux de droite défendaient des thèses très proches.

---

[57] Guy MOLLET, conférence des Ambassadeurs, 16 février 1951, salle Pleyel "Comment les socialistes voient l'union européenne?".

[58] AGM 107, discours de Guy Mollet à l'Assemblée consultative, jeudi 22 novembre 1951; on retrouve des idées semblables dans AGM 111, Les problèmes européens, rapport présenté par G. Mollet au nom de la SFIO en vue du study group de Bruxelles, 11-12 juillet 1952.

[59] *Le Populaire*, Dimanche, 25 septembre 1949, "Il faut créer un Parlement européen"; 2 octobre 1949, "L'Europe organisée sera une Europe socialiste".

[60] Guillaume DEVIN, "Guy Mollet et l'Internationale socialiste", in *Guy Mollet un camarade en République*, PUL, 1987, p. 151.

[61] AGM 107, Konrad Knudsen 24 janvier 1950, à Guy Mollet.

[62] P.O. LAPIE, *De Léon Blum à De Gaulle*, Fayard, 1971, p. 214.

LES TENTATIVES D'ADAPTATION DU CONSEIL DE L'EUROPE

Le projet Schuman du 9 mai 1950 bouleversa l'action du Conseil de l'Europe. L'enfant chéri des socialistes dut s'adapter.

Plan Schuman, le choc des socialistes

La déclaration du 9 mai 1950 a été faite alors que Guy Mollet incitait Schuman à prendre une initiative en faveur de l'Europe fédérale. Guy Mollet n'est pas pour autant à l'origine de la déclaration. Mais l'ambiance chez les socialistes était favorable à une telle initiative. André Philip, à l'Assemblée Consultative, avait préconisé en décembre 1949 «l'organisation de compagnies inter-européennes dont l'une pourrait être chargée de l'unification des exploitations minières et sidérurgiques de la Ruhr et de la Lorraine» [63]. Mais Paul Reynaud peut se prévaloir de la même initiative [64]. Vincent Auriol, Président de la République, avait suggéré en mars 1950, une mise en commun minimum des ressources européennes dans les industries de base française et allemandes. Mais l'idée fédérale était inexistante [65].

En fait le projet Schuman-Monnet n'entrait pas dans les préoccupations des socialistes français parce que l'idée d'une autorité spécialisée sans référence au Conseil de l'Europe était hors de leurs conceptions. L'appel privilégié à l'Allemagne détonnait radicalement. Guy Mollet eut donc une réaction initiale critique. Le plan Schuman n'était-il pas dirigé contre l'Angleterre? En revanche le fédéralisme le séduisait [66]. Le 10 mai 1950 le Comité Directeur souhaitait un élargissement de l'offre Schuman. La Haute Autorité devrait être responsable devant une Autorité politique européenne

---

[63] OURS E4 72 MM, Le pool charbon-acier, l'autorité européenne de l'agriculture, supplément *Populaire-Dimanche*, n° 133, 13 mai 1957. "La construction de l'Europe," par P. IBARROUDO, Marcel LAVERGNE.

[64] 74 AP 93, AGEFI, 13 juillet 1950, Paul Reynaud, travaux de la Commission des Questions économiques du Conseil de l'Europe.

[65] 4 AU 55, dr 5, Présidence de la République, le secrétaire général, Paris le 17 mars 1950, note pour M. le Président de Jean Forgeot.

[66] W. LOTH, "Der Abschied vom Europarat. Europapolitische Enscheidungen im Kontext des Schuman-Plans", in Klaus SCHWABE (ed), *Die Anfänge des Schuman-Plans 1950-51*, Baden, 1988.

dans le cadre du Conseil de l'Europe [67]. Le Secrétaire Général du Conseil de l'Europe, Jean Camille Paris critiquait l'aspect trop limité géographiquement du projet et défendait les Compagnies européennes. Il tenta, le 11 mai, un compromis. Le Conseil de l'Europe instituerait un Conseil de la sidérurgie européenne, obligatoire pour les pays volontaires, consultatif pour la Grande-Bretagne [68]. La fameuse déclaration anti-fédéraliste des travaillistes, *European Unity*, de juin 1950, décida le PS-SFIO à accepter le projet Schuman de petite Europe. Toutefois dans *le Populaire* du 15 juin, le PS déplora l'occasion ratée d'une meilleure coopération avec les Britanniques [69].

Guy Mollet a tenté d'infléchir la rédaction du traité de CECA. Il plaida avec conviction pour une assemblée démocratique de la CECA. Jean Monnet fut attentif aux suggestions de Guy Mollet, nouveau ministre d'Etat chargé du Conseil de l'Europe dans le gouvernement Pleven. Mais il réussit à écarter une relation organique entre le plan Schuman et le Conseil de l'Europe. Monnet rapporta à Schuman une conversation qu'il venait d'avoir avec Mollet «dans laquelle j'ai senti chez celui-ci un grand énervement» [70]. Monnet voyait bien que son projet avait semé la confusion à Strasbourg. Les partisans d'une Europe fédérale élargie se méfiaient de l'Europe à Six. Mais ils étaient incapables d'imposer le fédéralisme à l'ensemble des membres du Conseil de l'Europe. De leur côté les Anglais proposèrent une coordination entre les gouvernements nationaux pour remplacer la Haute Autorité du plan Schuman (proposition Mac Millan-Eccles) [71]. Guy Mollet réussit seulement à faire écrire qu'il était souhaitable que les membres de l'Assemblée Commune de la CECA soient désignés parmi les membres de l'Assemblée Consultative du Conseil de l'Europe [72].

---

67 AGM 53/54, CD du 10 mai 1950.

68 AGM 108, J-C Paris, 11 mai 1950 à Guy Mollet.

69 cité dans A7 63 MM, SFIO, secrétariat international, la SFIO et l'Europe, 1947-1967.

69 AGM 53/54, CN des 25-26 février 1950.

70 Jean Monnet - Robert Schuman, *Correspondance 1947-1953*, Fondation Jean Monnet, Lausanne, 1986, p. 48.

71 457 AP30, réponse de Jean Monnet au projet de Mac Millan qu'il défendra devant l'Assemblée européenne, 8 août 1950.

72 AGM 110, observations sur le projet d'article en 10 pages, 17 avril 1951 sur le P.S. et le plan Schuman.

En raison de la réserve de Mollet et de l'assaut anti-fédéral des Anglais, Jean Monnet fit tout pour empêcher les liens organiques entre le Conseil de l'Europe et le plan Schuman [73]. La Haute Autorité fut invitée seulement à présenter un rapport à l'Assemblée Consultative. Monnet promit sans conséquence une fusion des deux organisations après l'adhésion de la Grande-Bretagne au plan Schuman [74].

Le succès du Plan Schuman a créé un malaise. André Philip proposa aux parlementaires européens un Pacte fédéral, à Six si nécessaire, pour constituer une autorité fédérale chargée des libertés et de la sécurité, de la politique extérieure, de l'économie, faite d'un Parlement et d'un gouvernement. Dix-neuf députés seulement votèrent pour le Pacte fédéral, soixante-huit contre. André Philip s'en prit au SPD [75]. Le SPD parla d'une mise en esclavage pour cinquante ans de l'Allemagne par le plan Schuman. Impatient, déçu, Philip voulait un résultat digne des grands projets unitaires du Mouvement européen [76]. Guy Mollet, tout en approuvant les unions partielles s'est efforcé d'empêcher la dérive vers une Europe à Six. Il tenta de relancer l'Union politique et économique par le Conseil de l'Europe. Il imagina un Conseil des ministres des affaires étrangères européennes à compétences générales, par fusion de l'OECE et du Comité des ministres du Conseil de l'Europe [77]. Ce Conseil des ministres pourrait contrôler les unions partielles. Mollet est donc loin d'être un inconditionnel du plan Schuman, alors que Paul Reynaud était porté au dithyrambe [78].

Le plan Schuman a été un choc pour les socialistes. Un projet fédéral pouvait réussir en dehors du Conseil de l'Europe. Le Conseil était-il encore utile?

---

[73] 457 AP30, Monnet à G. Bidault, 14 août 1950, confidentiel.

[74] AGM 109, Lettre de Monnet à Guy Mollet, 14 août 1950; mémorandum sur les rapports entre les institutions prévues par le plan Schuman et le Conseil de l'Europe.

[75] AGM 110, *Allemagne*, Bulletin d'information du comité français d'échanges avec l'Allemagne nouvelle, n° 13, juin-juillet 1951, "Le parti social-démocrate allemand et le plan Schuman".

[76] AGM 110, Le problème de la création d'une réelle autorité politique européenne par O. P., IVe Congrès européen MSEUE, Strasbourg, 17 au 19 novembre 1950.

[77] Assemblée consultative du Conseil de l'Europe, 7-28 août 1950, seconde session, 17 août 1950, rapport de la commission des Affaires générales, G. Mollet.

[78] 74 AP 78, Conseil de l'Europe, AS (2) CR 23, in extenso, 21 novembre 1950, discours de Paul Reynaud sur le plan Schuman, Commission des Questions économiques.

Le Conseil de l'Europe et les unions partielles, une délicate alchimie

La question du réarmement allemand se posait avec acuité depuis le début de la guerre de Corée. Peut-on marier réarmement allemand et construction de l'Europe? Dès avril 1950 Guy Mollet formulait l'idée d'une armée européenne, sous la direction d'une autorité supra-nationale [79]. Le 11 août 1950, l'Assemblée consultative recommanda la création d'une armée européenne, sous la responsabilité d'un ministre européen de la Défense [80]. Le rôle d'André Philip et de Paul Reynaud semble essentiel dans ce projet, accepté par Churchill mais démoli par les travaillistes anglais et scandinaves [81]. Le projet de CED est accepté fin 1950 par les socialistes qui continuent à se méfier du réarmement allemand. C'est pourquoi l'historien W. Loth estime que le vote en faveur d'une CED, le 25 octobre 1950, est plus lié à la volonté de repousser le réarmement allemand que de faire l'Europe [82]. Voici donc une union partielle qui n'aurait pas pour finalité première l'unité de l'Europe!

Des témoignages divers, en particulier les réunions du COMISCO d'octobre 1950, prouvent que les socialistes français étaient décidés à se battre pour faire accepter aux travaillistes les recommandations du Conseil de l'Europe sur les autorités partielles à pouvoirs réels. La chance ultime pour le Conseil de l'Europe, dit Guy Mollet [83]. Guy Mollet n'a pas renoncé à faire l'Europe avec les Britanniques. Malheureusement la solution des unions partielles, hors du Conseil de l'Europe si nécessaire, donc sans les Britanniques, semble s'imposer.

Guy Mollet crut avoir remporté la partie quand le Comité des ministres du Conseil de l'Europe, réuni à Rome le 5 novembre 1950, approuva le

---

[79] *Le Populaire de Paris*, 28 avril 1950, "L'heure de l'Europe".

[80] AGM 11, Commission des Affaires générales de l'Assemblée Consultative, sous commission sécurité, As/Ag III (2) 2, Armée européenne, note préparée par le rapporteur pour discussion.

[81] *André Philip par lui-même ou les voies de la liberté*, Aubier, 1971, p. 194. La déviation du mythe européen, La crise européenne, *Preuves*, novembre 1965; le rôle de Paul Reynaud est rappelé par Edouard BONNEFOUS, *L'Europe en face de son destin*, PUF, 1953, p. 135, mais pas celui d'André Philip.

[82] W. LOTH, "The French socialist party, 1947-1954", in Griffiths Richard T., *Socialist Parties and The questions of Europe in The 1950's,* Brill, Leiden, New-York, Köln, 1993, p. 39.

[83] W. LOTH, "The French socialist party, 1947-1954", *op. cit.* note 82, p. 35.

principe «de créer des unions partielles entre certains membres» [84]. Mais le Comité avait refusé d'accorder au Conseil de l'Europe «des pouvoirs d'ordre supranational». Formellement la rupture avec les Britanniques était évitée et le Conseil de l'Europe sauvé. Se méprit-il sur les intentions anglaises quand il parla d'une large Fédération européenne comprenant l'Angleterre et les pays scandinaves? Fit-il semblant de croire à l'impossible [85]? A. Philip avait bien jugé l'Angleterre. Et de citer Anatole France: «La Grande-Bretagne nous surprendra toujours, nous autres Français. Elle sera la première à réaliser le socialisme en gardant son roi et sa chambre des Lords. Elle refusera d'entrer dans les Etats-Unis d'Europe, en devenant leur meilleure amie et leur plus fidèle alliée» [86]. Gérard Jaquet conseilla d'aller plus loin entre pays du continent [87]. Mais Guy Mollet, en désaccord avec cette politique, quitta ses fonctions de rapporteur de la Commission des Affaires générales de l'Assemblée consultative le 17 novembre [88].

Le Parlement de Londres ne confirma nullement les choix du Comité des ministres. La voie moyenne des autorités spécialisées à pouvoirs supranationaux dans le cadre plus large du Conseil de l'Europe se brisa sur le roc britannique. De l'automne 1950 date donc l'inclination nouvelle de la SFIO pour la petite Europe qui ne représente nullement les souhaits des socialistes. Le désaccord avec les Anglais est tel que Bevin, après avoir reçu Guy Mollet le 31 octobre 1950, lança à ses collaborateurs : «Monsieur Mollet ne compte pas au nombre de nos amis et je ne veux jamais plus être en contact avec lui» [89]. Le débat avait porté sur l'introduction de l'Allemagne dans une fédération européenne. Bevin voulait son réarmement, Mollet sa participation à une autorité spécialisée.

Le défi imposé au Conseil de l'Europe par le plan Schuman fut relevé par Guy Mollet et les socialistes français. Succès ou échec du Conseil de

[84] Europe 1949-55, Conseil de l'Europe, 3, Rome, 5 novembre 1950, 19h 30, tel 997-1004, de la part de Seydoux, 6e session du Comité des ministres du Conseil de l'Europe.

[85] AGM 108, J-C Paris, 18 octobre 1950 , Lettre à Guy Mollet.

[86] Assemblée consultative du Conseil de l'Europe, 7-28 août 1950, seconde session, A. Philip, 18 août 1950, cite Anatole France, *Sur la pierre blanche*, 1905.

[87] AGM 53/54, *Vers l'Europe*, septembre-octobre 1950.

[88] Fonction qu'il retrouve en mai 1952.

[89] Cité par Geoffrey WARNER, "Guy Mollet vu par le parti travailliste britannique", in *Guy Mollet un camarade en République*, PUL, 1987, p. 174.

l'Europe en 1951? Il échoue à unir l'Europe selon le mode de la Fédération. Il ne peut même pas patronner les unions partielles supranationales. Mais il réussit à poser clairement les termes du débat sur l'unité des Européens. Les difficultés n'ont pu être surmontées malgré le grand intérêt des socialistes français pour l'Assemblée Consultative et l'activité de Guy Mollet [90].

NOUVEAUX ENJEUX EUROPÉENS POUR LES SOCIALISTES

La désillusion générale se confirme à la fin de 1951, car le Comité des ministres répugne toujours à accepter les recommandations de l'Assemblée [91]. Les parlementaires désertent l'Assemblée en octobre 1951 [92]. Guy Mollet, victime des perturbations de la vie politique française, n'est pas réélu député à l'Assemblée Consultative. L'affaire est réparée le 3 août 1951 quand Jean Le Bail lui cède son siège [93]. La déception se traduit aussi par la démission de Paul-Henri Spaak de la présidence de l'Assemblée Consultative le 11 décembre 1951. Le Conseil de l'Europe a-t-il encore une légitimité politique? Spaak passe dans le camp de la petite Europe. Guy Mollet juge que les gouvernements reculent, que l'OECE n'innove plus, que l'organisation du Traité de Bruxelles végète et que les autorités spécialisées marquent le pas. En conséquence les opinions publiques en France, Italie, Allemagne se démobilisent [94]. L'angoisse de Mollet est accentuée par les risques d'une confrontation armée avec l'URSS [95]. L'union de l'Europe libre est plus que jamais nécessaire, en alliance avec les Etats-Unis d'Amérique, pour que l'Europe retrouve son influence dans le monde [96].

[90] Débats devant le Comité directeur du P.S. SFIO du 14 septembre 1949.

[91] Guy MOLLET, *Le Populaire*, 16 octobre 1951, "Crise de l'union européenne"; AGM 107, discours à l'Assemblée consultative, 27 novembre 1951.

[92] AGM 108, J-C Paris à Guy Mollet, 15 octobre 1951.

[93] Europe 1949-55, Conseil de l'Europe, 5, Direction Europe, Vote pour l'élection par l'Assemblée Nationale des 12 membres titulaires et des 12 suppléants à l'Assemblée consultative du Conseil de l'Europe, p.v. du jeudi 2 août 1951.

[94] Discours de Guy Mollet, Assemblée consultative, 27 novembre 1951.

[95] Guy MOLLET, *Le Populaire*, 17 octobre 1951, "Comment sauver la paix et sauver notre indépendance?"

[96] Guy MOLLET, *Le Populaire*, 24 octobre 1951, "L'union de toute l'Europe libre".

Le tropisme britannique de Guy Mollet, une impasse

Pourtant, malgré les désaveux britanniques, les socialistes français ont fait de la Grande-Bretagne une inséparable compagne. Guy Mollet est anglophile. Les congrès socialistes aussi [97]. Car une Europe sans l'Angleterre «serait très vite une Europe pour l'Allemagne et contre l'Angleterre» explique Guy Mollet [98]. Pourtant le parti ne peut plus longtemps éluder le choix entre petite ou grande Europe [99].

Nos sources enregistrent la lente érosion de la confiance de Guy Mollet envers les Britanniques. Il constate, résigné, la responsabilité des Britanniques dans les retards de la construction européenne. Pourtant les socialistes français sont incapables de se passer des Britanniques. Leur faiblesse est sans doute là.. Aussi Guy Mollet invente-t-il toujours des solutions pseudo consensuelles, vites étrillées par les événements. Il imagine une conversion au moindre signe d'intérêt des Britanniques pour les projets de l'Assemblée Consultative. Ainsi remarque-t-il avec espoir en mai 1951 que les Britanniques sont disposés à discuter les questions de Défense à l'Assemblée Consultative [100]. Il croit en une participation du Royaume-Uni et du Commonwealth à une Europe de l'agriculture [101]. Mollet ne savait-il pas qu'un accord sur l'agriculture avec les Britanniques était quasi impossible en raison des préférences impériales? L'appel à la Grande-Bretagne et aux Scandinaves tourne à l'incantation. Il faut «corriger» la communauté continentale, i.e. l'élargir [102]. Cette fidélité touchante et obtuse dans l'allié britannique s'avère irréaliste, même si elle s'explique. Les Britanniques, travaillistes de surcroît, étaient des héros pour les travailleurs européens, les pionniers d'un monde meilleur que les Soviétiques trahissaient.

---

[97] *Bulletin intérieur*, 46, janvier 1950.

[98] Assemblée Nationale, 25 novembre 1949, cité par Denis Lefebvre, Guy MOLLET, *Textes choisis*, *op. cit.* note 13, p. 24.

[99] *Bulletin intérieur*, 45, décembre 1949 (cf. La Conférence Nationale d'Information).

[100] Z Europe 1944-60, Conseil de l'Europe, 3, Direction Europe, DGAP, F.S. 6 mai 1951, circulaire 123, Comité des ministres, 8e session.

[101] Guy MOLLET, *Le Populaire*, "Un objectif immédiat, l'unification économique", 23 octobre 1951.

[102] Guy MOLLET, *Le Populaire*, 24 octobre 1951, "Pas d'Europe sans la Grande-Bretagne et la Scandinavie".

Pourtant Guy Mollet n'était pas loin en cet automne 1951 de tirer les conclusions des hésitations britanniques. Il faut, dit-il à Victor Larock, proposer aux Britanniques de faire entrer les Européens dans la zone sterling et même dans le Commonwealth, ou les avertir que l'Europe continentale envisage une autorité politique continentale, tout de même «étroitement reliée à la Grande-Bretagne» [103]. La rencontre entre les socialistes français conduits par Guy Mollet et une délégation travailliste conduite par Hugh Dalton en mars 1952 trahit tensions et regrets. Guy Mollet prie les Anglais de rejoindre la CED, affirmant qu'elle n'est pas supranationale puisque l'autorité supérieure est le Conseil des ministres. Dalton élude, jugeant nécessaire une participation des Allemands à la défense tout en comprenant les craintes des Français pour leur sécurité. Pivert rêve encore d'une politique commune anti-bourgeoise. Barbara Castle, approuvée par Daniel Mayer, veut repousser l'armée européenne. Elle crédite l'URSS d'une certaine confiance. Les Français laissent percer leur déception: «Alors camarades britanniques, si c'est sans vous, si c'est pour l'armée européenne comme pour toutes les autres entreprises envisagées, pools verts, transports, alors ne parlons pas d'intégration», dit Guy Mollet. Ironique, il conclut sur le plaisir que le parti français a eu de recevoir le Labour et «le plaisir plus grand encore qu'il éprouvera quand nous nous rencontrerons pour être d'accord» [104].

Le retour au pouvoir de Winston Churchill, président d'honneur du Mouvement européen, est salué amicalement. L'Assemblée Consultative bruit de rumeurs à propos d'un plan sur les relations entre les autorités spécialisées et le Conseil de l'Europe [105]. En effet le plan Eden est présenté et approuvé au Comité des ministres du 20 mars et du 22 mai 1952. La relance européenne est donc possible! Les autorités spécialisées devront fonctionner dans le cadre du Conseil de l'Europe [106]. Robert Boothby, un «backbencher» conservateur, pro européen, revendique pour la Grande-Bretagne la direction du Conseil de l'Europe «qui combinerait une action

---

[103] AGM 108, Guy Mollet à Victor Larock, 12 décembre 1951.

[104] OURS, F6 96 BD cr rencontre des délégations du Labour party et de la SFIO, Paris, 22-23 mars 1952 (H. Dalton, Morgan Phillips, Mark Hewitson, Wilfried Burke, Barbara Castle; Guy Mollet, S. Grumbach, D. Mayer, G. Jaquet, J. Le Bail, M. Pivert, P. Commin, G. Brutelle, R. Pontillon).

[105] Z Europe 1944-60, Conseil de l'Europe, 3, Direction Europe, F.S. DGAP, 17 mars 1952, note, a/s Comité des ministres du Conseil de l'Europe.

[106] Z Europe 1944-60, Conseil de l'Europe, 3, Direction Europe, 21 mars 1952, DGAP, circulaire 35, 10e session du Comité des ministres du Conseil de l'Europe.

internationale réelle au niveau gouvernemental avec consultation démocratique et qui laisserait la souveraineté suprême, là où elle se trouve, dans les parlements nationaux» [107]. Ce texte est confirmé dans son esprit par l'historien John Young [108]. Le développement des autorités supranationales à Six pourra se poursuivre, l'Allemagne sera liée à l'Europe, en association avec l'Angleterre et les Scandinaves [109]. Guy Mollet s'approprie ce plan de subordination de la CECA au Conseil de l'Europe [110]. Mais Rome et Bonn s'y opposent par crainte d'une fusion et donc d'une disparition des communautés spécialisées [111]. Ils ont raison puisque ce plan avait pour objectif de lier l'Angleterre au continent, mais sûrement pas de contribuer à son unité [112]. Les Britanniques firent savoir que l'APE à Six, étudiée durant ce temps par l'Assemblée ad hoc, était incompatible avec leur plan.

Guy Mollet a-t-il été manipulé par les travaillistes et les conservateurs? Il lui parut essentiel de préserver l'engagement des Britanniques en Europe. Son acharnement n'a pas été payant au niveau du Conseil de l'Europe. Guy Mollet tira la leçon de l'échec au moment des traités de Rome.

L'opposition des socialistes à la petite Europe politique

Le succès du plan Schuman avait bouleversé la stratégie des socialistes. Ils approuvèrent néanmoins le principe de la CED qui traduisait une dérive

---

[107] AGM 108, Lettre de Robert Boothby à Guy Mollet du 19 avril 1952, "... which contains The germs of a fascinating new experiment in confederation. It could be developped under our leadership, in an organization without historical precedent, which would combine effective international action at government level with democratic consultation; and leave ultimate sovereignty where it now resides, in The national parliament."

[108] John W. YOUNG, *Britain and European Unity, 1945-1992*, Macmillan, 1993, p. 39, "This policy can be described as one of benevolence towards, but non-involvement in, supranationalism".

[109] AGM 107, Réflexions sur le plan Eden, 5 septembre 1952, Guy Mollet?

[110] AGM 107, Radio Milano, 29 septembre 1952 (21 h 45).

[111] Europe 1949-55, Conseil de l'Europe, 3, Direction Europe, DGAP, 24 mai 1952, La Tournelle, 11e session du Comité des ministres du Conseil de l'Europe, circulaire 73.

[112] voir ce qu'en dit John W. YOUNG, *Britain and European Unity, 1945-1992*, Macmillan, 1993, pp. 38-39.

vers les autorités spécialisées et partielles. Mais Guy Mollet entendait défendre le Conseil de l'Europe, tout en étant favorable aux Six qui semblaient marcher vers la Fédération.

Le traité de CED signé, l'Assemblée Consultative l'approuva par 75 voix contre 8 et 37 abstentions le 29 mai 1952. Elle demanda d'y associer la Grande-Bretagne. Les fédéralistes saisirent l'occasion de relancer l'union politique en s'appuyant sur l'article 38 du traité de CED qui prévoyait de créer une Autorité Politique Européenne. Guy Mollet défendit la création d'une Autorité Politique européenne aux pouvoirs limités mais réels dans les domaines de la défense et de la diplomatie, associée avec la Grande-Bretagne et les pays scandinaves [113].

Or l'Assemblée Commune de la CECA, transformée en Assemblée ad hoc pour préparer une Constitution européenne, aboutit à une Communauté Politique européenne générale. Guy Mollet s'étonna que la réflexion sur l'APE soit dévolue à l'Assemblée commune de la CECA [114]. Faux ou sincère étonnement? A l'évidence la confiance des Fédéralistes maximalistes avait déserté le Conseil de l'Europe. Les socialistes, fédéralistes prudents, acceptaient les Autorités spécialisées, sous la double condition qu'elles restent ouvertes à l'adhésion et qu'elles soient associées à la Grande-Bretagne. Les socialistes rejettent donc une Autorité politique européenne à Six, trop fédérale pour s'élargir [115]. Non au super-Etat, explique Guy Mollet. Il y aurait même un risque de germanisation de l'Europe. Il s'élève contre cette APE à Six «à compétences théoriquement illimitées et aux pouvoirs irréels» [116]. Ne serait-ce pas la fin de la véritable Europe, i.e. du Conseil de l'Europe [117]?

On s'étonne que 53 députés socialistes aient voté contre la CED le 30 août 1954. Les débats suscités par les projets de l'Assemblée ad hoc éclairent les enjeux. Avec la CED viendrait cette dangereuse Communauté

---

[113] Déclaration de Guy Mollet devant la section d'Arras du P.S. SFIO, 25 octobre 1952, cité par Denis LEFEBVRE, *Guy Mollet*, *Textes choisis sur l'Europe (1948-1955), op. cit.* note 13.

[114] AGM 107, réflexions de Guy Mollet sur le plan Eden, 5 septembre 1952; *Le Populaire de Paris*, 30 - 31 octobre 1952, "Où en sont les maximalistes?".

[115] *Le Populaire de Paris*, 30-31 octobre 1952"Communauté géographique ou autorités spécialisées".

[116] OURS, D6 72 BD, discours de Guy Mollet à Strasbourg à l'Assemblée consultative du Conseil de l'Europe, 17 janvier-22 septembre 1953.

[117] AGM 108, Van der Goes van Nater à Emile Noël, 7 novembre 1952.

Politique Européenne. Les maximalistes de l'APE ont contribué à l'échec final en France de la CED Mais les doutés français sur l'Europe des Six ont exacerbé les tensions au sein du mouvement socialiste. «Nous vous demandons d'avoir confiance dans la politique dont vous avez été les initiateurs», dit Spaak, pathétique, aux socialistes français. «Nous vous demandons de ne pas être les fossoyeurs de l'Europe et les fossoyeurs de l'Occident. Nous vous demandons d'être les leaders de l'Europe et de l'Occident» [118]. L'appel à l'Occident n'était pas le meilleur moyen de faire marcher les socialistes français. Les socialistes français aspiraient à une entente entre l'Europe unie et les Etats-Unis contre l'URSS, mais pas à une communauté occidentale i.e. atlantique.

Les autorités spécialisées étaient un moindre mal. Elles se justifient uniquement par le refus de la Grande-Bretagne et des pays scandinaves d'accepter le fédéralisme, et par la nécessité de faire participer l'Allemagne à une structure fédérale contraignante [119]. Elles se justifient si le Conseil de l'Europe les patronne. Pool diplomatique et plan Eden auraient pu devenir cette APE souple permettant de contenter les fédéralistes et les unionistes. Guy Mollet, à la différence des fédéralistes à Six, a tenté de créer les voies et moyens d'un fonctionnement harmonieux du Conseil de l'Europe et des autorités spécialisées [120].

Les choix européens des socialistes sont guidés par une vision d'ensemble des relations internationales. Ce point là n'a pas été assez souligné par l'historiographie. Guy Mollet repousse l'Allemagne de l'OTAN parce que l'Allemagne occidentale redeviendrait souveraine, que l'Europe continuerait d'être coupée en deux, que jamais plus il ne pourrait y avoir de Troisième Force. Le seul espoir est au moins de maintenir l'Europe des Quinze avec l'Angleterre [121]. L'unité de l'Europe est un des moyens d'assurer la paix. La perspective socialiste a l'avantage de rappeler,

---

[118] OURS, D10 24 MM, P-H Spaak et Guy Mollet devant la CED, discours du 5 mars 1954, salle des horticulteurs, Mouvement démocratique et socialiste pour les Etats-Unis d'Europe, 19 rue de Lille, Paris, (Gauche européenne, A. Philip, G. Jaquet, P.-H. Spaak).

[119] AGM 107, discours de Guy Mollet du 22 septembre 1953, définition de la politique du Conseil de l'Europe.

[120] *Le Peuple*, 14 janvier 1953, Quelle organisation pour l'Europe?, cité par Denis LEFEBVRE, *Guy Mollet*, *Textes choisis sur l'Europe (1948-1955), op. cit.* note 13, pp. 52-53.

[121] OURS, D 6 72 BD, Discours de Guy Mollet à Strasbourg, devant l'Assemblée consultative du Conseil de l'Europe, 17 janvier 1953 au 22 septembre 1953; débat sur le rapport sur la définition de la politique du Conseil de l'Europe à la lumière des récents développements de la situation mondiale, 24 septembre 1953.

contrairement à l'historiographie commune intoxiquée par le plan Schuman, qu'il n'y pas de modèle européen prédéfini. Le meilleur est celui qui assure la paix et qui rassemble les Européens.

L'avenir obscurci du Conseil de l'Europe

Guy Mollet est élu président de l'Assemblée Consultative le 20 mai 1954. Les socialistes sont 35 sur 132 à l'Assemblée Consultative. Sa candidature a été présentée par l'intergroupe socialiste après des négociations avec les autres groupes. C'est la preuve de son attachement au Conseil de l'Europe en perte de vitesse.

Le bilan qu'il fait du Conseil de l'Europe est favorable. Mais est-il vrai que «le Conseil de l'Europe a été reconnu comme le cadre général de l'Europe»? «Les organisations spécialisées ne peuvent être une fin en soi» affirme-t-il encore? Certes, mais les progrès les plus significatifs ne viennent-ils pas des Six? Significativement, devant l'Internationale socialiste, il aborde la question de la CECA, de la CED et de l'APE, mais pas celle du Conseil de l'Europe? [122] Comment dire que le Conseil est «le moteur de l'action politique européenne»? Le terme «forum» ou celui de «grand remueur d'idées» convient beaucoup mieux au Conseil de l'Europe [123]. Georges Bidault expliquait en 1954 que le Conseil de l'Europe est «un temple où se conservent et se réchauffent la foi, l'élan, la volonté des Européens» [124]. La vacuité du discours en dit long sur l'échec des Européens à Strasbourg.

Guy Mollet salue l'oeuvre du Conseil dans le domaine des droits de l'homme, mais il appelle les pays membres du Conseil à adhérer à la CECA. Monnet l'en remercie [125]. Il se félicite de la coopération apportée par Herbert Morillon et Hantons Nutting [126]. Dans cette déclaration de

[122] AGM 106, discours de Guy Mollet au Congrès de l'Internationale socialiste, février 1954, "Les autorités spécialisées".

[123] Allocution faite par Guy Mollet devant l'Assemblée Consultative, 20 mai 1954, 6e session ordinaire. AGM 106, Londres, 5 février 1953, conférence devant United Europe Forum.

[124] 457 AP 29, MAE, DGAP, 21 avril 1954, s/direction Europe, Conseil de l'Europe, a/s discours radiodiffusé du Président Bidault.

[125] AGM 107, Discours de Guy Mollet devant l'Assemblée consultative le 25 mai 1954; AGM 113, Lettre de Jean Monnet à Guy Mollet, 3 juin 1954.

[126] AGM 106, BBC, interview de Guy Mollet, 27 mai 1954.

début de mandat, on ne trouve pas de grandes raisons d'espérer du Conseil de l'Europe, sauf la proposition d'élire l'Assemblée européenne au suffrage universel [127]. Guy Mollet croit-il encore à une relance de l'unité européenne par le Conseil de l'Europe?

Guy Mollet réclame encore un commissaire européen à la culture et à la santé. Il suggère que la France partage ses secrets atomiques avec les Européens. Il refuse d'être un fédéraliste absolu et milite toujours pour la communauté d'action de l'OECE et du Conseil de l'Europe [128]. Il est devenu membre du Comité d'Action pour les Etats-Unis d'Europe de Jean Monnet en octobre 1955 sur mandat de la SFIO. Il s'engage donc résolument dans la voie des ententes limitées, souhaitant que le Marché commun puisse aller vers un marché planifié. Il envisage une autorité supranationale de régulation. Décidément le cadre des Six s'impose aux socialistes. La relance de Messine l'a convaincu sans doute d'être réaliste. Il propose et défend le projet d'autorité européenne de l'énergie atomique, l'élargissement des attributions sociales de la CECA (Assemblée commune). Le rôle de l'Assemblée Consultative serait de dresser le bilan de la relance européenne, dit-il en novembre 1955 [129].

L'intérêt que porte Guy Mollet aux affaires européennes dépasse donc très largement le cadre de l'Assemblée consultative où il avait situé son premier engagement politique européen en 1948. Guy Mollet a investi le groupe socialiste de l'Assemblée Commune de la CECA. Il est Président de l'Assemblée Consultative et du Comité européen de l'Internationale socialiste [130]. Le personnage politique de Guy Mollet est marqué par un militantisme européen qui explique sans réserve son rôle dans le succès de la relance de Messine.

CONCLUSION

Le Conseil de l'Europe fut le lieu privilégié de l'action européenne des socialistes français pour l'intégration européenne. Les socialistes ne

---

127 Denis LEFEBVRE, *Guy Mollet, Le mal aimé,* Plon, 1992, p. 159.

128 Europe 1949-55, Conseil de l'Europe, 5, Direction Europe, G.J. 2 avril 1955, note, entretien entre M. Guy Mollet et M. Massigli.

129 Guy MOLLET, "Unification de l'Europe", *Monde nouveau*, novembre 1955.

130 AGM 110, CR analytique des réunions du groupe socialiste de l'Assemblée commune, janvier-mars 1954.

pouvaient être à l'origine de la petite Europe car leur première ambition avait été les Etats-Unis du monde. L'analyse de Guy Mollet sur la grande Europe a retrouvé une actualité avec la chute de l'empire soviétique.

Pourquoi avoir investi tant de forces à l'Assemblée Consultative? Les socialistes croyaient fermement à l'avenir du Conseil de l'Europe. Ces années 1948-1955 sont pleines de dangers, danger soviétique ou dangers néo fascistes, dangers liés à la misère. Dans le fond, Guy Mollet est attaché à l'Assemblée Consultative parce qu'il y retrouve ses amis travaillistes. L'entrée des Britanniques dans l'Europe communautaire en 1972 a comblé d'aise les socialistes français. Pourtant, maintenant comme naguère, les socialistes français seraient heureux que les Britanniques acceptent une véritable autorité politique européenne. La façon dont Jacques Delors, socialiste, a été traité par «Maggie» Thatcher peut leur donner des raisons d'être méfiants. Bien qu'adhérents aux Communautés européennes, les Britanniques se comportent comme des associés. En cela un voeu a été comblé, mais la déploration mollettiste sur les Britanniques, bien que tardive, reste d'actualité.

Le manque de confiance de Guy Mollet dans la petite Europe est le corollaire de sa foi dans les travaillistes. C'est en dernier ressort qu'il accepte des autorités spécialisées. Il se fait violence puis repousse les projets d'APE de l'Assemblée ad hoc parce qu'ils risquent de sceller la cassure de l'Europe des nations libres. Son attitude, partagée largement, montre que l'inspiration du plan Schuman est atypique dans la problématique d'unité européenne des Français.

René Rémond conclut que l'idée européenne au MRP a bénéficié de déconvenues enregistrées sur d'autres terrains, que l'identification au thème de l'Europe s'est faite tardivement, qu'elle n'a pas fait l'unanimité [131]. Ces conclusions sont aussi celles que nous inspire l'histoire des socialistes français au Conseil de l'Europe. L'originalité européenne du MRP résidait dans une dimension éthique. L'essence du Parti socialiste était son internationalisme plus que l'unité européenne. Le réalisme du socialisme démocratique lui a permis cependant de contribuer à l'unité européenne.

L'action de Guy Mollet dans la formation des institutions européennes a-t-elle été déterminante? Pour le Conseil de l'Europe on ne peut que ratifier cette assertion, mais aussitôt insister sur la différence d'approche d'avec Monnet, Schuman ou Reynaud. Cette approche est plus large que celle des autres fondateurs, plus souple aussi. Sur le long terme, cette méthode n'est-elle pas en train de triompher? Les socialistes ont commencé par dire qu'ils

---

[131] René RÉMOND, conclusion, p. 363 et sv., in Serge BERSTEIN, Jean-Marie MAYEUR, Pierre MILZA (eds), *Le MRP et la construction européenne*, Complexe, 1993.

voulaient une autorité politique européenne fédérale pour toute l'Europe, puis ils y ont renoncé devant les réalités. Leur évolution est-elle un reniement? Quel est le message pour les inventeurs d'Europe? Tout d'abord elle signifie que les héritages culturels des groupes et des partis, des classes et des «intérêts», les accidents de l'histoire pèsent lourd dans la construction européenne. Une idée généreuse comme la Fédération n'est pas transposable immédiatement dans la réalité. Les positions des socialistes témoignent aussi de leur attachement au modèle social inventé par les travaillistes. L'unité de l'Europe, oui, mais pas au mépris des conquêtes sociales. La volonté des socialistes de faire contrôler les nouvelles autorités par une assemblée démocratique est très forte. L'Europe actuelle ne peut absolument pas se passer de ce contrôle démocratique. L'Europe politique est donc la condition de l'unité européenne. Ainsi seront tempérées les tensions autour de la monnaie unique ou de la politique étrangère commune.

Le Conseil de l'Europe a été un substitut du gouvernement mondial. Il aurait pu être l'occasion d'une grande politique franco-britannique. En 1954 Guy Mollet prononce un discours en anglais: «J'ai toujours rêvé d'une telle unité conduite par les peuples anglais et français ensemble» [132]. Cette éventualité est devenue une impossibilité. L'éloignement des Britanniques a conduit insensiblement Guy Mollet à se tourner vers l'Europe des Six, une Europe qu'il n'aimait pas.

---

[132] AGM 53/54, discours en anglais, sans indication de lieu ni de date précise, début 1954. "I have always dreamt of such a unity led by the british and french people together."

Le rôle et le fonctionnement d'un groupe politique au sein de l'Assemblée parlementaire du Conseil de l'Europe: le Parti populaire européen

par Alexander BARTLING
Secrétaire du PPE — Conseil de l'Europe

DÉFINITION

Le Parti Populaire Européen est un parti à vocation fédérale et transnationale au sein duquel sont rassemblés les partis populaires d'orientation démocrate-chrétienne de l'Europe.

Un aperçu historique

On peut retracer les origines de ce mouvement , en remontant jusqu'au début des années 1920, période où l'on voit apparaître des tentatives d'institutionnalisation de la coopération entre les partis démocrates-chrétiens d'Europe.

— En *1924*, commence la préparation du premier Congrès international des partis populaires chrétiens.

— C'est en *1925*, qu'eut lieu ce premier congrès international à Paris. A ce Congrès prirent part des délégués belges, allemands, italiens, français, néerlandais, luxembourgeois, autrichiens, suisses, tchécoslovaques, polonais et lituaniens. De nouvelles rencontres furent prévues et l'instauration d'un «Secrétariat International de Liaison et d'Information» fut décidée.

— *1947*: au lendemain de la deuxième guerre mondiale, la coopération des partis politiques entre les Démocrates-Chrétiens se réactive au niveau européen. Il en résulte la création des «Nouvelles Equipes Internationales» (NEI), lesquelles s'engagent à participer activement à la reconstruction de l'Europe dans les domaines institutionnels, économiques et sociaux, et à oeuvrer à la coexistence pacifique dans le respect de la personne humaine, de la liberté et du progrès social.

Le choix du nom de Nouvelles Equipes Internationales marque la volonté d'ouverture au delà des partis d'inspiration démocrate chrétienne. Il était important de constituer un mouvement politique qui reste ouvert à d'autres traditions idéologiques. C'est pour cela que la formule de Nouvelles Equipes Internationales s'est inspirée du nom des Nouvelles Equipes Françaises qui se sont constituées juste avant la deuxième guerre mondiale en 1938-39.

La nouveauté de cette formule réside dans sa conception oecuménique, qui tend vers une politique de réconciliation et de reconstruction après les destructions des structures nationales et nationalistes issues de la deuxième guerre mondiale. L'unification européenne constitue une nouvelle perspective pour l'avenir et permet enfin de dépasser les vieux systèmes qui ont marqué la période entre les deux guerres. L'aspiration des Nouvelles Equipes Internationales est de devenir les véritables structures d'accueil pour toutes les couches de la population afin que les partis d'inspiration démocrate chrétienne puissent devenir une force prépondérante dans leur pays respectif.

Le but: l'Unification européenne

Les Nouvelles Equipes Internationales (NEI) ont été un co-fondateur et un partenaire actif dans le cadre du mouvement européen ; cette structure faisait partie des initiateurs et des organisateurs du célèbre Congrès Européen qui a eu lieu en mai 1948 à La Haye. Selon leur propre décision, la vocation des NEI est la suivante: la réalisation de l'Union européenne, premier pas vers un monde uni, et une unification des hommes et des partis d'inspiration démocrate chrétienne afin de contribuer à la construction d'une paix durable à travers des organisations internationales vivantes et efficaces.

Cette conception montre que dans un premier temps les NEI s'efforcent d'influencer la politique des affaires étrangères par le biais des moyens classiques de la politique et de la diplomatie, ce qui correspondait à une action de type intergouvernementale.

Une nouvelle structure sur le plan des institutions à caractère supranational prend forme avec la création de la Communauté Européenne du Charbon et de l'Acier. La réussite de la CECA a permis de concevoir et de construire par la suite d'autres étapes en vue d'une plus grande intégration sur le plan européen. La CECA pose la base d'une structure supranationale voire fédéraliste sur le plan de l'Unification européenne.

C'est dans ce même état d'esprit que les partis politiques démocrates chrétiens essaient de dépasser l'expérience totalitaire. Ils forment une alternative convainquante sur le plan spirituel et politique pour prendre la relève des structures issues du passé. La concordance voire la cohésion quant à l'Unification européenne ainsi que dans le domaine de la sécurité européenne constitue un lien extrêmement fort pour consolider des partis politiques émanant de pays et de traditions politiques différents.

Le développement des NEI a été accompagné durant ses premières années d'existence par des discussions et des réunions informelles et confidentielles à un niveau politique élevé. Ces réunions sont connues sous le nom «entretiens de Genève». Dans ce cadre se sont rencontrés Konrad Adenauer et Georges Bidault. Ces consultations ont corroboré la coopération dans le cadre des NEI. La réconciliation entre la France et l'Allemagne a été préparée à travers ce type de rencontre et constitue une étape fondamentale pour la politique de l'Unification européenne.

La coopération des démocrates chrétiens au niveau européen a certainement contribué à faire avancer la coopération au niveau mondial. «L'Union Européenne» comme premier pas vers un monde uni a été un des motifs de base des NEI. Le sous-titre des Nouvelles Equipes Internationales a été: «L'Union Internationale des démocrates chrétiens».

Avec l'établissement de la dictature communiste dans les états de l'Europe Centrale et Orientale, les partis démocrates chrétiens dans ces pays ont été interdits. Leurs représentants se sont réfugiés en occident et ont participé activement dans le cadre des NEI.

En juillet 1950, s'est créée, à New York, *l'Union Chrétienne Démocrate de l'Europe Centrale (UCDEC)*. Cette structure réunissait les représentants des partis démocrates chrétiens issus des pays suivants: Tchécoslovaquie, Pologne, Hongrie, Lituanie, Lettonie et Slovénie. Leur activité se concentrait essentiellement sur une action en faveur de la libération et de la démocratisation de leur pays respectif et contre la domination exercée par l'Union Soviétique.

En 1956, s'est réunie pour la première fois une conférence intercontinentale des représentants démocrates chrétiens majeurs venus de l'Europe et de l'Amérique Latine. Une autre conférence de ce type a eu lieu en 1958 à Bruxelles.

En 1961, a été créée finalement à Santiago du Chili l'Union mondiale des Démocrates Chrétiens; au sein de cette structure, ont été réunies les NEI, les organisations de l'Europe Centrale et Orientale en exil ainsi que des organisations régionales de l'Amérique Latine. S'est jointe à cette structure l'Union Internationale des Jeunes Démocrates Chrétiens.

Développement et impact de ces organisations sur le processus de l'Unification européenne

Lors du deuxième congrès des NEI à Luxembourg, du 29 janvier au 1er février 1948, les Démocrates chrétiens allemands ont déjà pu participer aux travaux. Le sujet de ce congrès était la question allemande.

Konrad Adenauer était le chef de la délégation du CDU et il évoquait la future structure de l'Allemagne au sein d'une Europe unie. C'était la première fois qu'un responsable politique de la nouvelle Allemagne avait l'occasion de se présenter et de participer à un forum international. Ceci n'a pas été facile, il y a eu des résistances internes au sein du NEI mais qui ont su être dépassées. Les NEI ont été, après la deuxième guerre mondiale, la première structure internationale à accepter une délégation allemande au même titre que les autres membres.

Les Allemands sont devenus un membre actif des NEI et ils ont plaidé pour un renforcement de l'influence des NEI sur les partis nationaux. Les membres de la présidence du CDU et surtout Adenauer, ont utilisé les relations tissées au sein des NEI pour faire valoir leur intérêts et d'obtenir des accords sur des points litigieux notamment avec leurs partenaires français.

Lors de la fondation du Conseil de l'Europe et de la CECA, les groupes parlementaires des Démocrates Chrétiens ont pris de plus en plus d'importance. C'est au sein de ces structures que s'est formée une conscience politique commune au-delà des frontières nationales.

Cadre statutaire des groupes politiques au Conseil de l'Europe

L'article 41 du règlement de l'Assemblée parlementaire du Conseil de l'Europe définit sommairement l'organigramme des groupes politiques à l'Assemblée parlementaire:

1 — Les représentants et suppléants peuvent former des groupes politiques.

2 — Chaque groupe politique remet au Bureau de l'Assemblée une déclaration contenant la dénomination du groupe, la liste de ses membres et la composition de son Bureau.

3 — Ces déclarations sont publiées dans l'annuaire de l'Assemblée.

4 — Un groupe politique doit comprendre des représentants et suppléants d'au moins trois nationalités différentes. Pour être reconnu par le Bureau, il doit comprendre au moins quinze membres.
5 — Les Présidents des groupes politiques ou leurs remplaçants, sont invités à participer avec voix consultative aux réunions du Bureau et de la Commission Permanente.

(Extrait du Règlement de l'Assemblée et Statut du Conseil de l'Europe, Strasbourg 1994).

Ce cadre général est complété par un règlement intérieur élaboré par chaque groupe politique.

Chaque groupe politique est libre de définir ses objectifs dans le cadre préétabli par l'Assemblée parlementaire du Conseil de l'Europe.

Extrait du Règlement intérieur du groupe du Parti Populaire Européen - Démocrates Chrétiens de l'Assemblée parlementaire du Conseil de l'Europe:

A — OBJECTIFS, NOM, SIÈGE

1. Objectifs
Le groupe démocrate chrétien de l'Assemblée parlementaire du Conseil de l'Europe veut promouvoir la coopération européenne de manière démocratique et sociale, sur la base de la liberté de la personne, à partir de la responsabilité chrétienne et d'après les principes de la loi morale chrétienne.

2. Nom
Le groupe porte le nom de groupe du Parti Populaire Européen - Démocrates Chrétiens de l'Assemblée parlementaire du Conseil de l'Europe.

3. Siège du groupe
Le siège du Groupe est à Strasbourg.

B — MEMBRES

4. Conditions d'adhésion
1) Peuvent être membres du groupe tous les membres de l'Assemblée parlementaire appartenant à un des partis représentés au sein de l'Union Européenne Démocrate Chrétienne (UEDC).
2) Tout membre nouveau de l'Assemblée parlementaire qui est disposé à remplir sa mission au Conseil de l'Europe dans le sens du paragraphe 1 de ce règlement, peut devenir membre du Groupe.

5. Procédure d'admission
1) Les membres de l'Assemblée parlementaire qui appartiennent aux partis représentés au sein de l'UEDC, sont automatiquement membres du Groupe, à moins qu'ils ne se désolidarisent expressément du Groupe ou qu'ils ne s'affilient à un autre groupe politique de l'Assemblée parlementaire.

2) Dans la mesure où il souhaiterait être admis au sein du Groupe un membre de l'Assemblée parlementaire n'appartenant à aucun des partis représentés au sein de l'UEDC, l'accord exprès de la majorité des membres est requis etc.

C'est à partir de 1964, que se sont structurés les groupes politiques au sein de l'Assemblée consultative du Conseil de l'Europe, dorénavant la prédominance des délégations nationales au détriment des familles politiques allait en diminuant.

Cette même démarche caractérise également la restructuration des NEI au profit de l'UEDC.

— En *1965*: Les NEI deviennent l'Union Européenne Démocrate Chrétienne (UEDC), la coopération devient plus intensive et mieux organisée.

Sur cet arrière plan, de la lutte des démocrates chrétiens en faveur d'une conception fédérale de la construction européenne, s'est déroulée la transformation des Nouvelles Equipes Internationales en l'Union Européenne des Démocrates Chrétiens (UEDC). Le nouveau nom devait marquer le changement de caractère de l'organisation. Celle-ci devait déboucher sur une unité d'action afin de poursuivre les buts fixés en commun. La phase de la consultation et de la coopération devait céder la place à une définition d'une véritable politique commune. Cette unité d'action avait pour objectif de déblayer le terrain pour faciliter la mise en place d'une structure européenne véritablement communautaire.

Les représentants du groupe parlementaire du PPE/DC au Conseil de l'Europe ont participé d'une façon directe et intensive aux réunions de l'UEDC afin d'accélérer la construction européenne aussi bien sur le plan intergouvernemental que supranational.

— *1970*: Fondation de la «Conférence permanente des présidents et secrétaires généraux des partis démocrates-chrétiens des pays du Marché Commun».

— *1972*: Le «Comité politique des partis démocrates-chrétiens des Communautés européennes» est institué en vue d'améliorer la coordination des partis membres à l'égard de la politique européenne.

— *1975*: Un groupe de travail est chargé d'élaborer un projet de statut en vue du rassemblement des partis démocrates-chrétiens européens.

— *1976*: Le Bureau politique de l'UEDC adopte à l'unanimité (à Luxembourg) le statut du PPE. Réunion constitutive du Parti Populaire Européen.

— *1978*: Le 1er Congrès du PPE à Bruxelles adopte le Programme politique du PPE.

— *1979*: Le 2ème Congrès du PPE adopte la plate-forme électorale en vue de la première élection du Parlement Européen au suffrage universel direct. Lors de cette première élection au suffrage universel direct, le PPE remporte 107 des 410 sièges.

— *1980*: 3ème Congrès du PPE à Cologne.

— *1982*: 4ème Congrès du PPE à Paris.

— *1983*: Fusion du Secrétariat général de l'UEDC (jusque là à Rome) avec le Secrétariat général du PPE à Bruxelles.

— 1984: 5ème Congrès à Rome. Le programme d'Action pour la législature de 1984-1989 du Parlement Européen est adopté. Le PPE obtient lors de ces deuxièmes élections au suffrage universel direct 110 mandats.

— *1986*: 6ème Congrès du PPE à La Haye.

— *1988*: 7ème Congrès du PPE au Luxembourg adoption du Programme d'Action 1989-1994 "Aux côtés des citoyens".

— *1989*: Lors des troisième élections au suffrage universel du Parlement Européen le PPE recueille 123 mandats.

— *1990*: 8ème Congrès à Dublin.

— *1991*: Les partis démocrates-chrétiens autrichien (ÖVP), suédois (KDS) et maltais (PN) adhèrent en tant que membres associés.

— *1992*: Les députés européens conservateurs de Grande-Bretagne et du Danemark ainsi que quelques parlementaires français membres de l'UDF dont Valéry Giscard d'Estaing, entrent au Groupe PPE du Parlement Européen, qui compte alors 162 membres.

Le 11ème Congrès du PPE à Athènes adopte le nouveau Programme de Base.

— *1993*: Des partis conservateurs et modérés de Scandinavie reçoivent le statut d'observateur permanent au PPE.

Le 10ème Congrès du PPE à Bruxelles adopte le Programme d'Action 1994-1999 «Europe 2000 unité dans la diversité».

— *1994*: Quatrième élection au suffrage universel direct du Parlement Européen. Le PPE recueille 157 mandats et couvre douze nationalités.

STRUCTURE ET ORGANISATION DES GROUPES POLITIQUES AU SEIN DE L'ASSEMBLÉE PARLEMENTAIRE

Le nombre de représentants à l'Assemblée parlementaire du Conseil de l'Europe était en février 1995 de 239 ainsi que le même nombre de suppléants, soit un total de 478.

La situation actuelle des groupes politiques à l'Assemblée parlementaire du Conseil de l'Europe.

Il y a cinq groupes politiques:

— le groupe Socialiste avec 145 membres (SOC);
— le groupe du Parti Populaire Européen / Démocrates Chrétiens avec 122 membres (PPE/DC);
— le groupe Libéral Démocrate et Réformateur avec 82 membres (LDR);
— le groupe des Démocrates Européens avec 79 membres (GDE);
— le groupe pour la Gauche Unitaire Européenne avec 15 membres (GUE)

Les représentants n'appartenant à aucun groupe politique de l'Assemblée sont au nombre de 24.

LA COMPOSITION DU PPE/DC À L'ASSEMBLÉE PARLEMENTAIRE DU CONSEIL DE L'EUROPE

Le groupe du PPE/DC est composé de représentants et suppléants en provenance de 25 pays membres du Conseil de l'Europe:

Autriche (ÖVP), Belgique (Parti Chrétien Flamand CVP et Parti Social Chrétien PSC), Bulgarie (Union des Forces Démocratiques, Parti Démocratique, Union Populaire des Agrariens), République Tchèque (Union des Démocrates Chrétiens/Parti Populaire Tchèque, Parti Démocrate Chrétien), Estonie (Pro Patria/Fraction Conservatrice, Coalition), France (UDF: CDS, PR et UC), Allemagne (CDU/CSU), Grèce (Nouvelle Démocratie, ND), Hongrie (Parti Démocrate Chrétien/Parti Populaire, KDNP, Parti des Petits Propriétaires), Italie (Parti Populaire Italien PPI, Centre Démocrate Chrétien CCD, Parti Populaire du Tyrol du Sud SVP et Forza Italia), Liechtenstein (Parti Bourgeois Progressiste, Union Patriotique), Lituanie (Parti Démocrate Chrétien, Union Démocrate Chrétienne), Luxembourg (Parti Chrétien Social), Malte (Parti Nationaliste), Pays-Bas (Démocrates Chrétiens CDA), Norvège (Démocrates Chrétiens), Pologne (Syndicat «Solidarnosc», Parti Paysan, Union pour la liberté, Club Démocratique, Bloc non partisan de soutien aux réformes), Roumanie (Parti National Paysan Démocrate Chrétien, Union Démocratique hongroise de Roumanie), Saint-Marin (Démocrates Chrétiens PDCS), Slovaquie (Mouvement démocrate chrétien, Parti National Slovaque), Slovénie (Parti Populaire Slovène, Parti démocrate chrétien), Espagne (Parti populaire PP, Union de la Catalogne CiU, Parti nationaliste basque) Suisse (Démocrate Chrétien), Turquie (Parti de la Juste Voie).

Cinq pays ayant obtenu un statut d'invité spécial auprès de l'Assemblée participent également aux activités du PPE/DC:

Albanie (Parti Démocratique), République de Bosnie-Herzégovine (Communauté Démocratique Croate HDZ), Croatie (Union Démocratique HDZ), Moldova (Front Populaire Chrétien Démocrate) et Russie (Parti Démocratique).

L'Assemblée parlementaire avait mis en place en 1989 le statut d'invité spécial afin de permettre aux pays de l'Europe Centrale et Orientale en voie de démocratisation de participer activement aux travaux de l'Assemblée. Cette formule a permis aux nouvelles démocraties de ces pays de développer et de raffermir les structures démocratiques et juridiques en voie d'élaboration. Les programmes d'aide du Conseil de l'Europe en la matière ont été d'une grande utilité pour avancer sur le chemin de la démocratie pluraliste et l'établissement de l'Etat de Droit.

Les groupes politiques ont emboîté le pas à ce statut d'invité spécial, en associant pleinement ces pays à l'ensemble de leurs travaux.

Le Conseil de l'Europe et plus particulièrement les groupes politiques ont permis de développer entre les anciennes et les nouvelles démocraties un échange d'informations direct inédit jusqu'à cette date.

La coopération au sein d'une même famille politique a non seulement fait mieux connaître les structures politiques dans les pays respectifs mais a également permis de développer un réseau d'échanges et de soutiens profitables à la mise en place de véritables partis politiques au-delà de mouvements politiques encore assez instables dans leur composition et dans leur fonctionnement.

ÉVOLUTION DES STATUTS DES GROUPES POLITIQUES

Ce large éventail de traditions et de cultures politiques différentes est coordonné et canalisé lors des réunions et séminaires préparés par le Groupe du PPE/DC à l'Assemblée parlementaire du Conseil de l'Europe.

La description sommaire des prérogatives des groupes politiques à l'article 41 du Règlement de l'Assemblée parlementaire vient d'être modifiée.

Une proposition de directive a été déposée en avril 1994 pour tenir davantage compte de l'impact des groupes politiques sur le travail de l'Assemblée.

Au fil des années les prérogatives des groupes politiques et leur rôle dans les activités de l'Assemblée ont régulièrement augmenté et ceci a été confirmé par l'accroissement de la subvention annuelle qui leur est versée et par la création de la Commission ad hoc des présidents des groupes politiques comme organe de consultation et conseil du Président de l'Assemblée.

La participation des groupes politiques aux travaux de l'Assemblée vient d'être renforcée par la Résolution 1043 (1994) qui prévoit que dorénavant les Présidents des groupes politiques ou leurs représentants sont membres de droit du Bureau et de la Commission permanente et ont le droit de vote.

Cette évolution permet aussi de mettre en valeur et de garantir le pluralisme politique au sein de l'Assemblée, c'est pourquoi, elle souhaite que l'article 41 du Règlement soit modifié pour mieux refléter le rôle croissant des groupes politiques dans la vie de l'Assemblée.

La Commission compétente en la matière (Commission du Règlement) a été chargée de mettre en oeuvre ce changement.

Le point 5 de l'article 41 a été modifié de la façon suivante:

> Les présidents des groupes politiques sont membres de droit du Bureau et de la Commission Permanente.

Le point 6 en cours de modification est formulé de la façon suivante :

> Les groupes politiques participent étroitement aux travaux de l'Assemblée et garantissent le respect du pluralisme politique en son sein. Leurs droits et obligations découlent du présent article et d'autres décisions adoptées par l'Assemblée ou par le Bureau.

FONCTIONNEMENT DES GROUPES POLITIQUES

Ces changements statutaires ne font que rendre compte de l'importance des groupes politiques dans les travaux et l'organisation de l'Assemblée.

Les groupes politiques préparent les grands débats de l'Assemblée.

Un exemple d'actualité a été le débat d'urgence (d'avril 1995) sur «l'intervention militaire turque dans le nord de l'Irak et le respect des engagements pris par la Turquie concernant le réforme constitutionnelle et législative».

La concertation entre les présidents des groupes politiques a permis de trouver un consensus très large au sein de l'Assemblée sur cette question délicate et difficile.

Sur la base du rapport (7290) de M. Barsony (Hongrie), rapporteur pour la Commission politique, l'Assemblée parlementaire a rappelé à la Turquie ses devoirs et ses engagements.

L'Assemblée parlementaire du Conseil de l'Europe a demandé au Comité des Ministres «d'envisager la suspension des droits de représentation de la Turquie au Conseil de l'Europe».

Ce processus ne pourra être interrompu qu'à condition que le Comité des Ministres, d'ici deux mois, «puisse rendre compte de progrès significatifs» d'Ankara pour se conformer aux normes du Conseil de l'Europe en matière de démocratie et de respect des droits de l'homme.

Selon les exigences de l'Assemblée, la Turquie devra avoir d'ici là «retiré ses forces du nord de l'Irak», entamé, «la recherche d'une solution pacifique au problème kurde» et on lui donne «un délai précis dans lequel la Turquie devra rendre sa Constitution et sa législation (héritées du régime militaire) conformes aux principes et normes du Conseil de l'Europe».

Dès le lendemain de la décision de l'Assemblée parlementaire du Conseil de l'Europe, la délégation parlementaire turque à Strasbourg, à l'unanimité de ses douze membres, a annoncé la rupture de «toutes ses relations» avec l'Assemblée, et demandé au Comité des Ministres (organe exécutif) de désavouer la position des parlementaires de l'organisation paneuropéenne.

La position de l'Assemblée parlementaire a cependant reçu le soutien du Ministre français des Affaires étrangères, la jugeant conforme à celle de l'Union Européenne.

De son côté, le président de l'Assemblée parlementaire du Conseil de l'Europe Miguel Angel Martinez, a critiqué le retrait turc «sans précédent dans l'histoire de l'organisation».

«L'Assemblée parlementaire et le Comité des Ministres travaillent sur la même longueur d'onde» et vouloir jouer l'un contre l'autre est «un pari perdu», a-t-il averti.

Le président de l'Assemblée se sachant fort du soutien de l'ensemble des présidents des groupes politiques a préconisé que la Turquie recherche une solution au problème kurde en s'inspirant du droit européen protégeant les droits des «minorités nationales».

Le fonctionnement du groupe politique à l'intérieur de l'Assemblée parlementaire du Conseil de l'Europe

Les présidents des groupes politiques évoquent et préparent activement ensemble, avec le Président de l'Assemblée, les décisions à prendre lors des sessions ordinaires ainsi que dans le cadre de la Commission permanente.

Ces réunions préparatoires permettent à l'Assemblée de présenter sa vision politique de façon cohérente face au Comité des Ministres, organe de décision du Conseil de l'Europe.

Ce travail de préparation et de coordination se fait prioritairement au sein des réunions des groupes politiques.

Les rapports importants tels que le rapport sur «la Politique Générale du Conseil de l'Europe» (Doc. 7280) présenté par M. Masseret évoquant les changements en vue de la préparation de Conférence Intergouvernementale de 1996 sont discutés et amendés au sein des groupes politiques.

Le Parti Populaire Européen a préparé des documents de réflexion et d'information au sein de la présidence du groupe afin d'amender le rapport en question.

Cette préparation thématique se fait pour tous les sujets importants discutés à l'Assemblée. Le PPE/DC a préparé par exemple dans le cadre de ses séminaires à Tallinn/Estonie (octobre 1994) et à Oberkirch/Allemagne (janvier 1995), la question de l'adhésion de la Russie.

L'analyse des documents d'experts en provenance de la Cour Européenne des Droits de l'Homme ainsi que d'autres documents en provenance des ministères des Affaires étrangères des pays baltes ont aidé les membres du Groupe à se forger une opinion en connaissance de cause des enjeux.

Un autre exemple significatif de l'influence du Groupe PPE/DC sur les travaux de l'Assemblée était la préparation du Sommet des Chefs d'Etats et de Gouvernement d'octobre 1993 à Vienne.

Notre document «la Déclaration relative au Sommet des Chefs d'Etats et de Gouvernement du Conseil de l'Europe», a été largement pris en compte par le Président Martinez lors de son intervention à Vienne. Le Parti Populaire Européen était le seul groupe à avoir préparé un tel document de travail pouvant servir de base pour pouvoir revendiquer un accroissement du rôle politique de l'Assemblée parlementaire du Conseil de l'Europe.

Notre groupe politique a également préparé la réunion au Sommet des Chefs d'Etats et de Gouvernement du Conseil de l'Europe par le biais d'une réunion des Chefs de Gouvernement et des partis membres de l'UEDC, qui a précédé celle des Chef d'Etats et de Gouvernement du Conseil de l'Europe.

De cette façon les Chef d'Etats d'orientation démocrate chrétienne ont constitué un groupe de pression en faveur de nos idées sur la revalorisation du rôle politique du Conseil de l'Europe à l'intérieur de ce grand groupe des Chefs d'Etats et de Gouvernement du Conseil de l'Europe.

En dehors du fonctionnement officiel des groupes politiques existe une pratique officieuse qui permet d'étendre davantage le poids des familles politiques aussi bien dans le cadre de l'administration du Conseil de l'Europe qu'au niveau des commissions parlementaires.

Dans la pratique, les nominations des présidents et des vice-présidents des treize commissions parlementaires sont négociées entre les présidents des groupes politiques. La pondération du poids de chaque groupe politique au sein de l'Assemblée parlementaire du Conseil de l'Europe est déterminant pour le nombre de présidents et de vice-présidents de commission.

Pour les fonctions et postes clefs au Conseil de l'Europe, l'accord entre les groupes politiques sur le choix des candidats et le soutien qu'on leur accorde peut être déterminant pour leur élection. Il s'agit notamment, des postes de Secrétaire Général et de Secrétaire Général-Adjoint ainsi que de Président de l'Assemblée parlementaire et de Greffier.

La coopération entre l'administration du Conseil de l'Europe et plus particulièrement du Greffe de l'Assemblée permet de préparer d'un commun accord des dossiers d'actualité tels que la préparation de la Conférence Intergouvernementale de 1996. Les groupes politiques essaient dans la mesure du possible de fournir le soutien politique aux solutions techniques et administratives mises en chantier par le Greffe de l'Assemblée. Cette répartition des tâches s'est avérée dans le passé comme étant assez efficace.

Avant chaque session de l'Assemblée parlementaire du Conseil de l'Europe, les secrétaires des groupes politiques se réunissent avec le Greffier, le Greffier-Adjoint ainsi qu'avec le Chef du Service de Séance pour préparer la session. Le calendrier de la session est examiné en détail afin de discerner les sujets politiquement sensibles.

Les secrétaires des groupes politiques sont alors chargés en étroite coopération avec leurs présidents respectifs d'informer les membres de leurs groupes et de préparer les décisions politiques éventuelles qui s'imposent.

Une réunion d'information a également lieu entre le Sécrétaire Général du Conseil de l'Europe, son Chef de Cabinet et les secrétaires des groupes politiques, pour connaître l'avis du Secrétaire Général sur les points sensibles de la session à venir.

La somme de ces informations est ensuite mise à disposition des parlementaires de chaque groupe politique à l'Assemblée parlementaire du Conseil de l'Europe.

Les rapports du groupe parlementaire du PPE/DC avec d'autres institutions et structures politiques appartenant à la même famille politique

Un autre moyen d'action des groupes politiques est la consultation et la concertation avec les commissions des Affaires étrangères et européennes des Parlements nationaux.

Cette coopération devrait être davantage développée dans l'avenir.

Le groupe politique joue ainsi la fonction de relais entre la structure européenne et la structure nationale.

D'autres moyens de coopération ont été notamment développés par le Groupe du PPE/DC au Conseil de l'Europe.

Il s'agit de l'établissement de relations étroites entre le Parti Populaire Européen et l'Union Européenne des Démocrates Chrétiens (UEDC) ayant son siège à Bruxelles.

Cette coopération avec un parti à vocation européenne, (voir l'article 138 a du Traité de Maastricht qui propose de promouvoir le développement de partis véritablement européens), nous assure comme groupe politique un forum d'information et de coopération plus large et allant au-delà des frontières institutionnelles du Conseil de l'Europe. L'article 138 a stipule : «Ils (les partis politiques européens) contribuent à la formation d'une conscience européenne et à l'expression de la volonté des citoyens de l'Union».

Cette capacité de coopération du PPE à l'intérieur des différentes organisations européennes et même intercontinentales ne semble que peu développée dans les autres familles politiques.

Le groupe du PPE à l'Assemblée parlementaire du Conseil de l'Europe entretient des rapports réguliers et suivis avec le groupe du PPE au Congrès des Pouvoirs Locaux et Régionaux en Europe ainsi qu'avec le groupe du PPE au Parlement Européen et à l'Union de l'Europe Occidentale et d'une façon moindre avec l'OSCE.

Tous ces contacts sont régis par une même volonté politique de concentrer et d'unir les efforts et les moyens parfois limités des groupes parlementaires afin de définir une stratégie commune pour l'ensemble des membres de notre famille politique dans toutes les organisations européennes concernées.

L'Internationale Démocrate Chrétienne (IDC) constitue un autre élément de coordination auquel le PPE/DC au Conseil de l'Europe participe directement.

Cette coopération se trouve ancrée dans les statuts des diverses organisations évoquées ci-dessus.

L'exemple de l'IDC donne au PPE/DC du Conseil de l'Europe un moyen de prospection pour l'établissement de contacts notamment en Russie et en Ukraine ainsi que dans les Républiques de la CEI à travers un groupe de travail spécifique mis en place par l'IDC pour suivre et accompagner le développement de la démocratie dans l'Ex-Union Soviétique.

En ce qui concerne la coopération avec l'UEDC, le groupe de travail Europe Centrale et Orientale permet également à notre groupe politique de disposer d'un instrument supplémentaire pour faire de la prospection sur le terrain concernant la mise en place et le développement de nouveaux mouvements et partis politiques en Europe Centrale et Orientale.

Ce type de source d'information supplémentaire n'est jamais de trop vu la complexité et la rapidité des changements qui interviennent sur le plan politique dans cette partie de notre continent.

L'établissement de rapports avec les nouveaux partis membres en Europe Centrale et Orientale s'inscrit donc dans une démarche coordonnée entre l'UEDC et le groupe du PPE/C au Conseil de l'Europe.

Un autre terrain d'activités communes entre le groupe du PPE/DC et le Parti Populaire Européen (à Bruxelles) est l'élaboration de normes communes à travers le Programme de Base et le Programme d'Action développés par le PPE. A travers ces programmes les grandes orientations de l'action future du PPE en faveur de la construction européenne sont développées en détail. Ils deviennent alors le fil conducteur pour les partis membres du PPE. Ces programmes sont généralement adoptés par les Congrès du PPE.

Les congrès du PPE ainsi que ceux de l'UEDC sont généralement organisés tous les deux ans. Le prochain Congrès du PPE se tiendra en novembre 1995 à Madrid.

Il aura pour objectif de promouvoir les idées et les convictions concernant la Conférence Intergouvernementale de 1996, ainsi que les mesures d'application nécessaires à leur accomplissement.

La mise en pratique de la Directive N° 488 (dite Halonen) qui est sensée permettre le suivi et la mise en pratique des promesses faites par les candidats à l'adhésion au Conseil de l'Europe a été accueillie favorablement par l'ensemble des groupes politiques. Elle a donné à l'Assemblée un instrument de travail permettant de vérifier sur le terrain la conformité de l'application des règles et de la législation nationale avec les normes du Conseil de l'Europe.

Pour notre groupe politique, la référence aux normes du Conseil de l'Europe mais aussi la mise en application de notre programme de base par nos partis membres constitue une référence incontournable pour notre travail en commun.

Le PPE (le parti) a exclu le CDS portugais de son organisation politique pour manquement aux engagements européens de ce parti.

L'engagement en faveur de la poursuite de la construction européenne constitue à côté du respect des valeurs démocrates chrétiennes un des piliers de base de notre travail en politique.

COOPÉRATION ENTRE LES DIFFÉRENTS GROUPES POLITIQUES

La coopération entre les différentes structures européennes au sein de la famille du PPE n'empêche pas des alliances sur des sujets précis avec des groupes politiques appartenant à une autre orientation politique.

La philosophie de notre groupe politique au sein de l'Assemblée parlementaire du Conseil de l'Europe a été de garder notre marge de manoeuvre et de ne faire d'alliances politiques qu'au cas par cas.

Par exemple: avec le groupe des Conservateurs (Démocrates Européens) nous avons amendé et transformé d'une façon notable le texte sur la Convention de la Bioéthique.

Cette coopération ne nous a pas empêchés de chercher un terrain d'entente sur des questions d'ordre social avec le groupe Socialiste.

A l'intérieur du PPE/DC l'éventail des partis représentés va du CDA néerlandais plus à gauche sur l'échiquier politique au ÖVP autrichien plus proche des thèses conservatrices. Cette panoplie constitue une richesse qui nous permet de jouer un rôle de pivot au sein de l'Assemblée parlementaire du Conseil de l'Europe, rôle que nous souhaitons conserver.

Au Parlement européen, ainsi qu'à l'Union de l'Europe Occidentale, la coopération avec le groupe des Démocrates Européens (Conservateurs) a été institutionalisée.

Au Conseil de l'Europe, la tendance est de préserver l'identité et la spécificité du Groupe du PPE/DC au détriment d'une augmentation quantitative possible avec un élargissement allant dans le sens d'un ralliement du groupe des Démocrates Européens (Conservateurs) à notre famille politique.

CONCLUSION

Le rôle et le fonctionnement du groupe du PPE s'inscrit dans une structure donnée qui est celle du Conseil de l'Europe. Mais l'intérêt politique demande que la coopération s'étende au-delà de son cadre institutionnel. L'apport politique du PPE permet donc à l'intérieur de l'Assemblée parlementaire du Conseil de l'Europe de dépasser les frontières nationales au profit d'une cohésion européenne. Cette même aspiration se traduit aussi au niveau de la coopération entre le PPE du Conseil de l'Europe, celui du Parlement européen, de l'UEDC et de l'IDC.

L'approche «supranationale» voire supra-institutionnelle permet de dépasser le cloisonnement institutionnel qui constitue trop souvent un obstacle à la réalisation d'une vision politique globale nécessaire à l'accomplissement de la construction européenne.

Le décloisonnement institutionnel est la seule chance réaliste de promouvoir l'action politique au-delà de l'enclavement administratif et technique.

L'action politique constitue l'impulsion nécessaire pour s'approcher pas à pas de l'utopie qui était la construction des Etats Unis de l'Europe.

De Victor Hugo à Jean Monnet, l'image de l'Europe a pris forme dans les esprits, cependant il fallait le moteur politique de Robert Schuman, de Konrad Adenauer et de bien d'autres personnes au service d'une volonté politique pour aboutir à un résultat toujours imparfait mais bien au-delà des espérances initiales.

Que ce soit selon le modèle supranational ou à travers la coopération intergouvernementale chère au Général De Gaulle, le progrès de la construction européenne ne peut se réaliser qu'à travers une volonté politique forte. Les groupes politiques tels que le PPE se font fort de cette logique pour faire avancer dans la limite de leurs moyens le dessin d'une Europe de plus en plus unie.

VI
Le Conseil de l'Europe face à quelques grands dossiers

Marinus Van der Goes van Naters et la Sarre (1952-1954) [1]

par Jan Willem BROUWER
Université de Nimègue

Un des thèmes proposés pour ce livre est «le rôle des hommes (quelques ténors) (...) au sein du Conseil de l'Europe». Je ne sais pas si le délégué socialiste néerlandais Marinus Van der Goes van Naters a été un «ténor», mais je suis convaincu que son action entre 1952 et 1954, en tant que médiateur du Conseil de l'Europe, dans l'épineux conflit franco-allemand autour de la Sarre, a été remarquable.

L'histoire du problème sarrois est connue dans ses grandes lignes, de même que l'histoire du plan Van der Goes visant à «l'européanisation» de la région. En mars 1954, ce plan est adopté par Paris et Bonn comme base de leurs négociations. Deux mois plus tard, les deux parties arrivent à un accord. Cet accord est cependant désavoué le lendemain par le gouvernement français. En général, l'importance du plan Van der Goes est reconnue par les historiens qui soulignent toutefois l'impuissance du faible Conseil de l'Europe face aux Etats souverains, la France et l'Allemagne. Ils concluent alors que, dès le début, la tentative de médiation est vouée à l'échec [2]. Ces études ne sont pas basées sur les archives diplomatiques françaises et allemandes. Alors ils ne précisent pas les réactions de Paris et de Bonn à l'égard de la tentative de médiation. Ces historiens n'ont pas pu consulter non plus les archives personnelles de Van der Goes, qui — bien qu'incomplètes — offrent une bonne image des activités du délégué néerlandais. En me basant sur ces fonds de documents, je veux tenter de nuancer l'idée reçue sur le rôle du Conseil de l'Europe dans la question. La tentative a failli réussir et, en tout cas, Paris et Bonn se voient obligés

[1] Les recherches à Paris et Bonn ont été rendues possibles grâce à l'aide de l'Organisation néerlandaise pour le développement de la recherche scientifique (NWO).

[2] Notamment: J. FREYMOND, *Le conflit sarrois, 1945-1955*, Bruxelles, 1959; P. FISCHER, *Die Saar zwischen Deutschland und Frankreich* (Frankfurt am Main 1959) et B. LEUVREY, "La Sarre et le Conseil de l'Europe 1949-1954", in R. HUDEMANN et R. POIDEVIN (éd.), *Die Saar 1945-1955: ein Problem der europaïschen Geschichte*, München, 1992, pp. 97-114.

d'accepter Van der Goes comme participant indépendant dans leurs négociations.

Avant d'élaborer le rôle de Van der Goes, je dois m'arrêter sur la position du Conseil de l'Europe en 1952, ainsi que sur l'état des négociations franco-allemandes à la veille de l'action du délégué néerlandais.

UNE ORGANISATION IMPUISSANTE ?

Dès le début, le Conseil de l'Europe se voit handicapé par son statut. Les propositions, lancées par l'Assemblée Consultative, par exemple visant à la coopération dans le domaine agricole, sont invariablement rejetées par le tout-puissant Comité des Ministres, organisme intergouvernemental ou dominent les intérêts nationaux divergents [3]. En même temps, des initiatives entreprises en dehors de Strasbourg paraissent plus prometteuses. En 1951, la France, l'Allemagne, l'Italie et les pays du Benelux signent le traité fondant la Communauté Européenne du Charbon et de l'Acier (CECA). Un an plus tard, les Six conviennent de créer une Communauté Européenne de Défense (CED). Le traité de la CED prévoit la création d'une Communauté Politique Européenne (CPE) qui devait coiffer la coopération économique et militaire. En 1952, les Six créent une Assemblée ad hoc, pour étudier les modalités de la CPE, incluant une Assemblée à suffrage universel, ainsi qu'un gouvernement européen. L'échec de la CED en août 1954 met fin à cette initiative. Dans le plan Van der Goes 1953-1954 elle jouera cependant un rôle important.

Alors au début des années cinquante, le Conseil de l'Europe paraît mis sur une voie de garage. Il n'est donc pas surprenant que l'organisation considère le problème sarrois comme une occasion de regagner de l'autorité. En même temps, il faut reconnaître qu'à l'époque le Conseil dispose encore d'un crédit international considérable. En outre, il y a la conviction, généralement partagée en France et en Allemagne, que la coopération européenne est un moyen essentiel pour mettre un terme à leur antithèse traditionnelle, symbolisée par la question sarroise. C'est pourquoi en fin de compte Paris et Bonn ne rejettent pas la revendication de l'Assemblée de pouvoir s'avancer comme médiateur dans le conflit sarrois.

---

[3] Sur le projet de coopération agricole, voir la contribution de G. Noël dans ce livre.

LA QUESTION SARROISE

En 1945, la Sarre - riche région carbonifère avec une puissante sidérurgie - devient une partie de la Zone d'Occupation française. Très vite elle se trouve détachée de l'Allemagne. Entre 1947 et 1953, une série de conventions franco-sarroises précisent l'autonomie de la région, ainsi que son rattachement économique à la France. En 1947, les élections en Sarre sont marquées par le succès des partis favorables à ces conventions. Il apparaît que la population n'a rien à espérer de l'Allemagne écrasée et démembrée. En mai 1950, la Sarre devient membre associé du Conseil de l'Europe. Les Etats-Unis et l'Angleterre, tout en insistant sur le caractère provisoire du statut de la Sarre, soutiennent la politique française.

Entre-temps, la politique française suscite de vives émotions en Allemagne. En janvier 1950, le chancelier Konrad Adenauer s'élève contre l'action unilatérale française. Le gouvernement de Bonn déclare qu'il ne peut reconnaître les élections sarroises comme vraiment libres, étant donné l'interdiction des partis favorables au rattachement à l'Allemagne.

De plus en plus, le problème sarrois empoisonne les rapports franco-allemands. En vain, les deux gouvernements tentent, à plusieurs reprises, de s'entendre sur un règlement de la question. Depuis le printemps de 1952, il est question de donner à la Sarre un statut européen. Ce statut se réalisera sous contrôle d'un organisme européen, tel que la CECA ou le Conseil de l'Europe. Les opinions divergent pourtant quant aux modalités du projet d'européanisation. Tout d'abord, les Français désirent une solution pour la Sarre assurant sa séparation permanente de l'Allemagne. En même temps, le gouvernement de Bonn ne peut pas accepter un règlement définitif sans se priver du droit de protester contre l'acceptation de la ligne Oder-Neisse par l'Allemagne de l'Est. Deuxièmement, les deux parties ne sont pas d'accord sur la façon de consulter la population sarroise sur le statut éventuel. D'une part, les Français exigent le maintien de l'interdiction des partis pro-allemands. D'autre part, les Allemands exigent que la population puisse s'exprimer en toute liberté. Enfin, Paris veut maintenir l'union monétaire et douanière franco-sarroise avec cependant une possibilité d'adaptation à mesure du progrès de l'intégration économique européenne. Du côté allemand l'on exige l'égalité des privilèges économiques en Sarre [4].

La diplomatie française a pour but de maintenir autant que possible le statu quo. Ce n'est qu'en 1953-1954, quand la pression internationale

---

[4] R. POIDEVIN, "La question de la Sarre entre la France et l'Allemagne en 1952", in *Revue d'Allemagne*, 18, 1986, pp. 49-74.

devient plus forte, que Paris est disposé de faire des concessions. Quant à Bonn, il apparaît qu'Adenauer — qui dirige la politique allemande — est prêt à accepter en principe l'autonomie de la Sarre dans un cadre européen. Le chancelier veut se débarrasser du contentieux sarrois pour pouvoir permettre la réconciliation franco-allemande et poursuivre la construction européenne. En outre, il est convaincu que la population sarroise désire l'autonomie et qu'elle choisirait l'européanisation. Notons qu'en novembre 1952, de nouvelles élections en Sarre sont encore une victoire pour les partis en faveur de l'autonomie. Toutefois, Adenauer ne veut pas élaborer une simple façade derrière laquelle l'hégémonie française puisse continuer. Il pose les conditions que nous venons de signaler et il y tient fermement [5].

En septembre 1952, il est clair que les deux positions se durcissent. Les négociations échouent de nouveau. Pour augmenter la pression, le gouvernement de Paris, en janvier 1953, fait de l'accord sur la Sarre un «préalable» à la ratification du traité de la CED — traité essentiel pour l'élaboration de la défense occidentale (et qui est vivement contesté en France). En même temps, un fort courant de l'opinion publique allemande s'oppose à toutes les concessions que pourrait proposer Adenauer. Le parlement de Bonn adopte alors une résolution proclamant que la Sarre est allemande.

Bref, le problème sarrois est une question épineuse qui non seulement met en danger les relations franco-allemandes, mais qui suscite aussi des tendances nationalistes en Allemagne, et qui est un obstacle à l'intégration européenne.

L'ASSEMBLÉE CONSULTATIVE ET LA SARRE

Pourquoi l'Assemblée décide-t-elle d'intervenir dans le problème sarrois? Tout d'abord formellement, puisque son statut l'oblige de promouvoir l'unité parmi les pays membres. Deuxièmement, elle voit l'occasion de confirmer son rôle. Puis, l'organisation elle-même est victime du conflit: l'Allemagne refuse que le gouvernement sarrois signe les conventions du Conseil — discorde qui bloque le travail de l'organisme et qui n'est résolu qu'en 1953. Enfin, en août 1952, les délégués allemands déposent une plainte à l'Assemblée consultative contre la Sarre pour violation des droits de l'homme.

---

[5] W. SCHUMACHER, "Konrad Adenauer und die Saar", in HUDEMANN et POIDEVIN (éds.), *Die Saar*, pp. 97-114.

Lors de la session du 17 septembre 1952, la majorité de l'Assemblée est convaincue que la discussion de la plainte allemande ne serait pas de nature à faciliter les négociations franco-allemandes. Elle reconnaît cependant que la solution du problème est une affaire d'intérêt commun pour les peuples de l'Europe. C'est pourquoi l'Assemblée accepte la demande de Van der Goes, faite au nom des députés socialistes pour inscrire à l'ordre du jour «la position future de la Sarre». Elle décide d'en saisir la Commission des Affaires Générales — chargée des questions politiques. Ensuite, la Commission désigne Van der Goes comme «rapporteur» dans la question.

Soulignons que seulement l'Assemblée consultative est concernée; la part du Comité des Ministres à l'intervention est modeste. Le problème sarrois est trop sensible pour que les gouvernements cherchent à s'en occuper; ils craignent de brusquer un des deux pays concernés. Le Comité se limite à deux déclarations générales en décembre 1953 et mai 1954, incitant Paris et Bonn à reprendre les négociations et à les poursuivre dans l'intérêt des relations en Europe.

VAN DER GOES

Marinus van der Goes van Naters (né en 1900) est député socialiste depuis 1937. Fin 1940, il est arrêté par les Allemands et il passe la guerre dans différents camps de concentration. Du lendemain de la Libération jusqu'en 1951, il est chef de la fraction socialiste à la Chambre des Députés [6].

Spécialiste du droit constitutionnel, il écrit sa thèse de doctorat sur l'image social-démocrate de l'Etat. Il est «étatiste» dans la tradition de Lassalle. Dès 1945, il est partisan fervent de l'intégration européenne. Depuis le début, il fait très activement partie de la délégation parlementaire néerlandaise au Conseil de l'Europe et à l'Assemblée de la CECA. En 1952-1953, il est membre de l'Assemblée ad hoc qui élabore un statut de la CPE.

Le visage ouvert, aux yeux pétillants, Van der Goes est quelqu'un d'esprit vif, qui bouillonne d'idées. Qui est même parfois considéré comme un utopiste. Parlant couramment le français et l'allemand, Van der Goes se sent bien à l'aise dans les milieux politiques internationaux. Gilbert Grandval, ambassadeur français à Sarrebruck, parle d'une «personnalité

---

[6] Voir les mémoires de VAN DER GOES VAN NATERS, *Met en tegen de tijd. Herinneringen. Een tocht door de twintigste eeuw*, Amsterdam, 1980.

ambitieuse et remuante» [7]. Décidément ses ambitions en tant que rapporteur sont grandes.

Il n'est pas très clair dans quelle mesure Van der Goes s'est intéressé au problème sarrois avant 1952. Il est toutefois certain qu'il participe en 1950-1952 aux débats sur le problème au sein de l'Internationale socialiste [8]. Il paraît qu'il doit sa désignation comme rapporteur à ces activités, à sa connaissance du droit et des langues, ainsi qu'au fait qu'il est ressortissant d'un petit pays «neutre».

GRANDES AMBITIONS

La décision de l'Assemblée de faire étudier le problème sarrois, est généralement considérée comme ayant pour but de garder l'affaire sous le coude le plus longtemps possible, afin de ne pas gêner les négociations en cours. Néanmoins Van der Goes a l'intention de ne pas enterrer la question. Il se met à l'ouvrage avec zèle.

Dans son «plan de travail», présenté une semaine après sa nomination, il définit son objectif: «rechercher une solution (...) et indiquer les possibilités d'avenir, moyen d'éviter que le problème sarrois n'empoisonne longtemps encore la politique européenne». Le rôle de l'Assemblée n'est pas d'imposer un choix: «Nous prêtons plutôt nos bons offices. Nous devons donc chercher une solution susceptible d'être une base acceptable par tous les partenaires». Van der Goes explique qu'il veut travailler vers une européanisation de la Sarre. D'après lui, une solution bilatérale du problème sarrois est impossible. Seulement une européanisation sur le plan supranational pourrait concilier définitivement et d'une manière équitable les intérêts français et allemands [9].

Mais Van der Goes n'a pas seulement l'ambition de trouver une solution au problème sarrois. Tout d'abord, il espère que l'élaboration d'un statut européen de la Sarre peut aussi avoir une fonction de catalyseur à même de promouvoir l'intégration européenne. Deuxièmement, Van der Goes veut mettre en pratique ce qu'il appelle la «diplomatie parlementaire». Il est convaincu que la démocratie — face au rôle accru des organisations

---

[7] Archives du ministère des Affaires étrangères, Paris (MAE/F), série EU-Europe 1945-1955 (EU), Sarre, vol. 270; Grandval au MAE, 25/6/1954.

[8] Algemeen Rijksarchief La Haye (Archives Nationales), n° 2.21.198 (ARA), Archives Marinus Van der Goes van Naters, vol. 34 (VdG); Van der Goes à Oosterhuis, 13-03-1950.

[9] *Ibid.*, "Plan de travail en vue de l'étude de la position future de la Sarre", 24-09-1952.

internationales — exige une intervention parlementaire sur le plan international. Van der Goes n'exclut pas la négociation bilatérale. Il prévoit plutôt une combinaison des deux méthodes: en cas d'échec de la «diplomatie traditionnelle», la «diplomatie parlementaire» pourrait ouvrir une voie nouvelle [10].

LE PLAN VAN DER GOES

Lors de l'hiver 1952-1953, Van der Goes prépare, avec l'aide de plusieurs fonctionnaires du secrétariat du Conseil de l'Europe, les éléments de son rapport, touchant les aspects historique, juridique, politique et économique du problème.

Le projet, baptisé «le plan Van der Goes», sera établi en trois étapes. D'abord, la première version de son rapport achevé en juillet 1953. Deuxièmement, il y a la version définitive, établie en mars 1954 après la discussion des différents amendements déposés par les délégués allemands, français et sarrois. Enfin, lors des négociations franco-allemandes, en mars-mai 1954, Van der Goes élabore, à titre personnel, ce qu'il appelle «une concrétisation» du statut.

Si ces trois versions divergent sur des points importants, l'on y retrouve quand même les thèses principales de Van der Goes. Tout d'abord, la proposition visant à une européanisation politique et constitutionnelle de la Sarre, dont la CPE doit former le cadre. Deuxièmement, Van der Goes prévoit le rétablissement des libertés politiques en Sarre. Enfin, étant postulé que le statut définitif sera élaboré par les gouvernements allemand, sarrois et français, Van der Goes propose l'organisation d'une conférence internationale sous les auspices du Conseil de l'Europe pour approuver le statut et pour souligner le caractère européen du règlement.

Tout au long des négociations qu'il va mener, Van der Goes défendra ces trois objectifs, tout en se montrant plus souple quant aux autres éléments du statut. Globalement on peut dire que la version initiale du rapport est assez favorable au point de vue français. Fidèle à son intention de trouver une solution équitable du problème sarrois, Van der Goes est cependant disposé à faire des concessions aux Allemands étant donné le fait qu'on exige de Bonn en fait pas moins que la sécession de la Sarre. Alors la deuxième version de son rapport établit une certaine symétrie entre les positions françaises et allemandes.

---

[10] *Ibid.*, note s. d., "La diplomatie parlementaire; première application: La Sarre".

TÂCHE COMPLIQUÉE

La «diplomatie parlementaire» qu'entend mener Van der Goes se révèle très compliquée. En premier lieu elle exige du rapporteur de tenir compte de ses collègues à Strasbourg et notamment ceux de la Commission des Affaires Générales où ses propositions sont traitées. Van der Goes coordonne ses activités étroitement avec l'Allemand chrétien-démocrate Eugen Gerstenmaier et avec son ami le socialiste français Guy Mollet, président de la Commission. Gerstenmaier a l'oreille d'Adenauer, comme Mollet à celle de Bidault. Le gouvernement sarrois ne joue guère un rôle dans le débat dominé par Bonn et Paris. Le rapporteur est cependant en contact étroit aussi avec Heinz Braun, délégué socialiste de la Sarre, surtout en ce qui concerne le régime des partis politiques.

La situation exige de Van der Goes aussi une action au niveau gouvernemental. Il est en contact avec les responsables des deux côtés. Tout d'abord avec Adenauer et Walter Hallstein, secrétaire d'Etat aux Affaires étrangères, et avec Bidault et Maurice Schumann, secrétaire d'Etat aux Affaires étrangères. Deuxièmement, Van der Goes est en communication étroite avec de hauts fonctionnaires et notamment avec Grandval et Rudolf Thierfelder, chargé des affaires sarroises à l'*Auswärtiges Amt*. Enfin, Van der Goes tient soigneusement au courant les Américains.

Autant que possible, Van der Goes a tenu à faire une diplomatie ouverte. Parfois il informe les Français de ses démarches auprès des Allemands et vice-versa. Cette franchise choque parfois les diplomates professionnels. Par exemple, en novembre 1953, l'*Auswärtiges Amt* le désavoue publiquement quand il avait révélé — lors d'une conférence de presse — avoir rencontré, la veille, Thierfelder [11]. Les Français aussi sont parfois irrités de l'action de Van der Goes. Grandval se plaint, par exemple, de l'idée, «bien ancrée chez le socialiste hollandais, qu'il est habilité à traiter directement avec les Gouvernements» [12]. Cela n'empêche pas l'ambassadeur, à d'autres moments, de considérer le rapporteur comme négociateur sérieux — tel que le font d'ailleurs les Allemands.

En général, la nomination de Van der Goes est bien accueillie à Paris et à Bonn. D'après le Quai d'Orsay, en février 1953, il paraît «jusqu'ici, se montrer très ouvert aux idées françaises», tandis que l'*Auswärtiges Amt* découvre très vite que le rapporteur est disposé de tenir compte des

---

[11] MAE/F, EU, Sarre, vol. 216; note 2/12/1953.

[12] *Ibid.*, vol. 270; Grandval au MAE, 25-06-1954.

positions allemandes [13]. En même temps, les délégués allemands, français et sarrois estiment en Van der Goes son honnêteté et ses convictions européennes. Seulement les délégués socialistes allemands ne lui sont pas favorables, étant donné leur hostilité à tout projet d'européanisation de la Sarre.

L'attitude des deux gouvernements à l'égard de Van der Goes est pourtant ambivalente. D'une part, il est évident que Bonn et Paris ne sont plus seuls à rechercher une solution et qu'il serait difficile de faire abstraction du résultat éventuel de l'étude du rapporteur. D'autre part, les deux gouvernements hésitent à introduire dans leurs discussions bilatérales, un élément additionnel. En outre, ils ne partagent pas les thèses de Van der Goes. Bonn n'accepte toujours pas les formules sur l'européanisation, tandis que Paris refuse d'accepter l'égalité dans le domaine économique.

La tâche de Van der Goes est d'autant plus compliquée puisque les délégués français et allemands établissent des liens étroits avec leurs gouvernements [14]. A plusieurs réprises ils suppriment certaines concessions faites, après des interventions de Bonn ou de Paris. Quant à lui-même, Van der Goes s'est volontairement tenu à l'écart du Ministère néerlandais des Affaires étrangères, afin d'exécuter sa tâche indépendamment.

PREMIÈRES DÉLIBÉRATIONS

Très vite il est clair que les gouvernements de Bonn et Paris veulent garder les mains libres, tout en noyant le poisson de Strasbourg. En janvier 1953, quand Van der Goes annonce la remise de son rapport pour le premier avril, Adenauer demande de retarder la publication jusqu'en septembre, soit après les élections pour le *Bundestag* du 5 septembre. Van der Goes comprend que Bonn se refuse à prendre tout engagement avant cette échéance. D'après lui, «il n'y a pas d'objection fondamentale à en différer le dépôt» [15].

---

[13] *Ibid.*, vol. 214; note 2-02-1953 et Archives du Ministère des Affaires étrangères, Bonn (AA), deuxième section II, 214-26-10, vol. 531-1; note Thierfelder, 16-09-1953.

[14] Par exemple: AA, II, 214-26-10, vol. 532; Gerstenmaier à Hallstein, 20/10/1953: "Ich halte es für unerlässlich, dass in der Behandlung dieser Frage eine enge Zusammenarbeit zwischen Regierung und Parlament herbeigeführt wird."

[15] ARA, VdG, vol. 34; Van der Goes à Adenauer, 12-02-1953.

En septembre, Bonn demande de nouveau l'ajournement du débat sur le rapport (publié le 26 août). Il est évident qu'Adenauer a opposé son veto à l'égard de l'action de l'Assemblée! Entretemps, les motifs du chancelier ne sont pas clairs. L'*Auswärtiges Amt* a reçu très favorablement le rapport. Bien sûr, il critique quelques propositions notamment dans le domaine économique, mais en général le document est considéré comme une bonne base de discussion. D'après Thierfelder: «Sie komme dem deutschen Standpunkt im weitgehenden Masse entgegen, indem sie die einseitige Stellung Frankreichs fast ganz beseitigt wissen wollen». Bref, le gouvernement allemand ne doit pas rejeter le rapport [16]. Néanmoins, le 15 septembre, après un mot d'ordre d'Adenauer, Gerstenmaier doit retirer son consentement initial au débat, soi-disant parce que la délégation allemande n'a pas encore été adaptée au résultat des élections [17]. Van der Goes est furieux. Il part sur-le-champ pour Bonn pour rencontrer le chancelier. Cette décision fait l'objet de critiques à Strasbourg, où de nombreux délégués font observer que Van der Goes a tort d'aller «aux ordres» en cours de session. Mais l'entretien produit un compromis important. D'une part, le rapporteur se voit obligé d'accepter un nouvel ajournement du débat afin de ne pas gêner la reprise des pourparlers franco-allemands prévue pour la fin d'octobre. D'autre part, Van der Goes amène Adenauer à retirer son veto. Le chancelier admet le principe d'un règlement définitif et donne son accord pour un projet de recommandation visant à la convocation d'une conférence internationale au courant de 1954. Cette conférence aurait pour but d'entériner ce qui serait acquis pendant les négociations bilatérales et de rechercher la solution de tout problème qui reste à régler.

Le lendemain, la Commission des Affaires Générales accepte le compromis. Le 25 septembre, l'Assemblée la suit dans cette voie et vote une résolution s'exprimant en faveur de négociations bilatérales et de la conférence multilatérale. L'Assemblée renvoie alors l'affaire à la Commission pour complément d'étude. Cette nouvelle étude doit conduire à l'adoption de deux propositions: un projet définissant le statut européen de la Sarre et un projet concernant la situation des partis politiques en Sarre.

---

16 AA, II, 214-26-10, vol. 531; Stellungnahme, 8-09-1953.

17 AA, II, B 17 (219), vol. 147; Die Behandlung des Saarberichts, 15-09-1953.

VERS UN COMPROMIS

Alors Van der Goes peut poursuivre son travail qui est devenu d'autant plus important puisque les négociations franco-allemandes, entamées enfin en novembre, dévoilent un raidissement des positions.

La Commission se réunit en novembre pour inventorier les amendements au rapport. Elle décide de créer deux sous-commissions : une pour les questions économiques et l'autre pour étudier les libertés politiques en Sarre. Entretemps, Van der Goes discutera avec les délégués français et allemands sur les principes institutionnels du statut futur de la région.

Au début de décembre 1953, la première partie du compromis final est réalisée. Dans la sous-commission économique, Van der Goes dépose de nouveaux sous-amendements qui reprennent en gros les amendements allemands. Le statut contiendra des dispositions maintenant le marché commun franco-sarrois, mais prévoit aussi un accord tripartite visant à l'établissement progressif d'un marché commun analogue entre la Sarre et la RFA. Afin d'éviter l'ouverture d'un marché commun franco-allemand, une clause règle la ré-exportation en France ou en Allemagne des produits provenant de l'autre pays par l'intermédiaire de la Sarre. Grandval réagit alarmé ; il parle d'un «revirement complet» du rapporteur [18]. Van der Goes se défend en expliquant: «Tandis que, sur le plan politique, on ne pourrait presque rien offrir à l'Allemagne, il est nécessaire d'être plus large sur le plan économique [19]». La sous-commission accepte la nouvelle formule. Entretemps l'unité de la délégation française paraît menacée quand, dans un article dans *Le Monde*, Pierre de Félice, délégué radical, revient sur ses pas et dénonce l'accord [20]. Mais en février, il votera quand même en faveur du rapport.

Van der Goes n'hésite pas à dire aux Français et aux Allemands leurs vérités. Par exemple, lors d'une réunion en décembre, avec Gerstenmaier et Mollet, ceux-ci se retrouvent sur une formule «assouplissant» aux yeux de Van der Goes la formule clé («la Sarre deviendra territoire européen dès que sera instituée la CPE»). Le rapporteur répond alors qu'il ne peut pas couvrir de sa responsabilité une telle position. Il menace de

[18] MAE, EU, Sarre, vol. 270; Grandval à Schumann, 9-12-953.

[19] Archives du ministère des Affaires étrangères, La Haye (MAE/PB), I, GS 912.232 Dld vol. 591; Van der Goes à Grandval, 3001-1954.

[20] Fischer, *Die Saar*, pp. 168-169.

démissionner [21]. En janvier 1954, Gerstenmaier, Mollet et Van der Goes s'entendent enfin sur un formule d'européanisation en deux étapes. Puisque Bonn est hostile à toute formule qui comporterait un commencement d'européanisation avant la constitution de la CPE, Van der Goes avait proposé alors une étape intérimaire, dans laquelle, en attendant la CPE, la gestion de la région se ferait sous la responsabilité du Conseil de l'Europe. Déja à la fin du mois, Gerstenmaier s'assure de l'approbation officieuse d'Adenauer à l'accord [22]. Alors, Van der Goes procède à la nouvelle version de son rapport.

Le 6 février, la Commission plénière discute les résultats. Dans un premier scrutin provisoire (en attendant un accord dans la sous-commission politique) le rapport est accepté. Sans, cependant, les voix allemandes: le socialiste, Karl Mommer, vote contre, tandis que Gerstenmaier et le libéral Karl Pfleiderer s'abstiennent. Surtout le fait que Gerstenmaier ne peut pas voter en conformité avec ses convictions, irrite Van der Goes. De nouveau une intervention d'Adenauer menace de freiner son travail. Le rapporteur écrit au chancelier en lui reprochant de rendre sa «position réconciliatrice extrêmement difficile» et en exigeant que Gerstenmaier et Pfleiderer «soient mis en état de voter la prochaine fois pour une solution que, au fond de leur coeur, ils approuvent déjà, afin d'obtenir un règlement digne, juste et utile» [23].

Au même mois de février, la sous-commission chargée de la situation des partis politiques en Sarre, arrive aussi à un accord. La commission accepte l'exigence française et sarroise de ne pas s'exprimer sur la situation actuelle, mais stipule la liberté totale pendant la période précédant le référendum sur le statut.

Le 20 mars, la Commission des Affaires Générales accepte, en scrutin définitif, la modification du rapport avec une seule voix contre (Mommer) et une abstention (Pfleiderer). Les Français (De Félice inclus) et Gerstenmaier votent pour. Alors le plan Van der Goes est adopté! L'Assemblée elle-même n'aura pas l'occasion de s'exprimer, tant les négociations bilatérales s'accélèrent à partir de mars.

---

21 ARA, VdG, vol. 34; Van der Goes à Grandval, 8-12-1953.

22 *Ibid.*, Gerstenmaier à Van der Goes, 28-01-1954.

23 *Ibid.*, Van der Goes à Adenauer, 16-02-1954.

MOIS CRUCIAUX

Lors du printemps 1954, Bonn et Paris sont obligés de sortir de leurs réserves. La situation internationale exige un accord sur la Sarre à bref délai. Il faut éliminer cet obstacle à la construction européenne et notamment à la réalisation de la CED. Les Américains augmentent la pression sur Bonn et Paris. Ils soutiennent ouvertement le plan Van der Goes. D'après le secrétaire d'Etat John Foster Dulles, en mars 1954, le plan est un «desirable compromise» sur tous les points [24].

Alors Bonn et Paris paraissent de plus en plus disposés à accepter le plan Van der Goes. Notons cependant, qu'en même temps, les difficultés internes du gouvernement français s'accroissent. Il ne s'agit pas seulement des divisions profondes à l'égard de la CED; le pays est de plus en plus accaparé aussi par le problème indochinois. Jusqu'à l'avènement au pouvoir de Pierre Mendès France, en juin, le processus de décision français en sera gravement freiné, voir — comme nous le verrons — paralysé.

Entretemps, le plan Van der Goes paraît avoir le vent en poupe. Le 9 mars, Bidault et Adenauer décident de l'adopter comme base de leur négociations à venir. Le rencontre des deux hommes d'Etat révèle cependant que les deux positions sont encore assez éloignées. Tout d'abord, les Français exigent une européanisation sans délai, tandis que les Allemands demandent l'institution préalable de la CPE. Deuxièmement, Paris entend maintenir l'union économique franco-sarroise; Bonn revendique l'établissement avec la Sarre des relations analogues à celles qui existent entre la Sarre et la France. Enfin, Adenauer résiste à toute tentative d'imposer un statut qui préjugerait du règlement final au moment du traité de paix [25].

Alors commencent trois mois de négociations intensives. C'est une période confuse de propositions et de contrepropositions basées sur le plan Van der Goes. Négociations qu'on ne peut guère plus appeler bilatérales, dans la mesure où Van der Goes y est mêlé. Il intensifie ses efforts pour arriver à une solution. Initialement le rapporteur suggère de concilier les Allemands en réduisant la garantie à la période qui s'étend jusqu'au traité de paix et les Français en omettant la jonction de l'européanisation et la réalisation de la CPE [26]. En mai, Van der Goes propose une nouvelle

---

[24] *Foreign Relations of the United States, 1952-1954 (FRUS)*, vol. VII, *Germany and Austria*, 2 t., Washington, 1986, pp. 1497-1500.

[25] FREYMOND, *Conflit Sarrois*, 192.

[26] AA, II, B 17 (219), vol. 134; Van der Goes à Blankenhorn, 31-03-1954.

formule, rétablissant la jonction: jusqu'au moment de la création de la CPE, les relations extérieures de la Sarre devront être gérées pas un commissaire européen nommé initialement par le Comité des Ministres du Conseil de l'Europe puis par une Assemblée européenne. Les Etats-Unis et la Grande Bretagne doivent garantir le statut jusqu'à la conclusion du traité de paix [27].

Le haut-commissaire français en Allemagne, André François-Poncet applaudit les capacités conciliatrices de Van der Goes. D'après lui, le rapporteur a «la bonne fortune de réussir à s'entendre sur un même sujet, avec des interlocuteurs qui ne parviennent pas à s'entendre entre eux» [28]. Même si le mot ne paraît pas totalement dépourvu d'ironie, il s'y trouve un fond de vérité: les deux gouvernements paraissent prêts à faire des concessions considérables. Déjà à la fin de mars l'ambassadeur américain à Paris, Douglas Dillon, écrit à Washington: «the basis of an agreement is clearly in sight given a minimum of good will and a modicum of serious negotiation between Bidault and Adenauer» [29].

Le 12 mai, Van der Goes prépare le chemin en négociant avec Gerstenmaier et Mollet. L'ambassadeur David Bruce, représentant américain auprès de la CECA, assiste à cette réunion. Van der Goes propose que l'européanisation du territoire sarrois ne se fasse qu'à la création de la CPE et qu'un «pont» entre ce stade assez éloigné et la première phase du Conseil de l'Europe soit érigé. Ce stade intérimaire devrait être trouvé dans l'Assemblée élue au suffrage direct de la CECA à condition, d'ailleurs, que la CED soit ratifiée. Le commissaire européen en Sarre serait soumis au contrôle de l'Assemblée de la CECA dès que celle-ci sera élue, au suffrage universel. Après avoir contacté leurs gouvernements, Gerstenmaier et Mollet sont d'accord [30].

En effet, la proposition est acceptable pour le gouvernement de Bonn, tandis que les Français aussi réagissent favorablement. D'après François-Poncet, la nouvelle proposition:

> paraît ingénieuse et, si elle ne peut être acceptée telle qu'elle, elle ne devrait pas être, à priori, repoussée par nous. En prévoyant des étapes qui permettraient d'instituer maintenant un commissaire européen rattaché au Conseil de l'Europe et d'attendre la création d'Assemblées européennes élues au suffrage universel, elle peut être de nature à

---

[27] Cette lettre est malheureusement introuvable. Elle est cependant citée dans MAE/F, EU, Sarre, vol. 270, Schumann à différents postes, 13-05-1954.

[28] MAE/F; EU, Sarre, vol. 218; François-Poncet à Bidault, 8-4-1954.

[29] *FRUS*, vol. V, *Western European security*, 2 t., Washington, 1983, 907.

[30] MAE/F, EU, Sarre, vol. 270; Seydoux à Grandval, 13-05-1954.

faire tomber l'opposition abrupte des thèses françaises et allemandes actuellement soutenues et à ouvrir la voie à une solution de compromis [31].

Alors une semaine plus tard, la confirmation du compromis par les responsables des deux côtés est attendue. Le 20 mai à Strasbourg, Van der Goes assiste à une réunion avec Adenauer et Pierre-Henri Teitgen, vice-président du conseil français, dans laquelle les difficultés subsistant devront être éliminées. Participent également à cette réunion Spaak et Monnet, en tant que représentants de «l'idée européenne». Grâce notamment à la contribution de Spaak, la discussion évolue favorablement et aboutit à un accord sur tous les points contestés [32].

Le travail de Van der Goes paraît donc couronné de succès ! Cependant, le lendemain l'action de Teitgen est désavouée par le Quai d'Orsay. Dans un communiqué, Paris reprend ses positions anciennes. Cette décision dévoile la paralysie dont est atteint le gouvernement français. Notons que Dien Bien Phu tombe le 7 mai et qu'en même temps la difficile conférence de Genève sur le problème indochinois bat son plein. Il est difficile d'expliquer la décision française. Des recherches supplémentaires sont nécessaires pour pouvoir l'analyser plus profondément. Teitgen, las du conflit et soucieux du progrès de la construction européenne, aurait voulu passer par dessus Bidault (qui est à Genève) et le Quai d'Orsay. Le gouvernement de Paris n'accepte cependant pas le fait accompli. Notamment Grandval et les responsables au Quai estiment que l'accord dans son aspect politique n'offre pas suffisamment de garanties pour l'avenir: ils ont peur que le statut ne soit modifié (en faveur de l'Allemagne) dans le cas (très probable) d'un ralentissement de la réalisation de la CPE. Dans le domaine économique ils estiment que l'accord ne protège pas suffisamment la France contre la concurrence allemande. Entretemps, des observateurs étrangers critiquent sévèrement la décision française. D'après Spaak, l'accord de Strasbourg représente «le maximum de ce que nous (c'est-à dire les Français; JWB) pouvions attendre des Allemands» [33].

---

[31] *Ibid.*, François-Poncet à Schumann, 14-5-1954.

[32] AA, II, B 17 (219), vol. 157; Thierfelder à Hallstein, 25/5 et note d'Ophüls, 27-5-1954 et A. BÉRARD, *Un ambassadeur se souvient*, t. II, *Washington et Bonn*, 1945-1955, Paris, 1978, pp. 536-537. Spaak est d'ailleurs à ce moment très actif en France en militant en faveur de la ratification du traité de la CED.

[33] MAE/F, EU, Sarre, vol. 218; Rivière à Schumann, 24-05-1954. Les Américains partagent l'avis de Spaak: *FRUS*, vol. V, 697.

LA FIN

Après l'échec du compromis de Strasbourg, les négociations ne sont pas reprises.

On connaît la suite des événements. Après le rejet de la CED en août, des discussions bilatérales aboutissent, en octobre 1954, aux accords de Paris sur un nouveau statut de la Sarre. Si ce statut emprunte beaucoup au plan Van der Goes (notamment dans le domaine économique), le rejet de la CED rend impossible une solution supranationale [34]. Le nouveau cadre serait l'organisation intergouvernementale de l'Union de l'Europe Occidentale. Un haut-commissaire désigné par l'UEO représentera la Sarre dans ses relations extérieures. Le statut n'entre cependant en vigueur qu'après avoir été sanctionné par un référendum populaire.

Alors, de manière complètement inattendue, en octobre 1955, une forte majorité des électeurs sarrois rejettent le statut et se prononcent ainsi pour le retour de la Sarre à l'Allemagne. Apparemment la politique pro-française du gouvernement de Sarrebruck finit d'aliéner la population qui est attirée, en outre, par le rétablissement économique de la RFA. Six mois plus tard, le gouvernement français accepte la nouvelle situation. Le 1er janvier 1957, la Sarre retourne à l'Allemagne.

Et Van der Goes? Après l'échec du compromis de Strasbourg et surtout après le rejet de la CED, son rôle se termine. Il se réjouit des accords de Paris, tout en espérant pour le futur une «chance de vraie européanisation de la Sarre» [35]. En novembre 1954, il présente son rapport final à Strasbourg. L'Assemblée charge la Commission des Affaires générales «de suivre de près la mise en vigueur du nouveau statut de la Sarre» [36]. C'est dans cette nouvelle stature que Van der Goes continue à suivre les événéments. Notons, enfin, qu'il est candidat pour le poste de haut-commissaire. Sa candidature est cependant rejetée par le gouvernement allemand, étant donné que sa personne a été trop liée à la solution supranationale qui n'a finalement pas été choisie.

---

[34] Une autre différence importante est que le nouveau statut est plus provisoire ; dans le préambule de l''accord de Strasbourg il était question d'une solution définitive.

[35] MAE/F, EU, Sarre, vol. 271; Bartillat au MAE, 25-10-1954.

[36] M. VAN DER GOES VAN NATERS, "L'histoire de la Sarre en documents. De la libération à l'organisation du référendum du 23 octobre 1955", in *Annuaire Européen*, vol. II (La Haye, 1954), p. 144.

CONCLUSION

Etant donnés ses pouvoirs constitutionnels limités, le Conseil de l'Europe ne peut jamais devenir le forum central du débat sur la Sarre. Les décisions à cet égard sont prises à Paris et Bonn. Le plan Van der Goes échoue en fin de compte à cause du refus d'un des deux gouvernements. Pourtant ceci n'est pas toute l'histoire. A mon avis, l'intervention de l'Assemblée est une tentative exceptionnelle de médiation de la part de l'organisation de Strasbourg et qui est presque couronnée de succès. Bien qu'officiellement les négociations demeurent bilatérales, le rapporteur de l'Assemblée y joue un rôle de plus en plus important. Notamment pendant les mois de mars à mai 1954, la participation de Van der Goes aux négociations bilatérales, a été si active, tout en défendant ses propres thèses, qu'on peut presque conclure que le rapporteur joua le rôle d'une troisième partie dans ces concertations.

Trois facteurs expliquent pourquoi l'organisation a pu jouer ce rôle. Tout d'abord, le Conseil jouit toujours d'un considérable crédit international pour justifier ses prétentions de médiateur. L'européanisation de la Sarre est considérée comme une opération compliquée mais non pas impossible. Deuxièmement, la pression croissante au sein de la communauté atlantique, et notamment la prise de position américaine en faveur du plan Van der Goes à partir de la fin de 1953, pèsent lourd. Enfin, il faut souligner le rôle personnel de Van der Goes. Celui-ci est obligé de mener une diplomatie compliquée à la fois sur le plan parlementaire et au niveau gouvernemental. Néanmoins il travaille patiemment et habilement vers un accord.

Comme nous ne jetons dans ce livre que des «jalons pour une histoire du Conseil de l'Europe», il n'est pas encore possible de mieux préciser la place qu'occupe dans le contexte de la vie du Conseil, l'action de Van der Goes. Mais il est certain qu'il s'agit là d'une contribution tout à fait originale.

La future Cour européenne des droits de l'homme

par Jean-François FLAUSS
Université Robert Schuman - Strasbourg

I —

A l'étude depuis près de dix ans la réforme du système de contrôle de la CEDH a connu un épilogue (pour le moins provisoire) le 11 mai 1994: un protocole n° 11 portant restructuration du mécanisme de contrôle existant a été ouvert à la signature des Etats membres du Conseil de l'Europe. Tous l'ont désormais signé [1] et huit d'entre eux l'ont déjà ratifié [2]. D'autres ratifications sont attendues courant 1995 et les prévisions les plus optimistes avancées par les thuriféraires du nouveau texte, font état d'une entrée en vigueur courant 1997.

De multiples considérations militaient en faveur d'un aggiornamento plus ou moins radical du système international de contrôle de la Convention. En particulier, dans une perspective démocratique, il devenait urgent de conférer une plus grande lisibilité à un système à bien des égards ésotérique, et pour partie aussi obsolète. Pour répondre aux exigences du procès équitable, et plus généralement à celles des Etats de droit, la judiciarisation complète des procédures de contrôle s'imposait. Plus prosaïquement l'élargissement géographique du Conseil de l'Europe supposait une rationalisation de l'organisation et du fonctionnement des institutions de contrôle, ne serait-ce d'ailleurs que d'un point de vue strictement quantitatif: qu'en est-il de l'opérationnalité d'une Commission avec une quarantaine de membres, d'une Cour avec une quarantaine de

---

[1] L'Italie avec retard le 23 décembre 1994 et Andorre le 10 novembre 1994 à la suite de son admission à l'organisation.

[2] La Slovénie le 28 juin 1994, la Slovaquie le 28 septembre 1994, la Bulgarie le 3 novembre 1994, le Royaume-Uni le 9 décembre 1994, la Suède le 21 avril 1995, la Hongrie le 26 avril 1995, la Hongrie le 26 avril 1995, la république tchèque le 28 avril 1995, Malte le 11 mai 1995.

juges ou d'un Comité des Ministres avec un nombre équivalent de Délégués? [3]

Mais en réalité c'est la parabole de la «paille et de la poutre» qui a joué le rôle de «cause impulsive et déterminante». Il devenait en effet de moins en moins tolérable qu'un délai de procédure de quatre ans, voire moins, soit condamné comme déraisonnable au sens de l'article 6 (1) de la Convention... alors que la durée totale des instances devant les organes de la Convention oscille en moyenne entre cinq et six ans. L'augmentation constante du nombre des requêtes [4] leur complexité croissante risqueraient de transformer, un stock déjà bien fourni [5] en véritable tonneau des Danaïdes.

En optant en définitive pour la création d'une Cour dite unique, le protocole n° 11 a donc écarté les propositions visant à remplacer le mécanisme actuel de contrôle par un système à deux degrés (un peu à l'image du «modèle» communautaire) la Commission faisant fonction de tribunal de 1ère instance et la Cour de juridiction d'appel. Si les rédacteurs du protocole n° 11 n'ont guère été sensibles aux indéniables avantages qu'offrait un système de contrôle à deux degrés, tel qu'il avait été envisagé [6],ou pouvait l'être [7], c'est sans doute parce que la solution de la Cour unique leur apparaissait comme le seul remède efficace, susceptible de ramener la durée de la procédure de contrôle strasbourgeoise à des proportions raisonnables. Mais peut-être ont-ils aussi été attentifs aux enseignements du droit constitutionnel comparé pour autant qu'aucun des Etats contractants qui ont institué un mécanisme spécifique de protection des droits de l'homme n'a opté pour un système à deux degrés de juridiction.

---

[3] Pour un inventaire plus complet, voir A. Drzemczewski et J. Meyer-Ladewig. Principales caractéristiques du nouveau mécanisme du contrôle établi par la CEDH suite au Protocole n° 11 signé le 11 mai 1994. Une Cour unique des droits de l'homme remplacera les actuelles Commission et Cour à Strasbourg. *RUDH*, 1994, n° 3, p. 83.

[4] En 1993, le secrétariat de la Commission a reçu 9 323 communications individuelles et enregistré 2 307 requêtes individuelles dont 399 dirigées contre la France - en 1994 ces chiffres ont été respectivement de 9 968, 2 924 et 439.

[5] 3 398 requêtes enregistrées.

[6] Pour un aperçu plus fouillé de ces mérites, voir G. COHEN-JONATHAN, "Le protocole n°11 et la réforme du mécanisme international de contrôle de la Convention européenne des droits de l'homme", *Europe*, novembre 1994, p. 2.

[7] Voir H.G. SCHERMER, "The Eleventh Protocol to the European Convention on Human Rights", in *European Law Review*, vol. 19, 1994, spéc., p. 380 s.

Il n'est pas totalement exclu non plus que les partisans du projet de Cour unique aient été soucieux de «programmer» une redistribution des rôles entre les instances de Strasbourg et les Cours constitutionnelles ou suprêmes nationales en matière de protection des droits fondamentaux, fondée sur une interprétation stricte du principe de subsidiarité [8].

II—

Institutionnellement la nouvelle Cour, dorénavant unique organe de contrôle de la CEDH (si l'on excepte la fonction de surveillance de l'exécution des arrêts de la Cour qui reste dévolue au Comité des Ministres du Conseil de l'Europe) se présente comme une juridiction à caractère permanent, et donc pleinement professionnelle. La fonction de juge devient une activité à plein temps. Le régime de désignation des juges de la nouvelle Cour comporte des novations par rapport à celui présentement applicable. Seuls les Etats contractants (et non plus les Etats membres du Conseil de l'Europe) auront «droit» à un juge (l'institution quelque archaïque du juge «ad hoc» étant maintenue). Toujours renouvelable, le mandat des juges est cependant ramené à une durée de six ans et une limite d'âge à l'exercice des fonctions — en l'occurrence 70 ans — est instituée [9]. Pour tenir compte du fait que la nouvelle Cour assume peu ou prou les compétences actuellement dévolues à la Commission et à la Cour, le protocole n° 11 a prévu une démultiplication des formations de jugement.

A la différence de l'actuelle Cour plénière, qui constitue la formation de jugement la plus élevée, la future Assemblée plénière de la Cour n'exercera que des fonctions administratives et réglementaires, la plus importante étant sans conteste l'adoption du règlement de la Cour.

L'instance de jugement de «droit commun» sera la Chambre. Chaque Chambre (vraisemblablement 4 ou 5 au total) comprendra sept juges

---

[8] Voir pour le moins en ce sens les propos très éclairants du président R. Ryssdal: "...c'est en dernier ressort et dans des cas précis qu'une décision de la Cour européenne des droits de l'homme peut se révéler nécessaire et donc s'offrir, mais l'on ne peut escompter d'aucune Cour européenne des Droits de l'homme qu'elle fasse davantage qu'*assister* (c'est nous qui soulignons) les tribunaux internes, et en particulier les Cours suprêmes de nos pays, dont la tâche qui leur est dévolue: assurer la protection des droits fondamentaux de l'individu."

[9] Pour une appréciation plus complète et critique du statut des nouveaux juges, voir J.-F. FLAUSS, "Le protocole n° 11: côté cour", in *Bulletin des droits de l'homme,* n° 3, 1995, p. 5.

désignés pour une période déterminée, et non plus tirés au sort pour chaque affaire comme présentement. La présence de plein droit du «juge national» au sein de la Chambre qui statuera nécessitera une «répartition» harmonieuse des juges des Etats gros fournisseurs de contentieux, sous peine de déséquilibrer la charge de travail des diverses Chambres. En cas de pluralité d'Etats défendeurs ou demandeurs il y aura aussi risque de voir la composition de la Chambre, non seulement élargie, mais aussi et surtout d'être suspectée de partialité. Appelées à se prononcer sur la recevabilité et sur le fond des affaires individuelles ou étatiques (en principe par jugement séparé) les Chambres rendront des arrêts dits provisoires, mais néanmoins susceptibles de devenir définitifs dès lors que certaines conditions sont remplies [10].

A l'instar des Comités à trois de l'actuelle Commission, le protocole n° 11 a prévu la création de comités de trois juges (constitués par les Chambres) auxquels est dévolu une fonction de filtrage: par vote unanime ils seront habilités à prononcer l'irrecevabilité ou la radiation du rôle d'une requête individuelle; les conditions de recevabilité actuellement en vigueur demeurant par ailleurs inchangées.

La formation de décision la plus élevée en matière contentieuse est la Grande Chambre. Elle connaîtra des requêtes individuelles ou étatiques qui lui seront déférées, soit à la suite du dessaisissement d'une Chambre, soit par l'intermédiaire d'une demande de réexaminer dirigée contre un arrêt de Chambre. Les 17 juges qui composent la Grande Chambre se divisent en deux catégories: d'une part ceux qui détiennent une présidence, d'autre part ceux qui seront appelés à siéger sans doute pour une période déterminée et qui feront l'objet d'une désignation par voie d'élection ou par tirage au sort, selon les modalités arrêtées par le futur règlement. En d'autres termes, la Grande Chambre rompt avec l'idée d'égalité et de collégialité parfaites des juges: le mode de fonctionnement de la nouvelle Cour sera ce faisant relativement hiérarchisé... en toute hypothèse davantage qu'il ne l'était, «mutatis mutandis», au sein des actuelles Cour et Commission.

III —

Le nouvel agencement procédural comporte quant à lui des innovations tout à fait heureuses, mais aussi d'autres qui le sont moins.

---

[10] Voir art. 44/2 nouveau.

Sans contexte le protocole n° 11 fait disparaître les dénis de justice imputables aux instances de contrôle de la Convention. D'abord ceux dont le Comité des Ministres statuant dans le cadre de l'article 32 pourrait encore se rendre coupable, tant que le protocole n° 10 ne sera pas entrée en vigueur [11]. Ensuite ceux résultant du refus de la Cour de connaître au fond d'une affaire, par suite de la reconnaissance du bien-fondé d'une exception préliminaire soulevée par l'Etat défendeur [12].

Dans une perspective de rationalisation du jugement des questions de recevabilité, le futur règlement de la Cour unique devrait prendre soin de préciser que les exceptions d'irrecevabilité doivent être soulevés «in lumine litis».

Le second grand mérite du protocole n° 11 est à l'évidence de faire de l'acceptation de la compétence de la Cour une clause de juridiction obligatoire, à une exception mineure près (pour les territoires dont les Etats contractants assurent les relations extérieures au sens de l'article 63 de la Convention l'acceptation de la compétence de la Cour restera une clause facultative). Reste toutefois à savoir dans quelle mesure les Etats pourraient être amenés à tempérer la reconnaissance obligatoire du droit de recours individuel. En tout état de cause, il est acquis qu'une réserve écartant la compétence obligatoire de la Cour contreviendrait aux exigences posées par l'article 64 actuel (et reprises par le nouvel article 57). Avec l'entrée en vigueur du protocole n° 11, les individus seront enfin pleinement en mesure d'exercer un droit de saisine de la Cour [13].

En établissant un droit de saisine populaire les rédacteurs du nouveau texte ont renoué avec les propositions du Congrès de la Haye de 1948, mais surtout ont voulu créer une situation irréversible... en pensant notamment à la demande d'adhésion de la Fédération de Russie au Conseil de l'Europe.

En juridictionnalisant pleinement le processus de contrôle, le nouveau protocole répond aux critiques largement justifiées stigmatisant les conditions d'intervention du Comité des Ministres statuant au titre de

---

[11] Sur ce point, voir J.-F. FLAUSS, Vers une régénration du Comité des Ministres du Conseil de l'Europe, organe de contrôle de la CEDH, in recueil d'études à la mémoire de G. Apollis — Pedone, 1992, pp. 143-145.

[12] A titre d'illustration, voir notamment les arrêts van Oosterwijck du 6 novembre 1980, série A n° 200, Cardot du 19 mars 1991, série A n° 200 — Vijayavatham et Pusparah du 27 août 1992, série A n° 241 — B.

[13] Sur les limites de la procédure dite de saisine individuelle mise en place par la protocole n° 9, applicable depuis le 1er octobre dernier, mais non encore à l'égard de la France. Voir J. F. FLAUSS, Le droit de recours individuel devant la Cour européenne des droits de l'homme - Le protocole n° 9 de la CEDH, *AFDI*, 1990, pp. 507-519.

l'article 32, ou contestant certains angles-morts de la procédure applicable devant la Commission européenne des droits de l'homme. Soucieux de transposer les impératifs du «procès équitable», les rédacteurs du protocole n° 11 ont veillé tout spécialement à l'égalité des armes entre parties. Sur le terrain processuel les prérogatives des individus et des Parties contractantes sont les mêmes. Le seul privilège concédé aux Etats est celui de voir la recevabilité de leurs requêtes nécessairement examinée par une Chambre. Le principe de la motivation des décisions juridictionnelles n'est pas, lui non plus, oublié: en effet même les décisions d'irrecevabilités rendues par les Comités de filtrage «à trois» devront être motivées [14].

Quant au principe de publicité de l'instance, il semble assorti d'une exception: la publication des arrêts provisoires n'est pas explicitement prévue. Mais celle-ci n'est peut-être qu'apparente ou pour le moins partielle: les dits arrêts provisoires devront être communicables avant que la Grande Chambre ne statue, et par suite susceptibles d'être publiés dans les revues juridiques...

Texte de compromis politique, le Protocole pouvait difficilement échapper aux contradictions logiques qui accompagnent presque immanquablement la recherche d'un consensus.

Dans ce contexte une première «curiosité» procédurale retient l'attention: le droit de veto reconnu aux parties à l'encontre des dessaisissements opérés par les Chambres au profit de la Grande Chambre. Strictement facultatif [15], le dessaisissement pourra intervenir à l'occasion d'une affaire qui soulève une question grave relative à l'interprétation de la Convention ou si la solution d'une question peut conduire à une contradiction avec un arrêt rendu précédemment par la Cour.

Justifié par la nécessité de sauvegarder l'égalité des parties dans les procédures conduisant à une saisine de la Grande Chambre [16], le pouvoir d'empêchement conféré à chaque partie n'en reste pas moins mal venu. Il est d'abord à craindre qu'une telle prérogative ne soit utilisée à des fins dilatoires. Mais surtout un tel droit de veto constitue une régression de la plénitude de la compétence juridictionnelle de la Cour. Pareille atteinte est d'autant plus regrettable que la jurisprudence actuelle des organes de la

---

[14] En revanche l'obligation de motivation n'a pas été étendue aux décisions prévues en matière d'admission des demandes de réexamen des arrêts des Chambres, voir infra.

[15] A la différence de la situation prévalant dans le cadre de la réglementation actuelle. Voir J.-F. FLAUSS, *Les modifications récentes du règlement de la Cour européenne des droits de l'homme*, *RTDH*, n° 21, 1995, p. 5.

[16] Voir rapport explicatif du protocole n° 11 § 79.

Convention s'évertue précisément à donner une interprétation de l'article 6 (1) visant à briser les pesanteurs obérant l'indépendance de la fonction juridictionnelle... fût-ce à l'égard des parties au litige. A vrai dire, on ne comprend guère, eu égard au caractère d'«ordre public» les motifs de dessaisissement retenus, qu'une partie soit, pour des considérations d'opportunité ou de commodité personnelles, autorisée à empêcher la saisine de la Grande Chambre. Pour le moins, l'on aurait souhaité que les rédacteurs du protocole fassent état des traditions processuelles nationales pertinentes, c'est-à-dire consacrant un tel mécanisme. D'ailleurs il n'est pas totalement exclu que ce dernier ne soit pas à l'origine de situations quelque peu surréalistes....dès lors que la partie ayant fait opposition au dessaisissement demanderait, une fois l'arrêt de la Chambre rendu, le «renvoi» de l'affaire devant la Grande Chambre, en invoquant — pourquoi pas — des arguments identiques en substance à ceux autorisant un dessaisissement.

La procédure de «renvoi» dispositif central du nouveau système de contrôle est réglementée comme suit par l'article 43 nouveau de la Convention.

> Dans un délai de trois mois à compter de la date de l'arrêt d'une Chambre, toute partie à l'affaire peut, dans des cas exceptionnels, demander le renvoi de l'affaire devant la Grande Chambre. Un collège de cinq juges de la Grande Chambre accepte la demande si l'affaire soulève une question grave relative à l'interprétation ou à l'application de la Convention ou de ses protocoles, ou encore une question grave de caractère général.

La présence au sein d'une même structure juridictionnelle (dite Cour unique) d'une procédure qui présente toutes les caractéristiques de l'appel peut surpendre, voire même choquer. Certes les rédacteurs du protocole ont-ils pris les précautions destinées à sauver les apparences: formellement l'article 43 nouveau n'organise qu'un mécanisme de «renvoi».

Les arrêts susceptibles d'être déférés à la Grande Chambre ne sont que provisoires. Mais les apparences ne doivent faire illusion: elles servent simplement d'habillage juridique à l'option politique imposée courant 1993 par le Comité des Ministres du Conseil de l'Europe lui-même [17].

Sur un plan strictement technique, le nouveau dispositif soulève pour le moins deux interrogations. La première a trait à la nature des jugements susceptibles de faire l'objet d'une demande de renvoi. En effet s'il est indéniable que les décisions d'irrecevabilité prises par les Comités de filtrage ne sont pas justiciables de la procédure de renvoi, il n'est pas

---

[17] En ce sens, voir sa décision du 28 mai 1993, rapport explicatif du protocole n° 11, p. 17.

certain en revanche que tous les jugements adoptés par une Chambre le soient.

En effet, à présent seuls *les arrêts* (sous-entendu non définitifs) sont concernés (en ce sens la lettre de l'article 43 (1) nouveau de la Convention). Par suite, *les décisions* rendues par une Chambre sur la recevabilité (comme le prévoit l'article 29 (3) nouveau) ne pourraient donc être soumises à la procédure de renvoi. Mais qu'en est-il alors des jugements sur la recevabilité rendus par une Chambre sous la forme d'un arrêt ou dans le cadre d'un arrêt statuant à la fois sur la recevabilité et le fond?

La seconde difficulté a trait au caractère réellement subsidiaire ou non que revêtira la procédure de réexamen. Pour les auteurs du rapport explicatif (§ 99 s), les conditions spécifiées dans l'article 43 nouveau devraient être appliquées rigoureusement. Ce qui les amène à expliciter, à l'usage du futur collège de cinq juges chargé de se prononcer sur l'admissibilité du renvoi, les notions de question grave relative à l'interprétation de la Convention, de question grave relative à l'application de la Convention, de question grave de caractère général. Mais rien ne préjuge de l'attention qui sera portée à l'intention des parties.

De même, rien ne permet de conclure que la politique jurisprudentielle et juridictionnelle qui sera arrêtée par les comités de filtrage du Protocole n° 9 servira de source d'inspiration, et ce même si les conditions posées à la saisine de la Cour (protocole n° 9) ou de la saisine de la Grande Chambre (protocole n° 11) se recoupent assez largement.

Procédure atypique (certains n'hésiteront sans doute pas de parler de «monstre juridique») le renvoi devant la Grande Chambre présente par ailleurs l'inconvénient de porter atteinte au principe de la collégialité, et par suite à l'autorité même de la Cour.

Qu'on le veuille ou non, en réexaminant l'arrêt de la Chambre, les membres de la Grande Chambre jugeront la décision de leurs collègues. Ne serait-ce que psychologiquement, il y aura nécessairement rupture de l'égalité des juges. En outre, et surtout, le nouveau dispositif méconnaît grossièrement la règle d'impartialité objective telle qu'elle a été valorisée au travers de la théorie des apparences par la jurisprudence des actuelles Commission et Cour. En effet, feront habituellement partie de la Grande Chambre, deux juges ayant siégé précisément au sein de la Chambre, en l'occurrence le Président de cette dernière ainsi que le juge de l'Etat défendeur. Au cas de pluralité d'Etats défendeurs ou/ et demandeurs le nombre des juges se prononçant pour la seconde fois sur la même affaire serait naturellement plus élevé. La présence au sein de la Grande Chambre du juge «national» (ou des juges nationaux selon le cas) est révélateur d'une résistance des souverainetés étatiques. (Pareille présence n'est pas en revanche prévue lorsque la Grande Chambre intervient au titre de son autre chef de compétence contentieuse, c'est-à-dire en cas de dessaisissement d'une Chambre). L'expérience tend d'ailleurs à prouver qu'un système de double examen des requêtes tourne plutôt à l'avantage des Etats [18].

IV —

Une fois le protocole n° 11 entrée en vigueur s'ouvrira une période de transition, plus ou moins longue selon le cas, durant laquelle l'actuelle Commission et le Comité des Ministres se prononceront sur les affaires déclarées recevables mais n'ayant pas encore donné lieu à une décision sur le fond, selon des modalités réglées par l'article 5 du protocole n° 11.

Mais préalablement, c'est-à-dire dans l'année qui précédera la dite d'entrée en vigueur, les instances compétentes du Conseil de l'Europe devront mettre en place les éléments du nouveau système, c'est-à-dire au premier chef, les nouveaux juges, le nouveau personnel de greffe, le nouveau règlement. Or, même si une telle nomenclature peut être anticipée par des mesures préparatoires, il est à craindre que le délai d'un an soit trop court, ou éventualité plus discutable encore, que la précipitation préside à l'installation de la nouvelle Cour.

En bonne logique, l'élection des juges devrait pouvoir être acquise dans un délai maximum de six mois, à condition toujours que d'une part les candidatures présentées ne soient pas sujettes à controverse et que d'autre part l'Assemblée parlementaire ne mette pas à exécution le projet d'une procédure d'audition des candidats (trois par Etat...). L'Assemblée plénière de la nouvelle Cour disposerait donc d'un délai de six mois pour établir le règlement. Là encore l'échéance devrait pouvoir être tenue. Néanmoins l'importance de la marge d'appréciation laisse à la Cour sur de nombreux points et le caractère éminemment politique de beaucoup de choix à opérer sont de nature à ralentir le cours de l'élaboration du nouveau texte. Peut-être ce risque aurait-il été prévenu par l'adoption d'un «statut» complétant le protocole n° 11, comme cela avait été envisagé dans un premier temps.

Le rythme de confection du nouveau règlement sera aussi fonction de l'attention que les juges prêteront aux directives d'application figurant dans le rapport explicatif du protocole. En tout état de cause, le nouveau règlement devra pallier les prétentions du protocole sur certains points

---

[18] Voir W. PEUKERT, *A propos de la réforme du système de protection prévu par la Convention européenne des droits de l'homme*, *RUDH*, 1992, p. 222.

(entre autres celle concernant le juge rapporteur ou le régime de publicité des arrêts provisoires) ou remédier au laconisme du protocole sur d'autres points (par exemple le statut et le rôle exact des référendaires).

De manière générale d'ailleurs, la détermination du sort des personnels actuels du greffe de la Cour et du secrétariat de la Commission et des conditions de recrutement de nouveaux personnels constituera un enjeu important à bien des égards, et notamment dans une perspective de sauvegarde de l'«acquis» de la Convention. Par «acquis», il faut entendre l'«acquis procédural» c'est-à-dire les méthodes de travail ou pratiques coutumières. (telle celle des dossiers provisoires). Mais il faut surtout comprendre l'«acquis» substantiel. Sans doute l'actuelle Cour n'a t-elle jamais adhéré à la règle «stare décisis», et recourt-elle à l'occasion au revirement de jurisprudence [19]. Toutefois, elle le fait avec prudence et modération par souci, entre autre, de satisfaire au besoin de sécurité juridique qu'éprouvent les juridictions nationales et tout spécialement celles des nouveaux pays adhérents.

En définitive, une première «radioscopie», à froid, du protocole n° 11 laisse une impression mitigée. Des intentions excellentes de prime abord, mais une certaine difficulté à faire suivre «l'intendance», pour parodier une formule galvaudée. Reste donc à savoir si les grands objectifs poursuivis ont été ou seront selon toute vraisemblance satisfaits. La réduction de la durée moyenne de jugement des affaires pourrait atteindre jusqu'à deux ans et demi, et par suite la règle du délai raisonnable au sens de l'article 6 (1) seront peu ou prou respectée. Encore faut-il faire preuve d'une certaine circonspection... même si l'on écarte dès l'abord toutes les «arabesques» auxquelles potentiellement le nouveau dispositif procédural pourrait donner naissance. En effet, seule la phase de traitement de la recevabilité autorisera un gain de temps substantiel: la phase de jugement au fond risque d'ailleurs de dépasser la durée actuelle des instances devant la Cour, dès lors que la future Cour ne profitera plus du rapport de la Commission. Mais l'abaissement sensible du délai de règlement des affaires sera avant tout tributaire de l'état du stock des requêtes à la date de disparition de la Commission. En d'autres termes plus la rationalisation des procédures mises en place par le protocole n° 8 sera performante, plus le rythme de «croisière» de la Commission sera élevé, plus les chances de réussite du nouveau système seront élevées...

---

[19] Désormais, cette éventualité est même expressément mentionnée, à l'article 53 (5) du règlement B. de la Cour.

Le Conseil de l'Europe et la «construction culturelle» de l'Europe, de sa création à la fin des années soixante

par Pierre GUILLEN
Université Pierre Mendès France — Grenoble

Les divers courants et mouvements qui, au lendemain de la deuxième guerre mondiale, militent pour l'union des peuples d'Europe ont mis l'accent sur la dimension culturelle qu'impliquait le dépassement des nationalismes. «Dénationaliser» les politiques d'action culturelle, mettre en oeuvre une «diplomatie culturelle» multilatérale qui servirait la compréhension, la réconciliation, la coopération entre les peuples européens: c'est l'un des objectifs affirmés au Congrès de La Haye, et l'une des missions assignées au Conseil de l'Europe lors de sa création.

Comme les questions politico-militaires relèvent principalement de l'Organisation du Pacte atlantique, le domaine économique de l'OECE, de la CECA puis de la CEE, le Conseil de l'Europe s'est trouvé amené, par la force des choses, à concentrer son action sur les «problèmes de société», entre autres l'éducation et la culture. Sous l'aiguillon de l'Assemblée consultative et de divers organismes créés au sein du Conseil de l'Europe, un certain nombre d'initiatives ont été prises, une politique culturelle s'est dessinée et affirmée, non sans peine car le Comité des ministres, dans ce domaine, a presque toujours été un frein: il s'est conçu davantage comme le représentant et le défenseur des intérêts des Etats membres, que comme le promoteur d'une action collective; c'est pourquoi il a accueilli avec méfiance, sinon hostilité, toute proposition risquant d'entraîner un accroissement des contributions financières versées par les Etats membres.

En outre, et plus fondamentalement, les activités du Conseil de l'Europe en matière culturelle apparaissaient aux gouvernements comme des intrusions dans un domaine — l'éducation et la culture — relevant exclusivement des Etats car étant un des éléments constitutifs de l'identité nationale. D'ailleurs, la notion de politique culturelle européenne, de construction de l'Europe culturelle, était en général récusée, car était récusée l'existence d'une culture européenne; tout au plus admettait-on l'idée d'une civilisation européenne, addition de cultures nationales spécifiques.

Malgré ces fortes réticences des gouvernements et des appareils étatiques relayés à Strasbourg par le Comité des ministres, le Conseil de l'Europe est parvenu progressivement à se faire reconnaître et à jouer un rôle propre, de plus en plus important.

Deux phases peuvent être distinguées. Celle des tâtonnements, jusqu'à la fin des années cinquante, avec des initiatives commandées avant tout par des motivations politiques: mettre la culture au service de l'idée européenne et de la réalisation d'une union de l'Europe. La fin des années cinquante et le début des années soixante sont marqués par la mise en place d'organismes dotés de compétences et de moyens permettant de développer une action plus systématique; le ressort n'en est plus la propagande culturelle en faveur de l'idée européenne, mais la coopération entre les Etats membres dans le domaine de l'éducation et de la culture [1].

La conviction qu'une réconciliation et un rapprochement durable entre les nations européennes réclamaient le développement d'une action culturelle susceptible de modifier en profondeur les esprits et les mentalités, s'était imposée aux gouvernements alliés pendant la guerre: en novembre 1942 était constituée la Conférence des ministres alliés de l'Education (CAME), qui se réunit 21 fois jusqu'en décembre 1945, date de sa dissolution, avec un certain nombre de commissions spécialisées [2]. Son héritage fut repris par l'UNESCO et, sur le plan européen, par l'Organisation du Pacte de Bruxelles puis par le Conseil de l'Europe.

L'article 3 du traité de Bruxelles de mars 1948 stipule en effet que les cinq Etats feront tout leur possible pour une meilleure compréhension par leurs peuples des principes qui constituent la base de leur civilisation commune, et pour favoriser les échanges culturels par des conventions passées entre eux. En août 1948 se réunit un Comité de conseillers

---

[1] L'ouvrage de base est Anthony HAIGH, *La diplomatie culturelle en Europe*, Strasbourg, Conseil de l'Europe, 1974. Haigh a été membre de la Commission culturelle de l'OTB-UEO de 1952 à 1961; membre du Comité des experts culturels du Conseil de l'Europe pendant les mêmes dates; membre du conseil d'administration du Fonds culturel européen; de 1962 à 1968 il a été à la tête de la Direction de l'enseignement et des affaires culturelles et scientifiques du Conseil de l'Europe. Les principales sources documentaires que nous avons utilisées sont l'*Annuaire européen, Ici l'Europe* (bulletin trimestriel du Conseil de l'Europe), *Objectif Europe* (lettre mensuelle de l'Office catholique d'information sur les problèmes européens), les *Rapports annuels* du Conseil de Coopération culturelle, les nombreuses brochures et études publiées par la Direction de l'information et par le Conseil de Coopération culturelle.

[2] Sur la CAME, dont les archives ont été versées à l'UNESCO, Anthony HAIGH, *op. cit.*, pp. 48-53.

culturels, chargé d'examiner comment favoriser la réalisation de l'union occidentale dans le domaine culturel. Ce comité se transforme en mars 1949 en un organisme permanent, la Commission culturelle du Conseil consultatif de l'Organisation du Traité de Bruxelles [3].

La dimension culturelle de la construction européenne est donc reconnue avant même la création du Conseil de l'Europe. La 3ème résolution du Congrès de La Haye demande d'ailleurs que la future organisation européenne reçoive pleine compétence en matière culturelle [4]; une section culturelle du Mouvement européen, présidée par Salvador de Madariaga, est créée à l'automne 1948 pour veiller aux suites données à cette résolution [5]. De fait, l'article 1 alinéa b du statut du Conseil de l'Europe range le domaine culturel au nombre de ceux où les Etats membres devront conclure entre eux des accords et adopter une action commune.

Dès sa première session, l'Assemblée consultative discute, le 6 septembre 1949, des «méthodes grâce auxquelles le Conseil de l'Europe peut développer une coopération culturelle entre ses membres»; une Commission des questions culturelles et scientifiques est instituée, ses recommandations pour un programme à long terme sont adoptées par l'Assemblée qui les transmet pour examen au Comité des ministres. Cette esquisse de programme culturel comporte notamment: la reconnaissance mutuelle des titres et diplômes universitaires; la rédaction de manuels d'histoire et de géographie objectifs, faisant ressortir les liens entre les pays d'Europe; l'instauration, dans les universités, de cours, sessions d'études, conférences sur les questions et les organisations européennes et sur l'intégration européenne; la création de bourses d'études à l'étranger pour des recherches d'intérêt européen; l'adoption de mesures pour une meilleure connaissance du patrimoine artistique et archéologique européen, et «l'utilisation en commun des richesses artistiques qui constituent un élément fondamental de l'héritage commun des Européens» [6].

Les motivations politiques à la base de ce programme sont évidentes: il s'agit d'aider à la diffusion de l'idée européenne, l'action culturelle est mise au service de la politique, l'on choisit des activités susceptibles de frapper

---

[3] *Ibid.*, pp. 159-161.

[4] Jean-Louis BURBAN, *Le Conseil de l'Europe,* Paris, PUF, 1985, p. 112.

[5] François SAINT-OUEN, "La Conférence de Lausanne (1949)", *Cadmos*, n° 46, 1989, p. 130.

[6] R. CRIVON, "Multilateral cultural cooperation in Europe", *Annuaire européen,* 1958, pp. 155-169.

les esprits, de faire prendre conscience aux Européens de leur commune appartenance à une civilisation commune, et faciliter ainsi l'acceptation des implications politiques d'une union européenne [7]. Pendant dix ans cette ligne de conduite a guidé l'action culturelle du Conseil de l'Europe [8].

Elle avait pourtant, à l'origine, suscité de vifs débats à l'Assemblée: certains députés récusaient l'expression «dans l'intérêt de l'union européenne» présentée comme objectif du programme culturel; ils faisaient valoir que la coopération culturelle était une fin en soi et non l'auxiliaire d'un objectif politique. Finalement, la ligne politique l'a emporté, l'Assemblée considérant, dans sa majorité, que la mission culturelle assignée au Conseil de l'Europe devait contribuer à l'objectif politique de réaliser une union plus étroite entre les Etats membres [9].

Le programme recommandé par l'Assemblée est soumis à un Comité d'experts culturels, nommé en juin 1950 par le Comité des ministres. Il est significatif de constater que les experts écartent trois des recommandations de l'Assemblée (création d'une Conférence des ministres européens de l'Education, d'une Conférence des recteurs d'université, d'un Centre culturel européen), car elles suscitent des difficultés avec les gouvernements des Etats membres, jaloux de leur souveraineté dans ces domaines.

Ainsi élagué, le programme est adopté, à la fin de 1950, par le Comité des ministres qui alloue pour son financement 3 millions de francs français (anciens). La modestie de la somme impose au Comité des experts culturels de s'occuper seulement de quatre questions: l'élaboration d'une convention culturelle européenne, tendant à englober les accords bilatéraux existants dans un système multilatéral; la recherche de solutions pour l'équivalence des diplômes; l'organisation à Strasbourg d'un stage d'études annuel coïncidant avec la session de l'Assemblée; l'étude de la révision des manuels d'histoire [10]. Le budget pour 1952 est même en diminution (2 millions de francs), ce qui traduit les fortes réticences du Comité des ministres — c'est-à-dire des gouvernements des Etats membres — à reconnaître au Conseil de l'Europe une véritable mission culturelle.

---

[7] Vingt ans de coopération culturelle européenne. Rapport de la Commission de la Culture et de l'Education de l'Assemblée consultative, *Annuaire européen*, 1969, p. 254.

[8] Secrétariat du Conseil de l'Europe, *Manuel du Conseil de l'Europe*, Paris, Pedone, 1970, pp. 261-262.

[9] Anthony HAIGH, *op. cit.*, pp. 195-197.

[10] R. CRIVON, *op. cit.*

Pour faire avancer les choses, le Comité des experts culturels, en février 1951, charge son président, Richard Seymour, d'élaborer un document de travail qui servira de base aux réflexions; la «Note Seymour» révisée, intitulée «Activités culturelles du Conseil de l'Europe», est jointe en annexe à un mémorandum élaboré par le Comité des experts en avril 1952; ce mémorandum, soumis au Comité des ministres, définit les missions et compétences du Comité des experts culturels, ainsi que les relations à entretenir avec l'UNESCO [11].

De leur côté, l'Assemblée et sa Commission culturelle ne cessent de presser le Comité des ministres de sortir de sa réserve. Celui-ci finit par accepter d'accroître sensiblement le financement, pour un programme élargi: 13 millions sont affectés pour 1953 au budget culturel, qui sera porté progressivement à 40 millions. Au programme de 1949 sont ajoutées: l'organisation d'une exposition annuelle d'art européen; la tenue de stages sur la manière de présenter l'idée européenne aux différents niveaux de l'enseignement; la traduction en français ou en anglais d'oeuvres littéraires écrites dans des langues européennes peu répandues; l'organisation d'échanges et de voyages d'études de travailleurs; la création d'un prix du film européen; la publication d'ouvrages illustrant le «folklore européen»; la reproduction microfilmée de catalogues de bibliothèques et archives nationales [12].

En outre, est organisée à Rome, en octobre 1953, une table ronde sur l'unité de la civilisation européenne; le Comité des ministres décide de la prolonger par la nomination d'un groupe de travail chargé d'étudier les aspects culturels de l'unité européenne: dans quelle mesure l'histoire, la littérature, la pensée européennes peuvent servir d'appui à une union politique. Réuni à Strasbourg en mars 1956, sous la présidence de Denis de Rougemont, ce groupe de travail charge Max Beloff, professeur à Oxford, d'élaborer le rapport général; ce rapport est publié en 1957 sous le titre *Europe and the European*.

1955 marque un pas de plus avec la création d'un Comité culturel mixte, réunissant des membres de la Commission culturelle et des membres du Comité des experts culturels, et le vote par l'Assemblée d'une recommandation préconisant l'institution d'un Fonds culturel qui recueillerait, en plus des sommes provenant des contributions gouvernementales, des fonds supplémentaires d'origine publique ou privée,

---

[11] Anthony HAIGH, *op. cit.*, pp. 200-201.

[12] R. CRIVON, *op. cit.*, cf. également Direction de l'Information du Conseil de l'Europe, *Le Conseil de l'Europe*, Strasbourg, 1959, 4è éd., p. 39.

afin de pouvoir financer un véritable programme d'action culturelle; ce programme, dont les grandes lignes ont été dessinées par le Comité des experts culturels au printemps 1954, doit faire ressortir que la civilisation commune des Etats membres est une des caractéristiques de leur unité. Convaincu que le Comité des ministres écartera le projet de l'Assemblée, le Comité des experts élabore, à partir de mars 1956, un contre-projet susceptible de recueillir une adhésion unanime; le Comité des ministres approuve ce contre-projet en juin 1956.

Le Fonds culturel est créé à compter du 1er janvier 1959; ses statuts lui assignent pour mission d'aider les instituts européens travaillant dans les secteurs de l'éducation, de la science, de la culture, dans une perspective de coopération européenne; de soutenir les activités qui, dans ces domaines, dépassent le cadre national et présentent un intérêt européen. A cet effet, le Fonds est chargé d'établir un programme annuel financé par son budget [13]. Ce budget passe de 459 000 nouveaux francs en 1959 à 689 000 en 1960, 806 000 en 1961; bourses de recherche, stages, voyages d'études, publications, Prix du film européen, Exposition d'art européen, Journée européenne des écoles, sont les principaux postes inscrits chaque année au budget [14].

A la fin des années cinquante, quel bilan peut-on établir? L'une des réalisations marquantes est l'élaboration par le Comité des experts culturels d'une Convention culturelle européenne, signée le 19 décembre 1954, proposée à l'adhésion des Etats européens, membres ou non du Conseil de l'Europe [15]. Conçue comme la charte de la mission culturelle du Conseil de l'Europe, devant servir de base juridique aux activités culturelles menées par celui-ci, la convention stipule notamment: chaque gouvernement a la responsabilité de sauvegarder et de favoriser le développement de sa contribution nationale au patrimoine culturel commun de l'Europe; en matière d'enseignement, chaque gouvernement a l'obligation d'encourager ses ressortissants à étudier la langue, l'histoire, la civilisation des autres pays, et de faciliter l'étude par les autres pays de sa langue, de son histoire, de sa civilisation; les gouvernements s'engagent à se consulter pour promouvoir ensemble, sous la responsabilité collective du Comité des experts culturels, des activités culturelles d'intérêt européen.

---

[13] R. CRIVON, *op. cit.*, p. 168 ; Anthony HAIGH, *op. cit.*, p. 207.

[14] Direction de l'Information, *le Conseil de l'Europe*, *op. cit.*, p. 40.

[15] Le texte de la Convention culturelle européenne est reproduit in *Annuaire européen*, 1958, pp. 306-312. Elle est analysée notamment dans A. HAIGH, *op. cit.* , pp. 306-312; in F. LAMOUREUX-J. MOLINIE, *Le Conseil de l'Europe*, Paris, PUF, 1972, p. 34; in le *Manuel du Conseil de l'Europe*, *op. cit.*, p. 261.

Les considérants et les onze articles de la convention sont sous-tendus par la conception que la mission du Conseil de l'Europe, dans le domaine culturel, est de diffuser, par une action commune concertée, la civilisation européenne et la connaissance mutuelle des différentes cultures nationales qui la composent: sont affirmées l'existence et l'unité fondamentale d'une civilisation européenne, tout en reconnaissant la diversité des patrimoines culturels européens dont chacun doit être préservé et enrichi car il est un élément de la civilisation commune.

En ce qui concerne l'enseignement, le Comité des experts a créé un sous-comité des équivalences, qui a élaboré et fait adopter trois conventions: la Convention européenne relative à l'équivalence des diplômes donnant accès à l'enseignement supérieur, adoptée en 1953; la Convention européenne sur l'équivalence des périodes et études universitaires passées dans l'université d'un autre pays, adoptée en 1956; la Convention européenne sur la reconnaissance des qualifications universitaires adoptée en 1959. D'autre part, l'accent a été mis sur la «formation civique européenne», avec l'organisation de sessions d'études sur la présentation de l'idée européenne, en 1952 dans l'enseignement secondaire, en 1953 dans l'enseignement primaire, en 1955 dans l'enseignement supérieur. D'autres sessions d'études, inaugurées en 1953, ont rassemblé des historiens afin «d'éliminer des manuels d'histoire toute empreinte nationaliste».

Autre entreprise significative, l'organisation d'expositions d'art européen, destinées à montrer qu'à chaque grande époque de la civilisation européenne, une unité d'inspiration existait entre les artistes des divers pays, par delà la diversité des expressions esthétiques; de 1954 à 1972, 14 expositions se sont tenues, dans 11 pays différents [16]. Le Conseil de l'Europe a commencé également à s'occuper de l'audiovisuel: en décembre 1958 est conclu un Arrangement européen sur l'échange entre pays membres de films produits pour la télévision [17].

Mais l'objectif principal reste toujours politique: faciliter l'union des pays européens. Ainsi, les stages et échanges de professeurs, d'étudiants, de travailleurs, sont conçus comme devant «introduire et diffuser l'idée européenne dans l'enseignement universitaire, technique et professionnel»; les bourses de recherche sont attribuées «pour encourager les travaux relatifs aux problèmes d'intégration et la coopération européennes»; la Journée européenne des écoles consiste à organiser un concours de narrations sur des thèmes relatifs à l'unification de l'Europe; le Prix du film

---

[16] La 1ère exposition est organisée à Bruxelles en 1954, sur l'Europe humaniste.

[17] *Annuaire européen*, 1958, pp. 236-240.

européen est destiné à «encourager la production de films qui témoignent en faveur de l'unité de l'Europe» [18]. Après un an de fonctionnement, le conseil d'administration du Fonds culturel constate que les projets proposés par les experts culturels, qui ont le plus de chance d'être retenus, sont ceux qui paraissent devoir contribuer à la promotion de l'idée européenne, véritable «pierre de touche» pour le Comité des ministres.

La majorité des experts culturels et des membres du conseil d'administration du Fonds culturel ont une vision plus large: les projets doivent être appréciés prioritairement en fonction de leur intérêt culturel et non pas de leur incidence sur l'unité européenne, celle-ci doit être seulement une retombée de programmes dont l'objet principal est de favoriser la coopération entre les Etats membres dans le domaine de l'éducation et de la culture [19].

Au début des années soixante, une autre phase commence, avec la mise en place de structures nouvelles et un changement d'orientation. Ces deux aspects sont à mettre en rapport avec le transfert au Conseil de l'Europe des activités culturelles de l'UEO. La Commission culturelle instituée auprès du Conseil consultatif de l'Organisation du Traité de Bruxelles (cf. supra) avait mis en place des groupes de travail, dotés ensuite du statut de sous-commissions: sous-commissions de la carte d'identité culturelle (accordée à des chercheurs pour faciliter leurs déplacements et l'accès aux bibliothèques, musées, fonds d'archives à l'intérieur de l'Europe des Cinq); sous-commissions du cinéma non commercial, pour développer la coopération et les coproductions de films; sous-commission de la jeunesse, chargée d'organiser des voyages en groupes entre les cinq pays. En outre, la commission s'est occupée de l'enseignement: préparation d'une Conférence des recteurs et vice-chanceliers d'université, tenue à Cambridge en 1955; cette conférence est institutionnalisée avec un Comité européen des universités. Soucieuse de contribuer à l'harmonisation des systèmes éducatifs des Cinq, la commission s'est également occupée de développer l'information et la documentation pédagogiques. Or en 1959 il est décidé que toutes ces activités seront transférées au Conseil de l'Europe en mai 1960.

Dès 1954, une liaison permanente avait été établie entre les activités culturelles de l'UEO et celles du Conseil de l'Europe; il n'y avait pas concurrence, on considérait que les expériences menées dans le cadre de l'UEO, si elles se révélaient positives, seraient étendues à l'ensemble des

---

[18] Direction de l'Information, *Le Conseil de l'Europe*, *op. cit.*, p. 41.

[19] A. Haigh, *op. cit.*, pp. 208-210.

pays membres du Conseil de l'Europe; une conférence de hauts fonctionnaires de l'enseignement, tenue à Paris en novembre 1959, décide de rendre cette pratique systématique. De même, la conférence des recteurs des universités des Cinq, tenue en septembre 1959, demande que le Comité européen des universités de l'UEO soit transformé en un organe du Conseil de l'Europe; c'est ce qui est décidé en mars 1960, d'où la création au Conseil de l'Europe, en septembre 1960, d'un Comité de l'enseignement supérieur et de la recherche [20]. En 1959 également se tient, dans le cadre de l'UEO, une conférence des ministres de l'Education, pour mettre en commun les idées et expériences sur la rénovation des systèmes éducatifs; elle demande qu'une deuxième conférence soit organisée, cette fois sous l'égide du Conseil de l'Europe; réunie à Hambourg en avril 1961, cette conférence a été financée par le Fonds culturel.

La fusion de l'ensemble des activités culturelles de l'UEO avec celles du Conseil de l'Europe est une des conséquences des traités de Rome; la création de nouvelles organisations européennes imposant aux Etats des charges accrues, il paraît indispensable de «rationaliser» pour économiser de l'argent et du personnel. C'est dans cette perspective de resserrement qu'est décidé, en novembre 1959, le transfert au Conseil de l'Europe des activités culturelles et des activités sociales de l'UEO [21].

Cette fusion entraîne une réorientation de la politique culturelle du Conseil de l'Europe et un réaménagement de ses structures. La Commission culturelle de l'UEO et ses sous-commissions avaient en effet comme axe prioritaire la coopération en matière d'éducation, de jeunesse, d'audiovisuel, et non pas la promotion de l'idée européenne, qui avait jusqu'alors marqué l'action culturelle du Conseil de l'Europe. Le Comité des experts culturels, qui cherchait à réagir contre cette orientation (cf. supra) a donc reçu le renfort des services de l'UEO transférés à Strasbourg, pour plaider la redéfinition de la mission culturelle du Conseil de l'Europe: non plus servir d'auxiliaire à l'unification politique, mais se consacrer à la coopération multilatérale afin de développer l'éducation et la culture dans les pays membres [22].

Le Comité des ministres se rallie à ce point de vue, comme en témoigne sa communication à l'Assemblée, du 12 décembre 1960, sur le rôle du Conseil de l'Europe. Sans doute continue-t-il de placer l'action culturelle

---

20 *Annuaire européen*, 1960, p. 378.

21 A. Haigh, *op. cit.*, pp. 188-189.

22 *Manuel du Conseil de l'Europe*, *op. cit.*, pp. 262-263.

dans la perspective de l'union européenne: "C'est dans une large mesure par un accroissement d'activité dans le vaste domaine de l'éducation, de la science et de la culture, que cette unité pourra être renforcée et étendue". Mais en même temps, il affirme sa volonté de promouvoir une action plus étendue: élaboration par une commission ad hoc de hauts fonctionnaires d'un programme d'ensemble de coopération culturelle, augmentation sensible des dotations attribuées au Fonds culturel, afin de financer ce programme [23].

Reprenant les propositions de la commission ad hoc réunie à Strasbourg en mai 1961, l'Assemblée discute et adopte, le 27 septembre, une recommandation et une résolution relatives au «développement de la coopération culturelle en Europe». Elle demande au Comité des ministres:

1) d'instaurer, à compter du 1er janvier 1962, un Conseil de coopération culturelle, «organe unique de coordination, de financement et politique dans le domaine culturel», avec quatre grands secteurs: enseignement supérieur et recherche, enseignement général et technique, éducation extra-scolaire, beaux-arts et relations culturelles générales;

2) de créer, au sein du Secrétariat général, un service de l'enseignement et de la culture chargé de donner «une impulsion soutenue» à la coopération entre les pays membres;

3) de mettre en oeuvre un programme étendu de coopération culturelle, fondée sur les principes suivants: la coopération dans l'enseignement, la recherche, les activités culturelles et la jeunesse doit permettre d'élever le niveau culturel des citoyens des pays européens; comme la coopération n'a pas encore pénétré en profondeur les habitudes nationales, en raison de l'insuffisance du financement et de l'éparpillement en projets peu coordonnés, le programme doit être doté de moyens importants et se concentrer sur quatre axes: confronter les réformes et projets dans le domaine de l'éducation et de l'enseignement; faciliter les échanges d'hommes et de matériels culturels; mettre en commun certains moyens de formation; faire connaître les idées, les conceptions, les créations de l'esprit européen, tant aux Européens qu'aux nations non européennes [24].

Le 16 décembre 1961, le Comité des ministres adopte ces différents points: création d'un Conseil de coopération culturelle (CCC), regroupant toutes les activités culturelles du Conseil de l'Europe ainsi que celles héritées de l'UEO; remplacement, au Secrétariat général, de la Direction des affaires culturelles par une Direction de l'enseignement et des affaires

---

[23] *Annuaire européen*, 1960, pp. 462-464.

[24] *Annuaire européen*, 1961, pp. 290-298.

culturelles et scientifiques, plus étoffée; ces deux organismes sont chargés de mettre en oeuvre un programme centré sur les quatre points cités ci-dessus [25].

Le CCC est chargé d'élaborer des propositions sur la politique culturelle, de coordonner et de mettre en oeuvre l'ensemble du programme culturel, de répartir les ressources du Fonds culturel [26]. Le statut du Fonds, révisé en mars 1962, fixe la contribution des Etats membres à un minimum de 1 million de nouveaux francs et précise ainsi les buts: «promouvoir et financer les activités culturelles du Conseil de l'Europe dans le cadre d'un programme de coopération multilatérale de caractère éducatif, scientifique et culturel» [27].

Le document d'ensemble élaboré par le CCC pour orienter les programmes à arrêter met l'accent sur l'enseignement et l'éducation: les échanges d'informations et d'expériences et une coopération permanente entre les Etats membres doivent permettre de rapprocher les systèmes d'éducation, très différents mais qui ont en commun d'être confrontés aux mêmes problèmes, au sujet desquels le CCC est une instance de réflexion et de proposition [28].

A côté de l'adaptation des systèmes éducatifs aux conditions nouvelles d'une société européenne en mutation rapide, une place importante est accordée au patrimoine culturel, sous deux aspects: d'une part sa sauvegarde, sa mise en valeur, son développement, son intégration dans la vie contemporaine [29]; d'autre part la «démocratisation culturelle», c'est-à-dire la promotion des industries et des équipements culturels, de la coopération audiovisuelle, pour que les richesses de la civilisation européenne deviennent un patrimoine commun à tous au lieu d'être réservées à l'élite [30].

Après 18 mois d'échanges de vues et de mises au point dans un comité ad hoc, le document du CCC, amendé, «La politique culturelle du Conseil

---

[25] *Annuaire européen*, 1962, pp. 316-320.

[26] Le Conseil de Coopération culturelle, *Annuaire européen*, 1962, pp. 644-652.

[27] *Annuaire européen*, 1962, p. 620.

[28] Wolfgang ROSSLE, "La politique d'éducation dans le cadre du Conseil de l'Europe", in *Objectif Europe*, Lettre de l'OCIPE, nouvelle série n° 5, juin 1979, pp. 7-11.

[29] *Annuaire européen*, 1962, p. 651.

[30] BURBAN, *op. cit.*, p. 113.

de l'Europe», est adopté en avril 1965 par le Comité des ministres [31]. Ce programme-cadre suscite toutes sortes de propositions et recommandations émanant de la Conférence des ministres européens de l'Education ou de l'Assemblée consultative. En juin 1966, le CCC demande, devant l'accroissement des tâches qui lui sont assignées, une forte augmentation de ses moyens en argent et en personnel. Mais le Comité des ministres refuse, pour ne pas alourdir la contribution des Etats membres. Il est donc décidé, en juin 1967, de procéder à une opération d'élagage, de resserrement des activités et de regroupement des services, autour de deux directions:

1) l'éducation permanente, avant, pendant, après l'enseignement dispensé dans les établissements;
2) «l'Europe dans vingt ans», c'est-à-dire l'aménagement d'un cadre de vie assurant la promotion de l'homme dans une société en devenir [32].

L'Assemblée consultative emboîte le pas en chargeant un groupe de travail de faire des propositions pour une rationalisation de l'action culturelle, en fixant des priorités et en resserrant les structures [33]. Le 1er février 1968, elle adopte les propositions de la Commission culturelle qui mettent l'accent sur l'éducation permanente, l'aménagement du cadre de vie, l'élaboration d'une politique européenne de la jeunesse [34].

Mai 1968 conforte l'Assemblée dans cette orientation: "La Crise de 1968 justifie que le Conseil de l'Europe accentue son rôle dans la recherche de solutions à apporter aux problèmes communs de la jeunesse et de l'enseignement. La 6ème Conférence des ministres de l'Education... doit être le cadre d'une large confrontation sur les causes de la crise de l'enseignement supérieur et sur les moyens d'y remédier". Le Comité des ministres et le CCC sont invités à élaborer une nouvelle politique européenne dans le domaine éducatif, «tenant compte des exigences de l'Europe de demain», et à veiller au développement du Centre européen de la jeunesse dont la création a été décidée [35].

---

[31] Conseil de Coopération culturelle, *Rapport annuel 1966.*

[32] Anthony HAIGH, "The Council for cultural cooperation", in *Annuaire européen*, 1968, pp. 129-155.

[33] Recommandation adoptée par l'Assemblée le 25 septembre 1967; *Annuaire européen*, 1967, p. 336.

[34] Recommandation adoptée par l'Assemblée le 1er février 1968; *Annuaire européen*, 1968, pp. 368-374.

[35] Recommandation relative à la crise actuelle de la société européenne, adoptée par l'Assemblée le 24 septembre 1968; *Annuaire européen*, 1968, pp. 376-378.

Dans les mois suivants, la Commission culturelle de l'Assemblée, rebaptisée Commission de la Culture et de l'Education, élabore un long document, «Vingt ans de coopération culturelle européenne», dont l'Assemblée reprend l'essentiel en 1969 dans une recommandation au Comité des ministres: il faut relancer sur de nouvelles bases la coopération culturelle européenne, qui doit être repensée «dans une perspective d'anticipation permanente»; les mutations rapides à prévoir dans les vingt ans à venir imposent des systèmes de coopération intégrés. L'Assemblée demande que la conférence des ministres de l'Education devienne un organisme permanent chargé de définir les priorités d'une politique européenne de l'éducation, et que soit créé un Office européen de l'Education, avec des services spécialisés, sur l'éducation préscolaire, scolaire, post-scolaire, et auquel seront rattachés le Centre de documentation et d'information, un Centre de recherche et d'innovation, un Centre de technologie universitaire; l'Office devra également élaborer un statut européen de l'enseignant et de l'enseigné; enfin le CCC est invité à élaborer et à mettre en oeuvre un programme à long terme de développement culturel [36].

Ces recommandations ne sont pas retenues car elles effraient le Comité des ministres, à la fois en raison de l'ampleur des moyens et des ressources qu'elles impliquent, et parce qu'elles tendraient à transformer le CCC en un superministère européen de l'Education et de la Culture: les Etats membres ne sont pas davantage prêts qu'en 1949 à se dessaisir de leurs prérogatives dans des domaines qu'ils jugent relever avant tout de la souveraineté nationale.

---

[36] *Annuaire européen*, 1969, pp. 254-256.

Le Conseil de l'Europe et l'agriculture: une Assemblée consultative paralysée

par Gilbert NOËL
Strasbourg

Parmi les questions économiques de l'après-guerre, celle de l'alimentation et de l'agriculture occupe une place importante dans la reconstruction économique européenne. L'Assemblée consultative du Conseil de l'Europe est amenée à s'y intéresser et invitée à prendre position sur un projet d'organisation de l'Europe agricole qui se développe entre 1950 et 1957.

L'agriculture est un secteur complexe qui met en jeu des intérêts nationaux contradictoires. Les parlementaires européens qui se penchent sur ce dossier doivent concilier des considérations politiques européennes et une approche économique développée en dehors du Conseil de l'Europe. Une analyse des débats de l'assemblée de Strasbourg et des travaux de ses commissions compétentes pour l'agriculture permet de déterminer dans quelles conditions et selon quelles modalités le Conseil de l'Europe a participé, avant la signature du traité de Rome et la réunion de la conférence agricole de Stresa en juillet 1958, à la définition d'une politique agricole européenne.

Cette étude vise à identifier les acteurs qui ont animé le débat agricole européen et la cohérence de leur stratégie dans la perspective de la construction européenne. Il s'agit aussi d'évaluer la portée de leur action en même temps que les forces et les faiblesses d'une institution politique confrontée à un dossier économique déjà pris en charge dans le cadre d'une stratégie intergouvernementale élaborée au sein de l'OECE [1].

---

[1] Pour un examen plus détaillé de cette question, voir G. NOËL, *Le Conseil de l'Europe et l'agriculture; idéalisme politique et réalisme économique national (1949-1957)*, à paraître.

A — UNE PRISE EN CHARGE HÉSITANTE

1. Les prémices

Dans l'immédiat après-guerre, l'agriculture et l'alimentation sont au centre des préoccupations des gouvernements. La conférence de Hot Springs (1943) et la création de la FAO (1945) ont mis en relief la nécessité d'une action intergouvernementale pour ce secteur. De leur côté, les partisans d'une construction européenne cherchent à le faire prendre en compte dans le cadre de l'économie générale ou de manière spécifique.

Au départ, les gouvernements envisagent un accroissement concerté de la production agricole, envisageable sous le couvert de l'OECE et de sa politique de coopération [2]. Dans le même temps, des organisations privées qui propagent des idées européistes préconisent la réalisation d'une communauté agricole européenne. Mais, alors que les économistes de la Ligue Européenne de Coopération Européenne (LECE) ne prévoient qu'une prise en compte de l'agriculture par l'OECE [3], une autre tendance se dessine à partir du congrès de La Haye de mai 1948. Ses participants conviennent de la nécessité de s'intéresser de manière spécifique au secteur agricole [4].

En août 1948, les comités nationaux du Mouvement européen international sont invités à réfléchir sur la position de chaque pays en vue de l'élaboration d'un programme concerté de développement de la production agricole européenne. L'objectif est d'associer l'agriculture «à tous les développements de l'action économique européenne non comme victime mais bien comme participante effective et bénéficiaire directe de

---

[2] Dès 1949, l'OECE décide de s'intéresser de près aux questions agricoles: OECE, Consultative group of ministers, *Proposals for strenghtening the OEEC in the field of Food and Agriculture*, document A (49) 11, March 8, OEEC, Food and Agriculture Committee, *Interim report of the sub-committee on agricultural production plans and programmes*, November 22, 1949; Archives OCDE.

[3] Sur l'approche économique de la LECE, voir M. DUMOULIN et A.-M. DUTRIEUE, *La Ligue Européenne de Coopération Economique (1946-1981)*, in Euroclio — Peter Lang, 1993 et LECE, *L'agriculture dans la formation du Marché commun européen*, Bruxelles, juin 1952.

[4] Congrès de l'Europe, La Haye, mai 1948, Rapport économique et social et Résolutions; Résolution économique et sociale.

cet effort collectif» [5]. A défaut de réponses pertinentes, c'est à l'instigation d'un économiste rural, le socialiste français Michel Cépède, que la question est soulevée à l'occasion de la Conférence économique de Westminster (avril 1949).

Cépède qui est membre du Mouvement Socialiste pour les Etats Unis d'Europe (MSEUE) et qui a participé aux premiers travaux de la FAO fait admettre par la commission agricole de la conférence le principe de la transposition au niveau européen du contenu du projet du Directeur général de la FAO, John Boyd Orr, visant la mise sur pied d'un Office mondial de l'alimentation [6]. Ce projet a été rejeté en 1946 par la conférence de Copenhague de cette organisation en raison de son orientation trop dirigiste et à caractère supranational.

L'idée de créer un Office européen de l'agriculture et de l'alimentation s'inscrit dans le prolongement du projet politique esquissé à La Haye. L'agriculture doit être prise en compte par la future assemblée politique européenne: «Une commission de l'agriculture et alimentation de l'assemblée européenne» devrait instituer «des conseils de produits chargés ... de proposer éventuellement, en collaboration avec les organisations professionnelles agricoles, des organismes nécessaires à la régularisation des marchés ... pour le compte des autorités européennes» [7].

Par la suite, les promoteurs d'un projet de Congrès européen d'agriculture, prévu à Munich en novembre 1949, proposent d'associer des représentants des organisations agricoles et des hommes politiques pour examiner les modalités d'une organisation de la production agricole européenne et de ses marchés. Il s'agit de «mettre en contact des politiciens et des experts compétents en vue de la conception principale d'une organisation agraire européenne». Son organisateur G. Roschmann considère par ailleurs que «ce serait un succès épatant pour l'idée européenne et pour la conscience européenne en Allemagne si des membres de l'Assemblée de Strasbourg venaient se joindre au Congrès

---

[5] Mouvement européen, section internationale économique et sociale, *Rapport général*, document SEES 10 bis; Archives Collège d'Europe.

[6] European Movement, *Report of the agricultural Commission, document A8*; Archives Collège d'Europe.

[7] Mouvement Européen, Conférence économique de Westminster, *Résolutions finales : agriculture.*

européen en Allemagne» [8] Ce projet, soutenu par l'Union Européenne des Fédéralistes (UEF), est dénigré par la LECE qui répercute sa position sur le Mouvement européen international en arguant des risques de double emploi, notamment avec les travaux de l'OECE. De son côté, le MSEUE reste attaché à l'idée d'une planification agricole européenne [9].

2. Une première approche

En 1949, l'Assemblée consultative n'accorde aucun crédit à ces idées des mouvements européistes. Elle reste fidèle à une approche économique traditionnelle. Pourtant, dès sa première session, plusieurs parlementaires, dont le Britannique Mackay, préconisent un débat sur les questions agricoles et alimentaires. Certains suggèrent même l'examen de stratégies qui vont de l'organisation de marchés agricoles (Crawley), à une «planification supranationale» (Treves), en passant par une harmonisation du secteur agricole (Bonnefous) et la création d'offices régulateurs européens supranationaux pour une meilleure répartition des produits agricoles et des denrées alimentaires. Ces suggestions qui visent la mise en place d'une politique agricole européenne ne sont pas retenues [10].

Présidée par Paul Reynaud, la Commission des questions économiques de l'Assemblée rejette une proposition de Robert Buron en vue de la création d'une commission spécialisée pour l'agriculture et qui demande que soient effectuées des «Etudes des mesures propres à régulariser le marché européen des produits agricoles» [11]. En décembre 1949, sa sous-commission de l'industrie, de l'agriculture et du ravitaillement, présidée par le socialiste André Philip, prend une position économique qui reflète les préoccupations de l'OECE. En termes généraux, elle suggère l'institution de «comités de produits» ayant pour buts l'organisation des marchés, la résorption des stocks et l'analyse des marchés et de la production dans la

---

[8] Lettre de Roschmann à Curtis du 31 août 1949; sur ce congrès, voir G. NOËL, "Le Congrès européen d'agriculture de Munich (1949): échec d'une initiative 'européenne'", in *Revue historique*, n° 3, 1981, pp. 95-126.

[9] MSEUE, *Bulletin de discussion en vue du IIème congrès*, juillet 1949; Agriculture et alimentation européennes, Schéma par Cépède, pp. 17-20.

[10] Comptes rendus des débats de l'Assemblée consultative (CR) des 16 août, p. 183: Edelman (RU); 23 août, p. 485: Mackay (RU), p. 539: Bonnefous (F°, p. 545: Treves (I), p. 563: Crawley (RU); 24 août, pp. 643 et 645: Maccas (G).

[11] Doc. 10, 23 août 1949 et CR du 24 août: R. BURON (F), p. 617.

perspective d'un développement concerté de la production agricole européenne [12].

L'Assemblée de Strasbourg ne reprend donc pas à son compte les idées véhiculées par le Mouvement européen qui tendent à octroyer un traitement particulier à l'agriculture. En septembre 1949, sur la base d'un amendement présenté par le député MRP de la Marne René Charpentier, ses membres se contentent de préconiser une étude sur le thème: «Développement et harmonisation de la production, amélioration de la répartition des produits agricoles» [13]. Ils laissent aux organisations spécialisées, et en particulier à l'OECE, le soin d'étudier la question agricole européenne dans une optique autre que celle d'une unification européenne. De son côté, en novembre 1949, le Comité des Ministres demande, par l'intermédiaire de son Secrétaire général, à l'OECE d'examiner les mesures proposées pour l'agriculture et de faire connaître celles déjà prises ou à prendre [14].

De fait, le Conseil de l'Europe adhère au processus de la coopération intergouvernementale qui repose sur une stratégie de libéralisation des échanges et de concertation pour accroître la production et régulariser les échanges intra-européens. C'est le lancement, en 1950, d'un projet de «pool vert» qui recentre le problème sur le terrain politique et donne à l'Assemblée une opportunité pour débattre des modalités de sa mise en place.

B — L'IMPULSION DU PROJET DE POOL VERT

1. Des initiatives françaises

Suite à la déclaration Schuman, la construction européenne entre dans une phase active au cours de laquelle l'Assemblée consultative est particulièrement sollicitée. Elle est amenée à se positionner sur un projet de communauté agricole européenne, conçu en dehors du Conseil de l'Europe et dénommé pool vert par analogie avec le pool noir mais dont les bases économiques sont différentes. L'objectif est de donner une dimension

---

[12] Doc. 5, 1950, Annexe L: *Rapport intérimaire sur la production agricole*, qui fait suite à ses travaux de décembre 1949.

[13] Doc. 46, 2 septembre 1949 et doc 64, 3 septembre 1949.

[14] Lettre du Secrétaire général du Conseil de l'Europe au Secrétariat de l'OECE, document C (49) 200 du 19 novembre 1949; Archives Nationales (AN), CAB/AGRI, n° 87.

politique à un schéma d'organisation des marchés des principaux produits agricoles [15].

Depuis le début de 195O, sous la pression des milieux agricoles français [16], relayés au plan international par la Fédération Internationale des Producteurs Agricoles (FIPA) qui a un statut consultatif auprès de l'OECE, le Ministre français de l'agriculture Gabriel Valay défend la thèse de la mise en place d'un «système de marchés garantis pour une expansion de la production agricole européenne». Il préconise un examen conjoint de cette question par l'OECE et par l'Assemblée consultative du Conseil de l'Europe [17].

L'OECE, après avoir accepté le principe d'une libéralisation des échanges des produits agricoles, non plus par pourcentages mais par produits, entreprend des études pour un certain nombre d'entre eux [18]. Elle est sollicitée par la France qui souhaite que, dans sa réponse aux recommandations de 1949 de l'Assemblée de Strasbourg, son Conseil ne prenne aucun engagement mais charge son Comité de l'agriculture et de l'alimentation d'étudier la question de l'organisation «des marchés extérieurs sur des bases communes», dans le cadre de l'OECE [19].

---

[15] Pour connaître les développements du projet de pool vert, voir G. NOËL, "Du pool vert à la politique agricole commune; les tentatives de communauté agricole européenne entre 1945 et 1955", in *Economica*, 1988, chapitre IV.

[16] La CGA (Pierre Martin) et la FNSEA (Pierre Hallé) s'opposent, à partir de l'été 1949, à la stratégie de libéralisation des échanges par pourcentages définie au sein de l'OECE et, par l'intermédiaire du Comité REE de la FIPA, ils font pression, en décembre 1949, pour une libéralisation par produits. Voir G. NOËL, Les groupes de pression agricoles français et le projet d'organisation de l'Europe agricole entre 1950 et 1954, in *EUI Colloquium Papers*, Doc. IUE 315/90 (Col. 49), novembre 1990, pp. 10 et 11.

[17] Note du Ministre de l'agriculture à M. le Ministre des Affaires étrangères, Secrétariat permanent de la délégation française à l'OECE, 17 janvier 1950; A.N. CAB/AGRI, n° 87.

[18] Ces études portent sur les produits laitiers, la viande de porc, les fruits et légumes, les oeufs, pour lesquels une organisation des marchés est prévue au niveau européen.

[19] OECE, Comité de l'Alimentation et de l'Agriculture, sous-comité des plans et programmes de production agricoles, *Projet de commentaires du Secrétariat général sur la recommandation faite par l'Assemblée consultative du Conseil de l'Europe au Comité des ministres ayant trait au développement du système des marchés garantis*, doc DT/A/AG/89 du 24 janvier 1950; A.N. CAB/AGRI, n° 87, et OECE, *Réponse à la lettre du Secrétaire général du Conseil de l'Europe*, Doc. C(50) 48 final du 29 février 1950, Archives OCDE. Voir aussi: Ministère de l'agriculture, Service des relations extérieures, *Esquisse d'un mémorandum sur l'organisation des marchés agricoles*, 2 février 1950, A.N., CAB/AGRI, n° 87.

A la même époque, la FIPA cherche à se rapprocher de l'Assemblée consultative mais en vain. Le 22 octobre, son Comité pour la Reconstruction Economique Européenne (Comité REE) souhaite des rapports de travail «avec les organismes du Conseil de l'Europe appelés à exercer une action sur la politique agricole des gouvernements européens». De son côté, Guy Mollet avait pourtant indiqué, dans une lettre du 18 avril 1950, que la Commission des affaires générales de l'Assemblée souhaitait une liaison étroite avec la FIPA [20].

En France, le 12 juin 1950, le MRP (Pflimlin-Charpentier) propose au gouvernement français de lancer, dans le prolongement du plan Schuman, un projet d'organisation européenne des marchés agricoles [21]. Redevenu Ministre de l'agriculture le 30 juin (Cabinet Queuille), Pierre Pflimlin prend des dispositions pour faire aboutir ce projet [22]. Dès le 11 août, il sollicite le gouvernement en appuyant sa démarche à la fois sur les travaux en cours au sein de l'OECE et sur les recommandations de l'Assemblée consultative afin d'obtenir l'adhésion de l'ensemble des ministres qui ont des approches divergentes de la construction européenne [23].

2. Le relais de Strasbourg

Le 8 août 1950, certains parlementaires français tentent de mobiliser leurs collègues en vue d'une initiative politique européenne sur le dossier

---

[20] En juillet 1949, le Comité REE de la FIPA qui est chargé de "faciliter l'application du programme de reconstruction économique européenne, en organisant des consultations entre les organisations membres intéressées" est le seul organisme consultatif non gouvernemental compétent pour les questions agricoles. Il souhaite jouer le même rôle auprès du Conseil de l'Europe. FIPA, 4ème Assemblée générale, *Audition d'une délégation de la FIPA par le Conseil de l'Europe*, document, n° 37 et ses annexes, 24 mai 1950, et *note pour soumission au Conseil de l'Europe*, 1950, FIPA, Doc FIPA, n° 57, 29 mai 1950. Archives FIPA.

[21] Assemblée nationale, session de 1950, Annexe au procès-verbal de la séance du 12 juin 1950, document, n° 10 254: *Proposition de résolution tendant à inviter le gouvernement à prendre l'initiative d'une organisation des principaux marchés agricoles.*

[22] La question est étudiée par une commission mixte composée de représentants ministériels et professionnels qui se réunissent le 2 août 1950. Ministère de l'agriculture, *compte rendu de la réunion du 2 août 1950; A.N. CAB/AGRI*, n° 87.

[23] Secrétariat général du gouvernement, *Communication de M. le Ministre de l'agriculture sur l'organisation européenne des principaux marchés agricoles*, doc. 5714 SG, 11 août 1950; A.N. F10 5359.

agricole. Le socialiste André Philip et le MRP François De Menthon s'efforcent, dans une certaine mesure, de transposer au sein de l'assemblée leur approche française de la construction européenne [24]. De Menthon propose à l'Assemblée de recommander «la création d'une organisation européenne des principaux marchés agricoles», selon les modalités retenues par le MRP et en envisageant la mise en place d'offices de produits, thèse soutenue par les Socialistes.

C'est dans ce contexte que Philip apporte son soutien à la proposition de son collègue MRP et fait adopter par la Commission des questions économiques qu'il préside la création d'une sous-commission de l'agriculture et de l'alimentation, distincte de celle de l'industrie [25].

L'Assemblée consultative hésite à se prononcer sur la thèse française qui n'est pourtant pas en contradiction avec les travaux agricoles de l'OECE. Inscrite à l'ordre du jour de sa session, la question d'une «organisation européenne des principaux marchés agricoles» est renvoyée sans débat à la Commission des questions économiques. Le 26 août, elle est invitée à examiner un document qui envisage l'établissement d'une politique agricole européenne et des moyens pour la réaliser de manière progressive [26]. Il définit une stratégie qui repose sur la conclusion d'accords intergouvernementaux de produits qui doit précéder l'élaboration d'une politique communautaire à mettre en oeuvre par le biais de la création d'autorités spécialisées.

Cette démarche, retenue par l'Assemblée, traduit une approche consensuelle de la question agricole et un souci manifeste de concilier une stratégie économique arrêtée dans le cadre de l'OECE [27] et une approche politique européenne initiée par le plan Schuman. Mais elle est en compétition avec une initiative française. Même si Pierre Pflimlin estime que la question de l'organisation de l'Europe agricole doit être débattue par

---

[24] CR, séance du 8 août 1950, A. Philip, pp. 53 et 55, F. De MENTHON, "Proposition de recommandation", Doc. 27, 8 août 1950.

[25] Procès-verbal (PV), réunion du 16 août 1950, AS/EC (2) PV2 et réunion du 18 août, AS/EC III (2) PV 2; Archives du Conseil de l'Europe.

[26] *Rapport sur la politique agricole,* Doc. 86, 23 août 1950, présenté par Longchambon au nom de la Commission des questions économiques.

[27] Le 30 juin, son Comité exécutif a proposé aux gouvernements "d'examiner la possibilité de créer en Europe un marché organisé pour certains produits essentiels de l'agriculture" par "des accords à long terme destinés à coordonner sur une base multilatérale les plans de production et d'importation et d'exportation", Doc. Comité exécutif (50) 77. Archives OCDE.

l'Assemblée consultative, c'est le gouvernement français qui, le 5 septembre, décide de «mettre à l'étude un projet d'organisation et d'unification des principaux marchés agricoles européens dans le cadre de la politique de construction européenne engagée par le plan Schuman» [28].

3. Une haute autorité spécialisée pour l'agriculture

Au mois de novembre 1950, à l'issue d'un long débat sur la création de hautes autorités spécialisées, dotées de «fonctions délimitées mais de pouvoirs réels», sur proposition du Britannique Mackay [29], soutenu par les Socialistes français André Philip et Guy Mollet [30], l'Assemblée décide la création d'une Commission spéciale de l'agriculture, composée de sept membres et dont le rapporteur est le porte-parole de Pflimlin à Strasbourg: René Charpentier [31].

Cette décision intervient à un moment où en France et aux Pays-Bas les Ministres de l'agriculture, respectivement Pierre Pflimlin (MRP) et Sicco Mansholt (Socialiste), sont en train d'élaborer, de concert avec les organisations professionnelles nationales, des plans pour une organisation de l'Europe agricole [32]. En choisissant l'agriculture comme secteur à examiner en priorité, dans la perspective de la mise en place d'une autorité supranationale, l'Assemblée affirme sa volonté de participer activement au débat pour la constitution d'une communauté agricole européenne qui doit faire suite à celle du charbon et de l'acier.

Sa Commission spéciale, animée par Charpentier, opte pour l'approche française définie sur le plan économique par le plan Pflimlin et sur le plan politique par le plan Schuman. Mais l'orientation du plan Charpentier qui prévoit l'instauration d'une haute autorité supranationale pour l'agriculture et qui vise à favoriser l'unification politique de l'Europe par une approche

---

[28] Secrétariat général du gouvernement, *Communication de M. le Ministre de l'agriculture sur l'organisation européenne des principaux marchés agricoles, op. cit.*

[29] Doc. 148, Amendement, n° 6, 22 novembre 1950; CR, 22 novembre 1950, Mackay, p. 1463.

[30] CR, 22 novembre 1950, A. Philip, p. 1441 et 23 novembre 1950, Guy Mollet, p. 1519.

[31] Doc. 154 et Recommandation 52, 23 novembre 1950. Bureau, document AS/B (2) 6 du 25 novembre 1950.

[32] G. NOËL, *op. cit.*, pp. 135-161.

fonctionnelle n'est pas partagée par tous ses membres. Les partisans d'une approche intergouvernementale se rallient au contre-projet du Conservateur britannique David Eccles [33].

Cette division, qui traduit celle qui existe au sein de l'Assemblée, conduit le gouvernement français à reprendre son initiative, d'autant plus facilement que les options du plan Charpentier apparaissent trop radicales. Il est à noter également que le plan Mansholt, présenté le 2 novembre 1950, qui associe l'idée d'une autorité supranationale et la participation de tous les pays membres de l'OECE n'est pas débattu à Strasbourg. Faisant suite au plan Stikker, il préconise une conférence des ministres de l'agriculture des pays membres de l'OECE, dans le cadre de cette organisation et sans envisager de lien avec le Conseil de l'Europe.

C — LE TEMPS DES TERGIVERSATIONS

1. La relance française

Le 17 février 1951, le gouvernement de René Pleven décide, en matière agricole, de prendre une certaine distance, aussi bien vis-à-vis de l'OECE que du Conseil de l'Europe . Il ne donne pas de suite à l'annonce, faite le 12 janvier 1951 au Conseil de l'OECE, par le ministre Maurice Petsche, de la présentation imminente à l'OECE d'un projet d'organisation des marchés agricoles essentiels [34].

Informé de l'évolution des travaux de la Commission spéciale, le comité interministériel auquel participent notamment Pflimlin, Guy Mollet et Jean Monnet [35] est d'avis que le Conseil de l'Europe n'offre pas un cadre approprié pour débattre des modalités d'organisation d'une communauté agricole européenne. Une solution de compromis est retenue. Elle consiste à lancer, par l'intermédiaire du Secrétariat général du Conseil de l'Europe, une conférence européenne «ad hoc» afin d'envisager la création d'une

33 PV, réunions des 26 et 27 février 1951, documents AS/SA (2) PV 4 et PV 5.

34 OECE, 121ème séance du Conseil, 12 janvier 1951: Déclaration de M. Petsche (F); Archives OCDE.

35 Pflimlin est Ministre de l'agriculture, Guy Mollet, Ministre d'Etat chargé du Conseil de l'Europe et Jean Monnet, Commissaire général au Plan.

organisation commune des principaux marchés agricoles [36]. Le projet d'un pool vert calqué sur la CECA est, de fait, abandonné par la France.

L'OECE et le Conseil de l'Europe restent cependant des partenaires. Mais, pour se démarquer de la première, le gouvernement indique qu'il «proposera la création d'institutions européennes analogues dans leur structure et leurs règles de fonctionnement à celles du projet de traité sur le charbon et l'acier».

2. Les attentes du Conseil de l'Europe

L'Assemblée consultative est court-circuitée par l'initiative gouvernementale française. Elle ne peut compter sur le Comité des ministres du Conseil qui diffère toute prise de position sur ses recommandations et qui laisse le soin à la France de développer son projet [37]. De son côté, sa Commission des questions économiques, présidée par Paul Reynaud, reste passive.

Lors de sa session de mai 1951, l'Assemblée de Strasbourg décide le report de l'examen du rapport de sa Commission spéciale. Elle ne formule aucune recommandation au Comité des ministres dans la perspective de la conférence agricole intergouvernementale, en dépit de demandes de plusieurs parlementaires qui sont rejetées par le Président Spaak. Ainsi, elle adopte une position d'attente.

La France et les Pays-Bas ont alors une vision divergente du rôle du Conseil de l'Europe à l'égard du projet d'organisation de l'Europe agricole. Le gouvernement néerlandais qui souhaite une véritable implication du Conseil de l'Europe reproche en particulier à Jacques-Camille Paris d'avoir accepté, sans l'accord préalable du Comité des ministres, l'envoi de l'invitation française [38].

En outre, le débat prend une nouvelle tournure qui fait ressortir beaucoup d'arrière-pensées nationales pour défendre des intérêts particuliers, ce qui amène Charpentier à déclarer: «Si chacun de nous veut

---

36 Conseil de l'Europe, Secrétariat général, Lettre de Robert Schuman jointe au document D/ 3120, Strasbourg, 29 mars 1951.

37 Comité des Ministres, Doc CM (51) 44- VIII. Politique agricole. Recommandation 8, Projet du gouvernement français, 8ème session, 2-4 mai 1951, Doc. 18, 1951.

38 Aide-mémoire de l'Ambassade des Pays-Bas, 4 avril 1951; A.N. CAB/AGRI, n° 87.

rester isolé sur son plan national, que venons-nous faire ici dans un embryon de Parlement européen [39]?».

En décembre 1951, au cours d'un débat animé, les partisans de la mise en place d'une autorité européenne de l'agriculture à caractère supranational en vue d'une unification des marchés agricoles européens (thèse Charpentier) et ceux d'une approche économique à caractère intergouvernemental par le biais d'accords à long terme (thèse Eccles) s'opposent. Sans grande conviction, à l'issue d'un vote contesté, les parlementaires européens donnent leur préférence au plan Charpentier.

L'Assemblée, informée des réponses positives des gouvernements à la proposition française de conférence agricole «ad hoc» prévue en 1952, se contente alors de recommander au Comité des ministres «que soit réunie, le plus tôt possible, dans le cadre du Conseil de l'Europe, une conférence d'experts chargée ... de préparer un projet de traité instituant une autorité européenne de l'agriculture». Sont alors envisagés une inclusion de tous les pays membres de l'OECE et une association de représentants des organisations de producteurs. L'Assemblée serait ainsi partie prenante dans le projet agricole européen mais le Comité des ministres ne soutient pas cette option qui peut apparaître comme une remise en cause de l'initiative gouvernementale française [40].

3. Les conférences agricoles (1952-1954)

L'instabilité politique française retarde la réunion de la conférence agricole. En mars 1952, le Ministre de l'agriculture Camille Laurens est opposé à son rattachement à l'OECE, demandé, en décembre 1951, à Strasbourg, par les Britanniques. Il estime, avant l'ouverture de la conférence préparatoire, que «le rôle dévolu au Conseil de l'Europe, la nature et l'esprit de ses travaux inclinent à penser qu'il y aurait intérêt à placer la prochaine conférence dans le cadre de cet organisme» [41].

Mais la conférence préparatoire sur l'organisation des marchés agricoles européens (25-28 mars 1952) ignore le Conseil de l'Europe et sa

[39] CR, 1er décembre 1951, René CHARPENTIER, pp. 720 et 722.

[40] Conseil de l'Europe, Doc. CM/ Adj (52) 9 def, 1952, pp. 3-4 et CM/ Adj (52) 27 def, 1952, pp. 6-7.

[41] Secrétariat général du gouvernement, *Communication de M. le Ministre de l'agriculture sur le projet de communauté européenne de l'agriculture*, Doc. 2117 SG, Paris, 18 mars 1952; A.N. CAB/AGRI, n° 88.

Commission spéciale de l'agriculture. Les participants conviennent cependant que la conférence plénière qui doit se tenir en dehors de toute organisation internationale devra solliciter l'Assemblée consultative pour avis sur un éventuel projet de traité.

Le Secrétariat général du Conseil de l'Europe n'accepte pas cette mise à l'écart et intervient auprès de la Commission spéciale pour qu'elle sollicite sa représentation à la conférence [42]. L'insistance qu'elle manifeste pour participer à la conférence agricole de 1953 lui permet d'obtenir une représentation tardive par des observateurs [43]. Quant à l'Assemblée, elle ne fait plus preuve d'un grand enthousiasme pour la prise en charge du dossier agricole, même si, en mai 1953, elle décide de réinscrire cette question à son ordre du jour, sous l'intitulé «Unification des marchés agricoles européens et création d'une autorité européenne de l'agriculture» [44].

Des divergences d'approche entre sa Commission des questions économiques et sa Commission spéciale de l'agriculture se manifestent. Le débat se situe alors sur le plan économique et seuls quelques parlementaires, dont René Charpentier, persistent à défendre l'idée d'une communauté agricole supranationale.

En juin 1953, à la demande de la France, un représentant du Secrétariat général du Conseil de l'Europe est admis au Comité intérimaire de la conférence agricole [45]. En mai 1954, Charpentier obtient de la Commission spéciale qu'elle «insiste auprès des gouvernements pour l'organisation rapide des marchés agricoles européens sous la forme d'une autorité spécialisée à pouvoirs limités mais réels» [46]. Mais cette démarche ne change pas le cours des choses. En juillet 1954, le dossier de la conférence agricole est renvoyé à l'OECE. Cette décision consacre la prédominance de la thèse de la coopération agricole intergouvernementale.

---

[42] PV, réunion du 28 mai 1952, document AS/SA (4) PV1.

[43] *Recommandation 24* (1952) sur la représentation de l'Assemblée consultative du Conseil de l'Europe à la conférence européenne de l'agriculture, et Comité des Ministres, Document CM/12 (52) 88, 16 juillet 1952 et Doc. 42 (1952), titre I.

[44] Doc. 133, 9 mai 1953.

[45] Doc. CM (53) 73, réunion du 27 juin 1953, Lettre de Camille Laurens à Louis Rabot, Doc. CAB, n° 820 du 17 juin 1953; A.N., F 10 5698.

[46] Doc. AS/SA (6) 1 du 25 mai 1954; PV, réunion du 26 mai 1954, AS/SA (6) PV 2. Doc. 256, 26 mai 1954 et CR, 29 mai 1954, p. 295: l'Assemblée consultative décide le renvoi.

L'Assemblée consultative n'obtient pas d'être représentée dans les nouvelles instances agricoles de l'OECE, malgré une demande en ce sens formulée en septembre 1954 [47] puis en décembre 1954 [48]. Et sa Commission spéciale est mise en sommeil jusqu'à sa transformation, en 1956, en Commission de l'agriculture du Conseil de l'Europe.

En octobre 1955, à l'époque du débat pour la création d'une communauté économique européenne, elle demande l'inclusion de l'agriculture dans les projets d'union douanière et de zone de libre-échange. Sa Commission des questions économiques est alors chargée d'examiner le positionnement de l'agriculture dans l'économie générale. Elle n'est donc pas associée directement à la préparation des clauses agricoles du traité de Rome.

En 1956, sa Commission spéciale «se déclare favorable au principe de la création d'un marché commun incluant l'agriculture» et obtient, après intervention du Bureau de l'Assemblée, que cette question soit débattue en octobre, ce qui donne lieu à l'adoption d'une résolution en ce sens [49]. En janvier 1957, sur la base d'un document intitulé : «Création d'un marché commun général, le marché commun et l'agriculture» [50], l'Assemblée, malgré d'importantes divergences de vues, adopte une résolution qui admet l'inclusion de l'agriculture dans le marché commun [51]. En avril, elle «se réjouit de voir signé le traité de marché commun par les Six» et souligne la nécessité d'une «politique agricole commune appuyée sur des organisations communes du marché» [52].

---

47 Doc. 301, 17 septembre 1954 et *Recommandation 67* (1954), adoptée le 23 septembre 1954.

48 Doc. 330 , 10 décembre 1954.

49 *Résolution 101* relative au marché commun général européen, adoptée le 23 octobre 1956, & 12 et 13.

50 Document d'information sur le marché commun et l'agriculture, préparé par le service de la Section économique de la Commission des questions économiques, document AS/EC (8) 26 du 27 décembre 1956.

51 *Résolution 120* (1957) relative à la création d'un Marché commun général européen, adoptée le 11 janvier 1957, & 2.

52 CSA, CEE - *Projet de résolution de la Commission sur le traité instituant la CEE et sur l'institution éventuelle d'une ZLE*, document AS/SA (8) 19 du 29 avril, 1957.

D — DES FAIBLESSES CHRONIQUES

1. Une approche floue

Entre 1949 et 1957, l'Assemblée de Strasbourg n'est pas parvenue à définir, en termes politiques, des objectifs clairs et une stratégie cohérente pour la réalisation d'une communauté agricole européenne. Elle n'a pas réussi à se positionner sur le choix d'une méthode d'organisation de l'agriculture: coopération intergouvernementale ou intégration supranationale, et sur un cadre de référence: le Conseil de l'Europe, l'OECE ou les Six de la «petite Europe». Aucun consensus durable ne s'est dessiné sur des modalités institutionnelles pour permettre la constitution d'un Ministère européen de l'agriculture placé sous son contrôle parlementaire [53].

L'Assemblée consultative a manqué, comme le souligne Pierre De Félice, d' «une volonté européenne vraiment animatrice, capable de bousculer, par son audace constructive, les timidités qu'engendre toute perspective nouvelle» [54]. Malgré la tentative du pool vert, la politique est restée à la remorque de l'économie sur la question de l'organisation des principaux marchés agricoles européens. Elle n'a pas dépassé l'idée selon laquelle l'unification des marchés agricoles n'est pas une fin en soi mais doit viser un objectif politique à définir entre un certain nombre de pays bien déterminés à oeuvrer dans la même direction.

Les hommes politiques du Conseil de l'Europe, dans leur majorité, se sont désintéressés du dossier agricole au profit de l'OECE et des gouvernements et des parlements nationaux. Ils ont privilégié une approche nationale à des considérations transnationales susceptibles de remettre en cause des rentes de situation et d'imposer des stratégies de production et de commercialisation contraignantes dans la mesure où elles sont définies à un niveau supranational.

2. Des carences internes

Il a fallu sept ans aux parlementaires pour accepter la création d'une Commission de l'agriculture, distincte de sa Commission des questions

---

[53] Cette idée était défendue par certains Socialistes, en particulier au sein du MSEUE.

[54] P. DE FÉLICE, "Où en est la question du pool vert ?", in *Nouvelles de l'Europe*, février 1955, p. 6.

économiques dont les membres ne portaient qu'un intérêt limité à l'idée d'une prise en compte spécifique de l'agriculture par le Conseil de l'Europe. Pour eux, ce dossier relevait naturellement de la compétence de l'OECE, organisation à compétence générale pour traiter de l'organisation de l'économie européenne.

Des relations tendues, non seulement entre la Commission spéciale de l'agriculture et la Commission des questions économiques, mais aussi entre l'Assemblée consultative et le Comité des ministres, peu enclin à suivre ses recommandations agricoles, sont un facteur de blocage pour une action constructive.

Le rapprochement de l'Assemblée de Strasbourg avec les organisations internationales gouvernementales : FAO et OECE pour étudier de concert les problèmes agricoles européens a été tardif. Avec l'OECE, l'Assemblée consultative n'entretient que des relations formelles. Quant à ses rapports avec les organisations professionnelles internationales de producteurs : FIPA et Confédération Européenne de l'Agriculture (CEA), ils ont été quasi inexistants, alors que les plans nationaux étaient élaborés avec le concours de la profession.

Ce manque de coordination de ses travaux avec ceux des autres institutions internationales, des décalages dans ses prises de position par rapport aux initiatives nationales, sont préjudiciables à l'élaboration d'une stratégie agricole européenne acceptable par un certain nombre d'Etats d'Europe occidentale.

3. Le poids des intérêts nationaux

L'Assemblée consultative n'a pas véritablement cherché à se démarquer des stratégies nationales qui ont privilégié une approche économique et une action intergouvernementale dans le cadre de l'OECE. Elle a entretenu une certaine confusion entre la défense d'intérêts économiques nationaux, ceux des producteurs, et la recherche de solutions politiques européennes en vue d'une intégration des agricultures nationales. Ses membres sont restés prisonniers d'initiatives nationales et l'assemblée a seulement servi de lieu de confrontation pour mettre en relief des divergences fondamentales, entre les pays membres de l'OECE, sur le dossier agricole européen.

E — CONCLUSION

La paralysie de l'Assemblée consultative du Conseil de l'Europe au cours de cette période est le résultat de certains dysfonctionnements internes et d'une carence en termes de collaboration avec les autres organisations internationales impliquées dans la reconstruction de l'agriculture européenne.

Le Conseil de l'Europe n'a pas affirmé une véritable ambition politique sur ce dossier: le réalisme économique et la préservation des intérêts nationaux ont supplanté l'idéalisme européen et la recherche d'un processus d'harmonisation, voire d'unification de la production et des marchés agricoles européens. Sa participation à la définition de la politique agricole commune (PAC), arrêtée suite à la conférence agricole de Stresa (1958), s'avère limitée, principalement en raison de l'attitude timide des parlementaires de Strasbourg.

Active en 1950-1951, l'Assemblée consultative n'est pas parvenue à faire prévaloir une approche supranationale pour constituer une communauté agricole européenne. Par la suite, entre 1952 et 1957, elle n'a plus eu l'occasion d'affirmer sa vocation politique européenne pour la définition d'une politique agricole communautaire entre les pays membres du Conseil de l'Europe ou entre les Six.

Le Congrès des pouvoirs locaux et régionaux de l'Europe

par Alphonse LOSSER
Université Robert Schuman — Strasbourg

Afin que les travaux du Conseil de l'Europe répondent vraiment aux besoins et aux aspirations de tous les citoyens des Etats membres de l'institution, les pouvoirs locaux et régionaux sont appelés à jouer un rôle de plus en plus important. Il convient donc de permettre aux détenteurs de ces pouvoirs de se rencontrer, en vue d'analyser ensemble les problèmes à résoudre et de chercher en commun les solutions à y apporter.

C'est en 1957, au Conseil de l'Europe, qu'a commencé la première phase de l'élaboration d'une structure de conseillers locaux et régionaux avec la création de la Conférence permanente des pouvoirs locaux et régionaux de l'Europe. En 1994, cette conférence, après restructuration, a été promue au rang de Congrès des pouvoirs locaux et régionaux de l'Europe (CPLRE), par une Résolution statutaire adoptée par le Comité des ministres le 14 janvier 1994. Ce changement radical de structure a été rendu nécessaire par les progrès de la régionalisation en Europe, par les progrès de l'autonomie administrative locale et régionale dans beaucoup de pays membres, ainsi que par le nouveau rôle joué par la Conférence permanente des pouvoirs locaux et régionaux de l'Europe dans la promotion de la démocratie locale en Europe centrale et orientale.

Les activités de l'ancienne Conférence et celles de l'actuel Congrès s'appuient sur la Charte européenne de l'autonomie locale, dont on exposera les orientations essentielles avant de présenter les actions principales qu'elle inspire dans le cadre du Conseil de l'Europe.

A — LA CHARTE EUROPÉENNE DE L'AUTONOMIE LOCALE

La Charte européenne de l'autonomie locale a été signée à Strasbourg le 15 octobre 1985. Tant dans les principes, qu'elle affirme, que dans les moyens, dont elle préconise la mise en oeuvre, elle constitue un exemple de l'application du principe de subsidiarité dans l'organisation d'une société.

Dans son préambule, la Charte présente les bases de la démocratie locale. Les collectivités locales, affirme-t-elle, sont l'un des principaux fondements de tout régime démocratique. Le droit des citoyens de participer à la gestion des affaires publiques fait partie des principes démocratiques communs à tous les Etats membres du Conseil de l'Europe.

C'est au niveau local que ce droit peut être exercé le plus directement. L'existence de collectivités locales, investies de responsabilités effectives permet une administration à la fois efficace et proche du citoyen. La défense et le renforcement de l'autonomie locale dans les différents pays d'Europe représentent une contribution importante à la construction d'une Europe fondée sur les principes de la démocratie et de la décentralisation du pouvoir.

La Charte précise aussi la portée de l'autonomie locale. Le principe de l'autonomie locale doit être reconnu dans la législation interne et, autant que possible, dans la Constitution. Par autonomie locale, on entend le droit et la capacité effective, pour les collectivités locales, de régler et de gérer, dans le cadre de la loi, sous leur propre responsabilité et au profit de leurs populations, une part importante des affaires publiques. Ce droit est exercé par des conseils ou assemblées composés de membres élus au suffrage libre, secret, égalitaire, direct et universel, et pouvant disposer d'organes exécutifs responsables devant eux. Cette disposition ne porte pas préjudice au recours aux assemblées de citoyens, au référendum ou à toute autre forme de participation directe des citoyens là où elle est permise par la loi. L'exercice des responsabilités publiques doit, de façon générale, incomber, de préférence, aux autorités les plus proches des citoyens. Dans le cadre de la loi, les collectivités locales ont toute latitude pour exercer leur initiative pour toute question qui n'est pas exclue de leur compétence ou attribuée à une autre autorité. Les compétences, confiées aux collectivités locales, doivent être normalement pleines et entières. Elles ne peuvent être mises en cause ou limitées par une autre autorité, centrale ou régionale, que dans le cadre de la loi. Les collectivités locales doivent être consultées, autant qu'il est possible, en temps utile et de façon appropriée, au cours des processus de planification et de décision pour toutes les questions qui les concernent directement.

La portée de l'autonomie locale serait évidemment limitée, si les collectivités locales ne disposaient pas des moyens adéquats en vue d'une mise en oeuvre effective. La Charte indique les conditions de l'exercice des responsabilités au niveau local. Le statut des élus locaux doit assurer le libre exercice de leur mandat. Tout contrôle administratif des actes des collectivités locales ne doit normalement viser qu'à assurer le respect de la légalité et des principes constitutionnels. Sans préjudice de dispositions plus générales créées par la loi, les collectivités locales doivent pouvoir définir elles-mêmes les structures administratives internes dont elles entendent se doter, en vue de les adapter à leurs besoins spécifiques et afin de permettre une gestion efficace. En ce qui concerne les ressources financières, les collectivités locales ont droit, dans le cadre de la politique économique nationale, à des ressources propres suffisantes, dont elles peuvent disposer librement dans l'exercice de leurs compétences. Une partie au moins des ressources financières des collectivités locales doit provenir de redevances et d'impôts locaux dont elles ont le pouvoir de fixer le taux, dans les limites de la loi. La protection des collectivités locales financièrement plus faibles appelle la mise en place de procédures de péréquation financière ou des mesures équivalentes, destinées à corriger les effets de la répartition inégale des sources potentielles de financement ainsi que des charges qui leur incombent. Les collectivités locales ont le droit, dans l'exercice de leurs compétences, de coopérer et, dans le cadre de la loi, de s'associer avec d'autres collectivités locales pour la réalisation de tâches d'intérêt commun. Elles peuvent, dans des conditions éventuellement prévues par la loi, coopérer avec les collectivités d'autres Etats.

Enfin, la Charte prévoit une protection légale de l'autonomie locale. Les collectivités locales doivent disposer d'un droit de recours juridictionnel, afin d'assurer le libre exercice de leurs compétences et le respect des principes d'autonomie locale qui sont consacrés dans la Constitution ou la législation interne.

La Charte européenne de l'autonomie locale constitue le fondement des efforts de promotion de la démocratie locale, entrepris au sein du Conseil de l'Europe. C'est à elle que se réfèrent toujours les résolutions, les recommandations et les rapports concernant les domaines les plus divers et élaborés dans le cadre des travaux de l'ancienne Conférence. C'est sur elle aussi que se base la Résolution statutaire adoptée par le Comité des ministres le 14 janvier 1994 et qui institue le Congrès.

B — LA PROMOTION DE LA DÉMOCRATIE LOCALE

Dans la Résolution statutaire précitée, le Comité des ministres affirme que «l'une des bases d'une société démocratique est l'existence d'une démocratie locale et régionale solide et efficace, conforme au principe de subsidiarité inclus dans la Charte européenne de l'autonomie locale selon lequel l'exercice des responsabilités publiques incombe de préférence aux autorités les plus proches des citoyens, compte-tenu de l'ampleur et de la nature des tâches publiques ainsi que des exigences d'efficacité et d'économie». Il souhaite dès lors «conforter et développer le rôle des collectivités locales et régionales dans le cadre institutionnel du Conseil de l'Europe». Il décide que «le Congrès des pouvoirs locaux et régionaux de l'Europe (CPLRE) est l'organe de représentation des collectivités locales et régionales». Au sein des instances du Conseil de l'Europe, le Congrès figure désormais immédiatement en-dessous du Comité des ministres et de l'Assemblée parlementaire.

Les objectifs, que la Résolution statutaire fixe au Congrès, correspondent aux réalités nouvelles de l'Europe. Ils sont les suivants:

- — garantir la participation des collectivités locales et régionales à la réalisation de l'idéal de l'union de l'Europe telle que définie à l'article 1er du statut du Conseil de l'Europe;
- — permettre aux conseillers locaux et régionaux de participer à l'élaboration des politiques européennes dans le cadre du Conseil de l'Europe;
- — aider les nouvelles démocraties à établir des structures administratives locales efficaces;
- — mettre en place une coopération entre les régions — en particulier les régions frontalières et promouvoir la croissance économique, la tolérance et la paix;
- — rapprocher les citoyens de la démocratie locale et régionale «de base» par le biais de diverses initiatives;
- — faciliter l'intégration des communautés immigrées et autres groupes défavorisés.

Le Congrès poursuivra ces objectifs:

- — en adressant des recommandations à l'Assemblée parlementaire ou au Comité des ministres, ainsi que des résolutions aux autorités locales ou régionales sur les thèmes intéressant particulièrement les assemblées locales et régionales ;
- — en travaillant en étroite coopération avec les associations démocratiques nationales de pouvoirs locaux et régionaux, ainsi qu'avec les autres organisations internationales représentant les pouvoirs locaux et régionaux;
- — en organisant des auditions publiques, ainsi que des conférences ou colloques de spécialistes, afin d'assurer la participation d'un public local ou régional plus large;
- — en discutant des questions d'actualité qui présentent un intérêt politique pour les pouvoirs locaux et régionaux de l'Europe tout entière.

Le fonctionnement du Congrès est organisé par la Résolution statutaire et la Charte du Congrès (toutes deux du 14 janvier 1994), ainsi que par le Règlement intérieur du Congrès. Celui-ci est un organe consultatif de 234 membres et 234 suppléants représentant plus de 150 000 autorités locales et régionales des Etats membres du Conseil de l'Europe. Il ne comprend que des représentants élus des collectivités territoriales, ainsi que des fonctionnaires directement responsables devant ces derniers. Les délégations nationales sont représentatives des différents types de pouvoirs locaux et régionaux de chaque Etat membre. La composition de chaque délégation nationale doit assurer une répartition équilibrée par zones géographiques, par catégories de collectivités locales et régionales, par courants politiques présents dans les organes de ces collectivités, ainsi par hommes et femmes présents dans ces organes. Au Congrès, chaque Etat membre a droit à un nombre de sièges égal à celui qu'il compte à l'Assemblée parlementaire. Chaque Etat membre peut envoyer un nombre de suppléants égal à celui des représentants en titre. Les suppléants sont membres du Congrès au même titre que les représentants. Les représentants et les suppléants sont envoyés pour une durée de deux sessions ordinaires (c'est-à-dire deux années). Ils restent en fonction jusqu'à l'ouverture de la session suivante. Ils sont désignés selon une procédure propre à chaque Etat membre mais respectant les principes énoncés plus haut.

Les travaux du Congrès sont organisés dans le cadre de deux chambres: la Chambre des pouvoirs locaux et la Chambre des régions. Chaque chambre dispose d'un nombre de sièges égal à celui du Congrès lui-même. Elle élit tous les deux ans son président et son bureau. Le président du Congrès est lui aussi élu tous les deux ans, tantôt au sein d'une chambre, tantôt au sein de l'autre. Le Bureau du Congrès se compose des membres des bureaux des deux chambres, ainsi que du président du Congrès. Le secrétariat du Congrès est assuré par le Conseil de l'Europe et dirigé par un secrétaire exécutif. Le Congrès tient chaque année une session ordinaire. Les sessions se tiennent au siège du Conseil de l'Europe, sauf décision contraire prise d'un commun accord par le Congrès ou sa Commission permanente et le Comité des ministres. Les sessions de chacune des deux chambres précèdent et/ou suivent immédiatement la session du Congrès. Sur proposition du Bureau du Congrès, chacune des chambres peut tenir d'autres sessions avec l'accord préalable du Comité des ministres.

Une Commission permanente, composée de représentants de toutes les délégations nationales, est chargée d'assurer la continuité des travaux entre les sessions et de suivre le déroulement des diverses activités intergouvernementales du Conseil de l'Europe.

Le Bureau du Congrès est responsable de la préparation de la session plénière du Congrès, de la coordination des travaux des deux chambres, notamment de la distribution des questions entre les deux chambres, de la préparation du budget et de la répartition des ressources budgétaires.

Chaque chambre nomme des groupes de travail *ad hoc* pour différentes questions: éducation, logement, problèmes urbains, chômage, développement rural, structures locales, structures régionales, etc. Pour chaque question relevant des compétences des deux chambres, il est créé un groupe de travail mixte.

Les délégations des pouvoirs locaux et régionaux des Etats non membres, dont le parlement possède le statut d'invité spécial auprès de l'Assemblée parlementaire du Conseil de l'Europe, ainsi que les observateurs des organisations européennes et des associations internationales de pouvoirs locaux et régionaux, peuvent eux aussi assister aux sessions du Congrès, sur approbation de ce dernier ou de ses organes compétents.

En ce qui concerne les réalisations, la Conférence permanente des pouvoirs locaux et régionaux de l'Europe a déjà fourni un travail important, en faisant office, au fil des années, de «voix» des régions et des municipalités d'Europe. Le nouveau Congrès peut s'appuyer sur ce travail. Les réalisations les plus notables sont la Charte européenne de l'autonomie locale déjà mentionnée, la Convention-cadre européenne sur la coopération transfrontalière, la Convention européenne sur la participation des étrangers à la vie publique au niveau local, la Charte européenne des langues régionales ou minoritaires, la Charte urbaine européenne et la charte sur la participation des jeunes à la vie municipale et régionale. Par ailleurs, sont en projet des conventions ou des chartes sur la coopération interrégionale, les régions européennes de montagne et l'autonomie régionale. Enfin, au nom de la solidarité européenne, il a été élaboré, sous le nom de «LODE», un programme de soutien spécial visant à promouvoir la démocratie locale et régionale en Europe centrale et orientale (fourniture de conseils et formation d'experts en matière de réforme institutionnelle au niveau local et régional, envoi d'observateurs pour superviser les élections locales et régionales, etc.); il a été établi aussi un réseau européen de centres de formation pour le personnel des pouvoirs locaux et régionaux. On notera également que le Congrès continue de soutenir le concours du «Prix Europa» qui récompense les meilleures productions télévisuelles d'Europe. Il souhaite ainsi promouvoir la distribution de ces oeuvres par-delà les frontières nationales, régionales et locales, et encourager la création, au sein de l'Europe qui est en train de voir le jour d'une communauté télévisuelle capable d'exprimer la richesse et la diversité du patrimoine culturel de notre continent.

L'année 1996 marquera un tournant pour le Conseil de l'Europe. Des questions aussi importantes que la place de ce Conseil dans la conférence intergouvernementale de l'Union européenne, la préparation de l'adhésion de la Russie, ainsi que l'octroi du statut d'observateur aux Etats-Unis d'Amérique et au Japon, seront à l'ordre du jour. Le Congrès des pouvoirs locaux et régionaux de l'Europe devrait devenir, dans ce cadre, le lieu privilégié du débat sur les aspects locaux et régionaux de l'intégration européenne.

BIBLIOGRAPHIE

— Conseil de l'Europe, *Charte européenne de l'autonomie locale*, Strasbourg, 15 octobre 1985, Série des traités européens, 122, mai 1994.

— Conseil de l'Europe, Congrès des pouvoirs locaux et régionaux de l'Europe, *Résolution statutaire et Charte*, Strasbourg, 1994.

— Conseil de l'Europe, Congrès des pouvoirs locaux et régionaux de l'Europe, *Règlement intérieur*, Strasbourg, 1994.

— Conseil de l'Europe, Congrès des pouvoirs locaux et régionaux de l'Europe, *Première Session, juin 1994-juin 1995, Annuaire CPLRE*, Strasbourg, octobre 1994.

— Conseil de l'Europe, Congrès des pouvoirs locaux et régionaux de l'Europe, *Liste thématique et chronologique des textes adoptés par la Conférence permanente des pouvoirs locaux et régionaux de l'Europe 1957-1994*, Strasbourg, juin 1994.

— Conseil de l'Europe, Congrès des pouvoirs locaux et régionaux de l'Europe, *Collection Etudes et travaux, Liste des études publiées*, Strasbourg, 1995.

CONCLUSION

Conclusion

par Raymond POIDEVIN
Directeur du Centre de recherches d'Histoire des relations internationales
Université Robert Schuman — Strasbourg

Lorsque Marie-Thérèse Bitsch a pris l'initiative d'organiser un colloque sur l'histoire du Conseil de l'Europe elle a proposé aux universitaires sollicités une dizaine d'axes autour desquels pouvaient s'articuler les recherches. Sur ce sujet, longtemps négligé par les historiens, une vingtaine de chercheurs ont répondu à l'appel. Leurs communications ont pu être regroupées autour de quelques grands thèmes intéressant une large période chronologique de 1948 à nos jours. Au fil des communications, l'histoire du Conseil de l'Europe a pu être précisée d'autant plus qu'aux fruits de la recherche se sont ajoutés les apports des discussions, notamment les interventions de quelques témoins et acteurs. Sans prétendre à l'exhaustivité, le colloque a permis d'éclairer plusieurs aspects de cette histoire. Quels ont été les principaux apports? Quelles pistes de recherche conviendrait-il d'approfondir?

Les communications sur les origines et la mise en route du Conseil de l'Europe ont bien souligné le rôle des organisations de promotion de l'idée européenne, notamment celui de l'Union parlementaire et du Mouvement européen. Au sein de ces associations, intellectuels et parlementaires avancent des propositions puis, après la création du Conseil de l'Europe, multiplient les interventions critiques afin d'en améliorer le fonctionnement et l'efficacité. En dehors des gouvernements de Paris et de Londres qui jouent un rôle essentiel tout en défendant des conceptions différentes, des hommes politiques dans l'opposition, tel Churchill, exercent une influence décisive non sans arrières-pensées liées à des considérations de politique intérieure. Si la question des origines est bien élucidée, il conviendrait cependant de mieux appréhender le rôle des Etats-Unis. L'autre Grand, l'URSS, longtemps indifférente, a une vision très négative du Conseil de l'Europe considéré comme un des instruments de la guerre froide.

Le problème de l'admission des nouveaux membres et des élargissements successifs a fait l'objet de plusieurs rapports. La question de l'entrée de la République fédérale d'Allemagne, qui s'est posée dès le départ, a déjà été abordée par ailleurs et n'a pas fait l'objet de l'attention des participants. Il n'en va pas de même de la Sarre, membre associé entre 1950 et 1956, dont le statut particulier a suscité de nombreux débats au sein de l'Assemblée consultative. Mais c'est surtout l'attitude des Neutres qui a été évoquée le plus largement. La Suède, intéressée d'emblée, s'aligne souvent sur la position britannique; l'Autriche, d'abord gênée par son statut d'occupation, adhère très vite après la signature du traité d'Etat; la Suisse, longtemps réservée, ne vient qu'en 1963. Un rapport évoque la place des petits Etats entrés assez tardivement. Après 1989, les candidatures affluent; deux d'entre elles ont été analysées. Si l'admission de la Hongrie est rapide, celle de la Roumanie se révèle beaucoup plus difficile. Quant à la Russie, elle reste encore sur le pas de la porte. La discussion a aussi permis d'évoquer les difficultés soulevées par l'évolution intérieure de quelques Etats membres: la Grèce, la Turquie ...

L'histoire des relations avec les autres organismes européens reste à approfondir. Il y a encore des recherches à mener pour connaître la nature des rapports entre le Conseil de l'Europe et l'UEO, l'OECE (puis l'OCDE) la CECA, la CEE. Le problème d'une indispensable rationalisation n'a pu être évoqué que sur une période courte mais décisive en 1956/1957. L'examen des double emplois, des rivalités, des diverses formes de coopération mériterait une plus large attention des historiens.

Il est du plus haut intérêt de connaître l'attitude des partis car le langage tenu par leurs représentants à Strasbourg diffère souvent de celui qu'ils tiennent dans les séances de leurs parlements nationaux. Les grands ténors ne manquent pas de se servir de la tribune que leur offre l'Assemblée consultative du Conseil de l'Europe devenue un véritable «laboratoire d'idées». Peu à peu, les partis en viennent à la nécessité de consolider la cohésion des grandes familles politiques et constituent des groupes transnationaux: l'exemple du Parti populaire européen est tout à fait éclairant à cet égard.

Le colloque a permis d'évoquer toute une série de grands dossiers qui ont largement préoccupé le Conseil de l'Europe: aspects institutionnels, action culturelle et sociale, rôle économique. L'évolution des institutions, qui se démarquent parfois de la lettre du Traité, n'a pas été approfondie par les participants exception faite pour l'une d'entre elles: le mécanisme de garantie des Droits de l'Homme, en cours de profond remaniement, a été présenté dans toute sa complexité. La politique culturelle, axe privilégié en dépit des moyens financiers relativement faibles mis à sa disposition, a connu plusieurs réorientations dans le souci de l'élargir et de la diversifier. En matière économique, l'intervention s'est avérée ardue comme en témoigne la tentative de pool vert pour l'agriculture. Mais le Conseil de l'Europe a cherché à encourager une action décentralisée en favorisant le développement du rôle de la Conférence permanente des pouvoirs locaux et régionaux.

Ainsi, ce premier colloque d'historiens sur le Conseil de l'Europe ne permet certes pas encore d'écrire une histoire exhaustive de l'organisation de Strasbourg. Mais des jalons importants ont été posés concernant la difficile naissance du Conseil de l'Europe; le rôle de quelques hommes, ministres, chefs de parti, animateurs du Mouvement européen; l'attitude de certains Etats membres, neutres, micro-Etats qui y trouvent leur place; les premières tentatives de coopération avec l'UEO, la CECA, le Marché commun; le fonctionnement de l'Assemblée parlementaire appuyée, de même que les autres assemblées européennes, sur des groupes politiques transnationaux; la diversité de ses activités souvent entravées par la faiblesse des moyens financiers et la structure intergouvernementale de l'organisation. Depuis 1989, le Conseil de l'Europe, qui connaît un regain de faveur, doit affronter des problèmes d'une ampleur nouvelle: accueillir les pays ex-communistes et adapter ses institutions afin de faire fonctionner un organisme de près de 40 membres et sans doute plus ...

Annexe: Liste des mémoires sur l'histoire du Conseil de l'Europe

Préparés et soutenus dans le cadre du Centre de recherche d'histoire des relations internationales (DEA Histoire des relations internationales et de l'intégration européenne) à l'Université Robert Schuman — Strasbourg.

ABONNEAU Anne-Catherine, *Le Conseil de l'Europe face à la relance européenne, de Messine aux traités de Rome*, 1988.

ALOISE Salvatore, *Les Italiens au Conseil de l'Europe, 1949-1952*, 1985.

ANDRE Anne, *Les Allemands au Conseil de l'Europe, 1950-1953*, 1983.

ATOUI Naïma, *Le Conseil de l'Europe et les pays de l'Est à l'ère de la détente, 1963-1968*, 1991.

BERNARD Marie-Catherine, *Le Conseil de l'Europe et les pays de l'Est, 1956-1962*, 1991.

BORIANCIC Christine, *Les Français au Conseil de l'Europe, 1953-1954*, 1987.

BOTTON Pascale, *Débats au Conseil de l'Europe sur les pays de l'Est, 1949-1955*, 1990.

BRUGAL Stéphane, *Les débats sur la défense au sein de l'Assemblée consultative du Conseil de l'Europe, 1950-1951*, 1987.

CANTINHO PEREIRA José, *Le Portugal et le Conseil de l'Europe jusqu'en 1978*, 1986.

DENDOULIS Sophia, *Le retrait de la Grèce, avril 1967-avril 1970*, 1987.

DIAKHATE Lissoune, *Le Conseil de l'Europe et les crises internationales de 1956*, 1988.

FOLK Josiane, *L'opinion allemande et le Conseil de l'Europe, 1949-1952*, 1984.

FRASER D. Roy, *Le Conseil de l'Europe et les grandes crises internationales, 1967-1971*, 1991.

GANDELMAN Françoise, *Les Anglais au Conseil de l'Europe, 1954-1957*, 1986.

HANSMAENNEL Jean, *Les débats sur l'Europe politique au Conseil de l'Europe en 1950 et 1951*, 1987.

HERKOMMER Stéfan, *Les débats sur l'Europe politique au Conseil de l'Europe en 1952 et 1953*, 1990.

HELL Françoise, *Le problème de l'admission de l'Allemagne au Conseil de l'Europe, 1948-1951*, 1991.

KHELID Hydra, *Les représentants italiens à l'Assemblée consultative du Conseil de l'Europe, 1953-1957*, 1990.

LOCHEN Valérie, *L'élaboration de la Charte sociale européenne: la convention de Turin, 1963*, 1993

LORENTZ Claude, *Les débats sur le statut de l'Allemagne au Conseil de l'Europe, 1952-1955*, 1990.

MASSON Philippe, *Les Français au Conseil de l'Europe, 1958-1961*, 1992.

MEYER Jean-Christophe, *Le Conseil de l'Europe et la région: la mise en place de la Conférence européenne des pouvoirs locaux*, 1993.

MULLER Dominique, *Les Allemands au Conseil de l'Europe en 1954*, 1986.

OYMAN LEMAN Corinne, *L'attitude de la délégation turque au Conseil de l'Europe, 1970-1980*, 1986.

SALA-MOLINS Julien, *Les Français au Conseil de l'Europe en 1951-1952*, 1989.

SCHMITT Corinne, *Le Conseil de l'Europe et les pays de l'Est, 1969-1974*, 1991.

ULLAH Eloïse, *La conversation de la vie sauvage et du milieu naturel de l'Europe: la convention de Berne, 1979 à nos jours*, 1993.

VANTALON Sylvie, *Les Anglais au Conseil de l'Europe, 1951-1953*, 1986.

WIESER Hélène, *Les débats sur le développement de l'enseignement des langues vivantes au Conseil de l'Europe, 1949-1961*, 1990.

Table des matières

IV — Les relations extérieures du Conseil de l'Europe

V — Les forces politiques et le Conseil de l'Europe

VI — Le Conseil de l'Europe face à quelques grands dossiers

Ouvrages parus

Les neuf volumes de la collection HISTOIRE DE LA CONSTRUCTION EUROPÉENNE, à l'origine de la création de la présente collection EUROCLIO, sont disponibles auprès des Editions Ciaco (Bruxelles) ou de leurs diffuseurs.

HISTOIRE DE LA CONSTRUCTION EUROPÉENNE – Ouvrages parus

* La construction européenne en Belgique (1945-1957). Aperçu des sources. *Michel Dumoulin.* (1988)
* Robert Triffin, le C.A.E.U.E. de Jean Monnet et les questions monétaires européennes (1969-1974). Inventaire des Papiers Triffin. *Michel Dumoulin.* (1988)
* Benelux 1946-1986. Inventaire des archives du Secrétariat Général de Benelux. *Thierry Grosbois.* (1988)
* Jean Monnet et les débuts de la fonction publique européenne. La haute autorité de la CECA (1952-1953). *Yves Conrad.* (1989)
* D'Alger à Rome (1943-1957). Choix de documents. *Gérard Bossuat.* (1989)
* La Guerre d'Algérie (1954-1962). Biblio- et filmographie. *Denix Luxen.* (1989)
* Le patronat belge face au plan Schuman (9 mai 1950 - 5 février 1952). *Elisabeth Devos.* (1989)
* Mouvements et politiques migratoires en Europe depuis 1945. *Michel Dumoulin.* (1989)
* Benelux, «laboratoire» de l'Europe. Témoignage de Jean-Charles Snoy et D'Oppuers. *Thierry Grosbois.* (1990)

EUROCLIO – Ouvrages parus

* L'Europe du Patronat. De la guerre froide aux années soixante. *Textes réunis par Michel Dumoulin, René Girault, Gilbert Trausch.* (Etudes et documents. 1993)
* La Ligue Européenne de Coopération Economique (1946-1981). Un groupe d'étude et de pression dans la construction européenne. *Michel Dumoulin, Anne-Myriam Dutrieue.* (Etudes et documents. 1993)
* Naissance et développement de l'information européenne. *Textes réunis par Felice Dassetto, Michel Dumoulin.* (Etudes et documents. 1993)
* L'énergie nucléaire en Europe. Des origines à Euratom. *Textes réunis par Michel Dumoulin. Pierre Guillen, Maurice Vaisse.* (Etudes et documents. *1994)*
* Histoire des constructions européennes au XXe siècle. Bibliographie thématique commentée des travaux français. *Gérard Bossuat.* (Références. 1994)
* Péripéties franco-allemandes. Du milieu du XIXe siècle aux années 1950. Recueil d'articles. *Raymond Poidevin* (Etudes et documents. 1995)
* L'Europe en quête de ses symboles. *Carole Lager* (Etudes et documents. 1995)
* France, Allemagne et «Europe verte». *Gilbert Noël* (Etudes et documents. 1995)
* La France et l'intégration européenne. Essai d'historiographie. *Pierre Gerbet* (Références. 1995)
* Dynamiques et transitions en Europe. Approche pluridisciplinaire. *Sous la direction de Claude Tapia* (Etudes et documents. 1997)
* Le rôle des guerres dans la mémoire des Européens. Leur effet sur leur conscience d'être européen. *Textes réunis par Antoine Fleury et Robert Frank* (Etudes et documents. 1997)
* Jalons pour une histoire du Conseil de l'Europe. Actes du Colloque de Strasbourg (8-10 juin 1995). *Textes réunis par Marie-Thérèse Bitsch.* (Etudes et documents. 1997)

Réseau européen Euroclio

Répertoire permanent des sources et de la bibliographie relatives à l'histoire de la construction européenne

Coordination:

Collège Erasme, 1, place Blaise-Pascal, B-1348 Louvain-la-Neuve

Pour l'Allemagne:

Prof. Dr. Wilfried Loth
Dr. August Hermann Leugers-Scherzberg

Pour la Belgique:

Jocelyne Collonval
Yves Conrad
Pascal Deloge
Anne de Smedt
Prof. Michel Dumoulin
Anne-Myriam Dutrieue
Thierry Grosbois
Bernard Hemblenne
Thierry Mommens
Yves Stelandre
Nathalie Tordeurs
Prof. Leen van Molle

Pour la France:

Prof. Marie-Thérèse Bitsch
Prof. Raymond Poidevin
Bruno Leuvrey
Gérard Bossuat
Prof. Philippe Mioche

Pour l'Italie:

Dr. ssa Elena Calandri
Dr. ssa Marinella Neri Gualdesi
Prof. Antonio Varsori

Pour le Grand-Duché de Luxembourg:

Charles Barthel
Jean-Marie Majerus
Martine Nies-Berchem
Prof. Gilbert Trausch
Edmée Schirz

Pour les Pays-Bas:

Dr. Anjo Harryvan
Dr. Bert Zeeman

Pour la Suisse:

Prof. Antoine Fleury
Lubor Jilek

FSC
www.fsc.org
MIX
Papier | Fördert
gute Waldnutzung
FSC® C083411

Kolibri 360 GmbH
Ferdinand-Jühlke-Straße 7
99095 Erfurt, Deutschland
produktsicherheit@kolibri360.de

Druck:
CPI Druckdienstleistungen GmbH
im Auftrag der
Kolibri 360 GmbH
Ferdinand-Jühlke-Str. 7
99095 Erfurt